U0622585

西南民族地区生态移民的社会适应研究（编号：14ASH010）2014年国家社科基金重点项目

西南民族地区易地扶贫搬迁移民的社会适应研究

Study of the Social Adaptation of
Poverty Alleviation Migrants in Southwest Ethnic Areas

吴晓萍 刘辉武 等著

人民出版社

序

易地扶贫搬迁大约20年前在我国开始试点，逐渐推广为我国一项重要脱贫攻坚方式之一。“十三五”期间近1000万贫困人口搬迁——这些农户原来居住在贫困山区，现大多安置在城镇里，原住地与安置点在地理条件、社会环境等方面存在较大的差异。他们在新居住地的生活状况不但为政府所关心，同样也为社会各界所关注。吴晓萍教授的新著《西南民族地区易地扶贫搬迁移民的社会适应研究》恰逢其时出现，将有助于我们了解这一群体的生存生活状况及其影响因素。

这本书的价值，首先是田野调查扎实全面。作者及其团队历时5年，在西南四省市（贵州省、云南省、四川省、重庆市）民族地区39个安置点进行了实地调查，了解易地扶贫搬迁移民生产生活各个方面的情况，在此基础上，团队从经济适应、社会交往适应、文化适应及心理适应等四个维度上对异地扶贫搬迁移民的社会适应状况进行了研究，从多角度为我们展现了移民社会适应的样貌。在经济适应层面作者分析了移民搬迁前后生计方式变化及移民收入、开支等方面的情况；社会交往方面的研究包括原有关系的保持和新居住地新关系发展以及移民的社会支持网络的特点与问题等方面内容；文化适应方面分析了移民在日常生活、节日习俗等方面的适应程度与问题；心理适应方面借助移民的心境、归属感及对老家的怀念几个指标分析了移民的心理状况及其变化规律。全书既有细致的定性描述，又有定量的统计分析。

在方法上的突出特点是作者对移民社会适应及其四个维度进行了概念操作化，科学地提出了一套测量指标体系，在此基础上对各个维度及总的社会适应状况进行量化评估并分析其影响因素。特别是在总结与建议部分，提出了重视社会工作介入移民社区，重视移民社区的综合治理，得到了贵州省政府相关部门的重视。

这本书的价值还体现在实事求是，不回避问题。易地扶贫搬迁作为一项扶贫工程，搬迁只是起点，党的十九届五中全会公报提出“十四五”期间要加强对易地扶贫搬迁农户的后续扶持。因此加强后续扶持促进移民的社会适应（融入）是一项将要更大范围更大力度实施的工作。该书显然有助于实际工作者理解工作对象，开拓工作视野，更好做好扶持工作。作者一方面高度评价了易地扶贫搬迁工程对移民的价值，搬迁工程对于那些生活在“一方水土养不活一方人”的农户来说具有再造环境，重塑命运的价值，尤其是对移民的子代来说，有了彻底告别大山，享有了与城里小孩相同发展条件的机会。但另一方面作者也真诚地指出移民政策实施过程以及搬迁之后移民社会适应可能存在的突出问题。指出问题显然不是为了否定易地扶贫工程本身，而只是为了把工作做的更好。但需要指出的是，作者提出的一些问题实践中可能已经得到很好的纠正，但是在当初调查的时候确实存在。比如易地扶贫搬迁工程早期地方实践中存在一定程度的“搬富不搬穷”现象，这一现象在精准扶贫阶段已被全面的纠正。再比如易地扶贫搬迁工程一段时期地方政府存在“重搬迁轻扶持”现象，但在“十三五”期间，后续扶持得到了更多的重视，服务理念上也越来越科学先进。但为了展现研究的客观性，作者在书中做具体研究分析时并没有把这些内容改变，只是在后面总结时才有所提及。

晓萍教授长期从事移民研究，易地扶贫搬迁移民的研究建立在作者既往研究的基础上，这使著作的学术品质有了扎实的保障。早在 21 世纪之初，作者对美国的苗族移民从东南亚欠发达国家的深山老林迁移到发达国家（美国）在文化调适上的特点与变迁做了细致的调查分析，其中包括对美国苗族移民关系网络的特点及苗族移民对于这种关系网络的高度依赖、苗族移民的文化特别是信仰方面的变迁和守望等状况做了较为深入的研究。大概七年前，作者又对另一类移民——屯堡后裔（明朝屯军及其家属就地定居下来产生的移民后代）的文化变迁及其与当地少数民族（屯堡移民是汉族）之间关系的演变进行了研究。当然，屯堡后裔是比较特殊的移民，但正是其特殊性给作者揭示文化调适规律及其多样性带来了机会。易地扶贫搬迁移民社会适应的研究显然与以上研究一脉相承，虽然本质上说，易地扶贫搬迁移民是政策帮扶对象，但其也具有移民的性质，其社会适应必定有其特殊性。作者结合定性方法与定量方法揭示了易地扶贫搬迁移民社会适应的特征与影响因素，尤其是建立起了社会适应的测量指标体系。这将进一步丰富移民社会（文化）适应理论，给后续研究带来启发与便利。

晓萍教授既是朋友亦是大姐，她嘱我为其新作写序，自然不能推脱。本书是一本有质量有品位的著作，其出版将促进移民研究以及社会政策研究，同时也将有助于助推实际工作的开展。

是以为序。

周大鸣

2020 年 12 月 5 日

目　　录

第一章　绪论

第一节　研究缘起与概念界定

一、问题的提出

易地扶贫搬迁移民[①]，“指因自然环境恶劣，基本不具备人类生存条件或不具备就地扶贫条件而将当地人整体迁出的移民。”[②]20世纪80年代，为了促进区域协调发展和减少农村贫困，我国政府开始采取这种易地扶贫搬迁移民的方式帮助那些就地脱贫难度大的居民离开脆弱的生态环境，摆脱贫困。[③]2001年，国务院发布《中国农村扶贫纲要（2001—2010年）》以及其他相关文件后，易地扶贫搬迁行动在全国范围内迅速开展。2015年10月16日，习近平总书记在2015年减贫与发展高层论坛上发表的《携手消除贫困　促进共同发展》主旨演讲中，明确把“通过易地搬迁安置一批”作为

---

① 本书是基于国家课题“西南民族地区生态移民社会适应研究”的成果写成。当年申报课题时用的是“生态移民”概念，后来全国基本统一改用“易地扶贫搬迁移民”，因此本书的概念也随之改用后者。

② 张铁军：《生态移民社会适应问题研究》，《理论建设》2012年第3期。.

③ 李培林等：《生态移民与发展转型——宁夏移民与扶贫研究》，社会科学文献出版社2013年版，第7页。

未来“中国在扶贫攻坚工作中采取的重要举措”之一。2015 年 11 月 29 日，中共中央、国务院共同出台《关于打赢脱贫攻坚战的决定》，要求“加快实施易地扶贫搬迁工程”。2016 年 9 月，国家发改委发布的《全国“十三五”易地扶贫搬迁规划》，进一步提出“十三五”期间全国易地搬迁的目标：要搬迁 981 万建档立卡贫困农村居民，加上同步搬迁人口 600 万，总计约 1600 万，涉及全国 22 个省，1400 个县。因此，易地扶贫搬迁已成为我国一项规模巨大的民生工程，引起了国内外众多学者的关注。

笔者介入易地扶贫搬迁移民的研究源于 2012 年，作为教育部课题“贵州民族地区危房改造中民族建筑文化保护研究”第二主持人，带队到贵州省黔东南苗族侗族自治州、黔西南布依族苗族自治州做田野调查。由于当时这些地方的危房改造项目都是和易地扶贫搬迁工程结合在一起实施的，这让笔者意外地有机会接触了一些易地扶贫搬迁移民。在一个侗族易地扶贫搬迁移民安置点里，笔者发现移民们正计划自筹资金给自己的移民村修建一个鼓楼。原来当地政府按照侗族的建筑风格给这些原本在山上居住的侗族村民修好了房屋，但是没有给他们修建鼓楼这样的公共建筑。移民们搬下来不久后就觉得自己村里“没有鼓楼都不像个侗族村”，而且有什么重大事情也没有个商量开会的地方，还要到隔壁村借人家的鼓楼商量事，就决定自筹资金修建一个。笔者看到村民们有钱出钱，有力出力，热情很高。村干部说：“这是他们自己的事情，所以根本不需要我们动员，他们自己都非常积极。”这一现象让笔者突然想起曾读过的一本书《生态移民政策与地方政府实践：以敖鲁古雅鄂温克生态移民为例》。在该书中，谢元媛通过对敖鲁古雅鄂温克生态移民的人类学考察，发现我国政府的生态移民规划与移民现实需求存在一定程度的差异。因此她用“规划现代化”这个概念反思了我国生态移民项目，认为：“‘规划’会把‘人民’简化为可以安排的‘东西’，忽略人的感情世界和价值体系的复杂性，体现忽视‘地方性知识’的‘规划’表现为，规划者的思维设计一般只体现了规划者的‘乌托邦’设想，脱离了‘规划对象’的实际情况。”[①] 美国人类学家斯科特（James C.Scott）在其《国家的视角：那些试图改善人类状况的项目是如何失败的》一书中也如是指出，“政府的规划”常常是“清晰而简单化的设计”，缺乏对地方性知识的了解。[②]

生态移民工程实施的范围广，搬迁的人口规模大，涉及的问题自然比较多。世界银行在评价开发项目引起的移民问题时曾说：移民后“乡村原有的组织结构和社会关系网被削弱；家族群体被分散；文化特征、传统势力及潜在的互相帮助作用都被减弱了”。[③] 迈克尔·塞尼（1996）也曾指出：“从性质来说搬迁是一种发生在移民们身上的社会—文化—经济过程而不是他们所认为的环境上的问题，因此，对非自愿移民社会性的正确理解以及对其文化、经济和心理方面的理解远远超过环境的理解是有策略意义的。”[④] 虽然上述观点都是基于对非自愿移民的研究发现，但其中揭示的关于移民特别是农村移民可能都会面对的一些社会的、文化的、经济的、心理的变迁问题，在易地扶贫搬迁移民这里也可能存在。任国英通过观察鄂托克旗生态移民的情况后发现：“迁移不但会使移民的生产生活空间位置发生变化，而且也会使移民的生产生活方式以及与此相关联的社会结构和文化习俗发生变化。”[⑤] 这些变化显然给易地扶贫搬迁移民们搬迁后在安置点“留得住、能发展”提出了挑战。那么，国家的易地扶贫搬迁移民规划里，是否充分考虑到了这些变迁带来的问题？规划是否符合不同民族村民搬迁后的生活和生产需求呢？这些移民移出来后，他们的生存情况是否达到了社会的期望和政府的目标呢？从移民的角度看，他们是否能应对搬迁后社会和自然环境变迁而带来的那些

① 谢元媛：《生态移民政策与地方政府实践：以敖鲁古雅鄂温克生态移民为例》，北京大学出版社 2010 年版，第 29 页。

② ［美］詹姆斯·C. 斯科特：《国家的视角：那些试图改善人类状况的项目是如何失败的》，王晓毅译，社会科学文献出版社 2004 年版。

③ 王江义：《三峡坝区移民安置的实践与思考》，《人民长江》1999 年第 11 期。

④ 迈克尔·M. 塞尼：《移民与发展：世界银行移民政策与经验研究》，河海大学出版社 1996 年版，第 53 页。

⑤ 任国英：《内蒙古鄂托克旗生态移民的人类学思考》，《黑龙江民族丛刊》2005 年第 5 期。

挑战？这两个方面的问题实际上也可以看成是一个问题的两个方面：移民的社会适应问题本身包含着主观和客观两方面的问题，主观方面是移民自身的问题，而客观因素即政府层面的规划的合理性问题。政府的规划合理周到，则能帮助移民比较容易地度过适应期，融入当地社会；反之，移民虽然迁移出来了，可能因为无法适应安置点的生产生活而返回原住地或者陷于尴尬处境中。所以一定意义上说，易地扶贫搬迁移民们的社会适应是对政府生态扶贫移民项目成功与否的检验。而这个问题的重要性还在于：其不仅关系到这一规模巨大的移民群体自身的生存发展，关系到易地扶贫搬迁移民政策的目标能否实现，甚至还关系到整个社会的和谐与稳定。

于是，笔者有了对易地扶贫搬迁移民适应问题进行进一步研究的想法。教育部课题结束后，笔者开始对相关的文献进行研究，确认当时在易地扶贫搬迁移民社会适应方面的研究还不是很多，于是就做了项目的论证和申请，并于 2014 年成功立项。

易地扶贫搬迁移民是否能适应新的自然、社会环境，融入当地社会，达到“搬得出、稳得住、能致富”这一生态扶贫移民项目的最终目标，移民的适应与融合是关键。同时，易地扶贫搬迁移民的社会适应不仅关系到政府的扶贫项目能否达到预期目的，还涉及当地社会的稳定。易地扶贫搬迁移民搬迁到新的安置点后，只有适应了新的自然环境和新的社区环境，移民才能安居乐业，移民社区才能稳定有序。而这一过程不仅与移民自身的各方面条件有关，也与当地政府相关的移民政策有关。既然易地扶贫搬迁移民项目是政府设计的工程，而任何设计可以是“清晰”的，但也可能会是“简单化”的，移民的各种需求又是多样化的，难免会发生移民的适应困难。

本书希望通过对西南民族地区易地扶贫搬迁移民的生产生活等方面的考察，综合分析该区域易地扶贫搬迁移民的社会适应情况，探寻易地扶贫搬迁移民社会适应的过程和客观规律，梳理影响该群体社会适应的各种因素，总结我国当前有关易地扶贫搬迁移民项目的政策经验，检验这项工程的实施结果。学术界关于移民的社会适应问题的研究较多，但是对于易地扶贫搬迁移民的社会适应研究，尤其是对区域性的易地扶贫搬迁移民的研究还比较欠缺。本书对西南民族地区易地扶贫搬迁移民的社会适应研究，不仅在理论上可以丰富已有的移民研究和反贫困研究，提出的一些建议和观点，还可以为政府相关部门提供决策方面的参考。

第二节 概念界定

一、西南民族地区

本课题的西南地区包括贵州、云南、重庆与四川四个省市。西南民族地区指的是这四个省市中的民族地区。由于贵州与云南两省属于民族八省区，因此这两个省整体上作为本课题的研究区域。对于重庆与四川两省市，本课题选择这两省市中的民族自治州或民族自治县作为研究区域。

二、易地扶贫搬迁移民（生态移民）

根据学术界对生态移民概念的界定，生态移民包括两类：一类是由于资源环境退化，为了保护生态环境而迁移出来的移民；另一类是由于资源环境恶劣导致当地人生存困难，出于扶贫目的而迁移出来的移民。两类移民都与资源环境有关，故都称为生态移民。但两者之间有一定的区别：第一类生态移民的出发点和目标是为了保护原住地的资源环境，所以移民往往带有非自愿性，如我国的三江源生态移民；第二类生态移民的出发点和目标是扶贫，这类移民原居住所在地环境恶劣，属于“一方水土养活不了一方人”的状况，因此当地人非常贫困，就地扶贫难度很大，政府为了帮助这些区域的居民脱贫致富而组织了搬迁。虽然是政府组织安排的搬迁，但也是建立在移民自愿的基础上的，所以这类移民是自愿移民。

本书对"易地扶贫搬迁移民"和"生态移民"不做严格区分。过去在不同地区对生态移民的称呼有所不同。有的地方称为扶贫生态移民，如贵州省在 2012 年至 2016 年的政府文件当中就称为扶贫生态移民，重庆曾称为高山扶贫移民。2006 年国家发改委在《易地扶贫搬迁"十一五"》中明确指出"易地扶贫搬迁亦称为生态移民"。因此现在各地也都改称为易地扶贫搬迁移民了。很多地方还成立了易地扶贫办公室，或者易地搬迁办公室。本书采用易地扶贫搬迁移民这一概念。不过，由于过去学者研究都用的是"生态移民"这个概念，因此本书的文献综述和政策部分，为了尊重文献原文，仍用其原来的"生态移民"概念。

三、社会适应

社会适应目前并没有一个确切的定义。这个概念最早是由郝伯特·斯宾塞提出的：指个体逐渐接受现有社会的道德规范与行为准则，对环境中的社会刺激能够在规范允许的范围内做出反应的过程。[①] 后来，不同学者因学科不同以及研究对象不同，对这一概念的界定各有不同。心理学学科中认为社会适应指的是个体调整自己机体与心理状态，达到社会所期望的发展目标的程度（Cavell，1990），也有定义为个体在与社会环境的交互作用中，以追求与社会环境维持和谐平衡关系的过程，包括社会适应的心理机制、心理结构和心理功能三个方面[②]。人类学、社会学则强调移民文化层面和社会层面的调适过程。格斯柴德指出，社会适应是移民对变化了的政治、经济和社会环境做出反应的过程[③]。美国学者高斯席德（Goldscheider.G）在《发展中国家的城市移民》一书中认为："移民的社会适应可以界定为一个过程，在这个

① 转引自李廷宪：《社会适应论》，安徽人民出版社 1999 年版，第 1 页。

② 转引自陈建文等：《社会适应与心理健康》，《西南师范大学学报（人文社会科学版）》2004 年第 3 期。

③ 转引自彭雪芳：《美国苗族的社会适应与文化传承》，《世界民族》2017 年第 2 期。

过程中，移民对变化了的政治、经济和社会环境做出的反应。”[①] 风笑天在三峡移民研究中把社会适应界定为移民对安置点新社区生活中各个方面的习惯程度和满意程度，具体包括日常生活、家庭经济、生产劳动、邻里关系、社区认同等各个方面[②]。

本书综合上述定义的内涵，结合我们研究的对象，将社会适应定义为：移民搬迁后对新环境的经济、文化、社会交往、心理等方面进行调适以融入新社区的状态与过程。

第三节　国内外易地扶贫搬迁移民社会适应性相关研究回顾

一、国外研究

国外学者于上世纪初就开始了对生态移民的研究，主要研究领域包括生态移民的定义、分类、生态移民的生存与发展等问题。[③]

（一）关于生态移民的概念和分类研究

世界观察研究院的 Lester Brown 于 20 世纪 70 年代提出了“环境难民”这个概念。[④] 然后联合国环境署研究院的 Essam EL-Hinnawi 于 1985 年对这一概念做了界定：环境难民是“由于显著的环境崩溃导致人们的生活质量受到严重影响，甚至生存受到威胁，从而不得不选择迁移的人”[⑤]。对其表述

---

① Goldscheider G, Urban Migrants in Developing Nations, West View Press, 1983, p.97.

② 风笑天：《“落地生根”？——三峡农村移民的社会适应》，《社会学研究》2004 年第 5 期。

③ 税伟等：《生态移民国外研究进展》，《世界地理研究》2012 年第 1 期。

④ Ethan Goffman, Environmental Refugees: How many, How bad? CSA, Discovery Guides, 2006, pp. 1-15. 转引自税伟等：《生态移民国外研究进展》，《世界地理研究》2012 年第 1 期。

⑤ EL-Hinnawi E., Environmental refugees, Nairobi: United Nations Programme, 1985, pp.1-3. 转引自税伟等：《生态移民国外研究进展》，《世界地理研究》2012 年第 1 期。

中的“环境崩溃”他做了如下解释：这种现象既可以是由于自然灾害引起的环境变化，也可以表现为生态环境的退化。2005 年英国环境学家 Norman Myers 则从更加具体的角度界定了环境难民：“由于干旱、土壤侵蚀、荒漠化、过度砍伐森林等环境问题，结合人口压力、贫穷等社会经济问题，从而致使其生计问题不能得到保障的人。”① 其他学者还提出了例如环境移民（environmental migration）、生态难民（ecological refugee）、气候移民（climate change-induced migration）、灾害难民（disaster refugee）等相近的概念。Frank Biermann 等人对气候难民定义为：气候难民是因为海平面上升，严重的气候事件、干旱或者水资源匮乏等气候变化，致使当地居民被迫离开原居地从而产生的难民。② 不过国际学术界很多学者并不认同“难民”这个提法。为了避免“难民”这一提法导致的争议，联合国难民署于 2007 年提出用“环境移民”（environmentally displanced persons）概念来替代。③

实际上早在 1899 年，美国植物学家考尔斯（Cowles, Henry Chandler）就已经提出了“生态移民”这个概念，他首次把群落迁移导入生态学中，认为生态移民是出于保护生态环境而实施的移民。但他当时是在研究群落迁移意义时用的这个概念，他指出：群落不断地改造环境，环境又反过来对群落起作用，最终的结果就是群落的动态迁移活动。④2012 年，Justin Lyle 梳理了国际学术界关于生态移民的概念，认为学者们的理解大体上可分为广义和狭义两种：广义上是指由于生态环境和其他因素共同作用而出现的人口迁移现象；狭义上生态移民特指为了保护修复具有特殊价值的生态区域系统的扶贫

① Myers, Environmental Refugees: An Emergent Security Issue，见 http://www.osce.org/documents/eea/2005/05/14488-en.pdf. 转引自税伟等：《生态移民国外研究进展》，《世界地理研究》2012 年第 1 期。

② Frank Biermann, Ingrid Boas. Preparing for a Warmer World: Towards a Global Governance System to Protect Climate Refugees, Global Envieonmental Politics, 2010, Vol.2, No.1, pp.60–88.

③ 税伟等：《生态移民国外研究进展》，《世界地理研究》2012 年第 1 期。

④ Cowles, Henry Chandler，The Ecological Relations of the Vegetation on the Sand Dunes of Lake Michigan, Montana USA: Kessinger Publishing, 1899.

移民[①]。

综上所述，国际学术界在讨论生态移民的概念时主要集中在两个方面：1. 在迁移原因上，由于生态环境恶化当地居民无法生存而不得不迁移，带有极大的生存被迫性；2. 在迁移的主观目标上，重点放在生态环境的保护方面。

在生态移民的分类问题上，学者们从不同的角度根据不同的标准各自做了不同的分类。Essam El-Hinnawi 从迁移的原因角度把生态移民分为三类：1. 由于某种自然灾害造成的迁移；2. 由于环境崩溃造成的迁移；3. 由于生态环境的持续缓慢退化造成的迁移。[②]Diance C.Bates 则从自然和社会的角度把生态移民划分为以下三个类型：1. 由于灾害产生的移民；2. 由于国家政府因为经济开发的目的，或者因为战争而改变当地环境条件而产生的移民；3. 由于环境退化产生的移民。并对这三种移民的特征做了比较和分析。[③]还有的学者是根据移民的迁移意愿，把生态移民分为自愿和非自愿移民两个类型[④]，并用推拉理论对其进行了分析。从上述分类也可以看出，学者们关注的还是以生态问题导致的生存被迫迁移的移民。

（二）关于生态移民的实践研究

研究发现，移民迁移到新的地方面临生计困难。Marybelle Mitchell 在研究了 40 个加拿大因钮特人移民安置点后发现，这些从原来极寒地带搬迁而

---

① Justin Lyle，Resettlement of Ecological Migrants in Georgia: Recent Developments and Trends in Policy, Implementation and Perceptions, Flensburg: The European Centre for Minority Issues Working Paper, 2012, Vol.53, No.3, p.6.

② El-Hinnaw E.，Environment Refugees, Nairobi: United Nations Environment Programmer, 1985, pp.1-3.

③ Diance，C. Bates，Environment Refugees ? Classifying Human Migrations Caused by Environmental Change, Population and Environmen, 2002, Vol.23, No.5, pp.466-477.

④ Massey D.S., Arango J. and Hugo G.，Theories of International Migration: a Review and Appraisal, Population and D，evelopment，Review, 1993, Vol.15, No.3, pp.31-66.

来的移民，由于缺乏市场化条件所需要的工业技能，谋生变得非常困难，陷入了赤贫的状态，移民区因此变为贫民窟[①]。其他一些研究也表明，生态移民搬迁可能导致移民失业和收入降低而成为社会弱势人群。而对生态移民的生态补偿很难真正实现，因为生态移民过程是一个复杂的过程，其得失很难精准计量。阿达姆斯认为生态移民搬迁使人类与自然相互隔离，造成人与自然的两重断裂[②]。也有学者关注了移民的文化变迁问题，如克鲁认为，生态移民搬迁可能导致移民群体的文化断裂而产生诸多社会问题。

国外学者对泰国、印尼、老挝等东南亚国家类似于我国的易地扶贫移民的易地搬迁移民也进行了研究。学者们在研究中总结了这些国家易地扶贫移民实践当中的一些经验，包括重视基础设施建设、加强实用农业技术推广、加强农产品营销帮扶以及强调扶贫移民自身的参与等。例如在印尼，政府为缓解爪哇岛、巴厘岛和马都拉岛等地区的人口压力，向外岛扶贫移民。研究者发现，由于土著人认为外来移民抢占了他们的工作岗位和土地资源，而对外来移民产生仇恨，移民与土著居民的文化差异则加剧了彼此的矛盾[③]。Li 从国家和移民的角度也对印度尼西亚的国家移民项目进行了研究，总结了这些项目失败的原因，探讨了项目在改变国家和移民的关系方面的影响。

国外学者对中国生态移民也有一些研究，研究范围主要在中国西部的西藏、四川、宁夏、青海、内蒙古等区域。国外学者的研究主题包括文化变迁、后续生计、移民冲突、移民的能动性和环境治理等方面。其中美国学者鲍尔美研究了青海玉树移民搬迁的社会和经济影响，包括收入与开支情况、

① Marybelle Mitchell，From Talking Chiefs to a Native Corporate Elite: The Birth of Class and Nationalism among Canada Inuit, Montreal, McGill-Queens University Press, 1996, p.1.

② Linda Krueger Protected Areas and Human Displacement: Improving the Interface between Policy and Practice, Conservation and Society, 2009, Vol.7, No.1, p.16.

③ Charles，E.Farhadian. Christianity, Islam, and Nationalism in Indonesia, Singapore: Taylor and Francis, 2005, p.63.

移民与市场的关系、移民就业和劳动力分配、移民在基础建设和建筑环境的变化、政府服务、文化身份认同等方面。有些国外学者发现中国近年的生态移民工程的实施，对当地社区产生了一系列不利影响，表现为后续生计得不到有效保障，生态环境没有得到明显改善，民族文化遭遇丢失等，因此建议移民工程需要谨慎推进。例如，新吉乐图在其主编的《中国环境政策报告——生态移民：来自中、日两国学者对中国生态环境的考察》中，从经济、文化和资源保护的角度，通过对新疆塔里木河生态移民和内蒙古阿拉善生态移民等多个案例的研究，认为如果管理和计划不善，生态移民会导致资源环境新的破坏，移民的经济贫困问题仍然会存在，文化也会出现破碎化。[①] 还有不少日本学者把目光投向我国西北地区，主要论文有：尾崎孝宏、中村知子的《生态移民的国家视线及现地居民的视线——以甘肃省肃南裕回族自治县祁丰区祁青族自治乡为例》、迈丽莎的《黑河中游地区生态移民的现状——以肃南裕回族自治县明花区为例》、儿玉香菜子的《额济纳旗"生态移民"的事例报告》、小长谷有纪、中尾正义的《黑河流域的生态移民研究》、鬼木俊次与根锁的《"生态移民"移居的自主性——以鄂尔多斯市牧民为例》、新吉乐图的《生态移民潮流中本土逻辑的走向——以肃南县A村为例》等，日本学者分别从生态、经济、文化等角度阐述了自己的观点，认为生态移民是解决生态环境恶化，帮助贫困人口脱贫致富的重要途径。

二、国内相关研究现状

生态移民从1993年首次出现在中文文献[②]中后，随着我国生态移民工程的进一步实施，相关研究的论文和专著逐年增多。截至2019年6月，以"生态移民"为关键词在中国知网上搜索到的文献就已达48000多篇，这些研究

① 新吉乐图主编：《中国环境政策报告——生态移民：来自中、日两国学者对中国生态环境的考察》，内蒙古大学出版社2005年版。

② 任耀武等：《试论三峡库区生态移民》，《农业现代化研究》1993年第1期。

涉及经济学、政治学、社会学、人口学和人类学等诸多领域。早期的研究视野主要集中在生态移民的定义、性质、安置方式、动力机制、政策等方面，稍后的研究则进一步延伸到移民的迁移意愿、社会适应、移民发展、效应分析和障碍因素分析等方面。

由于本研究主题是易地扶贫搬迁移民即生态移民的社会适应研究，因此笔者将有关生态移民社会适应的研究文献专门梳理单列出来，除了有关社会适应的研究外其他所有相关的文献都置于一般研究中。

（一）关于生态移民的一般研究

关于生态移民的一般研究，归纳起来大致有如下方面：理论研究包括定义、分类、动因等；实践方面的研究则包括生态移民的安置方式、项目效果及经验、问题、影响因素等。

在定义与分类研究方面，任耀武最早在国内（1993 年）提出了生态移民概念，认为生态移民是生态农业思想在移民中的应用，又可以称为“可持续性移民”或“可承受开发性移民”[①]。王培先则于 2000 年对这一概念做了界定：生态移民就是把自然生态比较脆弱、不宜于人类生存地区的居民搬迁到别的地方，以便缓解原有人口对当地环境的压力，并进行相应的小城镇建设[②]。随后，更多的学者开始关注生态移民概念。刘学敏界定生态移民是：从改善和保护生态环境、发展经济的目的出发，把原来位于环境脆弱地区高度分散的人口，通过移民的方式集中起来，形成新的村镇。在生态脆弱地区达到人口、资源、环境和经济社会的协调发展。[③]葛根高娃、乌云巴图认为，生态移民指的是生态环境恶化导致人们的利益受到损害，从而迫使人

① 任耀武等：《试论三峡库区生态移民》，《农业现代化研究》1993 年第 1 期。
② 王培先：《生态移民：小城镇建设与西部发展》，《国土经济》2000 年第 6 期。
③ 刘学敏：《西北地区生态移民的效果与问题探讨》，《中国农村经济》2002 年第 4 期。

们更换生活地点，调整生活方式的一种经济行为[①]。包智明把生态移民定义为：因为生态环境恶化或为了改善和保护生态环境所发生的迁移活动，以及由此活动而产生的迁移人口[②]。梁福庆定义生态移民为：为了保护某个地区特殊的生态或让某个地区的生态得到修复而进行的移民，也指因自然环境恶劣，基本不具备人类生存条件或不具备就地扶贫条件而将当地人民整体迁出的移民[③]。张铁军指出："所谓生态移民，就是指为了保护某个地区特殊的生态或让某个地区的生态得到修复而进行的移民，也指因自然环境恶劣，基本不具备人类生存条件或不具备就地扶贫条件而将当地人民整体迁出的移民。"[④]

上述几个定义既有共性也有区别。共性表现在：所有关于生态移民的涵义都与移民原来居住地区的环境、资源密切相关，都是因为资源环境的恶化不利于当地人的生存而不得不移民；区别是，梁福庆和张铁军等的定义中把反贫困引入了生态移民的目标里，强调了生态移民是为了扶贫这一目标，而其他学者的定义与上述国内学者的定义类似，强调的是因资源环境恶化而产生的生存被迫性移民，同时强调资源环境的保护是主要目标。当然，二者的联系也是存在的：出发点的重心在环境的保护，客观上也有利于移民摆脱贫困；出发点的重心在扶贫，客观上通过移民也能保护原住地的资源环境。

在生态移民的分类方面，包智明认为按不同标准可以把生态移民分为自发性生态移民与政府主导生态移民、自愿生态移民与非自愿生态移民、整体迁移生态移民与部分迁移生态移民以及牧转农业型、舍饲养畜型、非农牧

① 葛根高娃等：《内蒙古牧区生态移民的概念、问题与对策》，《内蒙古社会科学（汉文版）》2003 年第 2 期。

② 包智明：《关于生态移民的定义、分类及若干问题》，《中央民族大学学报》2006 年第 1 期。

③ 梁福庆：《中国生态移民研究》，《三峡大学学报（人文社会科学版）》2011 年第 4 期。

④ 张铁军：《生态移民社会适应问题研究》，《理论建设》2012 年第 3 期。

业型和产业无变化型移民。[①]梁福庆则把生态移民分为八类，既包括为保护环境产生的移民，也包括工程移民。皮海峰的分类则是按照移民工程的目的把生态移民分为：以保护大江大河源头生态为目的、以防沙治沙为目的、以防洪减灾为目的，以包括自然保护区内稀有动植物或风景名胜区生态系统为目的、以兴修水利水电工程引起的、以扶贫为目的。[②]国内学者对生态移民的分类与国外学者的分类有明显的区别，就是把扶贫为目的的生态移民都包括进去了。不过也可以看出，这些分类是从宏观上对所有与资源环境有关的移民进行了分类。

在生态移民的搬迁动因方面，盖志毅、宋维明、陈建成对草原牧区生态移民的原因做了宏观层次上的探讨，认为生态移民的主要原因是我国牧区人口已经超出生态环境的承受力，同时草原退化严重，草原封育需要牧户迁出。[③]唐宏等对三工河的扶贫移民研究发现，家庭人口数、人均纯收入、主要收入来源、非农收入比重和参与退耕还林情况是影响农户搬迁意愿的主要因素，家庭人口数量越少，非农收入比重越大，对生态环境保护重要性的认知越强，就越能接受生态移民政策。此外，是否具有退耕地及退耕面积的大小也是影响农户搬迁意愿的重要因素[④]。时鹏等对陕西省安康市的生态移民研究发现，农户家庭人口数量、少儿抚养比、老年抚养比、年人均纯收入对农户生态移民意愿产生重要影响；原有居住条件中，房屋位置、房屋材质、原住地离集镇距离、原住地聚集户数对农户生态移民意愿影响显著；社会压力方面，亲邻态度、村干部态度会对农户的搬迁行为产生影响[⑤]。

---

① 包智明：《关于生态移民的定义、分类及若干问题》，《中央民族大学学报》2006年第1期。

② 皮海峰：《小康社会与生态移民》，《农村经济》2004年第6期。

③ 盖志毅等：《草原牧区生态移民及其对策》，《北京林业大学学报（社会科学版）》2005年第3期。

④ 唐宏等：《农户生态移民意愿及影响因素研究——基于新疆三工河流域的农户调查》，《自然资源学报》2011年第10期。

⑤ 时鹏等：《农户生态移民意愿及影响因素研究——以陕西省安康市为例》，《中国农业大学学报（哲学社会科学版）》2013年第1期。

帅守详等对生态移民的必要性和效益进行了探讨，认为不管是从经济还是生态的角度看，生态移民都是一项明智的举措。[①] 东日布通过阿鲁科尔沁旗生态移民扶贫工程的考察，发现实施生态移民工程既是对牧区传统观念的更新，又是对传统生产方式的革命，还是对牧区现行经济政策的完善和发展。[②] 刘学敏根据对伊克昭盟的调查研究，发现生态移民工程的实施不仅对草原生态环境的恢复能起到很好的作用，还提高了农地的利用效率，促进了移民地区产业结构的调整，并改善了牧民的生活条件。[③]

安置方式的研究方面，王永平、袁家榆等人在总结贵州易地扶贫搬迁实践的基础上，把生态移民的具体安置模式归纳为十种形式，即依托国有（集体）农场安置、依托小城镇集中安置、依托旅游景区开发安置、依托企业带动安置、依托开垦耕地安置、依托产业结构调整安置等。并指出，类似贵州这类土地资源稀缺地区应坚持“以城镇集中安置模式为主，其他安置模式为补充”，即采用“无土安置为主，有土安置为辅”这种模式组合的扶贫移民思路[④]。王素芳认为在扶贫移民过程中应尽量非农化安置，应该充分利用政策优势和城乡资源，以集中安置为主，分散融入安置为辅，将农民转变为城镇居民，使扶贫移民不再依靠土地生活[⑤]。王小梅等还发现生态移民与城镇化具有几方面的一致性：一是空间的人口转移，转移的对象都是农牧民，而且都是将分散的人口向集聚状态转变；二是转移人口都存在生存方式的转变[⑥]。刘学敏等提出要利用城镇基础设施好、经济发展水平较高及市场

① 帅守详等：《牧区移民定居的动力机制、效益分析与政策建议——甘南藏族自治州个案分析》，《统计研究》2005 年第 3 期。

② 东日布：《生态移民扶贫的实践与启示》，《中国贫困地区》2000 年第 1 期。

③ 刘学敏：《西北地区生态移民的效果与问题探讨》，《中国农村经济》2002 年第 4 期。

④ 王永平等：《生态移民与少数民族传统生产生活方式的转型研究——基于贵州世居少数民族生态移民的调研》，科学出版社 2014 年版，第 54—61 页。

⑤ 王素芳等：《基于城乡统筹的生态移民安置模式探讨》，《贵州农业科学》2009 年第 4 期。

⑥ 王小梅等：《三江源地区生态移民与城镇化协调发展研究》，《青海师范大学学报（哲学社会科学版）》2008 年第 1 期。

较为活跃等优势，引导人口由农牧区向城镇进行自发扶贫移民[①]。可见学者们都很支持政府对生态移民的城镇化安置策略。

有的学者比较重视生态移民安置点的社区建设，例如于存海认为，在生态移民过程中可能存在着社区冲突，它影响生态移民的稳定性，要解决生态移民过程中的社区冲突，就需要采取多种手段促进生态移民过程中的社区整合；[②]王放等在其《论生态移民与长江上游可持续发展》中也提出，应该重视生态移民的社区整合问题[③]。

有的学者对生态移民项目实施过程中存在的不足进行了总结和反思。孟琳琳等通过对 2004 年以前的相关文献梳理后发现，生态移民工程在实施过程中存在以下不足：对生态移民的认识不足、资金投入不足、法律介入不足、科技扶持不足以及企业与移民之间存在不对等关系、政府部门协调成本高、移民回迁现象、牧区经济收入下降、民族文化保护受到影响等问题。[④]荀丽丽等通过对内蒙古某移民点的研究认为：生态移民政策的实践过程是一个由中央政府、地方政府、市场精英、农牧民等多元社会行动主体共同参与的社会过程，在复杂互动关系的背后是由政府力量、市场力量以及地方民众所形成的权力和利益网络。在这个过程当中，移民以保护生态的目标变得充满不确定性[⑤]。谢元媛通过对鄂温克移民的人类学考察，对政府实施的生态移民项目做了反思：在政府规划现代化思维的移民政策下，少数民族移民的发展充满了诸多困惑[⑥]。侯东民等对西部生态移民的跟踪调查研究认为，目

① 刘学敏等：《生态移民、城镇化与产业发展——对西北地区城镇化的调查与思考》，《中国特色社会主义研究》2002 年第 2 期。

② 于存海：《论西部生态贫困、生态移民与社区整合》，《内蒙古社会科学》2004 年第 1 期。

③ 王放等：《论生态移民与长江上游可持续发展》，《人口与经济》2003 年第 2 期。

④ 孟琳琳等：《生态移民研究综述》，《中央民族大学学报》2004 年第 4 期。

⑤ 荀丽丽等：《政府动员型环境政策及其地方实践——关于内蒙古 S 旗生态移民的社会学分析》，《中国社会科学》2007 年第 5 期。

⑥ 谢元媛：《生态移民政策与地方政府实践：以敖鲁古雅鄂温克生态移民为例》，北京大学出版社 2010 年版，第 192—197 页。

前局限于西部生态脆弱区域的内部生态移民存在诸多问题，应该利用农业劳动力转移和教育发展的大趋势，在更大范围内，多种措施缓解西部生态脆弱地区的人口压力，以解决贫困与生态问题[①]。

也有少量研究关注了民族地区生态移民问题，例如乌力更通过对内蒙古生态移民的实地调查，认为社会要高度重视民族地区与少数民族生态移民相关的生存方式、民族语言文字的应用、习俗所需的环境等问题；[②]包智敏等通过对内蒙古正蓝旗敖力克嘎查的实地调查发现，在民族地区生态移民工程虽然是一项改善民众生产质量的经济行为，但其内涵和外延并不仅仅局限于经济行为，还会涉及少数民族生产生活方式的改变等一系列问题。[③]

此外，史俊红[④]、王学恭和白洁[⑤]、徐红罡[⑥]、刘保德[⑦]、李笑春[⑧]等都分别对生态移民工程实施中出现的问题做过调研和分析，并提出了一些建设性的意见。

总之，以上关于生态移民的搬迁动因与影响因素的研究，以及对项目实践过程的研究，如安置方式的利弊分析、项目对扶贫工作的贡献以及实施中存在的一些问题以及针对这些问题提出的很多建议，为本课题的研究思路设计、研究方法选择以及问卷结构和访谈提纲的设计都提供了诸多借鉴。

---

① 侯东民等：《西部生态移民跟踪调查——兼对西部扶贫战略的再思考》，《人口与经济》2014 年第 3 期。

② 乌力更：《试论生态移民工作中的民族问题》，《内蒙古社会科学》2007 年第 3 期。

③ 包智敏：《试论生态移民对牧民生产生活方式的影响——以内蒙正蓝旗敖力克嘎查为例》，《西北民族研究》2005 年第 2 期。

④ 史俊宏：《草原牧区生态移民问题研究——以内蒙古乌拉特中旗为例》，硕士学位论文，内蒙古农业大学，2006 年。

⑤ 王学恭等：《西北地区退牧还草工程存在的问题与对策》，《内蒙古财经学院学报》2006 年第 4 期。

⑥ 徐红罡：《生态移民政策对缓解草原生态压力的有效性分析》，《国土与自然资源研究》2001 年第 4 期。

⑦ 刘保德等：《生态移民扶贫政策机制的探讨》，《现代农业》2005 年第 12 期。

⑧ 李笑春等：《对生态移民的理性思考——以浑善达克沙地为例》，《内蒙古大学学报》2007 年第 6 期。

（二）生态移民的社会适应研究

1. 关于其他类型移民的社会适应研究

这里的一般移民的社会适应研究，指的是有关社会适应的理论研究和其他类型移民的社会适应研究，不包括生态移民。关于生态移民的社会适应研究文献将专门放在第二部分进行梳理。

有关社会适应的概念、观测维度和指标的研究方面。格斯柴德指出，移民的社会适应是作为适应主体的移民对变化了的政治、经济和社会环境做出反应的过程[①]。高斯席德（Goldscheider G.）认为，移民的适应可以界定为一个过程，在这个过程中，移民对变化了的政治、经济和社会环境做出相应的反应。[②] 国内学者李廷宪认为：社会适应就是个体对变化了的事物（包括主体自身的变化）通过生理调节、心理调整，进而通过行为活动使自身在现实生活环境中维持良好、有效的生存状态的过程。他从这个界定出发，认为：社会适应的内容包括家庭生活适应、职业适应、人际关系适应和社会文化适应。[③] 解彩霞关于社会适应的理解是："社会适应是指个体和群体逐步改变原来的生产、生活方式，接受和习惯迁入地的生活、生产方式，从而能够在新的地方稳定地生活下去的过程。"并把环境、饮食、住房、衣着和生产作为测量社会适应程度的维度[④]。风笑天把社会适应界定为移民对安置点新社区中生活各个方面的习惯程度和满意程度，因此他的观察内容包括日常生活、家庭经济、生产劳动、邻里关系、社区认同几个方面[⑤]。刘庆、陈世海从心理适应，社会交往适应与经济适应三个层面对移居老年人的社会适应进

① 转引自彭雪芳：《美国苗族的社会适应与文化传承》，《世界民族》2017 年第 2 期。

② Goldscheider: G. Urban Migrants in Developing Nations, West View Press, 1983, p.97.

③ 李廷宪：《社会适应论》，安徽人民出版社 1999 年版，第 1—2 页。

④ 解彩霞：《三江源生态移民社会适应与回迁愿望分析》，《攀登》2010 年第 6 期。

⑤ 风笑天：《"落地生根"？——三峡农村移民的社会适应》，《社会学研究》2004 年第 5 期。

行了研究[①]。赵丽丽在城市女性婚姻移民的研究中把社会适应定义为女性婚姻移民与新环境相处的情形，具体包括经济适应（与衣食住行相关的收入、住房、就业等）、生活适应（与他人的互动与社会参与）、心理适应（心理感受和满意度）等三个方面[②]。在流动人口的社会适应研究中，学者们主要从经济层面（职业、经济收入和居住条件）、社会层面（闲暇时间、消费方式、生活习惯和人际交往）和文化心理层面（归属感和价值观）来分析其社会适应[③④]。

在移民社会适应的影响因素方面，学者们通过对国际移民、农民工及工程移民的研究发现，不同移民群体存在差异。例如，陈肖英、彭雪芳等对海外的中国和亚洲移民研究发现，移民动机和现代教育等都会影响移民在当地社会的适应和融入。陈肖英对南非的中国新移民的研究发现，移民融入移居国的动机越强，越是有长期的、明确的居留目标，越容易适应与融入[⑤]。彭雪芳对美国苗族的研究认为现代教育是苗族移民在美国克服困难赢得生存与发展的重要途径[⑥]。朱力对农民工的研究发现，人力资本是一个重要变量，人力资本越强国内移民越容易适应城市生活；另外移民融入城市的动机越强，居住的时间越长，社会交往越广泛，移民越容易适应与融入所在城市[⑦]。风笑天认为，在不同移民阶段影响移民社会适应的因素的重要性会有所不同。在迁移早期，不同搬迁方式对移民的适应影响非常明显，但移民搬迁一段时间以后，生产劳动方面的差别以及生活习俗上的“细微差别”逐渐成为更重要的影响因素。此外，移民感受到的安置点政府的关心程度也是重

① 刘庆等：《移居老年人社会适应的结构、现状与影响因素》，《南方人口》2015 年第 6 期。

② 赵丽丽：《城市女性婚姻移民的社会适应及其影响研究——对上海市“外来媳妇”的调查》，《上海财经大学学报（哲学社会科学版）》2008 年第 3 期。

③ 朱力：《论农民工阶层的城市适应》，《江海学刊》2002 年第 6 期。

④ 田凯：《关于农民工城市适应的调查与思考》，《人口学刊》1996 年第 4 期。

⑤ 陈肖英：《民族聚集区经济与跨国移民社会适应性的差异》，《开放时代》2011 年第 5 期。

⑥ 彭雪芳：《美国苗族移民的社会适应与文化传承》，《世界民族》2017 年第 2 期。

⑦ 朱力：《论农民工阶层的城市适应》，《江海学刊》2002 年第 6 期。

要影响因素。[①]

关于移民适应的模式，钟涨宝等通过对相关文献的梳理，认为按学者的基本取向可以归纳为“同化论”与“多元文化论”两大流派。[②]李伯宁在研究三峡移民时发现，移民在迁入地的适应和融合是一个渐进的过程，在这过程中，移民面临着社会网络重构，与迁入地居民冲突和整合，乃至最终适应迁入地社会的一系列复杂任务。[③]

关于移民的社会适应现状研究多见于农民工、流动人口、城市移民以及工程移民等领域。工程移民中关于社会适应研究则比较集中在三峡移民的研究中。其中比较有代表性的是风笑天以及南京大学社会学系的老师和研究生们的相关研究。风笑天利用1979年、1999年、2000年三年的数据，以定量方法对三峡移民的社会适应进行了综合分析，并探讨了移民在新环境中社会适应状况的各种影响因素，发现三峡工程首批农村移民在社会适应的不同层面和不同阶段的状况各有不同。从层面上看，适应的程度依次递减：日常生活适应状况普遍较好，其次为生产劳动，最困难的表现为心理适应。从时间段上看，搬迁时间越长，社会适应状况越好等。[④]郝玉章、风笑天在其《三峡外迁移民的社会适应性及其影响因素研究——对江苏227户移民的调查》里，从经济、生活和人际交往三个层面对三峡移民的社会适应做了研究：发现这里的移民生产劳动适应比较快，但是生活适应和交往适应则存在分化和差异。[⑤]程瑜对安置在广东的三峡移民生活适应也做了研究，发现移民外在的文化特质适应要快于深层次的文化特质的适应，提出要帮助移民在迁入地

① 风笑天：《“落地生根”？——三峡农村移民的社会适应》，《社会学研究》2004年第5期。

② 钟涨宝等：《移民研究述评》，《世界民族》2009年第1期。

③ 李伯宁等：《库区移民安置》，水利水电出版社1992年版。

④ 风笑天：《“落地生根”？——三峡农村移民的社会适应》，《社会学研究》2004年第5期。

⑤ 郝玉章等：《三峡外迁移民的社会适应性及其影响因素研究——对江苏227户移民的调查》，《市场与人口分析》2005年第6期。

真正得到发展，社会要关注移民的深层次文化适应的需求。[①]刘庆、陈世海对移居老年人的社会适应研究则得出移居老年人心理适应程度较好、社会交往较差，经济适应相对最差。[②]

2. 以生态移民社会适应为研究主题的文献

以生态移民社会适应为研究主题的文献目前也在逐步增多，既有从多维度进行综合研究生态移民社会适应的，也有从适应的某一维度进行的专门研究。

关于生态移民社会适应现状的综合研究，例如李培林等通过对宁夏生态移民的调研，认为生态移民“成功地解决了生计贫困问题”，但是也存在一些诸如就业机会不足、发展资金短缺、收入提升困难等问题。此外，李培林特别指出：“标准化的安置方式难以满足移民的差异化需求”，“要使移民融入到新的社区”，需要统筹城乡发展，实现对移民社区管理的创新。[③]敏俊卿、努尔古丽从生态人类学的研究视角对塔什库尔干塔吉克自治县生态移民地区社会、生活和文化等方面的变迁和适应过程进行了描述，提出移民本身是生态移民工程的主体，应当是主要参与者；政府应该重视民族文化传统的传承，这样才能实现在新的环境中民族文化的自救。[④]张铁军对隆德县城关镇峰台村易地扶贫搬迁移民的社会适应状况进行了调研，发现移民的生活环境大为改善，职业从过去的季节性打工变为长期外出务工，生活方式向城镇化转变，社会网络圈子有所扩大。但是也存在一些适应困难，表现在人力资本不高、社会交往的深度发展困难、移民村空巢化老龄化比较严重。因此

---

① 程瑜：《一个三峡移民村落在广东的生活适应》，博士学位论文，中山大学社会学系，2004 年。

② 刘庆：《移居老年人社会适应的结构、现状与影响因素》，《南方人口》2015 年第 6 期。

③ 李培林等：《移民、扶贫与生态文明建设——宁夏生态移民调研报告》，《宁夏社会科学》2013 年第 3 期。

④ 敏俊卿等：《生态移民的社会文化适应研究——以塔什库尔干阿巴提镇为例》，《西北民族研究》2008 年第 8 期。

提出需要在政府层面、社区层面、社会层面和主体层面都针对这些问题采取相应的措施。[①] 刘宗华则从自然环境、基础设施、教育医疗、经济生产、人际交往五个方面分析了生态移民社会适应的相关问题[②]；马伟华借用了生产、生活、观念、宗教这四个维度对西北回族地区吊庄移民的社会文化适应做了研究，发现吊庄移民的社会文化适应处在“多元”和“同化”之间的状态，并认为移民的社会文化适应状况决定着宁夏吊庄移民工程的成败。[③] 解彩霞对三江源区域曲麻莱县的两个移民点的调查表明，移民处于适应水平不高回迁愿望也不高的尴尬状态，并分析原因是迁入地和原住地的拉力都不够[④]。马宝龙等对三江源生态移民的适应研究发现，移民生计适应困难的原因在于三江源地区移民是来自高寒、高山草场的藏族牧民，他们只能从事单一的、以游牧为主导的草原畜牧业工作，搬迁后他们没有从事二、三产业的劳动技能[⑤]。杨萍等对三江源移民研究发现，移民的饮食结构正发生变化，蔬菜和面食类在饮食中逐渐占据主要部分。此外，发现许多移民汉语水平不高，多数移民只懂藏语，给移民融入迁入地的生活带来困难[⑥]。

关于生态移民社会适应的某一个层面的研究，例如在经济适应方面，董亮对三江源生态移民的格尔木移民点的调查发现移民原来从事农牧业，搬迁后只能从事虫草、枸杞采集和建筑等工作[⑦]。其他如石德生[⑧]、付少平、束锡红、

① 张铁军：《生态移民社会适应问题研究》，《理论建设》2012 年第 3 期。

② 刘宗华：《易地扶贫搬迁移民社会适应研究——基于宜昌市的调查分析》，《三峡大学学报》2018 年第 5 期。

③ 马伟华：《生态移民与文化调适：西北回族地区吊庄移民的社会文化适应研究》，民族出版社 2011 年版。

④ 解彩霞：《三江源生态移民的社会适应与回迁愿望分析》，《攀登》2010 年第 6 期。

⑤ 马宝龙：《困境与对策：三江源区藏族生态移民适应性研究——以果洛州扎陵湖乡移民为例》，《甘肃联合大学学报（社会科学版）》2007 年第 5 期。

⑥ 杨萍等：《三江源区生态移民适应问题研究》，《青海环境》2013 年第 2 期。

⑦ 董亮：《民族地区生态移民的文化教育与职业培训模式研究——以格尔木曲麻莱昆仑民族文化村为例》，《贵州民族研究》2014 年第 4 期。

⑧ 石德生：《三江源生态移民的生活状况与社会适应——以格尔木长江源头生态移民为例》，《西藏研究》2008 年第 4 期。

李聪、金梅、申云等也从不同角度对生态移民搬迁后的经济适应做了相关的调查研究。付少平等分析了陕南地区的扶贫移民迁移后生计空间发生了很多变化，生计空间既得到扩展、优化的一面，也存在因社会空间断裂、制度空间遭遇社会排斥使生计空间被挤压的一面①。束锡红等分析了宁夏扶贫移民生计方式变迁和多元发展的深层次逻辑，提出要通过重构社会关系网络和拓展教育扶贫等方式再造移民生计资本促进移民生计方式多元化和可持续发展②。李聪等对陕南地区移民研究认为移民搬迁有利于优化其生计结构，促进其生计方式向非农转型，其中集中安置方式显著降低其从事养殖业而促进其外出务工③。金梅、申云对云南怒江州易地搬迁移民的研究发现易地搬迁总体上有利于提升农户生计资本，同时不同安置方式对农户的生计资本的影响不同④。

此外，一些学者专门研究了生态移民的贫困问题。王晓毅对宁夏移民的研究发现，易地搬迁后基础设施和供给服务得到有效改善，非农就业机会增加，但是移民区也出现生态退化、农业生产资源单一和短缺、非农就业对部分移民的排斥，造成了新移民区较高的贫困发生率，同时移民的高流动性与陌生感给精准扶贫识别和精准扶贫造成了困难⑤。郑瑞强等研究发现，相对于单一的收入贫困，移民的多维贫困更为普遍，仅靠经济增长脱贫日益困难，需要从移民教育、技能培训等方面多方着手促进扶贫移民的生活改善和安稳致富⑥。刘伟等综合考虑收入与消费标准，将移民的贫困分为三种类型：

---

① 付少平等：《精准扶贫视角下的移民生计空间再塑造研究》，《南京农业大学学报（社会科学版）》2015年第6期。

② 束锡红等：《精准扶贫视域下宁夏生态移民生计方式变迁与多元发展》，《宁夏社会科学》2017年第5期。

③ 李聪等：《移民搬迁对农户生计策略的影响——基于陕南安康地区的调查》，《中国农村观察》2013年第6期。

④ 金梅等：《易地扶贫搬迁模式与农户生计资本变动——基于准实验的政策评估》，《广东财经大学学报》2017年第5期。

⑤ 王晓毅：《移民的流动性与贫困治理——宁夏生态移民的再认识》，《中国农业大学学报（社会科学版）》2017年第5期。

⑥ 郑瑞强等：《扶贫移民适应期生计风险、扶持资源承接与政策优化》，《华中农业大学学报（社会科学版）》2015年第4期。

选择性贫困、暂时性贫困与持久性贫困，认为不同移民方式对不同类型贫困的影响不同①。

有些学者对生态移民的文化适应做了专门的研究，例如余吉玲对内蒙古移民的研究发现，在民族地区生态移民过程中，环境的改变会引起人们在生产方式、生活习俗、宗教信仰、价值观等方面的改变，从而发生文化变迁。例如在新的社区，蒙古包等文化元素就失去了存在的意义，当然文化在变迁过程中也不断地出现创新和发展。②马伟华在对宁夏回族移民的调查中发现，吊庄移民伊斯兰教派之间经历了由平静到冲突再到平静的过程。结果是几个教派之间在宗教认同上的差异变得越来越小，与移民初到吊庄时相比，已经发生了根本性的变化。因为搬迁活动使得宗教文化场域不复存在，没有了操演宗教仪式的空间，同时许多具有一定历史文物价值的佛教寺院、佛教经典、工艺品在这个过程中可能被损毁。因此，政府应有意识的对宗教文化予以保护③。吴莎、吴晓秋的研究也表明，少数民族移民的宗教信仰由于新的移民区不具备举行一些宗教仪式的条件逐渐发生改变④。总之，学者们发现文化所赖以生存的环境变化了，文化也就会随之发生变迁。

还有学者专门研究了生态移民的心理适应。鲁顺元的调查反映一些移民以前放牧时很忙，现在经常闲着没事，精神压力大⑤。索端智的调查则反映一些移民离开原来的草原来到新的地方不适应环境感到心里难受⑥。石德生

① 刘伟等:《移民搬迁农户的贫困类型及影响因素分析——基于陕南安康的抽样调查》,《中南财经政法大学学报》2015 年第 6 期。

② 余吉玲:《民族地区生态移民中的文化变迁》,《黑龙江史志》2009 年第 12 期。

③ 马伟华:《民族地区生态移民安置中的宗教问题及其相关政策》,《北方民族大学学报(哲学社会科学版)》2014 年第 3 期。

④ 吴莎等:《扶贫生态移民文化变迁——基于对于榕江县古州镇丰乐移民新村调研》,《贵州社会科学》2013 年第 6 期。

⑤ 鲁顺元:《三江源生态移民社会适应问题的调查与思考》,《青海师范大学学报(哲学社会科学版)》2009 年第 5 期。

⑥ 索端智:《三江源生态移民的城镇化安置及其适应性研究》,《青海民族学院学报(社会科学版)》2009 年第 2 期。

对格尔木的移民研究认为，移民城市化过程存在“心理震荡”“边际人格”[①]。祁进玉在三江源果洛州调查时发现一些移民心理空虚，有愤怒情绪，因而闹事等[②]。李箐怡等认为民族心理认同对民族地区生态移民的社会适应有重要影响。[③]李杰等对内蒙古阿拉善盟孪井滩移民研究发现社会适应性与心理健康水平存在显著正相关。社会支持、收入水平等因素对移民的心理健康都有着不同程度的影响，社会适应状况好的则心理健康水平要相对高一些。总体上收入高的移民，心理适应的情况也好一些。同时他也提出，虽然移民的生活有了普遍的提高，但是对原来居住的和熟人的怀念依然强烈。并且有可能客观生活方面的适应随着时间推移而变好，但是心理适应却可能变差[④]。总之，很多生态移民的故乡情结以及归属感都比较强，而社会支持、经济收入等因素对移民的心理适应都有较大的影响。

在生态移民的后续发展方面，索端智对三江源区域果洛州大武镇河源移民村的调查发现，城镇化安置模式使移民享受到了均等化的服务，但为移民设置的后续产业发展方案包括生态畜牧业发展、蔬菜大棚种植、藏毯编织、藏药制药、民族民间工艺美术和民族歌舞表演等还没有成功的个案[⑤]。赵宏利在其论文《生态移民后续产业发展模式研究——以三江源国家级自然保护区为例》中提出了四个阶段的发展模式：基本生存型产业模式、脱贫型产业发展模式、小康型发展模式、富裕型发展模式。认为在移民安置时，要

① 石德生：《三江源生态移民的生活状况与社会适应——以格尔木长江源头生态移民为例》，《西藏研究》2008 年第 4 期。

② 祁进玉：《草原生态移民与文化适应——以黄河源头流域为个案》，《青海民族研究》2011 年第 1 期。

③ 李箐怡等：《生态移民工作中的民族心理认同——以新疆塔里木河生态移民为例》，《新疆师范大学学报》2006 年第 9 期。

④ 李杰等：《生态移民社会适应、社会支持与心理健康状况调查——以内蒙古阿拉善盟孪井滩为例》，《前沿》2011 年第 11 期。

⑤ 索端智：《三江源生态移民的城镇化安置及其适应性研究》，《青海民族学院学报（社会科学版）》2009 年第 2 期。

充分考虑对安置点的资源合理利用、后续产业构建及产业调整等问题[①]。张丽君等发现西部牧区生态移民后续发展面临迁入地的选择缺乏系统、缜密的实证研究，导致新的生态破坏、基础设施建设投入不足、对牧民生产方式转变后的适应性学习培训滞后等问题，指出迁移之前需要对当地的生态环境和牧民的生产生活状况做深入考察，确定移民的必要性；对迁入地而言，需要对当地资源环境的承载能力进行评估，谨防产生新的生态恶化与“二次生态移民”现象。[②] 此外，《开发扶贫与环境移民》《中国农村扶贫自愿移民搬迁的理论与实践》[③]《谁搬迁了？——自愿性移民扶贫项目的社会、经济和政策分析》[④] 等均对移民发展和脱贫问题进行了研究，认为生态移民搬迁的首要目标是扶贫，是要让移民在安置点的生活水平有所提升。要达到这一目标，社会就要重视移民的后续发展。

有的研究比较关注生态移民项目的运作过程问题。刘学武从政府权威与民间社会运作体系两个视角出发，分析了政府权威的可持续性及民间社会运作体系如何在发挥移民主动性方面起作用，给生态移民乃至其他类型的移民提供了移民工程中政府推动与移民主动参与之间的互动成效。[⑤] 荀丽丽等认为生态移民政策的实践过程是一个由中央政府、地方政府、市场精英、农牧民等多元社会行为主体共同参与的社会过程。[⑥]

改善生态移民社会适应水平的对策方面的探讨：已有研究针对发现的

---

① 赵宏利：《生态移民后续产业发展模式研究——以三江源国家级自然保护区为例》，《生态经济》2009 年第 7 期。

② 张丽君、王菲：《中国西部牧区生态移民后续发展对策探析》，《中央民族大学学报（哲学社会科学版）》2011 年第 4 期。

③ 黄承伟：《中国农村扶贫自愿移民搬迁的理论与实践》，中国财政经济出版社 2004 年版。

④ 林志斌：《谁搬迁了？——自愿性移民扶贫项目的社会、经济和政策分析》，社会科学文献出版社 2006 年版。

⑤ 刘学武：《生态移民中政府权威与民间社会运作体系的互动——以宁夏红寺堡生态移民开发区为个案》，博士学位论文，中央民族大学民族学与社会学院，2011 年。

⑥ 荀丽丽、包智明：《政府动员型环境政策及其地方实践——关于内蒙古 S 旗生态移民的社会学分析》，《中国社会科学》2007 年第 5 期。

问题提出了以下对策建议：（1）加强对移民的职业培训，提高移民的生存技能。柳劲松对武陵山片区生态移民的技术培训进行研究后发现，“供需匹配度、流程组织、制度资金保障、目标与效率和外部环境”是影响生态移民技能培训服务绩效的五个关键因素，而当前的技术培训绩效不足，所以要加强这方面的工作[①]。李培林等对宁夏生态移民的研究也提出要加大对移民的技能培训[②]；董亮认为迁入地基层管理部门应多形式、多渠道地组织和开展各类培训活动和培训课程，提高移民的就业技能和改变落后的观念，在这个过程中要充分调动移民参与培训的积极性，同时还要对移民进行就业引导和推介工作[③]。韦仁忠认为最好是采取“菜单式”培训，设计不同层次的培训内容，提高培训的时效性和针对性，以促进移民的人力资本的提高[④]。余艳也提到要对移民积极开展技术培训以及思想培训[⑤]。（2）重视移民的文化建设。韦仁忠提出政府加强对移民文化的尊重和建设，使游牧文化与现代化城镇文化相互融合，减少移民与当地居民的文化冲突[⑥]。杨萍提出要通过适当措施提高移民的语言交流能力和文化水平，增强社会适应能力[⑦]。闫丽娟、张俊明认为政府要加强政策支持，重视民族宗教问题的及时妥善处理，提升相关部门做好民族宗教工作的能力以及为移民提供心理健康服务等[⑧]。桑才让则

---

① 柳劲松：《武陵山片区生态移民培训服务链绩效的影响因素研究》，《中南民族大学学报（人文社会科学版）》2017 年第 1 期。

② 李培林、王晓毅：《移民、扶贫与生态文明建设——宁夏生态移民调研报告》，《宁夏社会科学》2013 年第 3 期。

③ 董亮：《民族地区生态移民的文化教育与职业培训模式研究——以格尔木曲麻莱昆仑民族文化村为例》，《贵州民族研究》2014 年第 4 期。

④ 韦仁忠：《草原生态移民的文化变迁和文化调适研究——以三江源生态移民为例》，《西南民族大学学报（人文社会科学版）》2013 年第 4 期。

⑤ 余艳：《努力破解生态移民的困境——陕南生态移民实证研究》，《人民论坛》2014 年第 7 期。

⑥ 韦仁忠：《草原生态移民的文化变迁和文化调适研究——以三江源生态移民为例》，《西南民族大学学报（人文社会科学版）》2013 年第 4 期。

⑦ 杨萍等：《三江源区生态移民适应问题研究》，《青海环境》2013 年第 2 期。

⑧ 闫丽娟、张俊明：《少数民族生态移民异地搬迁后的心理适应问题研究——以宁夏中宁县太阳梁移民新村为例》，《中南民族大学学报（人文社会科学版）》2013 年第 9 期。

提出重建移民的精神家园，帮助他们缓解由文化不适应带来的震荡和心理压力，以及提升移民文化，融入城市文化元素以增强适应能力[①]。（3）扩展移民的社会关系网络。韦仁忠认为要重建、发展社会组织，让新的组织来协调整合移民的各种关系，组织各种活动让移民与安置点居民多接触、交流，建立新的社会关系网络等[②]。鲁顺元认为改善移民的社会适应水平应该大力发展移民社区自治组织、加强社区与牧民原住地村委会的联系以及加强形式多样的移民社区文化建设，促进移民与城镇居民的交流和沟通等[③]。（4）建立移民参与机制。余艳认为要建立移民协同参与机制。所谓移民协同参与机制，即在政府的指导下，移民参与移民的全过程，对各个环节进行监督、建议，以制订更合理的移民搬迁方案[④]。王培辉、班慧君和王旭认为，建立相应机制应充分考虑移民的意愿以保障农牧民的利益[⑤]。此外也有少量对扶贫移民帮扶政策方面的分析。陆汉文、覃志敏认为需要统筹安置点、迁出区域的各类资源，在安置点积极引导建设特色优势产业聚集区，在迁出区域合理发展现代林特农业产业以及探索移民资产收益扶贫等方式促进移民生计发展[⑥]。张瑜分析宁夏生态移民政策认为生态移民政策供给存在单一、不当及僵化的问题，需要健全监督与反馈机制、动态调适机制等政策供给的有效性[⑦]。郑瑞强等分析认为，目前的扶贫移民支持政策存在政策对接有落差、政策衔接有缝隙、政策承接有障碍等问题，需要整合发展扶

---

① 桑才让：《对三江源生态移民文化适应性问题的调查与思考》，《攀登》2011 年第 6 期。

② 韦仁忠：《草原生态移民的文化变迁和文化调适研究——以三江源生态移民为例》，《西南民族大学学报（人文社会科学版）》2013 年第 4 期。

③ 鲁顺元：《三江源生态移民社会适应问题的调查与思考》，《青海师范大学学报（哲学社会科学版）》2009 年第 5 期。

④ 余艳：《努力破解生态移民的困境——陕南生态移民实证研究》，《人民论坛》2014 年第 7 期。

⑤ 王培辉等：《内蒙古牧区生态移民村居住模式适宜性分析》，《山西建筑》2008 年第 2 期。

⑥ 陆汉文、覃志敏：《新阶段的非农安置扶贫移民：规模估计和政策创新》，《浙江学刊》2017 年第 1 期。

⑦ 张瑜：《宁夏生态移民政策供给缺陷与原因分析》，《北方民族大学学报（哲学社会科学版）》2016 年第 5 期。

持政策与资源[①]。

三、现有研究的评价

国外生态移民研究开展较早，研究内容也较为丰富，其中关于生态移民概念的界定和演变，以及对一些欠发达国家和地区已经实施的易地扶贫搬迁项目中所积累的经验如基础设施建设、技术培训、移民参与等，和发现的如生计和文化等方面问题的归纳，特别是对我国生态移民工程实施过程中存在的问题提出的善意批评，都为我们的研究提供了有益借鉴。

国内研究方面，总体看来，伴随着我国生态移民工程的发展和延伸，该领域迅速成为学术界的研究热点，关于生态移民的研究成果较为丰富。涉及的学科包括社会学、人口学、经济学和人类学等，研究内容从一般的概念、目标、类型、安置方式等到社会适应的各个层面，包括经济、文化、心理等各个方面。从研究方法看，已有研究多是建立在实地调查的基础上，成果可信度高，所总结的经验，发现的问题，对后来的研究提供了诸多启发。例如，对生态移民社会适应过程中各个层面的适应强度顺序问题、影响因素等的总结，都可以为后来的研究所借鉴。同时，已有研究无论是综合性的还是某方面的研究，其采用的观测维度和指标也为后来的研究拓展了思路。可以说，现有研究极大地推动了我国生态移民，甚至一般移民的进一步研究。

不过，现有关于生态移民社会适应研究也存在一些不足：

1. 研究区域分布不均衡：现有研究主要集中在三江源、宁夏、内蒙古、新疆等地，其中三江源生态移民的社会适应研究最多。其他地区如西南的贵州、四川、重庆等地只有极少量的研究。

2. 研究内容上：无论是三江源地区还是其他地区的研究，多以生态移民社会适应的某一层面，例如经济适应或文化适应等的研究，综合社会适应的

---

① 郑瑞强等：《扶贫移民适应期生计风险、扶持资源承接与政策优化》，《华中农业大学学报（社会科学版）》2015 年第 4 期。

多层面、系统研究较少。

3. 研究对象方面：大多研究是针对某一个小的地区或者某一个移民点的研究，缺乏大规模大区域的比较研究。因此现有研究给人一种零碎的印象，不能使人对关于某一类型或者某一大的区域的移民适应状况有整体了解。

4. 研究方法上：现有研究大多是个案研究，针对某一个移民点或某一个小的区域以参与式观察、访谈或问卷的方式进行调查。因此，目前大多数生态移民的社会适应研究主要是定性研究或者是简单的定量研究（描述性的统计），缺乏多元统计方法的运用。

此外，既有生态移民社会适应研究在理论提炼上的不足，主要还是描述性的分析，理论上的总结不够。同时，在促进生态移民社会适应的对策方面的研究系统性与针对性还不够。因此需要在综合研究生态移民社会适应状况及其影响因素的基础上提出更为系统和有针对性的对策建议。

第四节　移民及社会适应相关理论

易地扶贫搬迁移民是个很复杂的工程，其工程主体——易地扶贫搬迁移民的社会适应必然不是某一种理论可以解释的。它涉及很多方面的问题，受到多种因素的影响，因此需要多种理论加以关注。

首先，本课题研究的对象是易地扶贫搬迁移民。尽管与其他类型的移民有很多不同点，但是作为移民，却也一定有很多共性。因而已有关于移民研究的一般理论也会对本研究有指导意义。

梳理移民理论发展和研究脉络发现，西方的移民理论有着比较牢固的理论体系框架，为移民研究提供了基本范式，国内有关移民的研究也基本上是沿用西方移民理论研究的范式展开的。[①] 本课题结合研究主题的需要，对

① 曾迪强、马洪杰：《移民研究理论综述》，李强等主编：《城镇化与国内移民：理论与研究议题》，社会科学文献出版社 2015 年版，第 27 页。

几个相关度比较大的理论分两个部分进行总结。

一、关于移民的一般理论

西方关于移民的研究成果非常丰富，本课题选择以下几个比较著名的理论作为研究的参考：推拉理论（Pull and Push Migration Theory）、新古典经济学移民理论（Neoclassical Economics Migration Theory）、世界体系理论（World System Theory）和社会网络理论（Migration Network）。

（一）推拉理论

1938年郝博尔（R.Herberle）最早提出了推拉理论，经过博格（D.J.Bogue）等人的发展，这一理论已经成为一个比较有解释力的理论框架。[①] 根据这个理论，人们迁移是受到推力（原住地不好的经济状况或自然环境）和拉力（更多的就业机会、更高的收入、更好的教育卫生设施等）的作用。迁移就是原住地与迁入地之间推力和拉力共同作用的结果。[②] 该理论的主要代表拉文·斯坦认为：拉力要比推力更加重要。在日常生活中，推力可视为不好的经济状况或自然环境，但也并不是所有人都会因为这些因素而发生迁移，除非存在着某种程度的吸引力[③]。

（二）新古典经济学移民理论

该理论着重从经济学的角度分析人口迁移的原因，有宏观和微观不同视角之分。宏观理论的基本假设是：不同区域之间工资收入的差异往往会导

---

① 朱国宏：《中国的海外移民》，复旦大学出版社1994年版，第11页。

② 王茂福、史铮：《制度迁移背景下的水库移民返迁——人口迁移动因的推拉理论的完善》，《华中科技大学学报（社会科学版）》2004年第3版。

③ Ravenstein E., The Laws of Migration, Journal of the Royal Statistical Society, 1889, No.52, pp.241-301. 转引自梁茂信：《现代欧美移民与民族多元化研究》，商务印书馆2011年版。

致人们从低工资的地区迁往高工资的地区。[①] 在国际上，经济发达且缺乏劳动力的国家和地区一般是主要的迁入国和地区，而人口众多但经济发展滞后的国家和地区往往就成了主要的人口迁出国和地区。[②] 微观理论认为：个体迁移行为一定程度上是一种人力资本投资，因为它可以增强个人的经济效率。新古典经济学移民理论从经济上解释了国际迁移行为。这一理论实际上是把推拉理论具体化了。推拉理论解释了人口迁移的动机在于迁出国和迁入国的生计和生活环境的差异，新古典经济学则将生计与生活环境具体解释为不同地区的工资差距。揭示的都是迁移地和原住地之间的经济收入水平差异会直接影响移民的迁移定居的决策。

（三）世界体系理论

世界体系理论也称为边缘—中心理论。该理论的核心思想是：国际移民是世界市场体系扩展的必然产物，全球性的经济生产体系从核心地区向边缘地区扩展是跨国移民的催化剂。认为世界自工业革命以来就有了核心国家或地区（发达国家或地区）和边缘国家或地区（欠发达国家或地区）之分，即使到了现代，边缘国家或地区与核心国家或地区的经济差距依然很大，因此边缘国家或地区的人口向核心国家或地区的迁移一直就不可避免。例如，20 世纪以来欧洲国家的移民就呈现出从边缘向中心的流动：地中海沿岸国家的人口向西欧、北欧国家流动。同时，这一理论除了考虑经济因素以外，也强调社会历史和文化对人口迁移的影响。因为事实显示，边缘人口向中心流动后，这些移民与迁入地的主流文化相去甚远。主流文化的价值观会极大地影响这些来自边缘地区的移民，但同时移民带去的文化对迁入国文化也构成了较大的挑战。因此该理论认为经济上的差距虽然会吸引边缘地区的人们迁往核心地区，但经济

① 俞路：《新时期中国移民分布研究》，三联书店 2008 年版，第 57 页。
② 华金·阿郎戈：《移民研究的评析》，《国际社会科学杂志（中文版）》2001 年第 3 期。

的因素并不是人口迁移的唯一原因，社会文化因素也可能会成为人口迁移的障碍。[①]这一理论弥补了新古典经济学关于收入差距导致移民的理论缺陷：即收入差距可能是引发迁移的动机，但并不一定就能使得移民行为真正发生。移民做出迁移决策除了经济因素外，还可能会受社会文化等因素的影响。

（四）社会网络理论

移民网络理论包括宏观和微观两个系统。从宏观上看，世界市场的政治经济状况、不同国家之间的关系以及迁出国和迁入国的移民政策等都对移民的产生具有影响力，所以移民网络强调经济全球化对国际移民的影响。从微观上看，社会网络是移民与迁入地其他移民、与还在老家的亲友以及迁入地的同事朋友邻居等基于亲缘、地缘和业缘关系所建立起来的一系列关系。该理论认为，只有迁移者建立了多方面的社会联系，他才能在迁入地较好的生存下去。其代表之一 Massey 指出："移民网络是一系列人际关系的组合，其纽带可以是血缘、乡缘、情缘等。"[②]移民网络形成后就会成为一种重要的社会资本，可以提升迁入者的生活水平，降低迁入者的风险。[③]伯恩（W.R.Bohning）曾在此基础上提出过移民与定居的"四阶段说"：1. 到达迁入国并挣钱汇款给家人；2. 留下来并建立自己的社会网络；3. 长期定居、家庭团聚；4. 申请归化和公民权利。在此前提下，迁入国的民族同化政策和主流社会的宽容程度对移民的融合进程具有决定性的影响。[④]

① 梁茂信：《现代欧美移民与民族多元化研究》，商务印书馆 2011 年版，第 13 页。

② Massey, Douglsa, J.Arango, G.Hugo, A.Kouaouci. Theories of International Migration : A Review and Appraisal, Population and Development Review, 1993, No.19, pp.431-466. 转引自梁茂信：《现代欧美移民与民族多元化研究》，商务印书馆 2011 年版，第 59 页。

③ 曾迪强、马洪杰：《移民研究理论综述》，李强等主编：《城镇化与国内移民：理论与研究议题》，社会科学文献出版社 2015 年版，第 13 页。

④ Bohning W.R.，Studies in International Labour Migration, New York ：Martin's Press，1984. 转引自康晓丽著：《第二次世界大战后东南亚华人的海外移民》，厦门大学出版社 2015 年版，第 15—16 页。

上述理论研究涉及移民的动因、过程和后续等方面，既是对西方特别是美国移民历史中出现的各类社会问题和现象的反应，也是对西方各阶段移民经历的总结。虽然上述理论不能完全概括西方学界关于移民研究的所有成果，尽管我国移民特别是易地扶贫搬迁移民具有很多与国际移民不同的特征，但上述理论分别从不同角度和层面，针对移民的不同现象和问题做了研究，其结果反映了移民的一般规律性问题，因此对本课题的研究是有一定指导和借鉴意义的。例如，马伟华在其《生态移民与文化调适：西北回族地区吊庄移民的社会文化适应研究》中就发现，“推拉理论在以宁夏吊庄移民为代表的中国农村扶贫自愿移民中，体现得较为明显”。他认为原住地生产与发展条件的缺乏和恶化（包括生态环境失调、自然灾害频发、水土流失严重和人地关系紧张）形成了易地扶贫搬迁移民的推力，政府的示范和动员则是易地扶贫搬迁移民的拉力。[①] 笔者认为除了政府的动员工作以外，一般来说，迁入地的基础设施等条件都比原住地要好，发展机会更多一点，这也应该是易地扶贫搬迁移民迁移的主要拉力之一。易地扶贫搬迁移民工程虽然是政府主导，但政府是在充分尊重村民的迁移意愿基础上才实施的，所以推拉理论和新古典经济学移民理论可以帮助我们理解与易地扶贫搬迁移民社会适应相关的如迁移意愿、定居以及回迁等现象。中心—边缘理论则不仅可以解释政府选择易地扶贫搬迁移民安置点的策略，也对影响易地扶贫搬迁移民的迁移意愿和定居的多样性因素有一定的解释力度。我国由于历史的原因，各地区的经济发展也是很不平衡。从核心—边缘的角度看，北京、上海、广州等是核心城市，广大内陆地区是边缘。然而在广大内陆地区，也有核心和边缘或者半边缘之分。我国西南民族地区易地扶贫搬迁移民的安置点的选择，也存在从边缘到核心的趋势，但都是相对而言。同时，其中关于文化因素的影响

---

① 马伟华：《生态移民与文化调适：西北回族地区吊庄移民的社会文化适应研究》，民族出版社 2011 年版，第 30 页。

作用对于我们的研究是特别值得借鉴的。在考虑易地扶贫搬迁移民的社会适应时，易地扶贫搬迁移民的社会网络重建是学者们关注的重点之一，社会网络理论和“社会资源竞争—同化”理论正好对之有所解释。

二、关于移民的社会适应理论

曾迪洋等认为移民的社会适应理论中，最有影响力的理论包括古典同化论（Assimilation）、多元文化论（Multiulturalism）和分层同化论（Segmented Assimilation）①。李明欢也发现：百年来西方理论界对于外来移民的社会适应问题，仍然在“同化”与“多元”之间左右尝试。②

笔者在梳理移民适应问题的相关理论时发现，研究移民社会适应的学者和研究移民社会融合的学者都把以上几个理论作为理论基础，但直接用“社会适应”概念的比较少，而用“社会融合”概念的比较多。也有学者曾对这两个概念的区别和联系进行过讨论③，有学者认为社会融合和社会适应是两个有区别的概念，例如戴楠④和王春光⑤等，但很多学者认为“社会适应”和“社会融合”两个概念可以“互换使用”，例如刘程⑥和韩秀记⑦。“融合论”在这里与“同化论”直接被等同；更多学者在讨论社会适应理论的时候混合使用“社会适应”概念和“社会融合”概念。例如有的学者在讨论社会融合的测量指标时，把研究社会适应的学者所用的测量指标与研究社会融

① 李强等主编：《城镇化与国内移民：理论与研究议题》，社会科学文献出版社 2015 年版，第 16 页。

② 李明欢：《20 世纪西方国际移民理论》，《厦门大学学报》2000 年第 4 期。

③ 石长慧：《社会融合的相关概念辨析》，李强等主编：《城镇化与国内移民：理论与研究议题》，社会科学文献出版社 2015 年版，第 78 页。

④ 戴楠：《母语传播视角下的欧洲华文传媒研究》，上海社会科学院出版社 2014 年版，第 134 页。

⑤ 朱力：《论农民工阶层的城市适应》，《江海学刊》2002 年第 6 期。

⑥ 刘程：《西方移民融合理论的发展轨迹与新动态》，《河海大学学报（哲学社会科学版）》2015 年第 3 期。

⑦ 韩秀记：《社区社会工作案例评析》，中国社会出版社 2017 年版，第 60 页。

合的学者所用的测量指标统计在了一个表格里面。[①]

本研究的目的不是专门探讨“社会适应”和“社会融合”两个概念的区别和联系，但在文献引用和研究过程中，不可避免会遇到研究移民社会适应的文献用的是“社会融合”概念。为了避免遗漏，本课题把凡是没有特别区分这两个概念的文献都纳入研究中。但为了尊重原文，在引用相关文献时，不便将所有原文中的“社会融合”概念逐一转换成“社会适应”概念。

（一）古典同化论

“同化”，一般被界定为移民在流入国被完全地接纳，现实地归属于特定的群体，或者说少数群体被吸纳入主体社会的价值系统。[②]同化论的产生和发展经由了克雷夫科尔（Hector St. John de C.）和伊斯雷尔·赞格威尔的熔炉理论，到帕克的族群关系周期理论（亦称族群关系循环理论），再到米尔顿·戈登（Milton Gordon）的三阶段论。

熔炉论的理论代表们的观点各有所异，但整体上看该理论强调对多种文化元素的吸收和融合，共存于一个新的本土的美国式文化的“大熔炉”中，并最终接受美国的生活方式和价值观。其核心是“追求美国民众在传统方面的一致性，也就是以盎格鲁—撒克逊文化为主的美国化”[③]。

帕克的移民周期理论把移民和当地人的互动过程划分为四个阶段：相遇（contact）、竞争（competition）、适应（accommodation）和同化（assimilation），认为每个阶段与前一个阶段相比都是一个进步，而且这四个阶段“是递进的，不可逆转的”[④]。帕克将这样的过程视为“一个互相渗透和融合的过程，在这

① 周浩：《流动人口社会融合的测量及理论思考》，《人口研究》2012 年第 3 期。

② 梁波、王海英：《国外移民社会融入研究综述》，《甘肃行政学院学报》2010 年第 2 期。

③ 李强等主编：《城镇化与国内移民：理论与研究议题》，社会科学文献出版社 2015 年版，第 16 页。

④ Robert Ezra Park. Human Migratino and the Marginal Man, American Journal of Sociology, 1928, Vol.3，No.6. 转引自张慧：《从同化到多元——基于国外融入理论的思考》，《文化论苑》2005 年第 2 期。

一过程中，个人和集团得到了其他集团的记忆、情感与态度，同时，他们的经历和历史也被其他人分享，由此他们汇入一种共同的文化生活”①。

20 世纪 60 年代，同化论的代表性人物，美国社会学家米尔顿·戈登（Milton Gordon）进一步完善了同化理论。1964 年，戈登在其《美国人生活中的同化》一书中，比较系统地总结了美国自建国以来处理移民关系的三个历史阶段，即盎格鲁—撒克逊阶段、熔炉阶段和文化多元主义阶段。②并在此基础上为帕克的不可逆转的同化过程设计了“路径图”：即测量移民族群同化的七个变量：文化适应、结构性融合、婚姻融合、认同性融合、态度接受融合、行为接受融合和世俗生活融合。③戈登对于结构同化的强调说明，主流社会的社会结构和制度安排会对移民的社会融入产生重要的影响。

随着美国移民结构的进一步多样化，人们在实践中发现，美国似乎不是一个大熔炉而是一个大变炉，外来因素进入后并未发生想象中那样“惊人的影响”，不是单纯被融化，而是发生了某种嬗变。同时，由于同化论关注的美国移民主要是来自欧洲的白人，忽略了非白人族群的文化和利益等问题。随着第二次世界大战后美国移民数量与结构的迅速变化，该理论的缺陷就凸显了出来。在 60 年代，社会学家内森·格雷泽（Nathan Glazer）等通过对美国的一些少数民族的调查研究，出版了《在熔炉之外》一书，认为很多移民并没有完全像熔炉论所期待的那样在美国这个“上帝的熔炉”里被熔炼成全新的美利坚人，而是保留了自己的传统和习惯，具有强烈的族群意识。④这一历史背景导致了多元文化主义理论的产生。

---

① 张慧：《从同化到多元——基于国外融入理论的思考》，《文化论苑》2005 年第 2 期。

② 章立明：《个人、社会与转变：社会文化人类学视野》，知识产权出版社 2016 年版，第 187 页。

③ 刘程：《西方移民融合理论的发展轨迹与新动态》，《河海大学学报》2015 年第 2 期。

④ Glazer，Nathan and Daniel，P. Moynihan. Beyond the Melting Pot：The Negroes, Puerto Ricans, Jews, Italians and Irish of New York City，Cambridge;Massachusetts Institute of Technology Press, 1963. 转引自李强等主编：《城镇化与国内移民：理论与研究议题》，社会科学文献出版社 2015 年版，第 44 页。

（二）多元文化论

多元文化主义认为移民的融入并非都是必然的同化，而是呈现出一种多样化、差异化的特征。移民群体会在保留自身文化独特性的基础上逐渐适应迁入国的社会主流文化（Glazer and Moynihan，1970），尤其是那些在进入这个新世界之前在社会上已有很深的根基，并在自己的传统文化中扎下根的人，和那些从民族社区中直接得到利益的人，是很难被同化的。基于这个观点，多元文化论进一步认为，不同民族的移民群体可以按照各自适应的不同方式同时生活在一个国家里。①②

实施多元文化政策，不仅可以反映不同民族特色的文化活动丰富多彩，而且有助于形成宽容、理解“异”文化的社会氛围，有利于不同民族和睦相处；正如戴安娜·埃克所描述的：多元化表达的不仅仅是差异，还有接触、卷入和参与，也是沟通、交流、对话和辩论的表达方式。③20 世纪 70 年代之后，“多元文化”成了加拿大、澳大利亚处理移民和族群关系的重要方略。80 年代中期开始，欧洲的瑞典、法国、荷兰、丹麦和英国等国家也分别在一定程度上将外来移民的治理置于多元文化主义的指导原则之下。依据多元文化主义的基本原则，所有不同宗教、文化一律平等。多元文化政策不仅给予“异文化”以一定的自由空间，而且还提供特别的经济支持。④

虽然自 20 世纪 90 年代以来，由于移民后代的融合与适应模式出现了多样性等问题，而导致社会上对多元文化论的质疑和批评，但其主要观点至今仍对当代移民研究产生着持续影响。

---

① Glazer, Nathan and Daniel, P.Moynihan. Beyond the Melting Pot: The Negroes, Puerto Ricans, Jews, Italians and Irish of New York City. Cambridge: MIT Press, 1970. 转引自李强等主编：《城镇化与国内移民：理论与研究议题》，社会科学文献出版社 2015 年版，第 16 页。

② 周敏：《唐人街：深居社会经济潜质的华人小区》，鲍谒斌译，商务印书馆 1995 年版。

③ 韩家炳：《美国的人口移民潮与多元文化主义的兴起》，《科学社会主义》2014 年第 5 期。

④ 李明欢：《多元文化主义在欧洲的理想与困境——以西欧穆斯林移民社群为案例的分析》，《国外社会科学》2010 年第 6 期。

此外，还有如分层同化论等，都强调移民融合和适应的结果可能会出现截然不同的模式，移民的融入和适应过程是多元的而不是单一的，强调社会结构因素和文化因素的互动关系，同化的原因不仅与移民族群内在的文化有关，还与族裔社区的社会经济资源和主流社会的社会分层与政策取向紧密相关，等等。

同化论与多元文化论从不同视角阐述了国外移民适应（融入）理论，两种理论有区别也有联系，并非相互隔离和独立，也不是绝对的非此即彼。同化论的分析框架和指标在当今的移民研究中仍然是有一定意义的。张慧认为，无论是同化论还是多元文化论，在研究移民社会适应和社会融合过程中都是可以借鉴的，例如，我国城市移民的社会融入、少数民族移民的社会调适、族群间的相互共处以及解决相关的族群问题如族群认同感、族群价值观、化解族群内外部矛盾、协调民族关系等，这些理论都能为我们提供一个基本的认识框架和思路。①

当然，易地扶贫搬迁移民与以往西方移民适应理论所研究的移民有很多不同：国际上的移民理论是对跨国移民的研究。"跨国移民的社会适应是在完全不同甚至完全陌生的社会文化环境中对新环境的适应，这种适应与移民迁徙动因及自身特征、移民拥有的社会关系、移民在移入国经济体系中的角色、移出国及移入国的具体政治、经济、文化等密切相关。"② 这与本课题的研究对象"易地扶贫搬迁移民"有很大区别。首先本课题的易地扶贫搬迁移民安置点（迁入地）一般都距离移民的老家（原住地）不是很远，文化差异没有跨国移民那么大。其次易地扶贫搬迁移民作为国内移民，其所处的政治体制和社会环境也是基本没有变化的。而且时代也不同，上述理论是发生在上个世纪，现在无论是国际社会环境还是国内社会环境都已经发生

① 张慧：《从同化到多元——基于国外融入理论的思考》，《理论界》2015 年第 2 期。

② 陈肖英：《民族聚集区经济与跨国移民社会适应的差异性——南非的中国新移民研究》，《开放时代》2011 年第 5 期。

了巨大的变化。因此，易地扶贫搬迁移民的社会适应显然是不能简单地用“同化论”和“多元文化论”加以解释。然而，本课题认为上述理论来自多学科、多视角，揭示了移民社会适应的一般规律，构建了衡量移民社会适应的基本研究框架和指标体系，这些一般性的东西对我们的研究主题是可以提供重要的借鉴和启示的。例如，无论是“同化论”还是“多元文化论”，其提出的移民社会适应模式都是针对从不发达国家或地区迁徙到发达国家或地区的移民。而本课的研究对象，显然也是从不发达地区迁移到相对发达一点的地区。因此上述理论也是可以观照的。这也是为什么我国大多数的关于城市移民、工程移民和易地扶贫搬迁移民的研究都对上述理论有所借鉴的原因。在理论模式上，本课题赞同石长惠的观点：“多元论是对同化论的发展和超越，但这并不意味着同化论已经过时”，“同化理论对于我国的农民工群体的社会融合现实可能更具解释力，同化论方面的相关研究能够为我国的研究提供直接的借鉴和参考。”[①] 例如，戈登关于结构同化的理论，提醒本课题注意从移民与主流社会相互作用和相互适应的视角来开展易地扶贫搬迁移民的社会适应研究。主流社会的社会结构和相关政策对移民社会融入的影响等方面的观点，对于审视易地扶贫搬迁移民的社会政策，以及从政府的规划视角来考察易地扶贫搬迁移民的社会适应等也都提供了启发。帕克有关移民的种族关系周期理论、社会距离和边缘人理论，以及移民社区对移民与主流社会融合的促进作用等理论，无不对今天我国的易地扶贫搬迁移民社会适应的某些问题有所解释；戈登的同化理论关于社会适应（融合）包含文化、社会关系和心理等三个方面以及三个方面的递进关系理论，也一直为国内相关研究所借鉴，笔者认为也可以为本课题研究分析框架的建立和因变量的指标构成方面的考虑提供重要的参考。而多元文化理论

① 李强等主编：《城镇化与国内移民：理论与研究议题》，社会科学文献出版社 2015 年版，第 49 页。

关于移民社会适应的多元化模式对本课题构架易地扶贫搬迁移民的影响因素框架也具有很大的参考和指导意义。

第五节　研究设计及研究过程

一、研究方法

本课题综合运用定性研究方法与定量研究方法进行研究。资料信息获取方法主要包括：问卷调查、结构式访谈、观察以及座谈会的方式。

定性分析方法：首先对国内外生态移民文献、社会政策的相关理论文献以及政府移民政策文献进行研读，通过归纳分析确定研究的理论视角和研究的主要思路。其次包括对访谈资料、座谈会和观察资料进行归纳分析。

定量分析方法：借用 SPSS22.0 对问卷数据进行统计和分析。通过频数分析得到扶贫移民在各个层面的数据。相关分析了解各自变量与社会适应各个维度的相关度。通过因子分析选择社会适应的各项指标，并通过计算因子得分获得社会适应各个层面的综合得分，最后用多元回归分析探讨社会适应各层面的影响因素。

二、指标设计

（一）因变量

在移民社会适应的测量维度方面，国内外都曾有过很多研究。梁波等曾在其《国外移民社会融入研究综述》里把西方有关社会融合（适应）的模型综合成三类：以戈登为代表的“二维模型”（包括社会结构和文化）、杨格—塔斯等人为代表的“三维模型”（结构性、社会—文化性、政治性）、恩泽格尔等人为代表的“四维模型”（经济、政治、文化、社会）。[①] 周浩在讨论流动人口社会融合的测量时，对国内外的相关情况也做了总结，发现国外最早比较系统的是戈登的七个指标，但由于戈登的七指标体系是建立在二元族群的前提下，而且忽略了经济因素，因此后来的学者对之进行了批评和修正。John Goldlust 和 Anthony H. Richmond（1974）在《移民适应的多元模型研究》一文中，就把适应的指标分为涵盖主观和客观两个方面的七大类。客观层面包括：1. 经济（职业、收入、消费）；2. 文化（语言、文化产品及象征、饮食、信仰和价值观）；3. 社会（社会网络关系、政治参与）。主观方面包括：1. 自我意识；2. 对接受地态度；3. 对当地人价值观的接收和内化；4. 对移民生活的满意程度[②]。

国内的相关研究大都集中在城市移民特别是农民工，以及水库移民的社会适应和融合的测量方面。在借鉴国外相关理论和经验发现的基础上，不同学者根据自己研究的对象特征和对社会适应概念的理解采用了不同的测量指标体系。例如桑才让在研究三江源生态移民的文化适应时认为，可以把戈登的七个指标“稍作调整作为考察和测度三江源易地扶贫搬迁移民文化适应情况的指标”[③]。朱力把社会适应指标分为：经济、社会和心理或文化[④]；解彩霞界定“社会适应”为：个体和群体逐步改变原来的生产、生活方式，接受和习惯迁入地的生活、生产方式，从而能够在新的地方稳定地生活下去的过程。因此她选择环境适应、饮食适应、住房满意度、衣着适应、生产适应五个维度作为社会适应的分析指标。[⑤] 田凯把农民工的城市适应性操作

① 梁波、徐旭英：《国外移民社会融入研究综述》，《甘肃行政学院学报》2010 年第 2 期。

② Goldlust, John and Anthony，H.Richmond. A Multivariate Model of Immigrant Adaptation, International Migration Review 2,1974, pp.193–225. 转引自周浩：《流动人口社会融合的测量及理论思考》，《人口研究》2012 年第 3 期。

③ 桑才让：《对三江源生态移民文化适应性问题的调查与思考》，《攀登》2011 年第 6 期。

④ 朱力：《论农民工阶层的城市适应》，《江海学刊》2002 年第 6 期。

⑤ 解彩霞：《三江源生态移民社会适应与回迁愿望分析》，《攀登》2010 年第 6 期。

化为相对稳定的职业、经济收入、社会地位、生活方式、社会交往和社会参与，[①] 通过对国内相关研究中的指标梳理，张文宏等发现：与国际移民的社会适应研究不同，学者们对国内移民的相关研究“淡化了文化的功能，突出了人际关系和社会参与的作用”[②]。

总之，国内对移民社会适应的测量维度的研究颇为丰富。张文宏、雷开春以及周浩等都曾对国内的相关研究做过比较系统的总结，周浩把过去很多学者的测量维度总结在一个表格里[③]。为了节省篇幅，也为了更清晰地了解目前学术界对于“移民社会适应”的测量指标基本情况，本课题对周浩的“已有社会融合测量维度的总结”表格做了一定的补充和修改。由于周浩的表里面最后三个郭良春、蒋华、王毅杰的研究是关于流动儿童的社会适应，所以去掉了，增加了有关生态移民的研究，整理如下：

作者	时间	类型	维　度
解彩霞[④]	2010	生态移民	环境适应 、饮食适应 、住房满意度、衣着适应 、生产适应
张铁军[⑤]	2012	生态移民	生活环境、收入来源、社会互动
刘宗华[⑥]	2018	生态移民	自然环境、基础设施、教育医疗、经济生产、人际交往
马伟华[⑦]	2011	生态移民	生产、生活、观念、宗教

① 田凯：《关于农民工的城市适应性的调查分析与思考》，《社会科学研究》1995 年第 5 期。

② 张文宏、雷开春：《城市新移民社会融合的结构、现状与影响因素分析》，《社会学研究》2008 年第 5 期。

③ 周浩：《流动人口社会融合的测量及理论思考》，《人口研究》2012 年第 3 期。虽然其论文题目和表格都是讲的社会融合，但是我们理解他是把社会融合和社会适应两个概念放在同一个意义上使用的。因为表格中列出的 12 个学者中，有 5 个学者的文章用的是社会适应概念。

④ 解彩霞：《三江源生态移民社会适应与回迁愿望分析》，《攀登》2010 年第 6 期。

⑤ 张铁军：《生态移民社会适应问题研究》，《理论建设》2012 年第 3 期。

⑥ 刘宗华：《易地扶贫搬迁移民社会适应研究——基于宜昌市的调查分析》，《三峡大学学报》2018 年第 5 期。

⑦ 马伟华：《生态移民与文化调适：西北回族地区吊庄移民的社会文化适应研究》，民族出版社 2011 年版。

续表

作者	时间	类型	维　度
周银珍等①	2010	水库移民	居住环境的便利程度、社会生活满意度、当地居民态度
吴垠②	2008	水库移民	日常生活适应性、经济生活适应性、社会心理适应性
严志兰③	2010	在闽台商	经济层面、生活层面、社会层面、心理与文化层面
周浩④	2012	移民一般	经济融合、文化适应、社会适应、结构融合、身份认同
韦仁忠⑤	2013	生态移民	经济、社会、心理和文化
郝玉章、风笑天⑥	2005	水库移民	经济、生活、人际关系
风笑天⑦	2004	水库移民	日常生活、家庭经济、生产劳动、邻里关系、社区认同
吴炳义等⑧	2010	水库移民	经济适应、生活适应、社会交往适应
田凯⑨	1995	农民工（适应）	经济、社会、文化与心理
朱力⑩	2002	城市移民	经济、社会层面、心理层面
张文宏⑪	2008	城市移民	文化融合、心理融合、身份融合和经济融合

① 周银珍、张岩冰：《三峡库区外迁农村移民的社会适应性调查与分析》，《三峡论坛（三峡文学·理论版）》2010年第6期。

② 吴垠：《关于三峡工程跨省外迁移民的社会适应性研究》，《人民长江》2008年第14期。

③ 严志兰：《在闽台商社会适应研究》，博士学位论文，上海大学社会学系，2010年。

④ 周浩：《流动人口社会融合的测量及理论思考》，《人口研究》2012年第3期。

⑤ 韦仁忠：《藏族生态移民的社会融合路径探究——以三江源生态移民为例》，《中国藏学》2013年第1期。

⑥ 郝玉章、风笑天：《三峡外迁移民的社会适应性及其影响因素研究——对江苏227户移民的调查》，《市场与人口风险》2005年第6期。

⑦ 风笑天：《"落地生根"？——三峡农村移民的社会适应》，《社会学研究》2004年第5期。

⑧ 吴炳义等：《山东省三峡外迁移民社会适应状况的分析》，《西北人口》2010年第6期。

⑨ 田凯：《关于农民工的城市适应性的调查分析与思考》，《社会科学研究》1995年第5期。

⑩ 朱力：《论农民工阶层的城市适应》，《江海学刊》2002年第6期。

⑪ 张文宏、雷开春：《城市新移民社会融合的结构、现状与影响因素分析》，《社会学研究》2008年第5期。

续表

作者	时间	类型	维　度
张继焦[①]	2004	城市移民	对城市生活的感受、经济生活、生活方式、社会交往、恋爱婚姻
杨黎源[②]	2007	农民工	风俗习惯、婚姻关系、工友关系、邻里关系、困难互助、社区管理、定居选择及安全感
王桂新、王利民[③]	2008	移民一般	心理、文化、身份和经济
杨菊华[④]	2009/2010	移民一般	经济、文化、行为、身份
任远、乔楠[⑤]	2010	流动人口（融合）	自我身份认同、对城市的态度、与本地人的互动、感知的社会态度
梁波、王海英[⑥]	2010	移民一般	经济、社会、政治、文化
李廷宪[⑦]	1999	理论研究	家庭生活、职业、人际关系、社会文化

上表显示：

1. 学者们在讨论“社会融合”和“社会适应”两个概念的衡量指标时，两个概念基本没有区分，是混合使用的。有的学者虽然认为两个概念有些微的区别，但是在参考前人的研究时并没有区分前人的研究用的是社会融合还

① 张继焦：《差序格局：从乡村版到城市版——以迁移者的城市就业为例》，《民族研究》2004年第6期。

② 杨黎源：《外来人群社会融合进程中的八大问题探讨——基于对宁波市1053位居民社会调查的分析》，《宁波大学学报》2007年第6期。

③ 王桂新、王利民：《城市外来人口社会融合研究综述》，《上海行政学院学报》2008年第6期。

④ 杨菊华：《从隔离、选择融入到融合：流动人口社会融入问题的理论思考》，《人口研究》2009年第1期；杨菊华：《流动人口在流入地社会融入的指标体系——基于社会融入理论的进一步研究》，《人口与经济》2010年第2期。

⑤ 任远、乔楠：《城市流动人口社会融合的过程、测量指标及影响因素》，《人口研究》2010年第2期。

⑥ 梁波、王海英：《国外移民社会融入研究综述》，《甘肃行政学院学报》2010年第2期。

⑦ 李廷宪：《社会适应论》，安徽人民出版社1999年版，第1—2页。

是社会适应。有的学者则直接解释说前人是混合使用这两个概念的。①②

2. 无论是一般意义上对社会适应或社会融合测量指标的研究，还是对某个类别的移民（例如城市移民或生态移民）的社会适应或融合的指标的研究，到目前为止基本没有一个统一的体系，表内列举的所有研究的指标都基本是自成一体。

3. 做相关研究设计时，只有少量的学者采用探索新因子分析方法得出其变量体系，如风笑天、张文宏等。多数学者的测量指标则是建立在已有研究基础上的，如周浩、张铁军、张文宏等。还有少部分研究是根据经验提出自己的指标体系。

4. 指标体系中，大多数研究对二级指标做了比较明晰的确定，但也有少部分研究没有提及二级指标。

5. 比较而言，表中共统计了 22 个研究，其中比较普遍使用的变量是：经济（16）、文化（12）、交往（10）、心理（9）。这些变量有的直接用的这个概念，有的则包含在其他概念中，或散乱在几个概念中。我们根据性质进行了整理。③

周浩在对国内外相关文献综合的基础上，勾画了一个比较系统的测量"社会融合"的指标体系，④包括经济融合、文化适应、社会适应、结构融合、身份认同 5 个维度。并且用图对这几个指标的内容及其关系进行了解释。此外，周浩还建议可以简化，把文化适应和社会适应合并为"社会文化适应"，把每个维度中最有代表性的一个或几个变量作为某一维度的指标。而在他的

---

① 刘程：《西方移民融合理论的发展轨迹与新动态》，《河海大学学报（哲学社会科学版）》2015 年第 3 期。

② 周浩：《流动人口社会融合的测量及理论思考》，《人口研究》2012 年第 3 期。

③ 这个整理出的数据部分是混杂在其他概念中的，例如在解彩霞的指标中，没有文化，但是有饮食和衣着，我们统计为文化，等等。

④ 周浩文中的表格所用的标题是"社会融合"概念，但在他的文中没有区别"社会融合"和"社会适应"两个概念，但是在他的表中做总结的学者研究中，12 个专家的文献中有 5 个专家文献是用的"社会适应"，所以我们认为他的有关"社会融合"的测量指标同时也是"社会适应"的测量指标。

结构融合中，社会交往是最有代表性的指标，社会适应和身份认同中的变量很多都是属于心理方面的。因此，如果进行特征整合，他的指标体系也可以整合成经济、文化、交往和心理。

本课题在选取指标时，既考虑了国际移民社会适应的研究思路，也参考了国内关于农民工社会适应的研究维度，同时，还顾及了课题组在田野调查中所观察到的易地扶贫搬迁移民所处的特殊环境和社会问题。因此这里把上表中使用频率比较高的几个维度用作易地扶贫搬过移民“社会适应”的测量维度，并改变很多已有研究将文化和心理两个方面混合一起进行分析的做法，而是将这两个变量区分开作为独立的维度观察。这样，本课题的“社会适应”的测量维度包括：经济、交往、文化、心理。在借鉴田凯的观点基础上，也假设这几个维度是依次递增的关系：对于移民的社会调适来说，首要的是要能生存，因此经济维度是易地扶贫搬迁社会适应的基础和前提。有了收入解决了基本的生存问题，才有可能顾及并有条件在当地建立自己的社交网络圈子。和当地人有了交往，才能增进相互的了解，吸收当地的文化并内化，进而才能从内心把自己归入到当地人，融入当地社会。当然，其中各个环节是相互关联并可能会部分地发生逆向联系，例如，社交圈子对促进移民寻找就业机会提供方便，从而可以间接帮助解决移民的收入问题；对当地文化的吸收和了解，会促进移民与当地人的交往；等等。但本课题这里是假设其趋势，趋势是依次递进。

在考虑这四个维度的衡量指标时，把上表中没有对二级指标清晰注明的剔除掉，得出下表作为参考[①]。

作者	指标构成
张铁军	生产、生活环境（水电路网络）、生活方式（衣食住行）、收入来源（季节性务工、外出务工、种植业）、社会互动（移民之间的社会交往、与邻居的交往）[②]

① 具体各个维度的二级指标设计参见相应章节。

② 只是在几个维度中涉及这些二级指标，没有专门就二级指标进行分析。

续表

作者	指标构成
周浩	经济融合（收入、职业、社会保障、固定住房）、文化适应（语言、居住时间、饮食、风俗习惯）、社会适应（心理、社会职业满意度、住房满意度）、结构融合（社会交往、社会分层）、身份认同（移民自我认同、当地人认同）
韦仁忠	经济（经济来源、收入、劳动技能）、社会（交往、地位、主体能动性）、心理和文化（无助感、自卑感、语言障碍、迷茫惶恐）
郝玉章 风笑天	经济（生产劳动方式、搬迁前后收入比较、移民对目前收入的满意度、对未来提高收入的信心）、生活（包括饮食住房的生活方式、气候、语言、习俗）、人际关系（与当地人的交往、移民对邻里关系的满意度）
风笑天	经济适应（提高收入的信心、收入变化、收入满意度）、心理（是否怀念老家、是否怀念过去的熟人）、生活（生产劳动、生活习俗）、环境（住房满意度、邻里关系满意度）
田凯	经济（职业、收入、住房）、社会（闲暇方式、消费方式、生活习惯与规律、人际交往）、文化与心理（归属感、价值观）
朱力	经济（收入、住房）、社会层面（日常生活方式包括衣食住行等和闲暇时间利用、社会交往）、心理层面（新的生活方式包括新的观念等的变化的认同度）
张文宏	文化融合（语言、习俗、价值观）、心理融合（社会满意度、职业满意度、住房满意度）、身份融合（职业稳定度、身份认同度、拥有户口情况）和经济融合（亲属相伴人数、添置房产意愿）
杨菊华	经济（就业机会、职业声望、工作环境、收入水平、社会保障、居住环境、教育培训）、行为（交往、生活习惯、婚育行为、人文举止、社区参与）、文化（包括衣、食、节日、人生礼仪等在内的习俗等价值观念、人文理念）、身份（心理距离、身份认同）
任远、 乔楠	自我身份认同（是否是本地人）、对城市的态度（是否希望获得本地户口）、与本地人的互动（平时与本地居民交往的多少）、感知的社会态度（对城市居民的歧视感知）
梁波、 王海英	经济（就业、收入、职业地位、福利）、社会（交往、朋友关系、组织参与、支持网络）、政治（公民身份、选举权、政党参与）、文化（规范习得、语言学习、观念认同）
马伟华	生产适应（农业、打工）、生活适应（生态条件、生活习俗、语言）、观念调适（生产生活观念、生育观念、教育观念）、宗教文化调适

参考上表中学者们的二级指标体系，结合课题组的田野调查了解的情况，对本课题的四个维度的二级指标设计如下：

1. 经济方面

已有研究采用的有职业、收入、住房、社会保障、亲属相伴人数等几个变量，比较多的是住房、职业和收入。由于很多类似研究是针对城市农民工和流动人口的，所以是否有固定住房对于研究对象的经济适应就非常重要。本课题的研究对象是易地扶贫搬迁，政府对他们的住房都有政策考虑。所以本课题没有选择这个变量。此外，在收入方面，已有研究多不是直接调查收入，而是从侧面例如“提高收入的信心”“前后收入的比较”“对收入的满意度”等角度去了解。本研究考虑到调查实际收入的难度，所以在收入方面也采取了侧面了解的方式。如此，本课题选用的衡量经济维度的指标包括：1. 职业；2. 提高未来收入的信心；3. 与当地人相比较家庭收入在当地的地位[①]。

在赋值方面，问卷中职业包括 7 个选项：1. 农业生产；2. 打工；3. 做生意；4. 超市、饭店等服务性行业做工；5. 搞建筑；6. 打零工；7. 无业 。为了方便统计，在分析时把问卷中的职业选项整合成了 5 个类型：（1）无业；（2）农业；（3）外地打工（工厂企业打工）；（4）本地打工（包括服务员、搞建筑、打零工）；（5）做生意。其中无业记 1 分，农业记 2 分，外地打工记 3 分，本地打工记 4 分，做生意记 5 分。如此赋值的原因与相应职业收入水平以及职业声望有关。根据课题组的田野调查和相关部门的职业声望调查，总体看农民的职业声望虽然都低，但是相对而言，农民的职业中：经商的收入和声望都高于打工，打工的收入高于务农。其中，就打工而言，虽然外地打工的收入高于本地打工[②]，但本地打工可以兼顾家庭。根据调查，对于移民来说，只要能在本地就业的，一般都不会到外地去谋生。考虑到这点，给本地打工的赋值高于外地打工。

---

① 郝玉章、风笑天：《三峡外迁移民的社会适应性及其影响因素研究——对江苏 227 户移民的调查》，《市场与人口风险》2005 年第 6 期。

② 李强等主编：《城镇化与国内移民：理论与研究议题》，社会科学文献出版社 2015 年版，第 73 页。

提高未来收入的信心方面包括一个命题："您对今后提高家庭收入有没有信心？"这个命题包括3个选项：没有信心、一般、有信心，分别赋值为1、2、3分。

与当地人比较家庭收入在当地的地位包括一个命题："您觉得您家目前的家庭收入水平和一般本地居民相比怎么样？"这个命题有5个选项：低很多、低一些、差不多、高一些、高很多，分别赋值为1、2、3、4、5分。

2. 社会交往方面

已有研究对这一维度有时作为一级指标（张铁军、郝玉章、任远等），有时则作为二级指标（周浩、韦仁忠、田凯、朱力、杨菊华、梁波等），本研究综合张铁军和郝玉章的做法，将社会交往作为反映"社会适应"状况的一级指标，其二级测量指标为：1. 与本地人来往；2. 与一起移民来的老家人交往；3. 与其他村搬来的移民来往；4. 移民的交往范围。

移民与本地人来往有一个命题："您和本地人有来往吗？"基本不来往、偶尔有、经常有，分值分别为1、2、3分。

移民与老家人交往包括一个命题："您现在与和您一起搬过来的原来村的移民来往是增多了还是变少了？"该命题包括3个选项：变少了、差不多、增多了，分别记为1、2、3分。

与这个小区里从其他村搬来的移民的来往包括一个命题："您与这个小区里从其他村搬来的移民有来往吗？"基本不来往1分，偶尔来往2分，经常来往3分。

移民的交往范围包括一个命题："搬迁之后，您觉得自己的交往范围是否变化了？"选项有以下3个：变窄了、没变化、变广了，分别记为1、2、3分。

3. 文化方面

已有研究对文化这一维度应包含的变量讨论比较多。但是都不统一，有些学者把文化的几个重要要素作为二级变量，有的则把文化的各要素分散混杂在其他一级指标下面的二级变量中。本研究采纳学者们用得比较多的几个文化要素作为文化的二级变量：语言、习俗、居住和休闲方式。其中：语言包括两个命题：1.“您会讲汉话吗？”2.“您家里人相互之间讲话时用本民族语言还是汉语？”

第一个命题包括 4 个选项：完全不能讲、能讲一点点、基本能讲、讲得很流利。记分依次为 1、2、3、4 分。

第二个命题包括 3 个选项：本民族语言、有时是本民族语言有时是汉语、汉语，分别记分为 1、2、3 分。

习俗包括四个命题：1.“您适应迁入地的传统节日习俗吗？”非常不习惯记 1 分、不太习惯记 2 分、比较习惯记 3 分、非常习惯记 4 分；2.“您适应迁入地的饮食习惯吗？”非常不习惯记 1 分、不太习惯记 2 分、比较习惯记 3 分、非常习惯记 4 分；3.“您适应搬迁后的邻里交往吗？”非常不习惯记 1 分、不太习惯记 2 分、比较习惯记 3 分、非常习惯记 4 分；4.“您适应迁入地的穿着习惯吗？”非常不习惯记 1 分、不太习惯记 2 分、比较习惯记 3 分、非常习惯记 4 分。

居住包括一个命题：1.“您对现在的住房是否满意？”不满意 1 分、一般 2 分、满意 3 分；2.“您对现在的住房习惯吗？”非常不习惯记 1 分、不太习惯记 2 分、比较习惯记 3 分，非常习惯记 4 分。

休闲方式有一个命题：“您是否习惯迁入地的休闲生活？”非常不习惯记 1 分、不太习惯记 2 分，比较习惯记 3 分，非常习惯记 4 分。

4. 心理方面

已有研究对心理这个维度所包含的变量具体讨论不多，仅有的几个学者如田凯用归属感和价值观，张文宏用对社会、职业和住房的满意度任远、杨菊华等用自我认同和身份认同等的概念，朱力则把心态、观念作为心理适应的变量，桑才让、韦仁忠等通过自卑、恐惧、无助和孤独等来说明移民的心理适应，等等。风笑天通过因子分析，把得出的两个相关问题："是否怀念搬迁前居住的地方"和"是否想念搬迁前的熟人"作为衡量心理的变量。本研究借鉴上述学者的研究，设计了三个变量：1. 家乡归属感[①]；2. 身份归属感[②]；3. 心境[③]。

家乡归属感包含了一个命题："您对原住地有什么感觉？"这个维度有4个选项：非常怀念、有些怀念、说不清、不怀念，分别依次记1、2、3、4分。

身份归属感包含了一个命题："您认为您是本地人还是外地人？"该命题有3个选项：外地人、说不清、本地人，分别依次记为：1、2、3分。

心境有一个命题："您觉得在这里生活比在原来的地方，心情如何？"本维度有5个选项：心情差很多、心情差一些、差不多、心情好一些、心情好很多，分别记1、2、3、4、5分。

（二）自变量

关于自变量的选择，美国学者E.S.Lee在1966年研究移民时，对影响移民适应的因素做了比较全面的探讨。他认为迁徙者的年龄、性别、受教育程度等因素都对迁徙者有影响，受教育程度越高的人，越能较快适应迁入地的社会生活。[④] 国内比较明确地指出了自己的自变量构成的研究较少。风笑天

---

① 杨菊华：《从隔离、选择融入到融合：流动人口社会融入问题的理论思考》，《人口研究》2009年第1期；杨菊华：《流动人口在流入地社会融入的指标体系——基于社会融入理论的进一步研究》，《人口与经济》2010年第2期；风笑天：《"落地生根"？——三峡农村移民的社会适应》，《社会学研究》2004年第5期。

② 任远、乔楠：《城市流动人口社会融合的过程、测量指标及影响因素》，《人口研究》2010年第2期；田凯：《关于农民工的城市适应性的调查分析与思考》，《社会科学研究》1995年第5期。

③ 周浩：《流动人口社会融合的测量及理论思考》，《人口研究》2012年第3期；桑才让：《对三江源生态移民文化适应性问题的调查与思考》，《攀登》2011年第6期。

④ 阎蓓：《新时期中国人口迁移》，湖南教育出版社1999年版，第22页。

把家庭规模、搬迁时间、搬迁方式、对三峡工程的认识、对政策落实的看法、对安置点政府和居民对移民的态度评价、原居住地与安置点在各方面的差异等作为三峡移民社会适应的自变量，被访者年龄、文化程度、性别作为控制变量。张文宏把性别、婚姻状况、党员身份、教育年限、月收入对数、居住时间、移出地、阶层地位作为移民社会适应的自变量。郝玉章等的研究中自变量的构成包括生产劳动、收入、住房、政府关心、政策落实、搬迁时间、打工经历，控制变量为：性别、年龄、文化程度。任远等把自变量分为三个层面：个人和家庭因素（性别、年龄、教育、居住时间、职业、是否家庭型迁移）、社区和社会资本因素（是否集体性居住、来往朋友数量、遇到困难求助对象、是否参加社会组织）、制度因素。梁波、王海英也是从三个层面来考虑自变量：个体层面——包括受教育程度和观念认知、工作技能等在内的人力资本；社会层面——社会支持网络；政府层面——制度与政策。由于上述研究要么是针对水库移民，要么是针对城市流动人口，所以选用的自变量多有不同。

本研究在总结已有相关研究基础上，结合研究对象的特点以及田野调查的体验，选用以下变量作为自变量：个体特征（年龄、性别、受教育程度、民族成分）、搬迁特点（搬迁时间和安置点类型）、社区环境（本地人态度、社区工作人员态度、社区治安状况）、政府政策（就业扶持、最低生活保障、政府关心程度）。

1. 个体特征

（1）年龄：本研究中易地扶贫搬迁移民的年龄由调查对象根据自己的实际情况填写，为定距变量。

（2）性别：1= 男性，0= 女性，分析过程中将其处理为二分虚拟变量，以“女性”为参照变量进行分析。

（3）受教育程度：1= 小学及以下，2= 初中，3= 高中（中专、技校、职高），4= 大专及以上。本研究将其视为定类变量，分析过程中将其处理为二分虚拟变量，分别以“小学及以下”为参照变量进行分析。

（4）民族成分：1= 汉族，2= 苗族，3= 布依族，4= 瑶族，5= 侗族，6= 彝族，7= 其他。本研究将其视为定类变量，分析过程中将其处理为二分虚拟变量，分别以“汉族”为参照变量进行分析。

2. 搬迁特点

（1）搬迁时间：本研究中搬迁时间等变量由调查对象根据自己的实际情况填写，为定距变量。

（2）安置点类型：1= 村寨，2= 集镇，3= 小城镇，4= 县城，因本研究在调研过程发现易地扶贫搬迁移民安置的集镇和小城镇差别不大，在分析时将“小城镇”归入“集镇”类别，重新赋值为 1= 村寨，2= 集镇，3= 县城。在分析过程中将其处理为二分虚拟变量，分别以“村寨”为参照变量进行分析。

3. 社区环境

（1）本地人态度：本研究设计“您觉得本地人对移民的态度怎样？”这一指标测量本地人的态度，这个指标的答案包括“没有歧视”“有点歧视”“非常歧视”3 个选项，分别赋值为 1、2、3 分。得分越高，表明本地人对易地扶贫搬迁移民态度越差。

（2）社区工作人员态度：本研究设计“您现在所居住的社区居委会（或村委会）工作人员工作态度怎样？”这一指标测量社区工作人员态度，这个指标的答案包括“非常差”“比较差”“一般”“比较好”“非常好”5 个选项，分别赋值为 1、2、3、4、5 分。得分越高，表明社区工作人员的态度越好。

（3）社区治安状况：本研究设计“您现在住的社区的治安和您原来住的那个村寨相比较有什么变化？”这一指标测量社区治安状况，这个指标的答案包括“没有过去好”“和过去一样”“比过去好”3 个选项，分别赋值为 1、2、3 分。得分越高，表明目前安置社区的治安状况越好。

4. 政府政策

（1）最低生活保障：1= 有最低生活保障，0= 没有最低生活保障。本研究将其视为定类变量，分析过程中将其处理为二分虚拟变量，以“没有最低生活保障”为参照变量进行分析。

2. 就业扶持：1= 有就业扶持，0= 没有就业扶持。本研究将其视为定类变量，分析过程中将其处理为二分虚拟变量，以“没有就业扶持”为参照变量进行分析。

3. 政府关心程度：本研究设计“您认为政府对移民怎样？”这一指标测量政府对易地扶贫搬迁移民的关心程度，这个指标的答案包括“完全不关心”“不太关心”“一般”“比较关心”“非常关心”5 个选项，分别赋值为 1、2、3、4、5 分。得分越高，表明政府对易地扶贫搬迁移民关心程度越高。

三、田野调查过程及样本基本情况

（一）田野调查过程

本课题的田野调研前后经过了 5 个阶段：

第一阶段：前期准备阶段。

1. 资料与信息准备：2014 年立项后，本课题组主持人及时带领课题组成员做好资料准备，并组织成员阅读有关生态移民（易地扶贫搬迁移民）的研究文献，学习政府有关政策文件。2014 年 6—10 月先后三次走访了贵州省水库与生态移民局的领导和分管干部，了解国家有关生态移民（易地扶贫搬迁移民）的相关政策，以及贵州省生态移民工程的实施情况。

2. 前期实地调研：在对国家相关政策和贵州省的易地扶贫搬迁移民工程实施情况有了基本了解的基础上，课题组选择了 2 个易地扶贫搬迁移民安置点做前期实地调查。2014 年 7—10 月先后两次到贵州省惠水县摆金镇政府所在地的移民安置点，2014年12月到贵州省铜仁市松桃县逆驾镇移民安置点，主要对移民和移民新村的干部做了深度访谈。同时也走访了铜仁市移民局相关负责人和逆驾镇分管领导。通过这些实地调查课题组对易地扶贫搬迁移民工程有了进一步认识，对移民安置点的不同类型、易地扶贫搬迁移民的生产生活以及政府的易地扶贫搬迁移民政策有了一个初步了解。

第二阶段：制作问卷和访谈提纲以及试调查。

通过前期大量的访谈和文献研究，以及对各级相关部门的走访奠定的基础上，课题组于2014年12月底设计了调查问卷和访谈提纲初稿。然后先后两次到贵州省惠水县摆金镇易地扶贫搬迁移民安置点做试调查，根据试调查发现的问题对问卷初稿和访谈提纲进行修改。最后于2015年初完成问卷和访谈提纲的最后版本。

第三阶段：正式调查。

正式调查分为两个阶段：

1. 贵州调研阶段：课题组于2015年6—8月，完成了贵州省16个易地扶贫搬迁移民安置点的调查，包括与当地政府相关部门的座谈会、问卷调查和访谈。贵州省内问卷调查共发放了508份问卷，回收了500份，去掉后期输入时发现有些不完善的，有效问卷为452份。访谈21人。期间，与贵州省六盘水市相关部门、榕江县相关部门召开了两次座谈会。田野调查完成后，课题组于2015年8月及时对问卷进行编码和录入，对访谈和座谈资料进行了整理和录入，建立了贵州段易地扶贫搬迁移民调研数据库。

2. 云南省、重庆市、四川省三省市调研阶段：2016年6—9月，课题组到重庆、四川、云南三省市共22个易地扶贫搬迁移民安置点进行调查，共发放了637份问卷，回收了624份，输入时去掉不完整问卷，有效问卷为577份。访谈11人。在重庆市酉阳县和云南省大理州各召开了一次和相关部门的座谈会。2016年11月完成对问卷的编码、录入以及访谈的整理录入工作。分别建立了云南省、重庆市和四川省的易地扶贫搬迁移民调查数据库。

第四阶段：数据统计与分析，撰写论文与调研报告。

2017 年初，课题组把四个分数据库整合成一个数据库：“西南民族地区生态移民问卷调查数据库”。此时，课题组主持人发现部分问卷信息不完整，因此组织团队成员对之进行了再次清理，最后得出有效问卷为 1029 份。之后，课题组主持人根据课题中期时的分工，安排各子项目负责人开始分析调研数据并撰写论文和调研报告。但后来个别团队成员因为工作、学习的原因不方便再继续参与课题的后期工作，故后期工作有一定的拖延。到 2018 年 10 月，课题组主持人才重新调整分工，使得调研报告得以完成。

2018 年 10 月至 2019 年 5 月期间，课题组于撰写论文和研究报告的同时，还做了补充调查。因为本课题 2015 年完成调研后，随着研究生毕业和个别教师的工作变动使得课题组成员发生了变化，因而课题组不得不申请延期。期间，国家农村扶贫政策发生重大变化，特别是自 2017 年以来，很多地方随着精准扶贫工作的深入推进，易地扶贫搬迁移民项目的相关政策也发生了很大的变化。因此课题组在重新整合团队成员后，于 2018 年到贵州省的惠水县、榕江县和黎平县以及云南省的禄丰县、四川省的成都市等地做补充调查，调查方式主要是对移民的访谈和对政府部门的走访。调查主题是近年来有关易地扶贫搬迁移民相关政策的变化。调查结果都补充到了调研报告中。

（二）样本基本情况

1. 抽样方法

本课题以多阶段分层抽样与整群抽样方法进行抽样。以多阶段分层抽样方法选择移民安置点，在点上以整群抽样方法把所有移民家庭作为调查对象。移民家庭中以户主或其他 18 岁以上的家庭成员为调查对象进行问卷调查。移民安置点的选择方面，贵州省与云南省两省以整体作为调查区域，即全省的每一个移民安置点都有可能被选为样本点。在四川省与重庆市则以民族自治州和民族自治县为调查区域，再在其中选择移民安置点。选择移民安置点的过程中综合考虑了搬迁时间和民族成分，尽量选择少数民族移民安置点，以突出民族特色。因此，移民安置点的选择实际上结合了典型抽样的方法。不过，由于课题组成员全部是贵州人，在选择云南、四川和重庆的调查点时，需要考虑可进入的问题，所以在调查区域和移民安置点的选择上结合了相关人推荐的方法。课题组首先选择 2 到 3 个自治州或自治县，通过熟人关系在其中确定出某个自治州或县，这样方便选中点后可以得到熟人的帮助顺利进入调研点。然后通过多阶段分层方法在该州或县选择移民安置点。

访谈对象包括：易地扶贫搬迁移民、当地人、移民安置点的领导（村干部、社区工作人员）、县政府相关部门和移民安置点所在乡、镇负责易地扶贫搬迁移民工程的干部或工作人员，并相应制订了几种不同访谈对象的访谈提纲。对移民和当地人的访谈则是挑选那些比较了解情况、思想比较清楚的成人。

2. 样本情况

课题组在四个省市总共发放问卷 1145 份，有效问卷为 1029 份。问卷有效率为 89.9%。前期访谈加上后期补充调查所做的访谈共计 63 个（包括在贵州前期调查期间的访谈 27 个，2019 年的补充调查 3 个，正式调查期间的访谈 33 个）。

（1）问卷样本中易地扶贫搬迁移民安置点分布情况

课题组在贵州、云南、重庆与四川四个省市共选择了 38 个易地扶贫搬迁移民安置点。其中贵州省 16 个移民点，分布在贵州省安顺市、六盘水市、毕节市、黔东南苗族侗族自治州和黔西南布依族苗族自治州（如果算上前期调研和试调查的铜仁地区和黔南布依族苗族自治州，课题组在贵州省的调研地点基本覆盖了所有少数民族自治州）云南省选择了大理白族自治州与德宏傣族景颇族自治州，共有 8 个易地扶贫搬迁移民安置点。重庆市选择了黔江区与酉阳土家族苗族自治县，共有 5 个易地扶贫搬迁移民安置点。四川省选择了凉山彝族自治州，共有了 8 个易地扶贫搬迁移民安置点。贵州省调查的移民安置点相对多一点，一是因为贵州省作为民族八省区之一，课题组以全省作为研究区域；二是出于调查的可行性及成本考虑。

表 1-1　样本基本变量的描述统计（N=1029）

指标	频率（%）	指标	频率（%）
性别		安置点类型	
男	578（56.2）	村寨	566（55.0）
女	451（43.8）	集镇	127（12.3）
年龄段		小城镇	76（7.4）
18 岁及以下	15（1.5）	县城	260（25.3）
19—29 岁	133（12.9）	安置点属性	
30—45 岁	426（41.4）	工业园区	42（4.1）
46—56 岁	221（21.5）	旅游景区	160（15.5）
57—65 岁	122（11.9）	其他	827（80.4）
66 岁及以上	112（10.9）	搬迁方式	
教育程度		整组（自然村）搬迁	350（34.0）
小学及以下	667（64.8）	部分搬迁	643（62.5）
初中	277（26.9）	自发搬迁	36（3.5）
高中（中专、技校、职高）	62（6.0）	安置方式	
		集中安置	922（89.6）
大专及以上	23（2.2）	分散安置	71（6.9）
民族		自主安置	36（3.5）
汉族	254（24.7）	搬迁距离	
苗族	109（10.6）	10 公里及以下	472（45.9）
布依族	76（7.4）	11—45 公里	301（29.3）
瑶族	42（4.1）	46 公里以上	256（24.9）
侗族	61（5.9）	搬迁时间	
彝族	181（17.6）	3 年及以下	509（49.5）
土家族	185（18.0）	4—6 年	263（25.6）
其他	121（11.8）	7 年及以上	257（25.0）

（2）样本人口学特征

从性别来看，男性占 56.2%，女性占 43.8%，男性略多于女性。从受教育程度来看，小学及以下占比 64.8%，大专及以上只有 2.2%，样本移民的受教育程度以小学及以下占绝对多数，说明样本移民的受教育程度偏低。民族成分方面，汉族占 24.7%，是样本中所有民族中比例最大的，其次是土家族（18.0%）、彝族（17.6%）和苗族（10.6%）。样本中有 6 个少数民族，[①] 这与本课题组以民族地区易地扶贫搬迁移民为研究对象的目标相符。年龄方面，表 2–1 显示：样本主要集中在 19 岁到 56 岁年龄段的易地扶贫搬迁移民。这主要是因为本课题组入户调查时要求调查对象必须是头脑清楚的当家人。18 岁以下有少量样本，这种情况一般发生在户主不在家时，以基本了解家里情况的中学生为调查对象。

综上，从样本的人口学特征来看，样本基本符合民族地区易地扶贫搬迁移民的一般性特征，符合研究要求。

（3）样本的移民方式和安置情况

调查地点的分布：四川省占 18.5%，云南省占 19.5%，重庆市占 18.0%，贵州省占 44.0%。

在搬迁距离方面，西南民族地区的易地扶贫搬迁移民搬迁基本都是县内搬迁。根据课题组实地调查获得的信息，在农村一般 10 公里左右的距离基本上是在一个行政村，20 公里左右应该在一个乡镇范围，45 公里以上可能就是在一个县的范围。课题组按照这个理解把样本的搬迁距离统计为表 2–1。从中可以看出，10 公里及以下的易地扶贫搬迁移民占 45.9%，说明接近一半的易地扶贫搬迁移民是属于近距离的村寨安置[②]。集镇安置和县城安置的比例基本接近。

① 还有些少数民族由于样本量太小，就把他们归入到了“其他”类别中。

② 有的地方称为“中心村安置”，因为一般都安置在已经通路的中心村附近。

在搬迁时间的分段划定方面，根据前期实地调查时移民和干部反映的情况进行的。相关干部反映说，据他们的观察，搬迁后 2—3 年内，易地扶贫搬迁移民一般都不是很适应，对安置点情况不熟悉，4—5 年后才慢慢习惯。5—6 年以后能稳定的就稳定了，不习惯的要搬回去的也就搬回去了。这些观察在移民那里访谈时也得到了印证。所以根据这些反映把时间段统计为：3 年及以下，4—6 年，7 年及以上。表 2–1 显示：搬迁 3 年及以下占 49.5%，4—6 年占 25.6%，7 年及以上占 25.0%。在调研的个案中有接近一半的移民搬迁时间都处于 3 年以内。这与我国实施易地扶贫搬迁移民项目的历史有关：因为“十二五”规划期间易地扶贫搬迁工程才比较大规模的实施。

安置点类型结构方面：村寨安置的比例比较大，超过了一半，（55.0%），集镇（加小城镇[①]）安置占 19.7%，县城安置占 25.3%。根据课题组的调研，村寨安置的多是早期移民。自从“十二五”规划开始较大规模的进行异地搬迁后，各地政府开始走城镇化带动模式，有条件的尽可能把移民安置在集镇或者县城。

从搬迁方式来看，大部分移民都属于部分搬迁（65.5%），整体搬迁只有 34.0%。

安置点属性方面：工业园安置的易地扶贫搬迁移民占比非常低（4.1%），主要原因有两方面，一方面是工业园区安置主要是近几年才开始，早期搬迁的移民基本上没有这种方式；另一方面说明西南民族地区工业园还很不发达，安置移民的能力很有限。值得注意的是有一定比例的旅游景区安置（15.5%），结合课题组的调查发现，西南民族地区后发优势比较明显，特别是旅游业。各种名目的旅游包括乡村旅游、文化旅游和生态旅游已成为该地区部分地方的支柱性产业，因此易地扶贫搬迁移民搬迁的安置方式中，有些

① 问卷设计的时候有小城镇，调研的时候发现西南民族地区的绝大多数小城镇其实就是集镇，很难分清，所以统计的时候可以作为一个类别。

有条件的地方政府充分利用了这个优势。

（三）课题分工

1. 田野调查

课题组田野调研人员为：吴晓萍、康红梅、曾贤林（贵州民族大学经济管理学院副教授）、何彪（贵州民族大学原教务处处长）以及贵州民族大学社会学博士生和硕士生：刘辉武、杨竹、黄倩文、彭小娟、刘姣、刘婧、罗邵陵、李强、张富富、董娅娅、陈丹、彭文珍、朱慧蕊。

由于调查任务比较艰巨，调研时间比较长，曾两次申请延期。期间，课题组的研究生成员逐年毕业，个别老师工作又发生变动，故课题组成员出现一些调整。上述成员有的参加了早期的试调查工作，有的参加了正式田野调研工作，有的则为后期进入参加了资料整理和研究工作。

2. 资料分析及书稿撰写

课题组研究成员为：吴晓萍（项目主持人）、康红梅（贵州民族大学社会学与公共管理学院教授，博士）、刘辉武（贵州民族大学社会学与公共管理学院副教授，博士）、史梦薇（贵州师范大学副教授，博士）、王伯承（上海海事大学讲师，博士）、蒋桂东（贵州民族大学民族文化与认知科学学院讲师，贵州民族大学社会学博士在读）、谢景慧（贵阳学院讲师，贵州民族大学社会学博士）、贾效儒（安顺学院政法学院讲师）

本书各章节分析及撰写分工如下：

第一章：导言：吴晓萍、刘辉武

第二章：研究设计和研究过程：刘辉武、吴晓萍

第三章：西南民族地区易地扶贫搬迁移民的经济适应：吴晓萍、贾效儒、刘辉武

第四章：西南民族地区易地扶贫搬迁移民的社会交往适应：刘辉武

第五章：西南民族地区易地扶贫搬迁移民的文化适应：康红梅、蒋桂东

第六章：西南民族地区易地扶贫搬迁移民的心理适应：史梦薇

第七章：西南民族地区易地扶贫搬迁移民的社会适应与社区治理：王伯承、刘辉武、谢景惠

第八章：西南民族地区易地扶贫搬迁移民社会适应总体水平及主要特征：刘辉武、吴晓萍

第九章：总结、讨论与建议：吴晓萍、刘辉武

此外，第三章和第五章数据统计工作主要由贵州安顺学院贾效儒和贵州师范大学心理学硕士研究生王优承担，这两章的统计模型和回归分析表由贵州师范大学罗竖元教授帮助完成。

书稿的后期编辑、校对工作为：何彪、贾效儒、王伯承、蒋桂东、谢景慧、唐贤伦、杨文谢。

第六节 调研地点基本情况

一、调查区域的经济社会发展基本状况[①]

本课题研究的西南民族地区指贵州、云南、四川三省及重庆市的部分地区。贵州、云南、四川属于民族八省区范围。从表1–2可以看出，在民族结构上，贵州省的少数民族人口占比最高，云南省则少数民族数量最多，四川省少数民族人口占比虽然非常小，但全国最大的彝族居住区在这里，唯一的羌族聚居区在这里，藏族聚居人口仅次于西藏。

① 本章数据除特别注明外，皆为各地政府网站，包括各地发展与改革委员会和生态移民局等机构的网站。

表 1–2　2016 年云、贵、川人口城乡结构及民族结构

	贵州省	云南省	四川省
常住人口（万人）	3555	4770.5	8262
城镇人口（万人）	1569.52	2148.2	4065.7
乡村人口（万人）	1985.47	2622.3	4196.3
少数民族人口（万人）	1255	1583.3	516
少数民族人口占比（%）	36.11	33.40	6.29

注：贵州省少数民族包括：苗族（397 万人）、布依族（251 万人）、土家族（144 万人）、侗族（143 万人）、彝族（83 万人）等 54 个民族；云南是中国民族种类最多的省份，世居少数民族有 25 个，其中有 15 个民族是云南特有；四川省人口当中包含全部 56 个民族。

重庆市不属于民族八省区的范围，但是重庆市具有“大城市、大农村、大库区、少数民族地区和集中连片贫困地区于一体的特殊性”。本课题在重庆市主要选择少数民族聚居地作为调查地点。

相比较而言，西南民族地区的云南省和贵州省，以及四川省和重庆市的少数民族地区都基本属于欠发达省份和地区，贫困人口较多，是扶贫及易地扶贫工程实施的重要区域。人均生产总值、城镇居民可支配收入等指标均显示贵州、云南、四川与全国的平均水平比较还有较大差距，见表 1–3。

表 1–3　2016 年全国和四省市经济发展状况表

	全国	贵州省	云南省	四川省	重庆市
人均地区生产总值（元）	53980	33246	30949	39695	47184
城镇常住人口可支配收入（元）	33616	26743	28611	28335①	29610②
农村常住人口可支配收入（元）	12363	8090	9020	11203	11549

① 数据来源：2016 年四川省国民经济和社会发展统计公报，见 http://www.sc.gov.cn/10462/10464/10465/10574/2017/3/7/10416360.shtml。

② 数据来源：2016 年重庆市国民经济和社会发展统计公报，见 http://www.cqtj.gov.cn/tjsj/shuju/tjgb/201703/t20170320_449970.html。

在农村贫困方面，其中贵州省曾一度是全国农村贫困人口最多，贫困发生率最高的省份。2015 年贵州省农村贫困人口为 493 万，排全国第一位，贫困发生率为 14.0%，为全国第一位。2016 年，贵州省贫困发生率为 10.6%，建档立卡贫困人口为 372.2 万人，两者仍然为全国第一，见表 1-4。

表 1-4 2015 年和 2016 年四省市农村贫困状况

	2015 年		2016 年	
	贫困人口（万人）	贫困发生率（%）	贫困人口（万人）	贫困发生率（%）
贵州省	493	14.00	372.2	10.60
云南省	471	12.70	373	—
四川省	381	5.50	272	4.30
重庆市	70	3.10	—	—

云、贵、川三省都有数量较大的农村贫困人口，尤其是贵州省与云南省贫困发生率非常高，三省因此一直是全国扶贫攻坚的重点区域。

劳务输出情况则反映了该区域本地产业发展的不足，农村人口外出务工是重要的生计渠道。云、贵、川多年来一直都是我国劳务输出大省，见表 1-5。

表 1-5 2016 年云、贵、川劳务输出情况表

	贵州省	云南省	四川省
全省输出（万人）	609.38	750.1	2491.5
省内转移（万人）	254.64	273.4	1354.7
省外输出（万人）	—	476.7	1133.9

重庆市的经济发展水平总体上高于以上三省，2015 年其人均地区生产总值为 52330 元，高于全国水平（49351 元），全国排名第 11 位。重

庆市贫困率虽然低，但是市域内有国家集中连片特殊困难地区的武陵山和秦巴山片区。2015 年重庆市有 14 个国家级贫困县，其中 12 个就位于这两个片区内，这两大片区有较大比例为高寒山区、高山峡谷和石漠化地区。其中，黔江区与酉阳土家族苗族自治县就是少数民族地区和国家级贫困县。

地理环境方面，贵州省属于中国西部高原区，全省地貌可分为三种基本类型：高原山地、丘陵和盆地，其中 92.5% 的面积为山地和丘陵，而且其中 73% 的面积为喀斯特地貌。从土地资源来看，贵州山地面积占到全部土地面积的 61.7%，丘陵面积占 31.1%，山间平坝区面积只占 7.5%，人均耕地面积不到 0.05 公顷，而且其中水利条件好、肥力足的耕地所占比重很低。云南省是我国边疆地区，有 25 个边境县与缅甸、老挝或越南交界。云南也属于典型的山地高原地形，山地面积占全省总面积的 84%，高原面积占 10%，盆地面积占 6.0%。四川省除成都平原以外其他地方主要是山地、丘陵，尤其西部主要为高山峡谷高原，冬寒夏凉，水热不足。总体上四川省人地矛盾比较突出，人均耕地面积少。同时四川水土流失较严重，是长江上游水土流失最严重的省份之一。重庆市的民族地区地理环境也与云、贵、川有很大的相似度。资源环境上的劣势既是该四省、市民族地区贫困人口较多的原因，也是该地区实施易地扶贫搬迁工程的重要原因。

从以上可知，西南民族地区总体上是我国贫困程度较深、扶贫难度较大的区域。

二、调研点的分布和基本情况

课题组在贵州、云南、四川和重庆四省、市分别调查了如下区域：贵州省主要有六盘水市、安顺市、毕节市、黔南布依族苗族自治州、黔东南苗族侗族自治州等[①]。云南省的调查重点区域包括大理白族自治州与德宏傣族景颇族自治州。四川省的调查重点区域为凉山彝族自治州。重庆市的调研地点是黔江区和酉阳土家族自治县。

表 1–6 2016 年西南三省调研点基本情况表

	贵州省				云南省		四川省
	六盘水市	安顺市	毕节市	黔南自治州	大理自治州	德宏自治州	凉山彝族自治州
常住人口（万）	290.69	229.73	664.18	326.12[②]	360.53	129.4	521.29
少数民族人口（万）	89.27	89.6	169.18	246[③]	187.4	62.1	293.61
少数民族个数（个）	44	20 多	7	43[④]	13	5	13
人均地区生产总值（元）	45325	30216	24544	31472	27416	24951	29549
城镇居民人均可支配收入（元）	25473	24885	25041	26063	29371	24943	25963
农村居民人均可支配收入（元）	8230	8120	7668	8844	9612	8659	10368
农村贫困人口（万人）	33.35	25.93	92.51	45.36	18.69	7.93	52.83
贫困发生率（%）	12.49	10.21	13.37	12.98	6.67	8.50	12

① 如果加上课题组前期摸底和试调查，本课题组在贵州的调研范围覆盖了除贵阳市和遵义市外的全省所有地、州、市。

② 数据来源：黔南州年末人口及户数（2016），见 http://www.qiannan.gov.cn/zjqn/rkmz/201812/t20181226_2124371.html。

③ 数据来源：黔南州人口民族情况，见 http://www.qiannan.gov.cn/zjqn/rkmz/201812/t20181226_2124370.html。

④ 数据来源：黔南州人口民族情况，见 http://www.qiannan.gov.cn/zjqn/rkmz/201812/t20181226_2124370.html。

表 1-7　2016 年重庆市调研点概况表

	黔江区	酉阳土家族苗族自治县
地区生产总值（亿元）	218.84[①]	129.48[⑥]
人均地区生产总值（元）	47184	10112[⑦]
人均可支配收入（元）	17820[②]	12521
城镇居民人均可支配收入（元）	27164[③]	22473
农村居民人均可支配收入（元）	9820[④]	8069
户籍人口数（万人）	55.41[⑤]	85.35[⑧]
常住人口数（万人）	46.56	55.16[⑨]
少数民族数量（个）	24	17[⑩]
少数民族占比（%）	73.30	92.60[⑪]

从表 1–6、表 1–7 可知，课题组调查的具体地区是这些区域当中具有代表性的贫困地区，具有民族地区与贫困地区的双重特征，也是易地扶贫搬迁的重点区域。

① 数据来源：2016 年黔江区国民经济和社会发展统计公报，见 https://www.qianjiang.gov.cn/html/126/19866.html。

② 数据来源：2016 年黔江区国民经济和社会发展统计公报，见 https://www.qianjiang.gov.cn/html/126/19866.html。

③ 数据来源：2016 年黔江区国民经济和社会发展统计公报，见 https://www.qianjiang.gov.cn/html/126/19866.html。

④ 数据来源：2016 年黔江区国民经济和社会发展统计公报，见 https://www.qianjiang.gov.cn/html/126/19866.html。

⑤ 数据来源：2016 年黔江区国民经济和社会发展统计公报，见 https://www.qianjiang.gov.cn/html/126/19866.html。

⑥ 数据来源：酉阳自治县 2016 年国民经济和社会发展统计公报，见 http://www.ahmhxc.com/tongjigongbao/11009_5.html。

⑦ 数据来源：酉阳自治县 2016 年国民经济和社会发展统计公报，见 http://www.ahmhxc.com/tongjigongbao/11009_5.html。

⑧ 数据来源：酉阳自治县 2016 年国民经济和社会发展统计公报，见 http://www.ahmhxc.com/tongjigongbao/11009_5.html。

⑨ 数据来源：酉阳自治县 2016 年国民经济和社会发展统计公报，见 http://www.ahmhxc.com/tongjigongbao/11009_5.html。

⑩ 数据来源：人口状况，见 http://youy.cq.gov.cn/html/zjyy/rkzk/。

⑪ 数据来源：人口状况，见 http://youy.cq.gov.cn/html/zjyy/rkzk/。

三、西南民族地区的易地扶贫搬迁移民工程概况

西南民族地区易地扶贫搬迁工程与全国基本同步，大致可以分为四个阶段。第一阶段为20世纪80年代到2000年。20世纪80年代早期各地开始零星的易地扶贫搬迁尝试。1994年国务院发布“八七扶贫攻坚计划”，此后全国开始普遍性地实施易地扶贫搬迁工程。期间，贵州省于1996年至1997年在紫云、罗甸、长顺、普安四个县启动较大规模的易地扶贫搬迁试点工作[①]。云南省则从1997年开始启动试点工作[②]。四川省从1994年开始了开发式的移民搬迁工程。同一期间，重庆市的一些区县也同样实施了高山移民。重庆市1997年才成为直辖市，因此“八七扶贫”阶段，没有直辖市级层面的易地扶贫搬迁规划。

第二阶段为2001年到2010年。在“八七扶贫”结束后，我国依然存在大量农村贫困人口，这些贫困人口生活在生态条件极其恶劣区域，这部分贫困人口需要通过易地搬迁从根本上解决他们的生存与发展问题。因此2001年中共中央、国务院印发《中国农村扶贫开发纲要（2001—2010年）》指出，要在搞好试点的基础上稳步推进自愿扶贫移民搬迁。其中贵州、云南、宁夏和内蒙古4省、自治区作为试点省份启动易地扶贫搬迁移民试点，其他省份也陆续推进扶贫移民工程。例如，重庆市从2008年到2013年，共投入资金30亿元，完成高山易地移民搬迁51.5万人。[③]

第三阶段为“十二五”期间。在国家层面，2011年中共中央、国务院发布《中国农村扶贫开发纲要（2011—2020年）》，指出“坚持自愿原则，对生存条件恶劣地区扶贫对象实行易地扶贫搬迁”。从2011年到2015年，国家加大了易地扶贫搬迁工程投入力度，这期间累计安排中央预算内投资

① 冉茂文：《移民搬迁是解决特困人口温饱问题的有限途径——贵州省移民搬迁成效、经验、问题与对策措施》，《贵州民族研究》2001年第2期。

② 文冰等：《生态移民的搬迁形式研究——云南永善县马楠乡案例分析》，《生态经济》2005年第1期。

③ 《重庆22件民生实事工作具体实施方案公布》，2013年11月25日，江津网，见http：//www.cqjjnet.com/html/2013-11/25/content_28781870.html。

231 亿元，是前 10 年投入的 1.75 倍；累计搬迁贫困人口 394 万人，是前 10 年的 1.37 倍。与此相应，西南各省市也紧紧跟进。（相关数据见表 2–6）

第四阶段为 2016 年至 2020 年。2016 年国家发改委发布《全国“十三五”易地扶贫搬迁规划》指出，“十三五”期间全国计划易地扶贫搬迁 1000 万建档立卡贫困户，迁出区域主要为自然条件严酷、生存环境恶劣、发展条件严重欠缺且建档立卡贫困人口相对集中的农村贫困地区。其中西部地区占 66.7%，集中连片特殊困难地区县和国家扶贫开发工作重点县内需要搬迁的农村人口占 72%。显然，西南民族地区是易地扶贫搬迁的主战场。与国家发改委规划相对应，西南四省市加大了易地扶贫搬迁力度。贵州省 2012 年至 2020 年共计划搬迁 204 万贫困人口；云南省 2016 年制定了《云南省易地扶贫搬迁三年行动计划》，从 2016 年到 2018 年全省将易地搬迁 100 万贫困人口；四川省“十三五易地扶贫搬迁规划”表明到 2020 年将搬迁 116 万建档立卡贫困人口；重庆市“十三五”时期总共规划易地扶贫搬迁 54.5 万人。

表 1–8　四个阶段四省市易地扶贫搬迁移民数量表

时间段	省份	搬迁户数（万户）	搬迁人数（万人）	易地扶贫安置点数量（个）
20 世纪 80 年代—2000 年	贵州省[①]	1.78	8.52	
	云南省		3	11
	四川省	0.97	4.52	105
	重庆市			
2001—2010 年	贵州省[②]	8.78	38.27	
	云南省[③]	14.7	64.61	
	四川省	3.25	14.99	
	重庆市		51.5（2008—2013）	

① 冉茂文：《移民搬迁是解决特困人口温饱问题的有限途径——贵州省移民搬迁成效、经验、问题与对策措施》，《贵州民族研究》2001 年第 2 期。

② 王永平等著：《生态移民与少数民族传统生产生活方式的转型研究——基于贵州世居少数民族生态移民的调研》，科学出版社 2014 年版，第 52 页。

③ 胡德斌：《论云南生态移民的政策与实践》，《昆明冶金高等专科学校学报》2016 年第 2 期。

续表

时间段	省份	搬迁户数（万户）	搬迁人数（万人）	易地扶贫安置点数量（个）
2011—2015 年	贵州省		60	
	云南省[①]	7.79	35.72	
	四川省		36.2	
	重庆市[②]		43.44（2013—2015）	
2016—2020 年	贵州省			204
	云南省		30	100
	四川省		116	116
	重庆市			54.2

注：2012 年贵州省三大集中连片特困地区 8.63 万人（武陵山区 3 万人、乌蒙山区 1.4 万人、滇桂黔石漠化区 4.23 万人）占 85.2%；其他地区 1.5 万人，占 14.8%。四川省特困地区包括：大小凉山彝区的 13 个县（区）、川东北秦巴山片区的 34 个县（区）、川南乌蒙山片区的 9 个县（市、区）、川西北高原藏区的 32 个县（市）。四川省"十二五"期间在川西北高原藏区搬迁安置 1.97 万户 8.6 万人、大小凉山彝区搬迁安置 2.97 万户 13 万人。1999 年至 2002 年云南省共转移 27 万人，其中跨地州转移 6 万人。地、州、市、县内转移 15 万人，劳务输出转移 6 万人[③]。

表 1–9 中央财政和贵州省易地扶贫搬迁投入资金情况表

	中央专项资金（亿元）	省级配套资金（亿元）	群众自筹资金（亿元）	合计（亿元）
贵州省[④]	15.47	1.97	2.84	24.19（2001—2010）
中央				231

从上述易地扶贫搬迁的历程来看，2000 年以前易地搬迁处于探索阶段，新世纪以来易地扶贫搬迁越来越成为一种普遍的扶贫手段。尤其是"十三五"

① 吉哲鹏：《云南"十二五"已实施易地扶贫搬迁七万余户》，《中国信息报》2015 年 7 月 22 日。

② 《"十二五"期间重庆减少贫困人口 36 万》，2015 年 11 月 6 日，重庆市政府网，见 http://www.cq.gov.cn。

③ 文冰等：《生态移民的搬迁形式研究——云南永善县马楠乡案例分析》，《生态经济》2005 年第 1 期。

④ 王永平等著：《生态移民与少数民族传统生产生活方式的转型研究——基于贵州世居少数民族生态移民的调研》，科学出版社 2014 年版，第 52 页。

时期易地扶贫搬迁的力度空前加大了，而且这一时期易地扶贫搬迁的难度也在增加。正如《全国“十三五”易地扶贫搬迁规划》所言，新一轮易地扶贫搬迁面临前所未有的挑战，包括搬迁任务艰巨、资源约束凸显、搬迁对象贫困程度更深以及工程实施难度更大等。

西南民族地区易地扶贫搬迁在实施策略上具有以下一些特征。在搬迁对象的选择上，按照全国易地扶贫搬迁“十三五”规划易地扶贫移民对象主要为自然条件严酷、生存环境恶劣、发展条件严重欠缺且建档立卡贫困人口相对集中的农村贫困地区，包括生态环境恶劣、位置偏远公共服务不及、生态保护区以及地方病严重与地质灾害频发等几类区域的贫困人口。具体到西南民族地区贵州省主要是位置偏远公共服务设施薄弱区域的贫困人口，云南省主要是石山区、深山区贫困人口，重庆市主要是高山区域公共服务薄弱区域的贫困人口，四川省主要是高寒山区的贫困人口。从不同阶段来看，“十三五”时期要求移民对象主要是建档立卡贫困人口，以往的搬迁过程中没有这种区分，相对粗放，因为建档立卡是在精准扶贫的概念提出以后才有的。

在搬迁方式上，西南民族地区易地扶贫主要是两种方式，一种是整体搬迁，一种是部分搬迁。整体搬迁是指对生态环境恶劣的自然村整体迁移，自然村所有居民全部搬迁。部分搬迁则是指自然村中部分贫困居民搬迁出去，其他村民不搬迁。搬迁方式也可以依据距离远近分为远距离搬迁与就近搬迁。新时期西南民族地区易地扶贫搬迁一般是在县域范围里面，搬迁距离相对较近。而在以往的搬迁中既有就近搬迁也有远距离的迁徙。例如，云南20世纪90年代易地扶贫搬迁中有较大规模的跨县安置，其中永善县马楠乡部分少数民族居民搬迁到思茅县与江城县安置，移民集体坐客车四天才达到安置点[①]。不过这部分移民人口很少。

① 文冰等：《生态移民的搬迁形式研究——云南永善县马楠乡案例分析》，《生态经济》2005年第1期。

在安置方式上，可以分为有土安置与无土安置。前者指移民搬迁到新的居住地以后，除了住房的宅基地以外还分配有从事农业生产的土地。无土安置则没有安排相应土地。新时期易地扶贫搬迁都基本上属于无土安置。从安置点的城镇化程度看，安置方式也可以分为村寨安置、集镇安置和县城安置；从安置点属性划分，可以分为工业园区安置、旅游景区安置等。2010年以后，西南民族地区易地扶贫搬迁一般是在县域范围里近距离搬迁，但是在2016年以后也开始出现跨区域的较远距离的搬迁，比如，贵州省的黔西南州把生态环境恶劣区域的一些农村居民以整乡或整村的方式搬迁到州首府所在地。但是跨区域搬迁比较少见，不是普遍现象。

各地政府在实施易地扶贫搬迁的过程中都规划有帮扶措施，包括搬迁帮扶和后续发展扶持措施。搬迁帮扶主要体现在安置帮扶，包括安置房的建设、安置社区的水电路气网络等基本设施的建设等。安置房的建设方面，有统规统建、统规自建、自规自建。建房资金也各有所不同，但大多是政府帮扶部分，主要是自筹资金。住房方面的补贴各地有差异，不但在省际之间存在差异，同一省份内也有差异。比如，四川省规定全省建档立卡贫困户建房补助实行区域差异化政策，高原藏区和大小凉山彝区，按不低于平均建房成本的80%给予支持；秦巴山、乌蒙山片区，按不低于平均建房成本的70%给予支持；其他地区，按不低于平均建房成本的60%给予支持。后续发展帮扶措施包括提供职业培训、产业扶持等。例如，四川省规定要通过“加强技能培训、促进就业”“探索资产收益扶贫”“鼓励成立或加入合作社、家庭农场等新型农村合作经济组织”等措施，对搬迁农户的生计及后续发展进行支持；重庆市提出要“加强劳动技能培训，力争让搬迁户每人掌握1—2门适用技术”等，其中黔江区提出“要加大产业发展扶持力度，力争实现搬迁户有1项相对稳定的增收项目”“对继续从事农业生产的搬迁农户，鼓励安置点集体经济组织通过调剂、流转等方式为其解决适当的耕地”“鼓励建设项目优先使用本地搬迁群众务工”等；[①]云南省提出“加强后续产业发展和转移就业工作，确保贫困搬迁家庭至少1个劳动力实现稳定就业”“加强安置区社区管理和服务，切实做好搬迁群众户口迁移、上学就医、社会保障、心理疏导等接续服务工作”[②]；贵州省在2019年2月提出全省易地扶贫搬迁工作重心逐步从以搬迁为主向后续扶持工作转变，要做好五个建设：基本公共服务建设、培训和就业服务体系建设、文化服务体系建设、社区治理体系建设与基层党建体系建设。通过五个建设实现移民“稳得住，能致富”[③]。

从以上可知，西南民族地区的易地扶贫搬迁经历了从最初的零星尝试到全面实施再到大规模实施的过程。与其他地方比较，西南民族地区易地扶贫搬迁规模大，移民主要来自深度贫困地区，贫困程度深，因此移民工程实施的难度也大。西南民族地区易地扶贫搬迁工程在不同的阶段名称也不一样，比如，贵州省一度称为易地扶贫搬迁移民、重庆一度称为高山生态扶贫移民，到了“十三五”时期都统一称为易地扶贫搬迁。但是移民的对象基本始终是生态条件恶劣，或者位置偏远难以改善基本公共服务条件以及少量需要保护生态环境的区域的农村贫困居民，主要目标是扶贫即通过搬迁以改善移民的生存条件实现脱贫致富。在不同阶段，移民搬迁的政府投入不同，随着政府重视程度的提高，对每户移民的投入也在增加。这体现在住房补贴的提高和配套服务设施的完善上。与早期搬迁相比，较晚时期政府对移民的帮扶措施也在发展，虽然很多措施主要停留在倡议上，但与早期移民比较帮扶措施还是要完善很多。总体上，西南民族地区易地扶贫搬迁具有几方面特

① 重庆市黔江区人民政府加快推进高山生态扶贫搬迁工作的实施意见，2015年12月，重庆市发改委网站。

② 中共云南省委、云南省人民政府关于打赢精准脱贫攻坚三年行动的实施意见，2018年8月，云南省人民政府门户网站。

③ 贵州省易地扶贫搬迁后续工作推进会，2019年2月23日。

点：一是规模大，西南民族地区可以说是全国易地扶贫搬迁的主战场；二是移民较大比例是少数民族居民，而且大多来自深度贫困地区；三是政府的重视程度较高，易地扶贫搬迁作为政府扶贫的重要手段得到了各地政府的较高重视，各地政府有比较完善的实施规划和条件保障。

第二章　西南民族地区易地扶贫搬迁移民的经济适应

易地扶贫搬迁移民的目标是通过移民搬迁，使原来处于生态脆弱环境中的农民的生存条件得以改善，最终使之经济上富足起来。但是正如风笑天在《“落地生根”——三峡农村移民的社会适应》一书中所言，“这一人口迁移过程不具有市场选择性”[①]，虽然他这里指的是非自愿的工程移民，但在这点上对于自愿的易地扶贫搬迁移民来说意义是一样的：易地扶贫搬迁移民过程也不是市场选择性的结果，也是一个移民家庭自己并没有预先做好长期规划而“突然发生”的。因此，在搬迁过程中，随着原来的自然环境和社会环境的深刻改变，移民们原来的家庭经济发展模式不可避免地会受到不同程度的影响甚至冲击，包括移民“原有的生存体系被破坏，生产性收入来源丧失”，新的环境有可能“使得他们的生产技能不能充分发挥，而且资源竞争更加激烈”[②]等。如此，易地扶贫搬迁移民的家庭经济有可能会经历一个恢复—发展的过程。要能落地生根，前提就是要解决移民经济发展的问题，要让移民能很好的适应新的生存环境。本章重点分析西南民族地区易地扶贫搬迁移民的家庭经济现状、移民的经济适应水平以及影响移民在新的生存环境

① 风笑天：《“落地生根”？——三峡农村移民的社会适应》，《社会学研究》2004 年第 5 期。
② 风笑天：《“落地生根”？——三峡农村移民的社会适应》，《社会学研究》2004 年第 5 期。

中经济适应的各种因素，并从中寻找易地扶贫搬迁移民经济适应的规律，提出相应的政策建议。

第一节　西南民族地区易地扶贫搬迁移民搬迁后的家庭经济状况

在已有文献中，关于移民特别是易地扶贫搬迁移民经济适应的专门研究很少，大多研究是把经济适应作为社会适应的一个维度进行研究。即使有少量专门研究，概念用的也是如生产劳动适应（雷洪、孙龙[①]）经济生产适应（罗凌、风笑天[②]）、经济发展适应（叶嘉国、雷洪[③]）等，直接使用经济适应概念的研究非常少。而且这类研究比较集中在三峡水库移民的研究中。与之相近的还有关于经济融合概念，但相关研究却集中在流动人口、农民工和城市移民的研究中[④⑤]。直接对经济适应概念的界定比较少。可以参考的如罗凌云、风笑天在其《三峡农村移民经济生产的适应性》一文里界定"经济生产的适应性"为："所谓经济生产的适应性，就是指个体通过社会化，调整发展经济生产的行为模式和心理状态，以适应新的生存环境的过程。"马德峰解释移民社区经济适应为："反映的是移民个体通过自身努力，调整发展经济生产的心理状态和行为模式，在外界的支持帮助下达到适应新环境的过程。"[⑥]郝玉章、风笑天明确用了经济适应概念，但是没有对之做出界定，只是指出了研究经济适应的几个内容："经济适应主要包括生产劳动的适应，搬迁前后经济收入的比较、移民对目前家庭经济收入的主观满意程度以及对

① 雷洪、孙龙：《三峡农村移民生产劳动的适应性》，《人口研究》2006 年第 6 期。

② 罗凌云、风笑天：《三峡农村移民经济生产的适应性》，《调研世界》2001 年第 4 期。

③ 叶嘉国、雷洪：《三峡移民对经济发展的适应性》，《中国人口科学》2000 年第 6 期。

④ 王春超、张呈磊：《子女随迁与农民工城市融入感》，《社会学研究》2017 年第 2 期。

⑤ 韦仁忠：《藏族生态移民的社会融合路径探究》，《中国藏学》2013 年第 1 期。

⑥ 马德峰：《我国水库外迁移民社区经济适应研究——以大丰市三峡移民安置点为个案》，《广西社会科学》2005 年第 11 期。

未来发展经济、提高收入的信心。”[①]

本课题参考已有研究的理论，定义易地扶贫搬迁移民的经济适应性为：易地扶贫搬迁移民搬迁后，个体在新的环境中利用各种新的自然资源和社会资源来调整自己的家庭经营模式，恢复和发展自己的家庭经济，从而融入新的经济环境中，增加家庭成员的福利。

一般来说，对于一个农村家庭，其经济状况取决于家庭成员的收入和支出情况，而收入又与职业紧密相关。因此本课题计划围绕着经济适应这一概念，从易地扶贫搬迁移民的职业结构及其收入情况，易地扶贫搬迁移民的收入与当地人收入比较以及易地扶贫搬迁移民对未来的信心几个方面来了解西南民族地区易地扶贫搬迁移民的家庭经济现状。

一、易地扶贫搬迁移民的生计方式及其变化

改革开放以来的城市化以及由此带来的大规模的劳动力流动，使得西南民族地区早已成为沿海一带劳务输出的主要基地；此外，就易地扶贫搬迁移民的安置方式来说，新时期很多地方大多走的是城镇化带动性安置，即安置点靠近有一定城镇化水平的集镇甚至是县城附近。因此，易地扶贫搬迁移民搬迁后的生计方式已经发生了很大的改变，传统的农业生产不再是该群体的主要生计来源。下面通过易地扶贫搬迁移民搬迁前后的职业构成和就业分布来了解这方面的情况。

（一）职业结构及其变迁

西南民族地区易地扶贫搬迁移民搬迁前后就业结构的比较（见表 3–1）显示了以下三个比较大的变化：

---

① 郝玉章、风笑天：《三峡外迁移民的社会适应性及其影响因素研究——对江苏 227 户移民的调查》，《市场与人口分析》2005 年第 6 期。

1. 从事传统农业的比例下降幅度比较大（71.5% 到 34.4%，下降了 31.0%）；

2. 从事商业和打零工的比例上升幅度大（2.1% 到 8.0%，上升了 5.9%；2.5% 到 12.7%，上升了 10.2%）；

3. 其他类上升幅度特别大，由原来的 3.1% 上升到了 22.4%。

表 2–1　搬迁前后职业结构　（单位：%）

所从事的职业	搬迁前		搬迁后	
	频数	百分比	频数	百分比
农业生产	736	71.5	354	34.4
工厂或企业打工	151	14.7	113	11.0
做生意	22	2.1	82	8.0
超市、饭店服务员	8	0.8	16	1.6
搞建筑	33	3.2	65	6.3
打临工	26	2.5	131	12.7
其他[①]	32	3.1	231	22.4
缺失	21	2.0	37	3.6
合计	1029	100	1029	100

（一）就业地点分布及其变迁

根据表 2–2 显示：

1. 移民搬迁后在原住地的就业比例下降非常大：搬迁前易地扶贫搬迁移民超过三分之二（67.8%）是在原住地就业，搬迁后在原住地就业的只有 10.9%，下降幅度达 6 倍；

2. 在安置点的就业比例比搬迁前的比例上升幅度大，也近 6 倍。搬迁

① 该项目的设立是考虑到课题的职业分类中有漏掉的职业，是作为开放式的题目让调查员根据调查对象的回答填写的。根据这个项目的统计，发现里面表示“在家带孩子”“休息”“在家”的比较多。所以可以把它归为“无业”。

前在安置点就业的比例只有 11.4%，搬迁后在安置点就业的比例上升到了 72.7%。

表 2–2　搬迁前后就业地点分布　（单位：%）

就业地点	搬迁前		搬迁后	
	频数	百分比	频数	百分比
省外	154	15.0	104	10.1
省内其他地方	19	1.8	18	1.7
安置点所在地及附近	117	11.4	748	72.7
安置点附近以外的地方	20	1.9	31	3.0
原住地	698	67.8	112	10.9
缺失	21	2.0	16	1.6
合计	1029	100	1029	100

易地扶贫搬迁移民搬迁前后的就业地点及其变化与其职业变化的状况基本一致。导致易地扶贫搬迁移民搬迁以后这种职业结构的变迁及其相应的就业地点的变迁的原因是什么呢？结合课题组的访谈了解到主要有以下两点：

1. 务农比例下降以及在安置点的就业率高于其他地点这两个特征既与无土安置有关，也与安置点的城镇化程度有关：一方面，无土安置导致安置点就地从事农业生产的机会少了。一方面，生态扶贫搬迁有较大比例是以无土安置的方式，移民在安置点没有耕地，返回原住地从事农业生产对于较远距离安置特别是县城安置的移民来说，由于路途较远成本高，移民返回老家务农的可能性小了很多。另一方面，西南民族地区的易地扶贫搬迁移民安置点有近一半（45%）分布在县城或者集镇附近，这里的城镇化程度比原住地高，交通比较方便，人口相对密集，因此建筑业（如房屋修建、房屋装修等）、服务业（如超市、饭店、理发店等）等非农行业相对要发达一点，存在一定量的劳动力需求。移民搬迁出来后不仅可能在集镇或县城的超市、饭店找到工作，自己在当地做点小生意也比搬迁前有了可能。甚至搬迁前有些在浙江、广东一带打工的村民，攒了点钱，搬迁后由于安置点在集镇有做小生意的机会，这些村民也回到安置点谋生了。有用在外打工攒下的钱买皮卡车跑运输的、开超市的、开饭店的等。这是移民从事传统农业的比例下降，在安置点从事非农职业的比率较高的另一个主要原因。当然，样本里也有部分是有土安置的。例如，四川凉山的彝族，他们搬迁出来后就在安置点务农，从而提升了安置点就业的比例。

2. 移民就业中的“其他”类比例大幅度上升，意味着移民搬迁后失业率（或者待业率）比搬迁前高出很多。这一方面与年龄段有关，另一方面也与安置点经济社会发展不足，能够支撑移民后续发展的产业不多有关。根据表 2–3 显示：无业中表示在家带孩子的移民占了 21%。其中 51 岁以上的比例占 45%。根据课题组的田野访谈和观察，由于安置点的教育条件普遍比原住地好，多数移民搬迁的主要原因是通过移民搬迁项目能在安置点有个房子方便孩子出来读书。这就需要家中有成年人随同迁出到安置点照顾孩子。大多数的移民家庭都是安排家中老人负责这一工作。搬迁前，这些老人一般都可以在家做点农活或者辅助性的劳动。搬迁到安置点后由于没有土地，其他非农行业对老人又有一定程度的排斥，所以他们只好退出劳务市场专门陪孙辈读书了。

不过无业中明确表示无事可做的比例最高，约为 62%，其中包括了约 49% 的青壮年移民（21—50 岁）。

表 2–3 年龄与“其他”职业交叉列表 （单位：人）

年龄	其他职业				合计
	带孩子	有正式工作	什么都不做或无业	生病	
20 岁及以下	1	4	10	0	15
21—30 岁	10	2	15	0	27
31—40 岁	8	7	27	1	43
41—50 岁	8	7	28	3	46
51—60 岁	7	7	24	2	40
61 岁及以上	15	4	39	2	60
合计	49	31	143	8	231

青壮年的无业情况应该与就业环境有关。课题组在做田野调查的时候，也常常在移民村遇到白天待在家里的中青年移民，问及就业情况时，他们说："唉，没有事情做。""找事情做很难。"课题组在四川、云南、重庆三省市的调查中曾就易地扶贫搬迁移民对安置点的生计条件做了了解。移民对安置点生计环境的评价一方面是与原住地比较，另一方面是从生计条件对当前生活的影响来看的。两者综合起来产生了他们对生计条件满意还是不满意的评价（见表 2–4）。

表 2–4　对安置点生计条件是否满意（N=637）

	频率	百分比
满意	337	52.9
不满意	185	29.0
说不清	111	17.4
缺失	4	0.6
合计	637	100

表 2–4 显示，易地扶贫搬迁移民对安置点的生计环境表示满意的比例刚刚过一半。也就是说，尽管移民都是被安排在比过去生计条件好一点的地方。但还是有近一半的移民对新的生计环境表示不满意。那么是哪些生计条件让他们不满意呢？如表 2–5 所示。

表 2–5　不满意的生计条件（N=185）

	频率	百分比
务工渠道减少	90	49
农业生产条件不好	109	59
做生意不方便	40	22
政府帮助少	40	22

说明：本题目为多选题，样本为对生计环境表示不满意的 185 个。

根据表 3–5 显示，对生计条件表示不满意的移民中，认为农业生产条件不好和务工渠道减少这两项的比例最高。而这两项，也恰好是易地扶贫搬迁移民搬迁后从事的主要职业。因为务工渠道包括了外出和就地务工。说明由于缺少务工渠道，农业生产条件也不令人满意，导致易地扶贫搬迁移民搬迁后出现较大比例的待业情况。

综上，从易地扶贫搬迁移民的职业结构及其变化、就业的区域分布及其变化的情况分析，可以发现西南民族地区易地扶贫搬迁移民的生计方式具有如下特征和意义。

1. 移民搬迁后对自己从事的职业及时做了调整，在生计方式的变化方面有一定的适应性，但就业仍有不足。

易地扶贫搬迁移民搬迁极大促进了易地扶贫搬迁移民的非农就业，从事农业生产的移民显著减少。说明多数移民在新的自然环境和社会环境中，能够利用新的生计资源，选用新的生计方式来调整家庭经济经营模式，以保障家庭成员福利。然而其中较大比例的无业说明移民搬迁后就业问题还是严峻的，也说明支持移民安居的后续产业发展不足。田野调查中也发现，由于安置点缺少后续产业，不能让移民在安置点稳定就业，因此除了部分外出到发达城市打工的移民外，多数移民只有农忙时在家务农，农闲时在安置点打零工，在安置点和老家两地跑，从而导致移民的家庭收入不稳定，待业率也比较高。

2. 安置点当地就业率比较高，说明安置点具有一定的拉力。

按照推拉理论，原住地脆弱的生计环境是推力，但是如果安置点没有足够的拉力，原住地的贫困人口也不一定有迁移出来的积极性。安置点虽然由于缺乏支柱产业的支撑，移民的就业有一定的困难。但是从移民就业地点的分布来看，移民搬迁后在安置点就业率还是比其他地方高。这意味着安置点较原住地的就业机会还是相对要高点，如做生意、打零工等机会会多点。不过，根据课题组的观察和访谈，安置点除了对易地扶贫搬迁移民具有一定的就业吸引力外，对于多数易地扶贫搬迁移民来说，安置点的教育资源也是他们搬迁出老家的重要拉力。

无论安置点是在附近村寨、乡镇还是县城，都有一个共同的特点：教育条件都比原住地要好很多。过去，很多原住地没有学校，孩子们读书多是到山外较远的镇上去上学。条件好的家庭就给孩子在镇上租房住，在镇上有亲戚的就借住亲戚家。其他的孩子就只好走读[①]。早上要走几里甚至十几里山路去学校，放学后又走那么远回家。[②]现在有了易地扶贫搬迁移民安置点，有小孩读书的家庭就非常积极主动地搬了出来，一边陪伴照顾孩子读书，一边就地找点事情做。例如，贵州省荔波县的瑶山移民村，课题组去调查的时候碰到的移民几乎都反映自己搬出来住纯粹是为了孩子读书。榕江县移民局曾专门就这个问题在移民村做过调查，调查结果是100%的移民对搬迁后子女就学条件感到满意。

安置点的教育资源不仅是易地扶贫搬迁移民主动搬迁出来的动力，还对在外地打工的村民返乡留在安置点就业具有一定拉力。对移民来讲，无论是在哪里打工或创业，孩子的教育和发展始终是他们的牵挂。过去，原住地没有学校或者教学质量较差，所以很多劳动力到外地打工的时候要么把孩子留在老家让老人看护，要么只好带着孩子走。可是孩子在外地读书成本比较高。现在搬迁出来了，安置点的教育条件比原住地更好，教学质量更高。所以很多在外地打工的村民也就带着孩子返回到安置点就学，自己也留下来就地谋生陪伴孩子。

---

① 只在学校上课，不在学校住宿，叫走读（区别于“寄宿”）。

② 课题组在贵州的几个县调查的时候，曾到过几个原住地观察。没有搬迁出来的读小学的孩子们，早上必须很早就起来，吃了早饭就出发，到学校一般要走5公里左右，还有需要走8公里左右的。例如，贵州省紫云县水塘镇中洞组、安顺市黄果树镇蒋其村二组的孩子们需要在山区小路行走近8公里才能到外面的行政村小学。这一情况在西南地区比较普遍。

案例：贵州省惠水县摆金乡易地扶贫搬迁移民安置点有一户移民家庭，四口人，两个小孩都在上小学，原来夫妻俩都在浙江打工，孩子放在老家由老人照看。孩子到了上学年龄后，老家的小学比较远，夫妇俩原计划把小孩带到浙江去读书，但是发现房租、学费、生活费等成本很高。恰好遇上易地扶贫搬迁移民项目在他们村实施，就搬迁到了摆金乡的易地扶贫搬迁移民安置点，让孩子在摆金镇上读书。由于女主人在浙江某工厂的工作比较稳定，所以女主人继续在外打工，男主人留在摆金乡移民安置点边打工边照顾孩子。

二、易地扶贫搬迁移民的家庭收入状况

一般来说，最能说明家庭经济状况的当然是收入。课题组对西南民族地区易地扶贫搬迁移民收入情况做了问卷调查。调查问卷分为贵州卷和省外卷，两份问卷稍有差别。贵州卷里没有关于移民搬迁前后的收入比较的内容，省外卷没有关于移民的具体收入内容。之所以有这个区别，是因为在贵州做试调查时发现，对移民进行具体收入状况的调查有一定的难度：一是多数调查对象不是很愿意把自己真实收入如打工收入和农业产量等告诉调查员；二是移民的收入中很大部分是来源于零工和小规模农业，当问到这个问题时，调查对象大多表示自己的收入比较零碎不好统计，所以就只说个大概；三是调查对象的教育程度普遍较低（小学及以下的占64.8%），特别是其中的很多老人和妇女都不太清楚自己家庭收入的具体数据。考虑到课题组去四川、重庆、云南三省市的调研也主要是到边远的少数民族山区，如大小凉山一带，可能会遇到同样问题。加上课题组选的点基本都在很偏僻的山区，点很分散，路线也远，很多点的交通非常不方便，调研需要的时间较多。因此对省外的调研就做了修正，不再直接问移民的收入，而是改问其搬迁前后收入的变化。贵州这方面的调查，也只有123个样本，样本量虽小，但对移民的收入支出都做了比较具体的调研，所以在收入这个层面上的处理，是先对三省市638份问卷关于易地扶贫搬迁移

民收入的相关情况做统计分析，然后将贵州123份问卷单独作为个案来分析，用以印证云、渝、川的情况。

（一）贵州个案分析

课题组选了贵州省榕江县古州镇丰乐苗族易地扶贫搬迁移民安置点、荔波县瑶山乡瑶族易地扶贫搬迁移民安置点作为了解移民收入情况的主要调查点。这两个安置点的共同特点是：1. 移民主体基本上都是少数民族；2. 都属于集中安置。区别是：一个安置点在县城附近，一个在乡政府附近。[①]

1. 收入与支出情况

把收入分为农业收入、打工收入、其他收入三个部分，农业收入部分，通过调查其粮食产量、经济作物产量、变卖家畜数量等按市场价折算为货币量，最后计算三个部分的总收入。其中，打工收入主要包括工厂企业上班，其他收主则主要包括做生意、服务业等。统计结果如表2–6所示。

表2–6　贵州省个案——搬迁前后收入（N=123）　（单位：元）

	搬迁前	搬迁后
农业收入	8370	4959
打工收入	30687	32443
其他收入	7980	10154
总收入	47037	47556

说明：表中数据均为平均值。

表2–7显示：

（1）移民的收入在搬迁以后有所提高，但提高幅度不大。这123户移民

① 我们的样本选用方法是：对在家的所有移民进行调查，但必须是对自己家庭的经济状况能够说得清楚的成员才是我们的调查对象。所以最后就只有123户移民家庭进入了我们的样本里。

家庭搬迁前家庭年均总收入为47037元，搬迁后家庭年均总收入为47556元，只增加了519元；

（2）该群体搬迁后打工和其他非农收入增长幅度很大，农业收入下降幅度也很大。由于其他收入也都属于非农职业所获得的收入，可以与打工收入合并考虑，所以可以得出：移民搬迁后的平均农业收入比搬迁前减少了3411元；搬迁后的非农职业入比搬迁前增加了3930元。

根据课题组的统计，这123个家庭平均每户4.3人，按照这个户均规模计算，搬迁前人均收入为10938元/人，搬迁后人均收入为11059元/人。搬迁后人均收入在这里略有上升（121元）。①

此外，从收入结构的变化来看（见表3–10），农业生产收入减少的幅度（53.7%）和打工收入增加的幅度（63.4%）都在表中占据很大比重。

表2–7　贵州省个案——搬迁前后的农业和非农职业收入

	农业收入		打工收入	
	频数	百分比	频数	百分比
减少	66	53.7	19	15.5
增加	6	4.9	78	63.4
不变	15	12.2	16	13.0
缺失	36	29.2	10	8.1
合计	123	100	123	100

贵州这123个易地扶贫搬迁移民家庭收入结构变化的数据印证了本章第一部分所发现的职业结构的变化现状。农业收入降低、打工以及其他非农业收入大幅增加，这与职业结构的变化是一致的。原因如前所述，扶贫搬迁有较大部分是无土安置及城镇化安置，易地扶贫搬迁移民从事农业生产的人数

① 贵州省榕江县扶贫办2014年曾对该县古州镇丰乐移民安置点里的，从该县最贫困山区搬来的两个村（摆王村、摆拉村）移民做了关于收入的问卷调查，调查结果显示：34.56%的家庭收入搬迁后下降了。

减少但非农就业较之过去容易一点，所以收入结构自然发生了相应的变化。

单纯的收入及其结构的变化还不能完全反映一个家庭的实际经济状况，因为一个家庭的实际经济水平主要是由两个方面构成的：收入和支出。家庭经济状况还受家庭支出的影响。

从表 2–8 看到易地扶贫搬迁移民搬迁后家庭支出有了大幅提高，年总支出增加了16725元，增长幅度达1.2倍。其中生产支出的增长幅度最小，仅为0.7倍；增长幅度最大的是生活支出：增长幅度接近 1.7 倍；支出结构中，生活支出不仅增长幅度最大，而且其总量超过了移民生活支出结构总量的一半。

表 2–8 贵州省个案——移民搬迁前后的支出结构变化（N=121） （单位：元）

	搬迁前	搬迁后
生产支出	1293	2234
生活支出	6012	16165
人情往来支出	3754	5847
其他支出	2556	6094
总支出	13615	30340

总体来看，这部分移民搬迁后的家庭收入总量（47556 元）还是大于家庭开支的总量（30340 元），搬迁后收支相抵还剩余 17216 元。但和搬迁前相比，搬迁后家庭经济结余量比搬迁前结余量减少了 16206 元，人均下降 3768.8 元。

移民们对搬迁后家庭开支增长幅度很大的普遍解释是：

（1）生活开支增加的原因：搬迁前基本的生活物资大多不需要购买，现在在乡镇附近居住任何东西都需要购买。移民们说，以前在原住地自己种菜、种粮，喂鸡、喂鸭，因此，饮食方面除了买点酱油盐醋外基本没有什么需要买的。搬迁以后这些东西都需要买。过去水也不用买，自己挑，山上有泉水的引到了家里也成了自来水。现在不仅要付水费，电费也增加不少，因为家用电器增加了。原来住在山区，夏天无需使用电扇，做饭则以山上木材作为燃料，洗衣服直接下河，现在电饭锅、洗衣机、电冰箱等电器都非用不可，每月电费就是一笔不少的开支。

（2）人情往来开支增加的原因：一是乡镇附近的人情送礼水平高于原住地；二是移民到安置点后交往范围扩展导致人情往来增加；三是人情往来送礼的形式发生了变化：过去在边远山区，人情往来很多情况下可以通过出力出物来表示，如哪家修屋盖房或者有什么红白喜事，邻居们和亲友们出点力或者出点料，送点粮食也是可以的，但现在在安置点，基本上都必须用钱表示。

（3）“其他支出”增加幅度特别大。“其他支出”在这个项目中指的是教育、医疗等。访谈中移民们反映日常支出中最突出的支出是孩子上学花费大。搬迁前孩子在原住地上学，吃饭在家，很少需要零用钱，到集镇和县城后，这笔费用增加比较大。[①]

2. 阶梯收入情况和人均纯收入

课题组首先对这 123 户移民收入情况进行了阶梯式统计（见表 2–9）。

表 2–9　贵州省个案——搬迁前后阶梯收入情况

金额	搬迁前		搬迁后	
	频率	百分比	频率	百分比
10000 元以下	46	37.7	16	13.0
10001—30000 元	35	28.7	59	48.0
30001—40000 元	20	16.3	23	18.7
40001—50000 元	10	8.2	6	4.9
50001—80000 元	5	4.1	14	11.4
80001—100000 元	3	2.5	4	3.2
100000 元以上	3	2.5	1	0.8
合计	122	100	123	100

① 其实，在调研中，住房建设费用还没有列入这部分移民的家庭开支中。根据了解，住房建设费用对移民是一笔非常大的支出，已经成了移民的主要经济问题。在其他安置点，移民的建房费用一般都在 10 万左右。因此很多移民由于搬迁建房而负债。但由于政府对这两个安置点的补贴力度非常大，瑶族安置点每户大概需要自筹 3 万多点，苗族安置点则只需自筹几千元。所以没有把住房费用考虑进来。（这个问题还要在别处介绍和讨论）

根据表 2-9 显示：年收入在 1 万以下的家庭搬迁后减少了 24.7%，减少幅度较大，说明过去家庭收入特别低的户数减少了；同时，家庭收入在 1—3 万的家庭增长幅度很大，达 19.3%，这说明了移民中的大部分贫困家庭在搬迁后收入提升了。

（二）西南民族地区易地扶贫搬迁移民对自己家庭收入水平的感知

上述关于西南民族地区易地扶贫搬迁移民的收入、支出情况，从客观上说明易地扶贫搬迁移民搬迁后的家庭经济水平下降了。分析易地扶贫搬迁移民的家庭经济水平，除了了解他们客观的收入、支出情况外，还有必要把安置点原居民的经济情况作为参照点来看移民的收入水平。[①]

表 2-10 显示，移民认为自己的收入比安置点当地人的收入低一些的（36.8%）和低很多的（20.3%）两项合起来达到 57.1%。如果把高一些（5.2%）和高很多（0.7%）的也加总，这个数据才达到 5.9%。说明只有少数人感觉自己的收入比安置点原居民的收入要高，多数移民认为自己的经济收入要比安置点当地人要低。

表 2-10　易地扶贫搬迁移民家庭收入与安置点当地居民收入比较[②]（N=1029）

收入水平比较	频率	百分比
低很多	209	20.3
低一些	379	36.8
差不多	380	36.9
高一些	54	5.2
高很多	7	0.7
总计	1029	100

① 张秀生、王五洲：《移民安置与经济发展的过程分析》，《经济评论》1997 年第 5 期。

② 调查的问题是：“您觉得您家目前的家庭收入水平与一般本地居民相比怎么样？”这个命题有 5 个选项：高很多、高一些 、差不多、低一些、低很多。

世界银行指定的《移民安置工作指导方针》中指出：任何移民计划成功的标志是移民和社区的生活水平是否保持和提高。[①] 因此衡量移民的经济情况，不仅要和移民变迁前比较，看移民搬迁后经济是否提升，还要和当地人比较，看其经济水平是否赶上当地人的水平。而通过易地扶贫搬迁移民收入与当地人收入比较的结果和前面关于移民搬迁前后收入情况的比较，都一致说明西南民族地区部分易地扶贫搬迁移民的家庭经济状况在搬迁后没有得到改善，部分家庭甚至处于贫困状态。

（三）西南民族地区易地扶贫搬迁移民在提高家庭收入方面的困难和信心

1. 提高收入方面的困难

前面无论是三省（市）易地扶贫搬迁移民搬迁前后的收入比较，还是贵州 123 户家庭的收支情况，都说明西南民族地区易地扶贫搬迁移民搬迁后的经济状况在课题组调研期间不乐观。那么他们在提高收入方面存在哪些具体的困难呢？（见表 2–11）

表 2–11　提高家庭收入的困难（N=1029）

存在的困难	频数	百分比
没有技术	140	13.6
没有资金	407	39.5
没有门路	209	20.4
其他	259	25.1
缺失	14	1.4
合计	1029	100

① 朱农主编：《三峡工程移民与库区发展研究》，武汉大学出版社 1996 年版，第 250 页。

表 2-11 表明，在提高家庭收入的困难上，移民们反映资金（39.5%）、门路（信息）（20.4%）这两项的比例最高。资金困难这里主要指的是创业资金。访谈中也发现创业资金缺乏是移民反映比较普遍的问题，没有创业资金，要保障家庭生活就只有出门打工。此外，门路在农村也是非常重要的，边远地区的村民，与外界联系通道较为狭窄，打工基本靠的是当地政府或者亲友提供信息。无论是当地就业还是外出打工靠的都是门路，都要有人带。由于缺乏创业资金，也缺乏门路（信息），所以易地扶贫搬迁移民感觉提高收入改善自己家庭经济状况很困难。

2. 易地扶贫搬迁移民提高家庭收入的信心

面对当前较为窘迫的经济状况以及存在的发展家庭经济的限制性因素，西南民族地区易地扶贫搬迁移民对自己家庭未来的发展是否有信心呢？根据表 1-12 显示，约一半以上的移民还是表示对提高未来家庭收入是有信心的（58.7%），说明大部分移民对自己在安置点未来的发展是乐观的。

表 2-12 易地扶贫搬迁移民对提高收入的信心（N=1029）

是否有信心	频率	百分比
没有信心	213	20.7
一般	212	20.6
有信心	604	58.7
总计	1029	100

综上，通过西南民族地区易地扶贫搬迁移民的生计变迁以及易地扶贫搬迁移民的家庭经济状况这两个方面，对西南民族地区易地扶贫搬迁移民的家庭经济情况进行分析，总体看西南民族地区易地扶贫搬迁移民搬迁到安置点后的经济条件有了改善，多数人能够适应新的自然条件和社会条件的转变，及时调整自己的就业方向，不仅收入有所提高，也对未来收入的提升抱

有一定的信心。但是如果要达到扶贫移民搬迁工程的总体目标，在经济发展方面尚有需要进一步总结经验的空间。

第二节　西南民族地区易地扶贫搬迁移民经济适应的水平分析

前面分别从西南民族地区易地扶贫搬迁移民的职业流动及其变迁、家庭收入情况、移民对提高未来家庭经济的信心几个方面对西南民族地区易地扶贫搬迁移民搬迁后的家庭经济状况进行了分析，发现西南民族地区易地扶贫搬迁移民的经济总体状况不是很理想，与搬迁前比和与本地人比较，一定比例移民的经济现状不如搬迁前，也不如当地人。为了综合了解西南民族地区易地扶贫搬迁移民经济情况，下面将进一步对西南民族地区易地扶贫搬迁移民的经济适应水平进行定量分析。

一、易地扶贫搬迁移民经济适应的测量指标

有关“经济适应”的测量维度方面专门研究也很少，比较直接的研究有郝玉章、风笑天。他们把经济适应作为三峡移民社会适应的一个重要方面进行了研究，明确了经济适应的几个测量指标。也有学者在研究农村移民的社会融合的时候，把经济融合或者经济融合的某一个方面作为社会适应或者社会融合[①]的一个维度进行讨论。例如，韦仁忠的生态移民研究、周浩的流动人口研究。为了直观和简便，课题组把学术界近年来的部分相关研究整理如

① 本研究在梳理相关文献时发现，已有研究在讨论“社会融合”和“社会适应”两个概念的衡量指标时，常常混合使用两个概念。故本文对这两个概念没有区分。

表 2–13 所示。

表 2–13　相关研究中关于“经济适应”的测量指标

作者	指标构成
周　浩[①]	流动人口经济融合（收入、职业、社会保障、固定住房）
韦仁忠[②]	生态移民的经济融合（经济来源、收入、劳动技能）
郝玉章 风笑天[③]	水库移民经济适应（生产劳动方式、搬迁前后收入比较、移民对目前收入的满意度、对未来提高收入的信心）
风笑天[④]	水库移民经济适应（提高收入的信心、收入变化、收入满意度）
田　凯[⑤]	农民工经济适应（职业、收入、住房）
朱　力[⑥]	农民工经济适应（收入、住房）
张文宏[⑦]	城市移民经济融合（亲属相伴人数、添置房产意愿）
杨菊华[⑧]	流动人口经济融合（就业机会、职业声望、工作环境、收入水平、社会保障、居住环境、教育培训）
叶嘉国 雷　洪[⑨]	水库移民经济发展适应（迁后个人收入状况和家庭经济状况的比较，迁后个人收入状况和家庭经济状况的满意度，对自己收入和自己家庭收入的关系程度，自己认定的发展家庭经济可投资的领域或可采用的方式）
梁　波 王海英	经济（就业、收入、职业地位、福利）

① 周浩：《流动人口社会融合的测量及理论思考》，《人口研究》2012 年第 3 期。

② 韦仁忠：《藏族生态移民的社会融合路径探究——以三江源生态移民为例》，《中国藏学》2013 年第 1 期。

③ 郝玉章、风笑天：《三峡外迁移民的社会适应性及其影响因素研究——对江苏 227 户移民的调查》，《市场与人口分析》2005 年第 6 期。

④ 风笑天：《“落地生根”？——三峡农村移民的社会适应》，《社会学研究》2004 年第 5 期。

⑤ 田凯：《关于农民工的城市适应性的调查分析与思考》，《社会科学研究》1995 年第 5 期。

⑥ 朱力：《论农民工阶层的城市适应》，《江海学刊》2002 年第 6 期。

⑦ 张文宏、雷开春：《城市新移民社会融合的结构、现状与影响因素分析》，《社会学研究》2008 年第 5 期。

⑧ 杨菊华：《从隔离、选择融入到融合：流动人口社会融入问题的理论思考》，《人口研究》2009 年第 1 期；杨菊华：《流动人口在流入地社会融入的指标体系——基于社会融入理论的进一步研究》，《人口与经济》2010 年第 2 期。

⑨ 叶嘉国、雷洪：《三峡移民对经济发展的适应性——对三峡库区移民的调查》，《中国人口科学》2000 年第 6 期。

表 2–13 显示，已有研究对有关移民经济适应或融合所采用的测量指标有职业、收入、住房、社会保障、亲属相伴人数等几个变量，比较多的是住房、职业和收入。由于已有研究多是针对城市农民工的，所以是否有固定住房对于研究对象的经济适应就非常重要。但政府对易地扶贫搬迁移民的住房都有政策考虑。所以本研究没有选择这个变量。此外，在收入方面，已有研究多不是直接考虑收入，而是从侧面如“提高收入的信心”“前后收入的比较”“对收入的满意度”等角度去了解。本研究考虑到调查移民的实际收入较难，所以在收入方面也采取了侧面了解的方式。如此，围绕上述关于经济适应概念的定义，参考表 2–13 中学者们的指标体系并结合课题组的田野调查，对衡量经济适应这一因变量的指标设计如下：（1）职业；（2）提高未来收入的信心；（3）与当地人比较家庭收入在当地的地位。

为了方便统计，把问卷中的职业选项整合成了五个类型，（1）无业；（2）农业；（3）外地打工（工厂企业打工）；（4）本地打工（包括服务员、搞建筑、打零工）；（5）做生意。其中无业记 1 分，农业记 2 分，外地打工记 3 分，本地打工记 4 分，做生意记 5 分。如此赋值的原因与相应的收入高低和职业声望有关。根据课题组的田野调查和相关部门的职业声望调查，总体看农民的职业声望虽然都低，但是相对而言，在农民从事的职业中：经商的收入和声望都高于打工，打工的收入高于务农。其中，就打工而言，虽然外地打工的收入高于本地打工[①]，但本地打工可以兼顾家庭。有些移民表示，只要能在本地就业，哪怕比外地打工收入少点也愿意留在本地谋生。考虑到这点，给本地打工的赋值高于外地打工。

提高未来收入的信心方面包括一个命题：“您对今后提高家庭收入有没有信心？”这个命题包括 3 个选项：没有信心、一般、有信心，分别赋值为

① 李强等：《城镇化与国内移民：理论与研究议题》，社会科学文献出版社 2015 年版，第 73 页。

1、2、3 分。

家庭收入在当地的地位包括一个命题："您觉得您家目前的家庭收入水平与一般本地居民相比怎么样？"这个命题有 5 个选项：低很多、低一些、差不多、高一些、高很多，分别赋值为 1、2、3、4、5 分。

二、易地扶贫搬迁移民经济适应的因子分析

本研究运用因子分析的方法对易地扶贫搬迁移民经济适应 3 个指标的内部结构进行简化，从而得到一个衡量易地扶贫搬迁移民经济适应的综合性指标。在进行正式的因子分析之前，首先进行了 KMO 和巴特利特（Bartlett）球形检验，从表 2-14 中的统计结果可以发现，易地扶贫搬迁移民经济适应的 3 个测量指标的 KMO 统计量为 0.674，巴特利特球形检验的卡方值为 669.225，P<0.001，拒绝了相关系数矩阵为单位矩阵的假设，表明各指标之间可能共享潜在因子。因此，正式调查数据适合进行因子分析。

表 2-14　KMO 和 Bartlett's 球形检验结果

KMO 值		0.674
Bartlett's 球形检验	Approx. Chi-Square	669.225
	DF	3
	P	0

本研究接着运用主成分分析的方法对上述 3 个易地扶贫搬迁移民经济适应指标进行因子分析，在分析过程中保证特征根取值大于 1、以因子负荷值 0.4 作为取舍点，根据碎石图判断抽取 1 个因子。因为易地扶贫搬迁移民的职业状况、对提高未来收入的信心和家庭经济地位 3 个指标主要从不同方面反映其搬迁后的经济适应状况，本研究根据因子负载情况将其命名为"经济适应"因子，3 个指标的共量分别为 0.708、0.667 和 0.592，新因子累计方差贡献率为 65.583%，这表明 3 个指标经过因子分析后信息丢失都较少，且所有具体测量指标在对应因子上的因子负荷均大于 0.5，因子分析效果较理

想，因而具有较高的信度和效度（见表 2–15）。

表 2–15　易地扶贫搬迁移民经济适应的因子分析

测量指标	经济适应因子	共量
职业状况	0.841	0.708
提高收入信心	0.817	0.667
家庭的经济地位	0.77	0.592
特征值	1.967	
解释方差	65.58%	
巴特利特球形检验（Bartlett）	669.225	
DF	3	
KMO	0.674	
P	0	

注：提取方法：主成分分析。

三、易地扶贫搬迁移民经济适应现状的描述分析

为了在研究过程中便于更直观地展示易地扶贫搬迁移民经济状况水平及进一步进行比较分析，本研究借鉴已有的研究方法将易地扶贫搬迁移民经济适应的初始因子值进行转换，将其转换为范围在 1 至 100 之间的指数。[①]根据表 2–16 的统计分析结果可知，易地扶贫搬迁移民经济适应因子的平均得分为 46.61 分，其标准差高达 19.732，这表明现阶段西南民族地区易地扶贫搬迁移民的经济适应水平相对偏低，且其内部的经济适应水平具有较大的差异性。印证了本研究第一部分的基本结论。对于易地扶贫搬迁移民经济适应水平不是很高的主要原因将在第三部分进行详细分析。

① 转换公式是：转换后的因子值 =（因子值 +B）· A。其中，A= 99/（因子最大值 – 因子最小值），B=（1/A）– 因子最小值。B 的公式亦为，B=［（因子最大值 – 因子最小值）/99］– 因子最小值。参见边燕杰、李煜：《中国城市家庭的社会资本》，《清华社会学评论》2000 年第 2 期，下同。

表 2–16　易地扶贫搬迁移民经济适应因子得分的描述性分析

	均值（M）	标准差（SD）
经济适应	46.61	19.732

第三节　影响西南民族地区易地扶贫搬迁移民经济适应的因素分析

一、自变量及假设

在第一章关于变量体系的设计部分，本课题根据已有研究并结合田野调研，提出了西南民族地区易地扶贫搬迁移民社会适应的自变量体系，包括：个体特征（年龄、性别、教育程度、民族成分）、搬迁特点（搬迁时间和安置点类型）、社区环境和政府政策（就业扶持、最低生活保障、政府关心程度）。这里，把这套自变量也作为经济适应的自变量，结合相关已有理论和前期的田野调查，做出如下假设：

假设一：个体特征假设。不同个体特征的易地扶贫搬迁移民经济适应存在差异。这里的不同个体特征包括：年龄、性别、教育程度和民族身份。

美国学者 E.S.Lee 在 1966 年研究移民时曾对影响移民社会适应的因素做了比较全面的探讨。他认为迁徙者的年龄、性别、受教育程度等因素都对迁徙者有影响，受教育程度越高的人，越能较快的适应迁入地的社会生活。[①] 国内学者也有类似研究。例如，作为重要的人力资本指标的受教育水平的回报率方面，尽管有不同争论，但多数学者认为在农业向非农职业转换中可能会成为“农民实现职业转换的壁垒”[②]。因为不同职业所需的文化知识水平含量多少有区别，因而各种职业对其受教育程度门

① 阎蓓：《新时期中国人口迁移》，湖南教育出版社 1999 年版，第 22 页。

② 王昊：《劳动力迁移与职业流动》，李强等主编：《城镇化与国内移民：理论与研究议题》，社会科学文献出版社 2015 年版。

槛的要求也不一样。受教育程度不高，就业竞争力低，[①] 职业转移难度也较大[②]。综合素质高的农民工容易获得就业机会，取得相对稳定的职业和收入，容易融入市民社会。[③] 黄海燕等对贵州易地扶贫搬迁移民的实证研究也证明了上述理论。[④]

有学者以女性主义的视角考察农村女性进城后的城市适应过程，发现尽管 2015 年发布的《中国性别平等与妇女发展》报告表明我国劳动力市场的性别平等取得了较大进展，但很多地方特别是边远地区城镇就业中仍然普遍存在性别歧视。几次全国人口普查资料显示，女性职业流动明显小于男性，特别是在农村。[⑤] 女性的工资收入也普遍较男性偏低[⑥]。

由于本研究发生在西南民族地区，不同民族易地扶贫搬迁移民可能会因为历史、文化及环境等不同而存在经济适应的差异。有研究认为少数民族易地扶贫搬迁移民搬迁后生计方式的变迁对移民的经济适应影响非常大[⑦]。例如，石德生[⑧]、索端智[⑨]等的研究发现西北地区的易地扶贫搬迁移民搬迁前主要从事单一的，以游牧为主导的草原畜牧业工作，搬迁到城镇后由于没有从事二、三产业的劳动技能和经验积累出现了生计困难。吴莎对贵州易地扶

---

① 黄乃新、何笑笑：《农民工城市化影响因素及解决措施研究》，《学术论坛》2010 年第 35 期。

② 王回澜：《女性受教育程度的社会经济回馈——对青岛女性受教育程度与社会经济关系的分析》，《甘肃社会科学》2007 年第 2 期。

③ 肖云、林子琪：《农民工城市化影响因素及公共政策》，《重庆大学学报》2006 年第 4 期。

④ 黄海燕、王永平：《城镇安置生态移民可持续发展能力评价研究——基于贵州生态移民家庭的调研》，《农业现代化研究》2018 年第 4 期。

⑤ 苏慕瑜：《调适与归属：兰州外来穆斯林女性的社会适应研究》，博士学位论文，兰州大学，2018 年。

⑥ 向华丽：《女性农民工的社会融入及其影响因素分析——基于湖北 3 市的调查》，《中国人口·资源与环境》2013 年第 1 期。

⑦ 马宝龙：《困境与对策：三江源区藏族生态移民适应性研究——以果洛州扎陵湖乡移民为例》，《甘肃联合大学学报（社会科学版）》2007 年第 5 期。

⑧ 石德生：《三江源生态移民的生活状况与社会适应——以格尔木长江源头生态移民为例》，《西藏研究》2008 年第 4 期。

⑨ 索端智：《三江源生态移民的城镇化安置及其适应性研究》，《青海民族学院学报（社会科学版）》2009 年第 2 期。

贫搬迁移民的研究发现也有类似情况。

在移民的年龄方面，已有研究发现移民的年龄对移民搬迁后的经济收入有影响，年龄越高的移民经济收入可能就越低。[①]还有学者认为农村移民的年纪越大，越不适应于城镇谋生。[②]

由此，形成以下分假设：

1. 易地扶贫搬迁移民的受教育程度越高，其经济适应水平越高。

2. 中青年易地扶贫搬迁移民的经济适应水平高于老年易地扶贫搬迁移民的经济适应水平。

3. 女性的经济适应水平低于男性易地扶贫搬迁移民的经济适应水平。

4. 少数民族易地扶贫搬迁移民经济适应水平低于汉族易地扶贫搬迁移民的经济适应水平。

假设二：搬迁特点假设。搬迁特点这里主要包括安置点类型和搬迁时间（即在安置点居住的时长）。不同安置点类型的易地扶贫搬迁移民经济适应水平有差异。

课题组根据城镇化程度，把安置点类型分为村寨、集镇（小城镇）[③]、县城及以上三类。马伟华认为，小城镇安置对易地扶贫搬迁移民生产方式的转变有重大意义：城市给移民提供大量就业机会，移民所在集镇附近的集市对易地扶贫搬迁移民经济生活的影响也非常大[④]。雷洪等对三峡农村移民的研究结果发现安置在城镇的移民生产劳动适应性高于安置在农村的移民。[⑤]在

① 黄海燕、王永平：《城镇安置生态移民可持续发展能力评价研究——基于贵州生态移民家庭的调研》，《农业现代化研究》2018 年第 4 期。

② 白南生、何宇鹏：《回乡，还是进城？——中国农民外出劳动力回流研究》，《中国社会科学》2003 年第 4 期。

③ 问卷中分为：村寨、集镇、小城镇和县城及以上。课题组在实际调研中发现，西南民族地区小城镇不多，大多相当于乡镇所在地的镇，所以统计的时候就把小城镇归到了集镇。

④ 马伟华：《生态移民与文化调适：西北回族地区吊庄移民的社会文化适应研究》，民族出版社 2011 年版，第 78 页。

⑤ 雷洪、孙龙：《三峡农村移民生产劳动的适应性》，《人口研究》2000 年第 6 期。

搬迁时间方面，一般认为，经济适应性与移民搬迁时间的长短有正向（即搬到安置点的时间长短）的关系。[①]搬迁时间特别是在促进移民从事非农活动等方面具有显著作用，[②]因为移民在城镇居住时间越长，就越有可能积累相关的劳动经验等人力资本，从而更有可能获得经济成功。[③]因此，移民搬迁时间越长易地扶贫搬迁移民的经济适应性就会越好。[④]

由此，形成两个分假设：

1. 安置点城镇化程度越高移民的经济适应水平越高。

2. 搬迁时间越长易地扶贫搬迁移民的经济适应水平越高。

假设三：社区环境假设。社区环境包括：本地人对移民的态度、工作人员态度、治安状况三个方面。移民外迁到一个陌生的社会环境里，对周围环境会比较敏感，特别是在当地人态度方面。当地人对他们是否支持，工作人员对他们是否关心等都可能影响他们的经济适应。因为，易地扶贫搬迁移民后，生计环境发生了很大的变化，需要新的社会网络的支撑，需要新的社区组织的帮扶。[⑤]例如，提供就业信息，熟悉职业环境和技术等。同时，所在社区的稳定与治安状况也是移民正常经济生活的保障。

由此，形成以下分假设：

1. 本地人对易地扶贫搬迁移民态度越好，易地扶贫搬迁移民的经济适应水平越高。

2. 社区工作人员对易地扶贫搬迁移民态度越好，易地扶贫搬迁移民的经济适应水平越高。

---

① 张文宏：《城市新移民社会融合的结构、现状与影响因素分析》，《社会学研究》2008年第5期。

② 黎洁：《陕南安康移民搬迁农户生计选择与分工分业的现状与影响因素分析——兼论陕南避灾移民搬迁农户的就地就近城镇化》，《西南交通大学学报（社会科学版）》2017年第1期。

③ 张文宏、雷开春：《城市新移民社会融合的结构、现状与影响因素分析》，《社会学研究》2008年第5期。

④ 陈为西：《水电工程移民经济生产适应性研究》，《水力发电》2015年第9期。

⑤ 马德峰：《我国水库外迁移民社区经济适应研究》，《广西社会科学》2005年第11期。

3. 社区治安状况越好，易地扶贫搬迁移民的经济适应水平越高。

假设四：政府因素。政府因素包括是否有就业扶持、是否有最低生活保障以及政府关心程度。虽然易地扶贫搬迁移民是自愿移民，但是带有政府动员和组织的性质，因此政府在移民经济适应中的作用是不可替代的。[①] 政府在促进移民经济适应方面的作用主要表现在采取各种办法大力发展后续产业，扩大就业途径，促进移民就业，解决移民的生计问题。[②] 因此政府有关移民的一些优惠政策对移民的经济适应有促进作用[③]，例如，政府的就业扶持对扶贫移民的生计资本会产生显著影响[④]，有了政府提供的最低保障，易地扶贫搬迁移民的经济生活可能就无后顾之忧。

由此，形成以下分假设：

1. 政府是否提供就业扶持影响易地扶贫搬迁移民的经济适应水平，获得政府就业扶持的易地扶贫搬迁移民经济适应水平更高。

2. 政府是否提供最低生活保障影响易地扶贫搬迁移民的经济适应水平，获得最低生活保障的易地扶贫搬迁移民经济适应水平更高。

3. 政府的关心程度越高，移民的经济适应水平就越高。

上述假设是否正确，哪些假设可以得到验证，哪些假设将被否定，为什么会被否定？下面将采用多元线性回归分析方法验证上述假设。

二、统计结果与分析

（一）统计模型的建立

为了探讨影响西南民族地区易地扶贫搬迁移民经济适应现状的因素，

① 解彩霞：《三江源生态移民社会适应与回迁愿望分析》，《攀登》2010 年第 6 期。

② 李娜：《滇中彝区异地扶贫搬迁的社会适应》，《毕节学院学报》2010 年第 7 期。

③ 骆桂花：《三江源生态移民安置与后续产业发展的社会调查》，《青海民族学院学报（社会科学版）》2009 年第 2 期。

④ 王沛沛：《后期扶持对水库移民生计资本的影响》，《生态经济》2015 年第 5 期。

课题组以易地扶贫搬迁移民的个体特征、搬迁特点、社区环境和政府因素为自变量，以易地扶贫搬迁移民的经济适应因子得分为因变量进行多元线性回归分析。其中模型 1 为基准模型，用来考察易地扶贫搬迁移民个体特征对其经济适应状况的影响，模型 2、模型 3 和模型 4 则分别考察易地扶贫搬迁移民搬迁特点、社区环境与政府政策对经济适应状况的影响程度。

回归分析结果如表 2–17 所示。

在进行回归分析之前，本课题对模型可能存在的多重共线性和序列相关问题进行了相关检验。从多重共线性诊断的结果来看，除了年龄及其平方项外，模型中纳入的自变量的容忍度都在 0.2 以上，其方差膨胀因子都小于 5，这表明自变量之间不存在严重的多重共线性问题。[①] 而对模型进行 Durbin–Watson 检验发现，模型的 DW 值为 2.012，说明这一回归模型不存在序列相关问题。就回归模型的解释力而言，模型 1 中纳入易地扶贫搬迁移民“个体特征”这一变量后，整个模型的解释力为 13.9%；而从模型 2 与模型 1 的比较中可以发现，将“搬迁特征”这一解释变量纳入回归方程之后，回归模型解释力从 13.9% 提高到 15.5%；从模型 3 与模型 2 中得知，把“社区环境”纳入模型后，其解释力从 15.5% 提高到 21.1%；而从模型 4 与模型 3 的比较中可以发现，将“政策环境”这一解释变量纳入回归方程之后，回归模型解释力从 21.1% 提高到 23.9%。先后加入这三个解释变量后，回归模型的解释力分别提高了 1.6%、5.6% 和 2.8%。可见，易地扶贫搬迁移民的个体特征、搬迁特点、社区环境与政府政策是预测其经济适应水平的重要因素。

① 某变量的容忍度等于 1 减去以该变量为反应变量，以进入模型中的其他自变量为自变量所得到的线性回归模型的决定系数。容忍度越小，多重共线性越严重。一般认为，容忍度不应小于 0.2。有学者提出，容忍度小于 0.1 时，存在严重的多重共线性。方差膨胀因子（VIF）等于容忍度的倒数。一般认为，VIF 不应大于 5，对应容忍度的标准，也可放宽至不大于 10。参见张文彤：《SPSS 统计分析高级教程》，高等教育出版社 2004 年版，第 113 页。

表 2–17　以易地扶贫搬迁移民经济适应因子得分为因变量的多元线性回归分析模型

自变量	因变量 = 经济适应水平			
	模型 1	模型 2	模型 3	模型 4
	B（SE）	B（SE）	B（SE）	B（SE）
个体特征				
年龄	0.325 （0.198）	0.250 （0.203）	0.207 （0.213）	0.075 （0.224）
年龄平方项	–0.007*** （0.002）	–0.006** （0.002）	–0.005** （0.002）	–0.004* （0.002）
性别 [a]	4.934**** （1.169）	4.542**** （1.187）	4.748**** （1.231）	5.213**** （1.256）
受教育程度 [b]				
初中	5.710**** （1.428）	5.542**** （1.451）	6.743**** （1.516）	6.137**** （1.578）
高中	10.872**** （2.327）	10.822**** （2.351）	10.572**** （2.428）	9.642**** （2.511）
大专及以上	12.248**** （3.263）	13.113**** （3.308）	13.132*** （3.270）	11.561*** （3.365）
民族成分 [c]				
苗族	–5.964*** （1.936）	–5.805*** （2.108）	–3.791* （2.190）	–3.403 （2.260）
布依族	–0.222 （2.181）	–0.731 （2.295）	1.217 （2.345）	1.178 （2.365）
瑶族	–8.168*** （2.962）	–9.701*** （3.125）	–8.048** （3.203）	–8.537** （3.286）
侗族	–4.299* （2.346）	–3.112 （2.542）	–0.816 （2.626）	–0.427 （2.681）
彝族	–3.530** （1.627）	–6.551*** （1.885）	–7.176**** （1.964）	–5.352** （2.120）
其他	–0.806 （1.886）	–1.980 （1.955）	–2.068 （2.191）	–2.106 （2.246）
搬迁特点				
搬迁时间	——	0.405** （0.168）	0.325* （0.178）	.383** （0.187）
安置点类型 [d]				

续表

自变量	因变量 = 经济适应水平			
	模型 1	模型 2	模型 3	模型 4
	B（SE）	B（SE）	B（SE）	B（SE）
集镇新	——	−1.977 （1.810）	−1.284 （1.860）	−1.175 （1.881）
县城新	——	−1.872 （1.711）	−1.818 （1.868）	−2.391 （1.939）
社区环境				
本地人态度	——	——	−0.106 （1.323）	−0.033 （1.372）
社区工作人员态度	——	——	2.684**** （0.665）	2.053*** （0.729）
治安状况	——	——	4.960**** （0.932）	4.464**** （0.966）
政府因素				
就业扶持 e	——	——	——	3.978** （2.030）
最低生活保障 f	——	——	——	−1.390 （1.529）
政府关心程度	——	——	——	1.542** （0.647）
（常量）	43.383**** （4.757）	45.140**** （4.937）	26.751**** （6.175）	27.133*** （6.519）
Adjusted R^2	13.9%	15.5%	21.1%	23.9%
F	16.600****	13.878****	13.909****	11.967****

注：（1）* p ＜ 0.1，** p ＜ 0.05，*** p ＜ 0.01，**** p ＜ 0.001。

（2）a 参照类别为“女性”，b 参照类别为“小学及以下”，c 参照类别为“汉族”，d 参照类别为“村寨”，e 参照类别为“无就业扶助”，f 参照类别为“无最低生活保障”。

从回归分析模型可以看出：

1. 个体特征与易地扶贫搬迁移民的经济适应水平。从表 3–21 模型 1 中的多元线性回归分析结果可以发现，“性别”“受教育程度”和“民族成分”变量对易地扶贫搬迁移民的经济适应水平施加显著的影响。

2. 易地扶贫搬迁移民的“性别”变量通过了1‰水平的显著性检验，其非标准化回归系数为4.934（P<0.001），这表明与女性易地扶贫搬迁移民相比，男性易地扶贫搬迁移民的经济适应因子得分将高出4.934分。

3. 易地扶贫搬迁移民受教育程度与经济社会适应水平呈显著的正相关，具体而言，“初中”“高中（中专、技校、职高）”和“大专及以上”的非标准化回归系数分别为5.710（P<0.001）、10.872（P<0.001）和12.248（P<0.001），这意味着与文化程度为“小学及以下”的易地扶贫搬迁移民相比，文化程度为“初中”“高中（中专、技校、职高）”和“大专及以上”的易地扶贫搬迁移民的经济适应因子得分将分别高出5.710分、10.872分和12.248分。

4. 易地扶贫搬迁移民的民族成分对其经济社会适应水平施加显著影响，具体而言，“苗族”“瑶族”“侗族”和“彝族”的非标准化回归系数分别为–5.964（P<0.01）、–8.168（P<0.01）、–4.299（P<0.1）和–3.530（P<0.05），这意味着与汉族易地扶贫搬迁移民相比，“苗族”“瑶族”“侗族”和“彝族”易地扶贫搬迁移民的经济适应因子得分将分别低5.964分、8.168分、4.299分和3.530分。

模型1的结果，除了假设一的分假设2，即年龄假设外，其余分假设，即受教育程度、性别和民族成分这三个指标的假设都得到了证实。

（二）搬迁特征与易地扶贫搬迁移民的经济适应水平

从表3–21模型2中多元线性回归分析的结果可以看出，易地扶贫搬迁移民的“搬迁时间”变量通过了5%水平的显著性检验，其非标准化回归系数为0.405（P<0.05），这意味着易地扶贫搬迁移民的搬迁时间对其经济适应状况施加着显著的正向影响。具体而言，易地扶贫搬迁移民搬迁时间每增加1年，其经济适应因子得分将显著地提高0.405分。

模型2的结果证实了假设二的分假设2，即搬迁时间对易地扶贫搬迁移民经济适应的影响，否定了该假设中的分假设 1，即安置点城镇化程度对移民的经济适应水平影响的假设。

（三）社区环境与易地扶贫搬迁移民的经济适应水平

从表 1 模型 3 中的多元线性回归分析结果可以发现，“社区工作人员态度”和“治安状况”变量对易地扶贫搬迁移民的经济适应水平施加显著的影响。

1.“社区工作人员态度”变量通过了 1‰水平的显著性检验，其非标准化回归系数为 2.684（P<0.001），这意味着社区工作人员态度对易地扶贫搬迁移民经济适应水平施加着显著的影响。具体而言，社区工作人员态度每提高一个等级，易地扶贫搬迁移民经济适应因子得分将显著地提高 2.684 分。

2.“治安状况”变量通过了 1‰水平的显著性检验，其非标准化回归系数为 4.960（P<0.001），这意味着治安状况对易地扶贫搬迁移民经济适应状况施加着显著的正向影响。具体而言，安置社区的治安状况每提高一个等级，易地扶贫搬迁移民经济适应因子得分将显著地提高 4.960 分。

模型 3 的结果否定了假设三的分假设 1，即关于本地人态度的假设，证实了分假设 2 和 3。即社区工作人员对易地扶贫搬迁移民态度越好，易地扶贫搬迁移民的经济适应水平越高。社区治安状况越好，易地扶贫搬迁移民的经济适应水平越高。

（四）政府政策与易地扶贫搬迁移民的经济适应水平

从表 3–21 模型 4 中的多元线性回归分析结果可以发现，“就业扶持”和“政府关心程度”变量对易地扶贫搬迁移民的经济适应水平施加显著的影响。

1.“就业扶持”变量通过了 5% 水平的显著性检验，其非标准化回归系数为 3.978（P<0.05），这表明与没有就业扶持的易地扶贫搬迁移民相比，有就业扶持的易地扶贫搬迁移民的经济适应因子得分将提高 3.978 分。

2.“政府关心程度”变量通过了 5% 水平的显著性检验，其非标准化回归系数为 1.542（P<0.05），这意味着政府关心程度对易地扶贫搬迁移民的经济适应水平施加着显著的影响。具体而言，政府对易地扶贫搬迁移民的关心程度每提高一个等级，易地扶贫搬迁移民经济适应因子得分将显著地提高 1.542 分。

模型 4 的结果证实了假设四的分假设 1 和 3，即关于政府提供就业扶持以及政府的态度对易地扶贫搬迁移民的经济适应有正向影响，否定了分假设 2，即政府是否提供最低生活保障对易地扶贫搬迁移民的经济适应水平没有影响。

（五）统计结论与分析

观察表 2–17 的回归分析结果，可以得出以下几个结论：

1. 个体特征中性别、受教育程度和民族成分对西南民族地区易地扶贫搬迁移民经济适应产生了显著的影响。

第一，不同性别的易地扶贫搬迁移民经济适应程度差异明显，表现为男性易地扶贫搬迁移民的经济适应水平高于女性。

西南民族地区易地扶贫搬迁移民的安置方式走的是城镇化道路，从务农转向非农职业是移民适应新的生计环境的核心。从人力资本角度来看，西南民族地区女性易地扶贫搬迁移民经济适应在性别中的差异主要原因在于：客观上看，西南民族地区的集镇和县城正处于发展过程中，高新产业不多，对劳动力的需求多以建筑业或其他需要体力的工作为主，比较而言，这些行业女性不占优势。主观上看，女性移民的教育程度普遍比男性低也是原因之一。有学者认为，在一定条件下女性对受教育程度而获取收入的依赖远远大于男性，① 低学历、低就业技能、低就业素质使她们在城镇能从事的行业门

① 王回澜：《女性受教育程度的社会经济回馈——对青岛女性受教育程度与社会经济关系的分析》，《甘肃社会科学》2007 年第 2 期。

槛低且替代性很强[①]，从而使得农村女性在城镇就业与男性相比处于劣势[②]。根据表 2–18 显示，西南民族地区易地扶贫搬迁移民小学以下教育程度的女性比例远远高于男性，而初中及以上教育程度的女性比例则低于男性。

表 2–18　性别与教育程度（N=1029）

性别	教育程度				总计
	小学及以下	初中	高中（中专、技校、职高）	大专及以上	
男	341（59%）	179（31%）	40（7%）	18（3%）	578
女	326（72%）	98（22%）	22（5%）	5（1%）	451
总计	667	277	62	23	1029

表 2–19 中易地扶贫搬迁移民中女性无业的比例远远高于男性，务工的比例远远低于男性，充分说明了这个问题。

表 2–19　性别与搬迁后的具体职业交叉列表（N=1029）

性别	搬迁后的具体职业								合计	
	农业生产		打工		做生意		无业			
	频数	百分比	频数	百分比	频数	百分比	频数	百分比	频数	百分比
男	194	33.7	251	43.5	47	8.2	84	14.6	576	100
女	152	33.6	111	24.5	35	7.7	155	34.2	453	100

当然，西南民族地区女性易地扶贫搬迁移民的经济适应不仅受人力资本的影响，也来自社会文化的形塑。在农村家庭，传统的社会性别分工仍然是比较刻板的“男主外女主内”模式，这种分工旧识强化着移民的家庭体

① 谭深：《农村劳动力流动的性别差异》，《社会学研究》1997 年第 1 期。

② 陈彦佳、徐邓耀：《区域经济学视角下新生代女性农民工的就业研究》，《商》2013 年第 16 期；杨慧：《城镇就业性别歧视问题实证研究》，《山东女子学院学报》2013 年第 3 期。

制[①]。男性外出打工赚钱，女性留守安置点负责管家兼务农在课题组的调研地区是比较普遍的现象。搬迁后突然增长的家庭生活支出和不稳定的收入需要这些留守妇女直接面对，意味着她们不仅要承担农业生产的重任还要承受家庭经济生活的压力，这无疑也影响着她们对未来家庭经济发展的期望。可见，这种社会性别定位和家庭角色定位也给她们的经济适应带来了一定的困难。

第二，受教育程度高的易地扶贫搬迁移民经济适应程度高于受教育程度低的易地扶贫搬迁移民。

职业获得是现代城市生活的基础，决定着移民的经济生活水平。一般来说，人口受教育程度越高职业流动也越大越快。20 世纪 80 年代罗默等强调了“专业化人力资本的作用”，认为教育可以增加个体的人力资本[②]。因为职业层次及在此岗位所创造的效益取决于受教育程度，因此本人收入状况的高低与受教育程度呈正比。[③]根据人力资本理论，教育可以提升人力资本，从而提升个体职业流动的竞争力，并相应地产生个体的收入效应。[④]从西南民族地区的易地扶贫搬迁移民教育程度与职业结构的关系表上可以看到，教育程度越高，易地扶贫搬迁移民务农的比例越低，从事非农职业的比例越高。意味着教育程度高的移民在搬迁到城市化程度高一点的安置点后，职业获得的可能性大于教育程度低的易地扶贫搬迁移民。西南民族地区易地扶贫搬迁移民的这一情况验证了上述理论。

---

① 高飞、向德平：《性别差异与扶贫政策有效性感知——基于连片特困地区湖北、湖南、贵州三省的抽样调查》，《云南大学学报》2015 年第 4 期。

② 李丹丹：《教育程度提高了农民工的幸福感吗？——来自 2015 年中国企业员工匹配调查的证据》，《经济理论与经济管理》2017 年第 1 期。

③ 王回澜：《女性受教育程度的社会经济回馈——对青岛女性受教育程度与社会经济关系的分析》，《甘肃社会科学》2007 年第 2 期。

④ 王回澜：《女性受教育程度的社会经济回馈——对青岛女性受教育程度与社会经济关系的分析》，《甘肃社会科学》2007 年第 2 期。

表 2-20　教育程度与职业（N=1029）

文化程度	具体职业				总计
	农业	外地打工	本地打工	做生意	
小学及以下	350 52.5%	147 22.0%	138 20.7%	32 4.8%	667 100%
初中	94 33.9%	75 27.1%	79 28.5%	29 10.5%	277 100%
高中（中专、技校、职高）	13 21.0%	26 41.9%	17 27.4%	6 9.7%	62 100%
大专及以上	8 34.8%	10 43.5%	2 8.7%	3 13.0%	23 100%
总计	465 45.2%	258 25.1%	236 22.9%	70 6.8%	1029 100%

教育程度还影响移民搬迁后提高生活水平的信心：易地扶贫搬迁移民的教育程度越高，对未来提高收入的信心就越高。（见表 2-21）

表 2-21　对未来提高收入的信心（N=1029）

提高家庭收入信心	文化程度				总计
	小学及以下	初中	高中（中专、技校、职高）	大专及以上	
没有信心	176 26.4%	34 12.3%	2 3.2%	1 4.3%	213 20.7%
一般	139 20.8%	52 18.8%	16 25.8%	5 21.7%	212 20.6%
有信心	352 52.8%	191 69.0%	44 71.0%	17 73.9%	604 58.7%
总计	667 100%	277 100%	62 100%	23 100%	1029 100%

访谈对象在谈及搬迁后未来的发展时，课题组发现那些受教育年限长的移民对自己家庭经济未来的发展都有所规划和期待，而教育程度低的移民

则更多地表现出对政府的依赖。例如，当被问及“以后您有什么打算呢？外出打工？做点什么生意？还是回老家发展农业？”时，那些只读过几年书的易地扶贫搬迁移民会回答：“不知道政府怎么安排的呢。”而初、高中教育程度的人则会说：“学驾驶啊，先给别人开，等自己有钱了就自己买个车跑运输。”“现在主要是跑乡场[①]积点钱，以后想在这里弄个门面做点生意”，等等。冯伟林、李树茁对陕南的扶贫移民研究发现农户禀赋对生计风险的应对策略具有显著影响[②]。黎洁等发现移民中兼业户的生计资本比农业户的禀赋更好，生计活动更加多样化[③]。这种教育赋予个体的生计应对禀赋在西南民族地区易地扶贫搬迁移民这里得到了印证。

第三，回归模型显示，相对于汉族，除了布依族、土家族外，其他少数民族的影响都显著，其中彝族、瑶族和苗族三个民族的影响最为显著。

西南民族地区居住着很多少数民族。在调研的样本中少数民族易地扶贫搬迁移民的比例占了75.8%，因此本课题对民族成分这个指标比较关注。乌力更认为，易地扶贫搬迁移民发生在民族地区，如果处理不好就是民族问题。[④]所以移民的民族成分是否对其经济适应产生影响是必须重视的。本课题的回归数据反映的西南民族地区不同民族易地扶贫搬迁移民的经济适应情况回应了荀丽丽、包智明[⑤]、谢元媛[⑥]、侯东民[⑦]等关于少数民族易地扶贫搬迁

---

① 跑乡场，农村赶集是分地域的，每个地域赶集的日子不同，跑乡场的人就是哪里赶集就到哪里去做买卖，轮着赶，所以叫跑乡场。

② 冯伟林、李树茁：《生态移民风险应对策略的选择及影响因素——基于农户禀赋的视角》，《农村经济》2016年第9期。

③ 黎洁等：《可持续生计分析框架下的西部贫困退耕山区农户生计状况分析》，《中国农村观察》2009年第5期。

④ 乌力更：《试论生态移民工作中的民族问题》，《内蒙古社会科学》2007年第3期。

⑤ 包智敏：《政府动员型环境政策及其地方实践——关于内蒙古S旗生态移民的社会学分析》，《中国社会科学》2007年第5期。

⑥ 谢元媛：《生态移民政策与地方政府实践：以敖鲁古雅鄂温克生态移民为例》，北京大学出版社2010年版，第192—197页。

⑦ 侯东民等：《西部生态移民跟踪调查——兼对西部扶贫战略的再思考》，《人口与经济》2014年第3期。

移民经济适应的理论。

本课题认为样本中几个少数民族的经济适应水平较汉族低，既与这几个少数民族易地扶贫搬迁移民的历史、文化传统相关，也与其原住地和安置点的经济社会发展水平有关。从西南地区民族居住分布特征上看，该地区多数少数民族都居住在生计环境比较脆弱的山区，而这种分布特点大多是历史的原因导致的。例如贵州省中部屯堡地区，明代调北征南后屯军需要土地，就把当地的苗族和仡佬族赶上了山。从而导致了这种："客家（汉族）住街头，苗家住山头"的民族居住分布格局。长期居住于相对封闭落后生计条件恶劣的环境中，不仅他们的家庭经济存量非常缺乏，个体的眼界和谋生技能也与现代社会的发展有一定距离。所以搬迁出来后难以在短期内自力更生的富强起来。

例如，彝族、苗族和瑶族易地扶贫搬迁移民，历史的原因，这几个少数民族大多居住在生态环境比较脆弱的山区，生计条件比较艰苦。本课题样本中的彝族易地扶贫搬迁移民来自四川省凉山彝族自治州。他们搬迁前居住在深山，属于那种"一方水土养不了一方人"的地方，所以当地彝族非常贫困。政府为了帮助他们脱贫，于 2004 年开始对他们实施了易地扶贫搬迁移民搬迁。安置点离他们的原住地比较远，但政府给他们在安置点分了土地，属于有土安置。所以该群体搬迁后仍然以务农为主，基本生计方式和过去没有多大差距。安置点也是村寨，但通路通电，生活环境比搬迁前好。本课题中瑶族主要来自贵州省黔南州荔波县瑶族乡。瑶族安置点距离移民原住地很近，大约 4 到 5 公里左右。和安置点属于同一个行政村。政府没有给移民在安置点分配土地，属于无土安置。由于安置点仍然属于边远农村，除了因为在村委会旁边，有学校，通公路外，其经济社会的发达程度也不高，移民很难在当地找到合适的工作，所以他们的谋生模式仍然和过去没有多大差别：原来在外地打工的也继续打工，其他仍然务农。表 2–22 也显示，样本里除了其他类别外，彝族和瑶族从事农业的比例最高，经商的最低。

表 2-22　民族与职业交叉表（N=1029）

民族	具体职业				总计
	农业	外地打工	本地打工	做生意	
汉族	83 32.7%	73 28.7%	78 30.7%	20 7.9%	254 100%
苗族	32 29.4%	34 31.2%	37 33.9%	6 5.5%	109 100%
布依族	34 44.7%	21 27.6%	13 17.1%	8 10.5%	76 100%
瑶族	22 52.4%	13 31.0%	7 16.7%	0 0.0%	42 100%
侗族	14 23.0%	26 42.6%	19 31.1%	2 3.3%	61 100%
彝族	143 79.0%	28 15.5%	8 4.4%	2 1.1%	181 100%
土家族	79 65.3%	11 9.1%	22 18.2%	9 7.4%	121 100%
其他	58 31.4%	52 28.1%	52 28.1%	23 12.4%	185 100%
总计	465 45.2%	258 25.1%	236 22.9%	70 6.8%	1029 100%

本样本中苗族易地扶贫搬迁移民主要来自贵州省和云南省。贵州民间是这样描述少数民族居住分布的："客家（汉族）住街头，布依住水头，苗家住山头。"苗族居住最大的特点就是大部分都住在深山。课题组在云南省禄丰县调研的时候，禄丰县的村民和当地乡镇工作人员是这样描述当地苗族移民的：

"苗族住的地方一般都在高山上，基本没有田，只有点坡地，生活要穷很多，生活好像就是靠采集山上的药材、野生菌和养羊，他们和我们外面联系也比较少。卫生习惯不讲究一点，生活习惯很不相同。主要还是他们那里的自然条件要差点。”[①]

从习俗上来讲，大多数居住在深山的苗族，突然搬迁出来后，生计方式发生了很大的变化，就可能会和西北地区的牧民一样出现经济上的不适应。据云南省禄丰县移民局的领导介绍，禄丰县和贵州省安顺市的黄果树一带都曾出现过几十年都没有户口的苗族[②]。由于历史上经常迁移的习惯，当发现当地生存比较困难的时候，这些苗族仍然会如同解放前一样去“赶山”，离开户口所在地而迁移到他们认为好一点的自然环境中去，迁移过来迁移过去，他们一代又一代都仍然在大山中转悠，习惯于在大山中生存。例如禄丰县很多苗族，由于近十年来野生菌的价格迅速攀登，搬迁前他们靠着采集山上的野生菌就能挣足够一家人一年所需的生活费。搬迁到山下后，由于找不到合适的工作，也不习惯现代城市里职业对员工的纪律要求，他们中就有人觉得搬迁后的日子还没有搬迁前过得舒服自在。课题组 2018 年年底到禄丰县黑井镇一个移民村里调研，这个安置点里面安置了几户苗族。但是去的时候，就只有一个 50 多岁还未结过婚的男子陪着自己的老母亲在村里，当问及搬迁后的生计时，该男子说搬迁后一方面是靠政府的低保，另一方面还是靠着回去种苞谷生活。但是由于回家走路要四个小时左右，所以觉得比过去生活还要艰难一点。觉得过去在山上采集蘑菇、药材和放羊，生活很自在。

而土家族又稍有不同。调研样本里的土家族主要是生活在重庆市酉阳县毛坝乡。其一，从文化特征来看，相比其他几个少数民族，该乡的土家族汉化程度比较高，无论是服饰、语言还是基本的生活习俗都与当地的汉族没有太大的差异。这与该群体历史上长期与汉族接触，接受主流文化比较多有关。

---

① 见访谈录第 133 页。

② 贵州省安顺市黄果树镇蒋其村有一苗族群体，60 年代由其他地方搬迁到此地讨生活。一直没有户口，靠给当地人帮工、山上开荒种玉米度日。课题组曾先后三次到访此地。

文化的开放性使得他们比较容易接受新的事物和技能，适应新环境的能力比较强。其二，该县对土家族易地扶贫搬迁移民的安置采取的是旅游产业带动策略。例如，重庆市酉阳县毛坝乡的土家族易地扶贫搬迁移民就被政府集中安置在一个旅游目的地。针对重庆市市民避暑的市场需求，政府利用当地凉爽的气候把安置点按照避暑休闲为主题的旅游目的地进行打造。安置房也按照家庭旅馆的式样修建。所以这里的移民几乎每家都开了带有农家乐的家庭旅馆，包吃包住。由于宣传到位服务到位，夏天来这里避暑的重庆客人和贵州遵义方向的客人非常多。这些易地扶贫搬迁移民在安置点虽然也没有土地，但是由于他们的文化差异小，在政府的帮助下，他们很快就学会了基本的游客接待技能，包括酒店铺床、保洁和烹调技术等。因此他们几乎人人都能参与到旅游服务业中，收入不菲，家庭经济水平甚至比当地村民的都高（因为当地村民居住的老村和这个移民村有点距离，而且不具备接待的条件）。可见，不同民族的易地扶贫搬迁移民的经济适应存在差异的原因，也与其所在安置点的城镇化程度和是否有后续产业支撑有关，并不仅仅是该群体的历史文化特点所致。

不过值得注意的是，回归系数显示，并不是样本中所有少数民族的经济适应都低于汉族。样本中的少数民族之间的经济适应水平也是有差异的。布依族以及归于其他类的少数民族的经济适应水平与汉族相比没有显著差异。此外，影响显著的这几个少数民族的经济适应也存在较大差异，例如，苗族的影响在第一、二个模型中是显著的，但在第三个模型中就减弱了，到第四个模型影响不显著了。侗族的影响也只在第一个模型中显著。说明在引入社区环境、政府政策后，有些少数民族的经济适应压力得到了缓解。可见，解决少数民族易地扶贫搬迁移民的经济贫困问题，政府和社区的作用是非常重要的。

其实，据了解，绝大多数地方政府在规划少数民族易地扶贫搬迁移民的搬迁时，都顾及到了少数民族传统文化和经济社会发展的特殊性，为少数民族易地扶贫搬迁移民规划了后续发展产业。只是有些结果不尽如人意。除了其他原因外，政府有限的能力以及没有充分了解和把握少数民族的文化特点可能是主要原因。韦仁忠对三江源藏族易地扶贫搬迁移民经济状况研究发现，政府的后续产业培育和相关的培训计划等项目的设计，没有结合藏族易地扶贫搬迁移民的实际能力来考虑，例如，政府为解决移民就业规划了一个地毯厂，藏族易地扶贫搬迁移民由于语言不通、教育程度比较低等原因，在编织地毯等工作中不认识标号、符号，看不懂样图，因此无法适应在地毯厂的工作。可是由于语言障碍，工作人员并不了解藏民的文化困难，而简单地认为他们无法胜任。所以，积极的政府扶持政策由于管理人员与这些少数民族帮扶对象之间的文化差异就被“虎头蛇尾”地消磨掉了。[①]贵州省榕江县也有类似案例。榕江县地方政府多方筹集资金在县城旁边建了一个易地扶贫搬迁移民安置点，即丰乐安置小区。把原来居住在极贫瘠的月亮山和雷公山上的苗族迁徙下来，安置在这个点上。为了解决这些移民的生计问题，政府帮助联系了安置点附近的木材加工厂，接纳他们在厂里工作。但是一方面这些原来居住在偏远山区的移民习惯的是自由自在的山上务农生活模式，[②]不习惯工厂严格的作息时间和工作规范的管理，另一方面，他们的教育程度普遍很低，语言障碍比较大（45 岁以上的苗族移民汉语不太流利，60 岁以上的基本不能用汉语进行交流，所以课题组去调研的时候多数情况下都需要带苗语翻译）。对企业工作的很多技能和规范都不懂，学习起来也很困难。加上安置点离加工厂距离远，去加工厂上下班必须每天天亮就去赶公交车，天黑才回到家。

移民们说：我们每天两头黑，工资还不到 2 千。又不自由，还不如打零

---

① 韦仁忠：《藏族生态移民的社会融合路径探究》，《中国藏学》2013 年第 1 期。

② 榕江县的生态移民调查报告如此描述：他们白天收自己的几分地或者打野味，天黑就上床睡觉，生活无拘无束，随意性很大。

工。结果很多移民在该木工厂工作没有多长时间就先后辞职了。我们宁愿打零工也不愿意进工厂，因为打零工虽然收入不稳定，但是时间可以自己掌握。

可见。历史文化传统，主流文化的影响，以及安置点生计条件等都会影响少数民族易地扶贫搬迁移民经济适应的水平。

2. 搬迁特点中，安置点类型影响不显著，但搬迁时间的影响是显著的，说明西南民族地区易地扶贫搬迁移民的经济适应随着搬迁时间的增加而发生正向的变化。

从逻辑上讲，经济适应性与移民搬迁时间的长短应该具有这种正向关系的。因为随着时间的推移，“移民的经济收入会增加”[①]，新环境中移民谋生的经验和技能会积累，财富也会积累。因此移民搬迁时间越长其经济适应就会越好。[②]西南民族地区易地扶贫搬迁移民的经济适应与搬迁时间的关系符合一般逻辑，也回应了李培林、陈为西等的研究结论。不过与郝玉章[③]、罗凌云、风笑天[④]等关于水库移民的研究结论不太一致。风笑天在研究三峡移民时发现：随着时间的推移，日常生活的适应比较容易达到，但是，对移民来说更为根本的生产劳动的适应则可能需要相当长的时间。[⑤]虽然风笑天说的生产劳动并不直接是经济适应，但却是三峡移民的主要生计方式。

本研究认为，之所以大家的结论有此差别，应该与大家所选的个案搬迁的时间长短不一样以及政府对不同性质移民支持的差异性相关。上述相关研究中，有的研究对象在研究者去调查的时候搬迁时间不长，例如郝玉章等的研究个案搬迁时间大多数是 1—2 年，都还处于经济适应压力比较大的初

① 李培林、王晓毅：《移民、扶贫与生态文明建设——宁夏生态移民的调研报告》，《宁夏社会科学》2013 年第 3 期。

② 陈为西：《水电工程移民经济生产适应性研究》，《水力发电》2015 年第 9 期。

③ 郝玉章、风笑天：《三峡外迁移民的社会适应性及其影响因素研究——对江苏 227 户移民的调查》，《市场与人口分析》2005 年第 6 期。

④ 罗凌云、风笑天：《三峡农村移民经济生产的适应性》，《调研世界》2001 年第 4 期。

⑤ 风笑天：《“落地生根？”——三峡农村移民的社会适应》，《社会学研究》2004 年第 5 期。

期，基本显示不出时间的优势。此外，从移民的性质来说，水库移民和易地扶贫搬迁移民是不一样的。水库移民属于非自愿移民，政府对移民在一定时期内有一定的补偿和扶持，例如，发放补偿费、免交相关税费等。但是随着迁徙时间的增加，政府逐渐放手让移民自力更生求发展，移民的生计反而会出现不适应。①

易地扶贫搬迁移民则不同，政府除了在住房方面对移民有所扶持外，生活方面基本没有补偿。所以很多易地扶贫搬迁移民在搬迁初期可能会感受到很大的生存压力。课题组在与榕江县扶贫办的领导和工作人员座谈时，也曾讨论过这个问题。他们在工作中观察到，移民特别是那些少数民族移民在搬迁开始的两年都显得非常不安，担心生计没有着落。该县移民局对其做的调研结果显示，移民在搬迁后最初的 2—3 年内生活压力确实非常大。②

表 2–23　搬迁时间与易地扶贫搬迁移民人口交叉表

搬迁时间	频率	百分比
2 年及以下	366	35.6
3—4 年	325	31.6
5 年及以上	338	32.8
总计	1029	100

就本课题的研究样本看（见表 2–23 显示），搬迁时间在 2 年及以下、3—4 年和 5 年及以上三个阶段的移民人口很接近，也就是说，样本中大多数的移民都已经搬迁出来 3 年以上了。这部分移民对新环境比刚搬迁出来的移民更加熟悉，就业渠道也更多，对未来的信心也应该比刚搬迁的移民要高点。课题组对移民提高家庭收入信心情况进行了统计（见表 2–24）。根据表 3–28 显示，随着时间的推移，搬迁时间越长的移民对提高家庭收入有信心的比例

① 罗凌云、风笑天：《三峡农村移民经济生产的适应性》，《调研世界》2001 年第 4 期。

② 榕江县移民局“榕江县生态移民调查”第 29 页。

越高，没有信心的比例越低。

表 2–24　搬迁时间与提高收入信心交叉表

		2 年及以下	3—4 年	5 年及以上	总计
没有信心		83	66	64	213
		22.7%	20.3%	18.9%	20.7%
一般		86	67	59	212
		23.5%	20.6%	17.4%	20.6%
有信心		197	192	215	604
		53.8%	59.1%	63.6%	58.7%
总计		366	325	338	1029
		100%	100%	100%	100%

3. 社区环境中“治安状况”和“社区工作人员态度”这两个变量影响是显著的，说明这两个变量对易地扶贫搬迁移民的经济适应水平有正向的影响。

西南民族地区易地扶贫搬迁移民有很大一部分属于部分搬迁集中安置。来自不同村寨的移民杂居于同一安置点，且居住以楼房为主。因此易地扶贫搬迁移民社区是新建社区，缺少社区传统。易地扶贫搬迁移民原来的地缘和血缘关系基础上的社会关系可能会出现一定程度上的断裂，原有的社会组织关系即原来的村委会也不复存在。此外，很多集镇和县城移民安置点都不在集镇里或者县城里，而是在集镇和县城旁边一定距离的地方。居住方式也与城市的楼房类似。这种居住方式和安置方式不仅使移民离开了原来的熟人社区，也改变了过去那种邻居之间交往的模式。甚至和当地居民也因为居住距离一时建立不了新的人际关系网络。这种情况下，社区作为基层组织的作用就显得非常重要。而和移民打交道最多的常常是社区工作人员。一定程度上说，社区工作人员是政府派出在移民社区一线的帮助移民定居的社会工作者。政府对移民的任何福利政策和援助措施都需要社区工作人员去实施。社区工作人员的态度在这里不仅指的是面容上的表情和语言的运用问题，更包括在帮助移民度过搬迁初期的生计难关和指导其未来生计发展方面所作出的努力。移民搬迁后要想生存首先就要解决就业问题。需要当地有人能够给予一定的帮扶。而大多数情况下，与移民生计有关的就业咨询、福利咨询、相关手续办理等，移民都是和社区工作人员直接打交道。所以社区工作人员的态度至关重要。课题组在贵州省榕江县的古州镇丰乐移民安置点访谈时发现，一些老人搬迁过来后认识的当地人似乎就只有社区工作人员。在云南省禄丰县黑井镇移民安置点，问及他们的生计时，一位老妈妈说："那个妹妹要来的，那个妹妹要来给我们办的。"后来她的邻居告诉我们，她说的那个妹妹就是负责这个移民村的社区工作人员。可见，社区工作人员对易地扶贫搬迁移民的态度越好，工作越到位，就会使得政府对移民的照顾和关心更有效果。

另一方面，社会心理学的需求层次理论认为，人的需求是有层次的。① 安置点的社会治安状况成为影响移民社会适应的重要因素，说明作为"外乡人"的移民开始对新社区中安全问题产生敏感。② 西南民族地区易地扶贫搬迁移民在经济生活中之所以会对社区治安状况敏感，是因为好的治安环境可以为移民提供一个安全的谋生环境。移民在和谐的社区中更能看到未来发展的希望。

4."政府关心程度"和"就业扶持"两个变量的影响是显著的，说明就业扶持和政府关心程度对易地扶贫搬迁移民的经济适应水平都会产生正面影响。

一定程度上，这两个变量是有一定关联的。就业扶持也是政府对移民关

① 雷洪、孙龙：《三峡农村移民生产劳动的适应性》，《人口研究》2000 年第 6 期。

② 风笑天：《"落地生根？"——三峡农村移民的社会适应》，《社会学研究》2004 年第 5 期。

心和支持的措施之一。政府关心的影响是显著的，说明政府对移民越是关心，移民的经济适应越好。这一点与风笑天等对三峡移民的研究结果一致。“移民越是感受到安置点政府的关心，其适应的状况越好。”[①] 马德峰对外迁水库移民面临的各种经济适应难题做了研究后，认为政府的关心对解决移民的经济难题也非常重要。[②]

从逻辑上说，政府越关心移民，越能提供就业扶持，移民的经济适应就会越好，易地扶贫搬迁移民到一个陌生的新环境中谋生，生计是移民生存的基础。而政府对移民的关心一般也主要表现在对移民生存方面的帮助上，如住房问题、就业问题、生活困难问题等。所以政府越是关心，移民的生活困难就越能得到帮助和解决，移民生存的压力就越能得到缓解。因此政府是否关心，是否对移民最需要的就业问题给予援手，都会对易地扶贫搬迁移民的经济适应产生正向影响。

在本课题的案例中，重庆的土家族和贵州的瑶族这两个民族的生计差异特别可以说明这个问题。重庆的土家族和贵州的瑶族都属于村寨安置和旅游业带动型。重庆土家族的情况在民族影响部分已经做过介绍，这里不再赘述。贵州的瑶族易地扶贫搬迁移民主要发生在贵州省荔波县。当时政府把安置点设在这里的主要目的是想借助附近知名的小七孔旅游风景区发展瑶族文化旅游，安置点的村貌和房屋建设都按规划具有一定的民族特色，期望这里的瑶族移民能够发展农家乐，留住游客。可是根据课题组当年的调查，除了沿公路（在移民村对面）有几家移民开了一家小卖店，一家小吃店外，移民村基本没有任何生意可做。安置点唯一的景观就是整齐划一的瓦房，建筑基本没有瑶族特色，村民的穿着也已经汉化，而且安置点也不具备接待游客的能力：既没有相关的设施，村民也不具备任何接待游客的技能，所以游客非

① 风笑天：《“落地生根？”——三峡农村移民的社会适应》，《社会学研究》2004 年第 5 期。

② 马德峰：《我国水库外迁移民社区经济适应研究——以大丰市三峡移民安置点为个案》，《广西社会科学》2005 年第 11 期。

常少，课题组调研期间，在这里遇到的移民大多是陪孩子读书的老人或妇女。青壮年要么外出打工了，要么还在老家务农。这显然和重庆的土家族易地扶贫搬迁移民的旅游业发展相差甚远。除了其他原因外，本研究认为政府的投入度非常关键。重庆那个安置点，首先是县里规划设计的时候抓的准，建设的时候整个村从民居到街道都是按照旅游目的地的需要来修建的，包括民居都具有民宿接待条件，街道设计也有特点。其次，在移民点建好后，当地政府及时对村民进行了针对性的培训，从民宿的保洁、铺床、摆设、礼仪到饭店的烹调、菜品搭配等技巧。更重要的是政府非常重视对该村的旅游宣传。据了解，该乡镇领导曾在县分管旅游业的领导带领下先后两次到重庆市街头摆摊宣传，扩大该点的知名度。据说该镇领导去重庆宣传的当年夏天这个村的游客就已经爆满，第二年开始，每年的游客都需要预约才有床位。而贵州瑶族安置点在这方面就逊色很多。重庆土家族移民安置点本身是旅游目的地，不借助其他景点的辐射，贵州瑶族安置点则被设计为小七孔的辐射点，因为它位于小七孔景区尾部附近。而小七孔本身就是一个很花时间的景点，游客走到小七孔景区尾部一般就想回头了，除非走出小七孔后还别有洞天。然而瑶族移民安置点当时并没有这个吸引力。此外，如果把瑶族移民安置点自身作为旅游目的地，那么就需要找到其吸引点并做足够的宣传，当地政府当时还没有做透这个工作。因此，虽然这两个点在很大程度上有相似性，却由于政府的不同努力而导致两者结果的不同。

表 2–25　对安置点生计条件是否满意

对安置点生计条件是否满意	频率	百分比
不满意	625	60.7
说不清	99	9.6
满意	305	29.6
总计	1029	100

第四节　结论与讨论

从上面几个部分的分析，本课题可以得出以下结论：

一、西南民族地区易地扶贫搬迁移民的总体经济适应水平

西南民族地区易地扶贫搬迁移民的经济适应总体水平不高。贫困问题仍然在该地区的部分易地扶贫搬迁移民中存在，是当前移民中一个值得注意的特征。成为阻遏这部分移民经济适应的关键因素。

本章第一部分的分析数据显示，西南民族地区易地扶贫搬迁移民在生计方式方面有所调整，非农就业有所增加，部分移民收入有所提高（云、渝、川三省 34.1% 的移民感觉搬迁后收入增加了）。近距离就业带来的家庭团聚也提升了移民家庭生活的品质。较大比例（58.7%）的移民对未来提升家庭收入表示有信心，说明扶贫搬迁给他们带来了希望和憧憬。但是，移民搬迁后要达到的基本经济目标应该是：移民搬迁安置后的经济生活水平既不能低于搬迁前的水平，还要尽可能赶上安置点原居民的水平。只有移民的经济发展水平与安置点的发展水平基本保持一致，才能保证移民所在社区的和谐。

那么，导致西南民族地区易地扶贫搬迁中部分移民贫困的主要原因是什么呢？

（一）移民个体因素

叶嘉国、雷洪的研究认为，移民贫困是历史延续与现实环境交互作用的结果，易地扶贫搬迁移民在搬迁前就已经处于贫困状态，没有财富的积累，也缺乏脱贫致富的经验。易地扶贫搬迁移民搬迁前就是因为贫困才搬迁，而他们搬迁前的贫困除了生态环境的原因外，也还可能存在其他个体和社会的、历史的原因。在同样的生计环境中如果出现部分村民比其他村民经

济更贫困的话，原因可能就与其家庭或个体因素有关，例如，家中劳动力缺乏，或者与人力资本相关的家庭主要劳动力的健康问题、智力问题、教育程度问题，等等。而这些问题不可能随着迁移而发生变化。因此，移民迁移前的贫困就可能随着移民的迁移而显露了出来。例如云南省禄丰县黑井镇的移民点上，课题组访谈中遇到两户人家，一家是一个回族老太太，基本无法汉语交流，身体状况也很不好，只有一个女儿照顾她，但女儿已经嫁人。她虽然迁移出来了，但是日常生活主要还是靠政府的低保。另外一户是苗族，一个 70 岁的母亲带个 50 岁左右的儿子，儿子可以做点农活，但由于有点轻微痴呆在安置点很难找到事情做。所以也主要靠低保生活。值得注意的是，这并不是非常个别的现象，因为那些条件好点的家庭在实施易地扶贫搬迁移民之前可能就因为进城务工而留在城里了，或者已经自发搬到附近的集镇。留下生计条件非常不好的符合政府易地扶贫搬迁移民的家庭还住在村寨里。因此在政府易地扶贫搬迁移民的名单里有一定比例的就是属于上述情况的贫困户。这类贫困户搬迁出来后，可能仍然无法利用政府提供的生计条件提升自己家庭的经济水平。

（二）建房带来的沉重的家庭债务导致移民搬迁后出现暂时的家庭贫困

叶嘉国等的研究发现迁移后移民普遍建新房，并盲目提高标准，把政府的补贴和自己原有的积蓄全部花光还借债，导致移民贫困。这点在西南民族地区易地扶贫搬迁移民这里也表现得相当突出。在课题组调研期间，移民住房问题解决的方法比较多样化，但大多是政府和移民共同出力解决。一种是统规自建。这种模式是由政府提供宅基地，解决“三通”，移民自己修建房屋并负责修建所需的资金，但必须要按照政府提供的图纸修建，以保证移民村外貌的统一和美观；另一种是统规统建。这种模式是政府统一规划统一修建，移民出资购买。这种情况移民出资多少不一，例如，重庆市酉阳县板溪镇移民安置点、贵州省惠水县摆金村移民安置点、贵州省荔波县瑶族乡移民安置点和榕江县古州镇丰乐移民安置点等都属于政府统规统建。但相比而言，惠水县摆金移民点移民的购房款比榕江县古州镇丰乐移民安置点移民的购房款就高出很多，瑶族移民村的比丰乐移民安置点的移民付出的购房款也高。据了解摆金移民安置点的移民购买一套房子需要 9—20 万元左右，重庆板溪镇的需 8—10 万元左右，贵州省荔波县瑶族安置点只要 3 万元左右，榕江县古州镇丰乐移民安置新村苗族则只需几千元。不过榕江县丰乐安置点在当时是个特例，是县里举全县之力多方筹资为移民修建的。在当时的情况下政府基本没有能力全面铺开这种模式。瑶族移民村也得到政府很大的支持。其他地方的移民则依据当地建房情况需要出资多少不等，大多在十万元以上。

那些统规自建模式的移民在建房上面的花费就更高了。据调查，有些地方移民建房费用达 30 万元左右。因为统规自建的移民大都会超出政府规定的房屋面积标准，盲目扩建。所以常会出现政府相关部门和移民之间不断在房屋面积问题上进行磋商的现象。有的地方移民会基本按照政府规划的面积修建，有的地方移民会不断对地方政府提出扩建的要求，政府不得不考虑移民的需求，规定占地面积后，允许增加楼层。例如课题组在重庆市酉阳县调研的时候，当地相关部门的领导告诉我们：

问：（易地扶贫搬迁）整个过程中最大的困难是什么？

答：一是老百姓的意识有些还跟不上，二是有些贫困户有攀比的现象，你家修这么高的房子，我也要修这么高，地基不能变，但高度可以。没有能力的，就举债。亲戚朋友到处借，盲目攀比。

问：结果呢？

答：负债啊，房子修好后又贫困，本身扶贫搬迁就是让你摆脱贫困，结果又去举债。很多贫困户有超标的现象，比如每个人不能超过 30 平方米。一家人不能超过 150 平方米。但是很多家庭修起来就收不住了，有几个儿子就修几层。

问：那遇到这样的问题你们怎么解决呢？

答：有的老百姓有几个儿子，要一人分一层，好分配主要是往高了修。

问：没有限制建几层？

答：那倒是没有，但是有统一的住房面积，不能超标，老百姓负债去建房，这很普遍。

课题组在贵州六盘水调研的时候访谈了一个负责易地扶贫搬迁移民工作的干部，该干部对我们抱怨说：

“农民的习惯，有机会建房的时候一定要考虑儿子们，一般都是一家有几个儿子就想修几层楼，一个儿子一层。家里有三个儿子就要修四层，因为父母还要一层嘛。”“钱肯定不够嘛，贷款也要修，找亲友借债也要修啊！”“你看那些房子修得漂亮得很，里面还按城里的样子装修了，但是弄好了马上就全家出去找钱还债去了。有的房子修好几年了人都没有回来住过。”

总之，不同形式的移民住房产生的问题不一样。自己修建住房的移民往往更加容易超过自身财力而欠下沉重债务。低价取得政府统一修建住房的移民也有欠债的现象，因为政府都需要移民多少自筹一部分费用。课题组对因为搬迁购置（或修建）安置房而欠债情况做了调查，统计下来发现，移民因建房负债的比例高达 78.5%，如表 2–26 所示（课题组针对这一问题只是对云南、四川及重庆三省市进行了调查，贵州省调查时没有这一题目，因此总样本是 637 个），但即使算上全部样本包括没有回答此问题的移民比例也比较高（38.9%），可见移民建（买）房负债是普遍现象。

表 2–26 您建（买）房时是否借钱了（N=637）

	频率	百分比
是	248	38.9
否	68	10.7
缺失	321	50.4
合计	637	100

移民建（买）房负债的额度平均为 75935.75 元，其中最高为 60 万元，如表 2–27 所示。建（买）房欠债额度对于大部分属于贫困群体的移民来说是一笔沉重的负担。田野调查也发现，许多移民外出打工主要原因是需要偿还欠债，在家务工的收入要低一些，一些原本在家的移民为了还债，不得不外出打工。

表 2–27 您自己建房或买房借了多少钱

	N	极小值	极大值	均值	标准差
您自己建房或买房借了多少钱	249	0	600000	75935.75	95899.407

课题组 2015 年调研时，常常遇到很多外观漂亮的移民村，其实都基本是个空心村。调研时常常找不到调研对象。留下的只有几个看家的老年村民或者照顾孩子读书的妇女。有个当地村民指着移民点说：那些移民修好房子后，就一把锁锁上，全家出去打工挣钱还债了。只有到春节的时候会有部分人返回来过节，那里（移民点）才有点人气。

无论是统规统建还是统规自建，移民要在安置点有房都需要一笔不小的费用。然而，易地扶贫搬迁移民正是因为贫困才成为移民对象的，没有几个家庭有能力拿出整笔费用支付这么大笔建房费用。这就导致两种情况，一种情况是“搬富不搬穷”。很多符合易地扶贫搬迁移民的村寨里，只有很少的家庭有能力支付这笔费用，这些家庭就成功搬迁了出来，而同村多数村民由于无力承担建房费用而不得不继续留在村里，所以群众把这叫作“搬富不搬穷”[①]。另一种情况，也是比较普遍的一种情况：负债建房。大多数移民家庭为了能够利用政府提供的机会搬出资源环境比较脆弱的山区，谋求发展，就只好设法向银行贷款或者向亲友借贷，先把房子买下来或者修建好，然后再出门打工挣钱还债。

（三）安置点后续产业发展不足，导致移民就业不足，收入来源少且不稳定。

尽管绝大多数的地方政府在规划易地扶贫搬迁移民工程时就考虑了移民的后续发展问题，例如，尽可能把安置点放在城市化程度稍微高一点的地方，或者放在旅游点、农业园、工业园附近，希望用城镇化带动移民的发展，产业化带动移民致富。还实施了一定的就业扶持措施。但是，一方面，西南民族地区需要进行易地扶贫搬迁移民的地方基本都是贫困地区，社会经济不发达，所以地方政府的扶持能力本身就非常有限。虽然规划了工业园、农业园等，由于这些地方都比较偏僻，各种条件的限制使得真正成功并能接受和容纳移民就业的企业并不多。韦仁忠研究三江源藏族生态移民的经济状况时就发现，移民经济来源渠道少，只有少部分人能找到一些如打扫街道、帐篷宾馆跳舞、建筑工地打工、采挖冬虫夏草等工作外，大多数家庭只能靠政策补助和特困补助度日。经济地位低下，生活水平明显低于安置点居民[②]。课题组在贵州调研的时候，也到过一些安置在工业园和农业园附近的移民安置点，发现很多这类园区都只是规划，并没有实质上引进什么企业和公司。所以很多移民搬进安置房后周边只有工业园规划用地，并没有可

① 这种情况在2016年后随着政府精准扶贫工作的推进，已经基本解决了。后面将就此问题进行进一步的介绍和讨论。

② 韦仁忠：《藏族生态移民的社会融合路径探究》,《中国藏学》2013年第1期。

以就业的企业。即使有企业，有些企业也无法为移民提供合适的就业岗位。有的地方政府采用行政手段，要求企业给易地扶贫搬迁移民提供一定指标的就业岗位。可是，一方面企业不是慈善单位，需要按照市场规律经营自己的企业，所以只能根据企业的需要给移民提供就业岗位，而移民不一定具备该岗位所需要的技能。前面谈及的贵州省榕江县古州镇丰乐移民安置新村的易地扶贫搬迁移民的情况就是如此。榕江县政府为了解决移民就业问题，让附近的木工厂提供就业岗位给这些移民。应该说木工厂的工作科技含量不是很大，移民应该可以胜任的，但是出于各种原因移民无法适应，最后很多移民先后辞职了。索端智对三江源区域果洛州大武镇河源易地扶贫搬迁移民村的调查也发现，为移民设置的后续产业发展方案包括生态畜牧业发展蔬菜大棚种植、藏毯编织、藏药制药、民族民间工艺美术和民族歌舞表演等也还没有成功的个案[①]。课题组在重庆酉阳调查发现也是如此（见重庆酉阳访谈汇总）。另一方面，从移民的自身条件看，移民从务农转为务工或者其他服务行业的技能比较缺乏。因此，这些易地扶贫搬迁移民虽然职业结构发生了些许变化：非农部分就业率增加了，但是由于缺乏技能，移民多年来从事的非农职业基本还是一些简单的收入低的活[②③]。移民缺乏务工经商的经验，收入不高且不稳定。可另一方面，移民搬迁后安置房大多是并列式的移民楼，移民的房前屋后无法种菜养殖。而水电煤网络电视蔬菜肉类等全部需要现金来购买。用移民的话说就是“在这里喝口水都要钱”。因此他们描述自己的家庭经济情况目前是“收入农村型消费城市化”。这基本上是移民搬迁后的普遍情况。没有比较稳定的务工经商收入移

① 索端智：《三江源生态移民的城镇化安置及其适应性研究》，《青海民族学院学报（社会科学版）》2009 年第 2 期。

② 董亮：《民族地区生态移民的文化教育与职业培训模式研究——以格尔木曲麻莱昆仑民族文化村为例》，《贵州民族研究》2014 年第 4 期。

③ 石德生：《三江源生态移民的生活状况与社会适应——以格尔木长江源头生态移民为例》，《西藏研究》2008 年第 4 期。

民就很难维持生计，这应该是西南民族地区易地扶贫搬迁移民贫困的根本原因，从而也是其经济适应水平偏低的主要原因。

二、影响西南民族地区易地扶贫搬迁移民经济适应的主要因素

第二部分的多元回归分析结果说明，教育、性别、民族身份、搬迁时间、工作人员态度、社区治安、政府的就业扶持和政府态度都对易地扶贫搬迁移民的经济适应水平有显著的影响。结论基本上验证了本课题的假设，回应了相关理论。说明不仅移民个体禀赋会影响西南民族地区易地扶贫搬迁移民的经济适应水平，搬迁时间、社区环境和政府的政策等因素对移民的经济适应影响也非常大。

需要做进一步分析和讨论的是安置点类型。因为在上述回归分析结论中，令人意外的是西南民族地区易地扶贫搬迁移民经济适应在不同类型的安置点没有差异性。

本课题把安置点类型作为影响易地扶贫搬迁移民经济适应的指标之一是建立在前人研究基础之上的。城镇化是现代社会发展的趋势，也是我国政府解决农村问题缩小城乡差异的手段。易地扶贫搬迁就是这一手段的具体措施之一。本课题的假设是城镇化程度越高易地扶贫搬迁移民的经济适应水平也越高。可是回归数据却显示安置点类型的影响不显著。说明西南民族地区易地扶贫搬迁移民经济适应并不会因为安置点的城镇化程度而发生变化。本课题觉得可能的解释应当与西南民族地区城市发展不成熟，缺乏可以容纳农村移民的合适产业，以及和移民自身的人力资本相关。

本课题的安置点类型指的是社会经济发展水平不同的安置点，分为村寨、集镇、小城镇和县城。从搬迁距离来看，一般村寨离原住地距离都很近，所以有的地方把村寨安置称为易地就近安置，集镇和城镇离原住地稍微远点，所以也被称为远距离安置。不过也是相对而言。因为也有少量移民的

原住地就在集镇甚至县城附近。

本课题个案里的安置点类型类似于学者们关于三峡移民研究中使用的搬迁方式或者安置模式概念，如果从距离来看，村寨安置一定意义上类似于三峡移民的就近后靠安置。这种安置的最大特点就是移民的生计方式搬迁前后相比变化不大：由于安置点离老家近，有的地方甚至移民原来的土地就在安置点附近，所以搬迁后移民基本上保持的是搬迁前那种务农为主务工为次[①]的生计模式。

例如，贵州省黎平县岩洞乡岑翁易地扶贫搬迁移民村有个村民组就是从山上搬到山下，距离原居住地不到 2 公里。对于他们来说除了住的地点改变了以外，其他什么也没有改变。云南省禄丰县黑井镇赵村移民点在半山上，距离原住地不到 1 公里。有些移民的农田就分布在安置点周围，搬迁后种田比过去还近了点。

这类近距离搬迁的村寨安置点虽然经济社会发展程度与原住地差异不是很大，移民在安置点几乎没有就业的机会。但基础条件比老家好点，例如交通方便点，或者离集镇比较近点。而且，一般这类安置多与危房改造项目相关，大多数是村民原有住房已经是危房，所以村民也愿意搬出来。例如，上述的贵州省黎平县岩洞乡和云南省禄丰县黑井镇的情况就是如此。

与近距离的村寨安置比较，集镇（小城镇）的安置点距离移民的原住地一般要远一点，种地没有村寨安置的移民方便，可是在集镇能够找点零工或者做点小生意。家庭支出在搬迁后比村寨安置的移民家庭支出虽然增加了，但非农职业获取的收入比村寨安置的移民可能会多点。集镇（小城镇）对移民的主要拉力还有集镇的教育条件。所以有条件的家庭也都愿意搬迁出来。不过，这种集镇（小城镇）安置的移民也并没有放弃家里土地的经营，大部分家庭采取的仍然是务农兼务工的模式。和村寨安置不同的是，因为孩子在

---

① 这类模式的特点是：就地务农、外出打工，和搬迁前一样。

镇上读书，老人一般留在家照顾孩子，青壮年则要么像过去那样外出打工，要么就在安置点打零工或做生意，农忙时回老家去种地。虽然依旧是务农兼务工的模式，但是由于离老家远了点，种地没有过去那么方便，加上安置点多少能找到点零工，所以务农的地位略有下降。

课题组到重庆市酉阳县调研的时候发现安置点里几乎没有人，陪同我们去的干部是如此解释的：

他们的土地都还保留在山上，像今天这样，我们看到人不多，肯定是有的人回去种地了，他们实际上相当于没有背井离乡，搬迁距离很近的，只是下面的条件比山上好得多，附近都有他们的土地的。有些是两边住，农忙的时候回去。①

与集镇（小城镇）和村寨相比，县城安置的优点在于其城镇化程度高，教育医疗等条件更为完善，经商务工的机会也多点。但是有些移民由于自身的原因，不一定能在城市里找到合适的稳定的工作，而县城一般距离移民的原住地比较远，这些移民很难再兼顾经营老家的土地。这使得有些移民担心生活欠缺保障。例如，贵州省榕江县古州镇丰乐移民安置新村移民的情况就是如此。从表 2-28 中可以看出，样本中安置在城镇的移民搬迁后收入情况还没有安置在村寨的情况好：表示搬迁后收入比当地人低很多和低一些的城镇安置移民的比例高于村寨安置的移民，比当地人收入高一些和高很多的城镇安置移民的比例则低于村寨安置的移民。

① 见访谈录第 115 页。

表 2-28　安置点与家庭收入

安置点点	家庭收入水平与一般本地居民比较					总计
	低很多	低一些	差不多	高一些	高很多	
村寨	102 18.0%	189 33.4%	237 41.9%	32 5.7%	6 1.1%	566 100%
集镇	21 16.5%	48 37.8%	46 36.2%	11 8.7%	1 0.8%	127 100%
小城镇	18 23.7%	32 42.1%	21 27.6%	5 6.6%	0 0.0%	76 100%
县城	68 26.2%	110 42.3%	76 29.2%	6 2.3%	0 0.0%	260 100%
总计	209 20.3%	379 36.8%	380 36.9%	54 5.2%	7 0.7%	1029 100%

所以总体来看，三种安置点类型各有优势也各有不足之处。村寨安置的移民以务农为主，生计方式变化不大，所以家庭经济状况搬迁前后变化不会很大。集镇包括小城镇安置的移民，虽然打零工做生意的机会多一点，但是由于城镇消费水平比村寨高出很多，而非农收入并不稳定，很多家庭仍然需要种来保障家庭生活。虽然生计方式稍有变化，但是整体看家庭经济并不比村寨安置的移民好。县城安置的移民非农就业的机会比前面两个模式都多，但由于移民自身很多因素的限制，在县城不一定能够找到合适自己的位置，而回老家种地又太远。因此，存在生计风险。正因为三种安置点类型各有千秋，使得这三种不同的安置点类型对移民的经济适应影响不大。可见，城镇化程度较高的城镇没有显示出对移民安置的优势，应该一方面在于西南民族地区县城的城镇化发展程度不够，没有足够的适合农村移民的就业岗位；另一方面在于移民个体素质距离城市就业的需要还有一定距离，这一结果提示政府要从根本上解决这个问题，让城镇安置的优势发挥出来，一方面要重视在城镇发展后续产业，另一方面要重视易地扶贫搬迁移民人力资本的提升。

第三章　西南民族地区易地扶贫搬迁移民的社会交往适应

“交往”的概念有狭义和广义之分，广义的交往不仅包括了人与社会、人与人之间的交往，还涵盖了人与自然的交往；狭义的交往则主要指的是具体的人（人们）之间的交往。移民的社会交往对移民的社会适应具有重要意义[①]。不同群体和个体的交往可以促进群体和个体之间的认同与融合，从而进一步促进移民社区的良性发展。本章主要介绍西南民族地区易地扶贫搬迁移民的社会交往现状、社会交往适应水平以及影响移民在新的生存环境中社会交往适应的各种因素，并从中寻找易地扶贫搬迁移民社会交往适应的规律，提出相应的政策建议。

第一节　西南民族地区易地扶贫搬迁移民社会交往的现状与特征

学界专门针对易地扶贫搬迁移民社会交往的研究目前还比较少见，相关研究大多散见于对易地扶贫搬迁移民社会适应的研究中。研究认为易地扶

① 风笑天：《“落地生根”？——三峡农村移民的社会适应》，《社会学研究》2004 年第 5 期。

贫搬迁移民从原来长期形成的自然村落或行政村搬迁至集中居住的新社区，其社会关系网络遭到了破坏，甚至解体。[①] 社会网络的破坏，会导致易地扶贫搬迁移民原有的社会支持的能力有所弱化，甚至消失。[②] 有些研究认为易地扶贫搬迁移民的社会交往也与城市农民工的社会交往一样具有内卷化倾向。例如，马荣芳在对宁夏和顺村易地扶贫搬迁移民的研究中发现移民活动范围多局限于移民村内部，虽然朋友比以前多了，但主要是移民朋友，非移民朋友占比很少。移民和当地居民的交往多是在看病、购物等简单的互动，不能形成异质性强的社会关系网络[③]。陶格斯发现牧区易地扶贫搬迁移民的社会交往也呈现了内倾性和表层性，移民的社会交往主动性弱，难以将社会关系网络扩大到与当地人交往方面。桑才让认为，移民与当地居民交往很难达到一定层次。例如，从通婚来看，在乡镇只有家境困难的当地男子才会娶移民家的姑娘，城市里彼此通婚就更加困难了[④]。以上在其他地区易地扶贫搬迁移民那里发生的现象，在西南民族地区的易地扶贫搬迁移民群体中是否存在呢？本课题将从以下三个方面来分析西南民族地区易地扶贫搬迁移民社会交往的基本情况。

一、易地扶贫搬迁移民社会交往范围的变化情况

一般来说，移民[⑤] 过程会使移民原有的社会关系疏离，原有的社会交往减弱，新居住地的社会交往加强。这包括减少了与原有的邻里、亲戚的交往，而增加与新居住地居民的交往。如果原有的社会交往减弱而新居住地社会交

---

① 焦克源、王瑞娟：《少数民族地区生态移民效应分析——基于内蒙古孪井滩的田野调查》，《内蒙古社会科学》2008 年第 5 期。

② 李锦：《四川横断山区生态移民的风险与对策研究》，《中南民族大学学报》2008 年第 2 期。

③ 马荣芳、骈玉明：《宁夏农垦生态移民的社会关系适应性调查》，《中国农垦》2013 年第 7 期。

④ 桑才让：《对三江源生态移民文化适应性问题的调查与思考》，《攀登》2011 年第 6 期。

⑤ 为节省篇幅，下面大多数情况下简称“移民”。

往没有加强，则意味着移民会出现社会交往问题，新的社会关系网络建立面临困难。在当代，“亲缘关系和地缘关系依然是村民唯一所熟悉、并加以利用的关系”[①]。农民与土地的关系及其在此基础上建立起来的人与人之间的地缘关系，以及围绕宗族展开延续的血缘关系，在传统农村社区里是人与人的社会关系的核心。本课题对西南民族地区易地扶贫搬迁移民社会交往范围的变化情况的研究，主要是从易地扶贫搬迁移民与易地扶贫搬迁移民、易地扶贫搬迁移民与亲戚、易地扶贫搬迁移民与当地人三个方面进行的。这三个方面既反映了移民原有交往网络的延续，也反映了移民搬迁后新的网络关系的建立情况。

（一）易地扶贫搬迁移民之间的社会交往

1. 移民与同村移民之间的交往

移民与移民之间的交往分为两种情况，一种是与同一个村寨搬迁过来的移民相互之间的交往，另一种是与来自其他村寨的移民的交往。前者反映了原有社会关系的维系，后者则体现了新社会关系的建立。西南民族地区易地扶贫搬迁移民的安置方式主要以集中安置为主，比例达 89.6%（见表 3–1）：即来自同一个村的易地扶贫搬迁移民一般都集中在一个安置点，但同一个安置点里也有来自其他村的移民。

表 3–1　搬迁移民的安置方式

安置方式	次数	百分比
集中安置	922	89.6
分散安置	71	6.9
自主安置	36	3.5
合计	1029	100

① 曹锦清、张乐天：《传统乡村的社会文化特征：人情与关系网——一个浙北村落的微观考察与透视》，《探索与争鸣》1992 年第 2 期。

在一个安置点里，那些来自同一个村的易地扶贫搬迁移民大多在搬迁前就有过交往，那么，搬迁后这些同村移民的交往是否会发生什么变化呢？根据表 3–2 显示，有一半以上的易地扶贫搬迁移民与同村来的移民交往频率既没有增加也没有减少（52.2%）；但却有 32.7% 的移民表示与同村移民的交往增加了，只有 15.1% 的人表示与同村移民的交往减少了，说明绝大多数的移民和同村搬迁过来的移民能够保持原来的交往关系，甚至有一定比例的移民与同村来的移民的交往比过去更加频繁了。

表 3–2　与同村搬迁过来的移民交往情况

	频率	百分比
变少了	155	15.1
差不多	537	52.2
增多了	337	32.7
合计	1029	100

移民之所以与同一个村迁徙来的村民的交往比过去增加了，多与搬迁后居住格局的变化有关。易地扶贫搬迁移民的集中安置方式改变了移民过去的居住格局，增加了同村搬迁过来的移民之间的交往机会。调查组在西南几个省的易地扶贫搬迁移民安置点了解到：绝大多数的易地扶贫搬迁移民原来的村寨基本上都是在高山上，一般居住比较分散，还有个别村民居住在离村寨比较远的地方，因此村民们平时交往并不方便。而安置点的房屋建筑一般是按照城镇的街道布局设计的，移民们的住房都是一间挨一间，成了近邻。居住空间距离大大缩短，移民们的交往自然比过去更加方便。同时，移民新的社会交往网络建立和成熟需要时间，易地扶贫搬迁移民离开原居住地以后，不方便与未一起搬来的熟人频繁来往，而新的社会网络关系还没有成熟，只有同村来的移民相对熟悉，因此移民们与同村来的移民交往自然会有所增加。一定意义上看，集中安置方式使得西南易地扶贫搬迁移民搬迁前原

有的社会交往网络得以延续。

之所以有少数移民与同村来的移民在搬迁之后交往会减少，这与搬迁之后移民们的生计方式发生了改变有关系。一般来说，在安置点的易地扶贫搬迁移民们从原来交通不便的山区里搬迁出来以后，谋生方式发生了变化，虽然有相当多的人还在从事原来的农业，但也有部分移民在新的安置点或者附近找到了其他的谋生方式。多样化的非农生计方式自然就使得这部分易地扶贫搬迁移民与同村来的移民的社会交往机会减少了。

2. 与他村移民的交往

在西南民族地区易地扶贫搬迁移民安置点里的移民，绝大多数都是从不同村寨搬迁过来的，极少数的安置点只安置一个村的移民。因此，移民们在社会交往方面除了与同村移民有交往外也还存在与他村移民的交往。调查发现，样本中大多数的易地扶贫搬迁移民（60.3%）与他村移民是经常来往的，不与他村移民来往的只有 14.5%（见表 3–3）。这说明大多数易地扶贫搬迁移民的社会交往圈子已经超出了同村移民范围，交往范围有所扩大。移民都具有大致相似的社会处境，需要面对相似的生存方面的问题。因此，来自不同村寨的易地扶贫搬迁移民们相互之间的交往是符合逻辑的，因为这有助于大家相互支持、相互慰藉。

表 3–3　与他村移民的交往情况

	频率	百分比
基本不来往	149	14.5
偶尔来往	260	25.2
经常来往	620	60.3
合计	1029	100

（二）易地扶贫搬迁移民与亲戚的交往

亲戚是基于血缘、姻缘的强关系，特别是在农村具有更重要的意义。亲戚之间的交往在人们的生活中发挥着重要作用。韩莉丽对甘肃肃南县的移民研究发现空间距离的缩短使得牧民与家人和亲戚的交流更加频繁[①]。那么，搬迁后产生的空间距离是否会对易地扶贫搬迁移民过去的亲戚交往产生一定影响呢？根据表3–4显示，超过半数的易地扶贫搬迁移民认为没有变化，甚至有29.3%的移民表示来往增加了，只有14.5%的移民认为与亲戚的来往变少了。可见，绝大多数的移民们认为移民后与亲戚之间的来往并没有因为移民搬迁而减少。

表3–4　与亲戚的来往变化情况

	频率	百分比
来往少了	149	14.5
来往多了	301	29.3
基本无变化	579	56.2
合计	1029	100

从表3–5可以进一步看出，搬迁以后与亲戚的来往变少了的这部分移民大部分是因为居住相隔远了，交往不如过去方便。

表3–5　与亲戚来往变少的原因

	频率	百分比
住在附近，大家都很忙	17	11.3
住得很远	113	75.4
其他	20	13.3
合计	150	100

① 韩莉丽：《牧民定居过程中社会关系网络的重构——以甘肃肃南县白银蒙古族乡为例》，硕士学位论文，西北民族大学社会学系，2012年。

总体来看，易地扶贫搬迁移民与亲戚之间交往并没有受到太多搬迁的影响，而是与他们的搬迁距离有关。一般来说，西南民族地区农村的亲戚圈大都不会超过县域范围，很多甚至就在一个乡镇范围内。而易地扶贫搬迁移民又基本都是县内搬迁安置，基本没有超出亲戚圈的范围。因此，易地扶贫搬迁移民与亲戚的交往因为距离的原因而受到影响的比例较小。

（三）易地扶贫搬迁移民与本地人（安置点的当地人）的交往

在移民与本地人社会交往的研究方面有两个基本视角，一是社会资本的视角，二是社会距离的视角。前者强调移民与本地人的交往能积累本地化社会资本，有利于移民的本地发展与融入；后者强调移民与本地人的交往有利于缩小社会距离，增强移民的归属感与实现发展。西方学者研究认为移民过程的每一环节（是否移民、何处移民以及在移居地的适应）都与移民的社会网络和社会资本密不可分[①]。任远、陶力研究认为移民（流动人口）的社会资本分为两类：一类是初级社会资本（流动人口亲缘、血缘、乡缘关系所形成的社会资本），一类是本地化的社会资本（流动人口在流入地当地与本地居民、本地的社会群体、社会组织和地方政府互动形成的社会资本）[②]。移民与本地人（包括本地的社会组织与地方政府）形成的本地化社会资本更有利于移民的发展和融入当地，而初级社会资本在移民的早期能够对移民的生活与发展起到很好的支持作用，但是随着居留时间的延长可能还会阻碍移民与本地人的接触与交往，并阻碍移民（农民工）融入城市[③]。赵延东、王奋

① Portes, Alejandro. Economic Sociology and the Sociology of Immigration: A Conceptual Overview in the Economic Sociology of Immigration, New York: Russell Sage Foundation, 1995, pp.1–41. 转引自赵延东、王奋宇：《城乡流动人口的经济地位获得及决定因素》，《中国人口科学》2002 年第 4 期。

② 任远、陶力：《本地化的社会资本与促进流动人口的社会融合》，《人口研究》2012 年第 5 期。

③ 牛喜霞：《社会资本在农民工流动中的负面作用探析》，《求实》2007 年第 8 期。

宇研究认为流动人口要想进一步实现与本地城市的融合，面临着突破在“乡土社会”中形成的“原始社会资本”的束缚，需要建立新型的社会资本[①]。任远、陶力认为流动人口需要通过和本地人口相互帮助、相互支持的社会交往，形成更密切的伙伴关系、社区关系，把不断增进本地化社会资本作为努力方向[②]。另一些研究从社会距离视角强调移民与本地人交往的重要性。丛玉飞、任春红认为提高群体间（移民与本地人）社会交往和文化融合程度，能够显著消减社会疏离感的产生[③]。李汉林认为农民工的彼此交往具有明显的内群体交往倾向，这会导致同一群体内部成员之间的交往比较亲密，而不同群体间（农民工与本地居民之间）因具有明显的交往边界导致社会距离拉大[④]。邢朝国、陆亮研究认为移民与本地人的社会交往有助于提高群体间（农民工与本地人之间）的积极评价，群体间的积极评价又有助于提高群体间的主观接受程度、缩减群体间的主观社会距离[⑤]。两种视角都强调移民与本地人交往的重要性，这种交往一方面在于移民通过建立与本地人（本地社会组织及政府组织）的紧密联系使移民能获取相应发展资源，另一方面通过交往缩小与本地社会的社会距离，增强归属感，实现心理等各个层面的融入。

当然，上述的研究主要针对的是农民工这个移民群体在城市的融入情况，这与易地扶贫搬迁移民的当地融入有一定的区别。易地扶贫搬迁移民的社会交往与城市移民特别是农民工群体的社会交往有一定的差异。原因有以下几点：一是居住社区不一样，异质性高。农民工居住的社区成员比较复杂，

① 赵延东、王奋宇：《城乡流动人口的经济地位获得及决定因素》，《中国人口科学》2002年第4期。

② 任远、陶力：《本地化的社会资本与促进流动人口的社会融合》，《人口研究》2012年第5期。

③ 丛玉飞、任春红：《城市外来务工人员社会疏离感影响因素分析——以长三角和珠三角为例》，《中共福建党校学报》2016年第8期。

④ 李汉林：《关系强度与虚拟社区——农民工研究的一种视角》，李培林主编：《农民工——中国进城农民工的经济社会分析》，科学文献出版社2004年版。

⑤ 邢朝国、陆亮：《交往的力量——北京市民与新生代农民工的主观社会距离》，《人口与经济》2015年第4期。

有农民工，有其他城市移民，也有当地人。易地扶贫搬迁移民社区同质性高，因为绝大多数社区居民是易地扶贫搬迁移民，不仅社区内部同质性高，而且与周边的本地人同质性也很高：都是农民身份；二是谋生方式有区别。农民工基本都是在不同行业打工，而留住在安置点的易地扶贫搬迁移民却多处于亦农亦工状态：农闲时在安置点附近做临工，农忙时赶回原居地种地；三是休闲方式不一样。由于谋生方式有区别，因此休闲方式也有区别：农民工的休闲时间基本跟随所在公司的时间，但安置点的移民休闲时间则相对比较自由。这都会导致易地扶贫搬迁移民的社会交往与农民工的社会交往方式和程度有较大的差异。尽管如此，已有研究发现的关于城市移民与本地人交往的重要性和意义，以及这种交往发展的规律性，对于观察易地扶贫搬迁移民与当地人交往有重要的指导意义。

在易地扶贫搬迁移民与本地人（当地人）交往的研究中，许多研究发现易地扶贫搬迁移民的社会交往也呈现着“内卷化”现象。马荣芳在对宁夏和顺村移民的研究中发现移民活动范围多局限于移民村内部，虽然朋友比以前多了，但主要是移民朋友，非移民朋友占比很少。移民和当地居民的交往多出现在看病、购物等简单的互动中，不能形成异质性强的社会关系网络[①]。桑才让对三江源的研究认为乡镇所在地的易地扶贫搬迁移民与当地居民的关系相对密切，而移入城市和城镇的易地扶贫搬迁移民与当地居民的文化差异较大，交往要少些。但无论是乡镇还是城市里移民与当地居民交往很难达到一定层次。例如，从通婚来看，在乡镇只有家境困难的当地男子才会娶移民家的姑娘，城市里彼此通婚就更加困难了[②]。陶格斯和张铁军的研究同样发现，移民与周边城市及农村居民交往之间存在社会隔阂，在总体上呈现移民

① 马荣芳、骈玉明：《宁夏农垦生态移民的社会关系适应性调查》，《中国农垦》2013年第7期。

② 桑才让：《对三江源生态移民文化适应性问题的调查与思考》，《攀登》2011年第6期。

交往的内倾性和同质性强的特点[①]。

课题组在调查中发现易地扶贫搬迁移民与当地人交往并没有出现明显的"内卷化"现象（见表 3–6）。表示经常与当地人交往的占 52.8%，偶尔交往的占 29.9%，只有 17.3% 的易地扶贫搬迁移民表示基本不与当地人交往。也就是说，大多数的易地扶贫搬迁移民与当地人是经常交往的，这应当是源于西南民族地区易地扶贫搬迁移民一般搬迁距离较近，易地扶贫搬迁移民在搬迁之前对安置点比较熟悉，他们大多在搬迁前就与安置点的本地人有来往，而且也正是由于搬迁距离较近，移民与当地人的文化差异相对较小，因此彼此交往的障碍较小。当然，样本中也有一定数量的易地扶贫搬迁移民与本地居民交往不多，只是偶尔交往甚至没有交往。但进一步的数据研究发现，这部分易地扶贫搬迁移民搬迁距离相对较远，而且与当地的文化差异比较大。比如，四川的一些彝族易地扶贫搬迁移民。他们是从高山上搬迁到近 200 里外的城镇，原居地与安置点的生计方式与生活方式差异都比较大。因此，这部分易地扶贫搬迁移民与当地人交往障碍就比较多，课题组与他们访谈时他们告诉我们，自己平时很少与本地人来往。

总体上来说，西南民族地区易地扶贫搬迁移民与当地人的交往没有出现如既有研究在其他区域发现的内卷化倾向，虽然存在少量的同质化与内卷化现象，但这与移民搬迁距离紧密相关。

表 3–6　易地扶贫搬迁移民与当地人的交往

	频率	百分比
经常有	543	52.8
偶尔有	308	29.9
基本不来往	178	17.3
合计	1029	100

① 陶格斯：《生态移民的社会适应研究——以呼和浩特蒙古族生态移民为例》，硕士学位论文，中央民族大学民族学与社会学系，2007 年；张铁军：《生态移民的社会适应研究》，《理论建设》2012 年第 3 期。

有些研究强调本地人对移民的态度是影响移民与本地居民交往的重要因素，是易地扶贫搬迁移民交往“内卷化”的重要原因之一。并发现当本地人是城镇居民的情况下，这一因素的影响力特别大。例如，王永平等对贵州少数民族移民的研究认为城镇安置的移民存在被当地市民排斥、歧视的现象影响到移民与本地人的交往[①]。也有研究认为藏区移民大多是城镇集中安置，移民保留了本民族的传统文化、观念和行为方式，没有强烈的融入城市的欲望，缺乏和城市居民之间深层次沟通和互动[②]。课题组也就本地人对移民的态度做了调研，发现有 77.2% 的易地扶贫搬迁移民认为本地人对移民没有歧视，有 12.9% 的易地扶贫搬迁移民认为“有点歧视”，只有 1.2% 的易地扶贫搬迁移民认为本地人对移民“非常歧视”，另有 8.8% 的易地扶贫搬迁移民表示“不知道”（见表 3–7）。可见，总体上在易地扶贫搬迁移民的感知中本地人对易地扶贫搬迁移民的歧视程度较低，这既可能是西南民族地区易地扶贫搬迁移民并没有出现明显交往“内卷化”的原因，也可能是因为在西南民族地区，大多数易地扶贫搬迁移民的搬迁距离比较近，绝大多数安置点居民也都是农民，因此相互之间并不存在类似农民工与城市人那种较为明显的身份差异，从而自然不会有太多的歧视。

表 3–7　本地人对移民的态度

	次数	百分比
没有歧视	795	77.2
有点歧视	132	12.8
非常歧视	12	1.2
不知道	90	8.8
合计	1029	100

① 王永平等：《生态移民与少数民族传统生产生活方式的转型研究——基于贵州世居少数民族生态移民的调研》，科学出版社 2014 年版。

② 桑才让：《对三江源生态移民文化适应性问题的调查与思考》，《攀登》2011 年第 6 期。

总之，西南民族地区易地扶贫搬迁移民与安置点居民的交往基本不存在明显的隔阂，也不存在同质化与内卷化。虽然由于搬迁距离的原因，有部分移民反映没有和安置点当地人经常交往，但所占比例很小。在易地扶贫搬迁移民的感知中，绝大部分没有明显的感到安置点居民对自己有歧视。易地扶贫搬迁移民与当地人的经常来往将有利于易地扶贫搬迁移民与本地居民及社会组织建立起紧密联系，不断积累本地化社会资本，从而为自己融入当地社会以及在新居住地赢得发展创造有利条件。

二、易地扶贫搬迁移民邻里交往及其交往形式的变迁

移民与他村移民、与本地人的交往反映了移民是否建立了新的社会网络关系，移民与同村移民以及与亲戚的交往则反映的是移民原有社会网络关系的维持状况。但衡量社会交往的性质和水平，最重要的一个指标是邻里关系。对于易地扶贫搬迁移民来说，邻里关系指的是在同一社区里面的所有居民之间的关系，它包括了所有与同村移民、他村移民、亲戚，以及来自本地的或者外地的购置了安置点房产的人员关系。

邻里互动形成邻里关系，邻里关系可看成一种社会和空间的资本，尤其是本地化的社会资本①，人们从中获取工具性或情感性社会支持。许多研究表明良好的邻里关系在人们生活中起到积极的作用，包括对心理健康的促进作用。张邦辉等对留守老人的研究表明邻里关照形成的良好邻里关系对留守老人的主观身心健康有显著的直接促进作用②。有研究表明邻里互动使社会空间得以再造，冯健等认为正是小区居民入住小区初期的集体采购、日

---

① Schutjens, V., Völker, B. Space and Social Capital: The Degree of Locality in Entrepreneurs' Contacts and its Consequences for Firm Success, European Planning Studies, 2010, Vol.18, No.6, pp. 941-963. 转引自冯健等:《郊区大型居住区邻里关系与社会空间再生产——以北京回龙观为例》,《地理科学进展》2017 年第 3 期。

② 张邦辉、陈乙酉:《邻里关系对农村留守老人身心健康的影响研究——基于劳动力流出地 10 省市调查数据的实证分析》,《管理世界》2017 年第 11 期。

常生活中的维权和文体活动、“童子军”外交和依托社区网的互动等使郊区大型居住区回龙观存在一定数量和质量的邻里关系，使回龙观社区的社会空间得到再生[①]。学者们研究了不同类型社区邻里交往的特征。贺旭霞等认为社区异质性对邻里交往（邻里关系）产生影响，高度异质性社区中的街邻关系水平低于低度异质性社区[②]。吴缚龙等对北京社区的邻里关系研究认为农村移民邻里互动的意愿与参与度高于本地人，原因在于农村移民在缺少公共服务的情况下更需要在社区层面、邻里关系层面获取相应资源，他们的邻里互动参与是自选择和受外部强化的结果[③]。冯健等人对郊区大型居住区回龙观的研究表明回龙观居民邻里之间具有典型城市邻里的特点，交往较为陌生化和浅层化，交往的主要形式以人情往来为主，但居民有较高的交往意愿，对邻里关系状况评价较好[④]。李欣怡、李志刚对城市保障性住房社区的研究认为相比其他类型的城市社区，保障性住房社区居民的邻里互动具有较大的规模和较高的频率，但情感认同度低[⑤]。任映红等以浙江省某农业社区为例研究发现传统农村邻里关系正不断解体，日益陌生化，所谓陌生化指原有的邻里关系不断被侵蚀，呈现淡化的现象，邻里之间虽然彼此熟悉但像陌生人一样缺乏互动[⑥]。以上关于邻里交往的研究一方面表明邻里交往（邻里关系）作为一类社会资本具有重要价值；另一方面也表明邻里交往（邻里关系）在不同类型社区存在差异，而且邻里关系是变动的，总的趋势是由于社会变迁、居住格局

① 冯健等：《郊区大型居住区邻里关系与社会空间再生产——以北京回龙观为例》，《地理科学进展》2017 年第 3 期。

② 贺旭霞、刘鹏飞：《中国城市社区的异质性社会结构与街坊 / 邻里关系研究》，《人文地理》2016 年第 6 期。

③ 吴缚龙、约翰·罗根：《农村移民的城市归属感：基于北京市社区邻里关系的研究》，《国外社会科学》2017 年第 1 期。

④ 冯健等：《郊区大型居住区邻里关系与社会空间再生产——以北京回龙观为例》，《地理科学进展》2017 年第 3 期。

⑤ 李欣怡、李志刚：《中国大城市保障性住房社区的“邻里互动”研究——以广州为例》，《华南师范大学学报（自然科学版）》2015 年第 2 期。

⑥ 任映红、严米平：《渐行渐远：乡村变迁中日益陌生化的邻里关系—— 一对 LSZ 村的观察》，《理论探讨》2017 年第 1 期。

变化、社区的异质性等因素，相比传统邻里关系现代社会邻里关系的工具性与理性的成分在增加，传统的邻里交往（邻里关系）正在不断演变。

易地扶贫搬迁移民社区是具有一定特殊性的新型社区，其邻里交往以及因此形成的邻里关系受到移民搬迁、城镇化与现代化的多种影响可能会有其特殊性。课题组对易地扶贫搬迁移民邻里交往搬迁前后的比较，以及日常邻里交往的形式等方面进行了调查。从表 3–8 来看，易地扶贫搬迁移民的邻里交往并没有受到搬迁的影响，相反还有了某种程度的改善。有 12.6% 的易地扶贫搬迁移民表示邻里交往比以前好很多，有 14.9% 的易地扶贫搬迁移民表示比以前好一些，有 62.9% 的易地扶贫搬迁移民表示和以前一样，只有 8.1% 的易地扶贫搬迁移民表示比以前差一些，1.5% 的易地扶贫搬迁移民认为比以前差很多。

表 3–8　移民的邻里交往变化

	频率	百分比
比以前好很多	130	12.6
比以前好一些	154	14.9
和以前一样	647	62.9
比以前差一些	83	8.1
比以前差很多	15	1.5
合计	1029	100

易地扶贫搬迁移民搬迁前后邻里交往的变化主观评价似乎与常识相左。一般认为易地扶贫搬迁移民来自乡村社区，乡村熟人社区里人们长期交往，在人情、面子等方面的约束下因频繁互动形成了一种紧密的联系，构成了一种紧密型社会资本，因此其邻里关系应该更为传统更和睦才对。而易地扶贫搬迁移民社区人们熟悉程度低，来源复杂，邻里交往因此可能会疏远。但是调查表明并非如此。一种解释是正如任映红等人的研究所表明的那样，现在的乡村邻里关系已不是传统邻里关系呈现的那样而是变成了熟悉的陌生人模

式，已经被工具理性所侵蚀。日常纠纷以及农村产权的不明晰导致建房等地界纠纷使邻里冲突在增加，这些冲突与居住格局变化等交织一起侵蚀了传统的邻里关系[①]。而易地扶贫搬迁移民社区大多是移民集中安置所在地，社区具有一定的同质性，有利于邻里交往。最重要的是易地扶贫搬迁移民搬迁到新的居住点以后缺乏外在的社会资本，对移民社区的依赖性提高，加强邻里交往有助于获取相应社会资源。从易地扶贫搬迁移民邻里交往的方式可以看到邻里交往的客观水平。根据表 3–9 显示，邻里交往中 60.4% 的人见面打招呼，39.6% 的人见面不打招呼。见面打招呼属于“点头之交”，属于交往的较低层次。

表 3–9　邻里交往方式（打招呼）

	频率	百分比
是	622	60.4
否	407	39.6
合计	1029	100

邻里之间一起逛街属于交往较深的层次，调查中有 53.1% 的易地扶贫搬迁移民与邻居一起逛街，46.9% 的易地扶贫搬迁移民从不与邻居一起逛街（见表 3–10）。

表 3–10　邻里交往方式（一起逛街）

	频率	百分比
是	546	53.1
否	483	46.9
合计	1029	100

能够相互去家里玩是比较深的邻里交往，调查中发现有 76.2% 的易地扶贫搬迁移民经常去邻居家里玩，有 23.8% 的易地扶贫搬迁移民从不去邻

① 任映红、严米平：《渐行渐远：乡村变迁中日益陌生化的邻里关系——一对 LSZ 村的观察》，《理论探讨》2017 年第 1 期。

居家里玩（见表 3–11）。

表 3–11　邻里交往方式（相互去家里玩）

	频率	百分比
是	784	76.2
否	245	23.8
合计	1029	100

一般来说参加对方的红白喜事应该是交往的较深层次，调查中发现参加邻居红白喜事的易地扶贫搬迁移民占 69.9%，不参加邻居红白喜事的易地扶贫搬迁移民占 30.1%（见表 3–12）。

表 3–12　邻里交往方式（参加对方的红白喜事）

	次数	百分比
是	719	69.9
否	310	30.1
合计	1029	100

无论是去对方家里玩，还是参加对方的红白喜事，乃至一起逛街都是交往程度比较深的体现，这几个方面的比例都比没有进行这种交往的比例高，表明多数易地扶贫搬迁移民的邻里交往程度比较深，这与典型城市社区的情形不同。冯健等对北京郊区大型居住区的邻里交往研究中发现有 1/3 的居民对门互不相识，1/2 邻里互不来往。邻里之间的认识很大程度停留在“点头之交”[①]。孙龙等人对北京城市社区的调查发现在北京城四区只有 4. 4% 的居民经常前往隔壁或者对门邻居家串门，回答“有时”或者“偶尔”前往邻居家串门的分别占 25% 和 29. 1%，回答“从来不去”邻居家串门的占 41. 5%[②]。

① 冯健等：《郊区大型居住区邻里关系与社会空间再生产——以北京回龙观为例》，《地理科学进展》2017 年第 3 期。

② 孙龙、雷弢：《北京老城区居民邻里关系调查分析》，《城市问题》2007 年第 2 期。

可见，易地扶贫搬迁移民的邻里交往不同于一般城市社区浅层化的交往，总体上仍是一种熟人社区的邻里交往形式，邻里关系水平相对较高。

三、易地扶贫搬迁移民的跨民族交往

跨民族交往是西南民族地区很多易地扶贫搬迁移民不可避免会遇到的一种重要的社会交往形式。一些易地扶贫搬迁移民在搬迁前就处在多个民族杂居的区域环境中，日常生活就存在跨民族交往的情况。部分易地扶贫搬迁移民在搬迁前主要在本民族内部交往，但是在搬迁以后，无论是安置在集镇，还是在小城镇或县城，跨民族交往变得不可避免。正常的跨民族交往有利于易地扶贫搬迁移民通过交往获取生产生活需要的一些资源。同时，从民族关系的角度分析，积极的民族交往有利于加强各民族的相互了解和彼此的文化认同，从而构建和谐的民族关系，促进民族地区的稳定与发展。

课题组在云南、四川、重庆等三省市对易地扶贫搬迁移民的跨民族交往情况进行了调查（样本总数为 631）。根据表 3-13 显示，有 74.6% 的易地扶贫搬迁移民表示有其他民族的朋友，说明大多数易地扶贫搬迁移民能够与其他民族的移民建立起良好关系。

表 3-13　是否有其他民族的朋友

	频率	百分比
是	471	74.6
否	160	25.4
合计	631	100

课题组进一步调查了易地扶贫搬迁移民与其他民族交往的意愿。表示“不愿意”或“非常不愿意”与其他民族居民聊天的易地扶贫搬迁移民分别只占 1.7% 和 0.3%，完全可以忽略不计，表示“愿意或者非常愿意”与其他民族居民聊天的易地扶贫搬迁移民达到 93.1%（见表 3-14）。

表 3-14　是否愿意与其他民族居民聊天

	频率	百分比
非常不愿意	2	0.3
不愿意	11	1.7
无所谓	31	4.9
愿意	438	69.4
非常愿意	149	23.7
合计	631	100

有 22.9% 的易地扶贫搬迁移民表示“非常愿意”与其他民族的人一起工作，有 69.8% 的易地扶贫搬迁移民表示“愿意”与其他民族的人一起工作，有 4.9% 的易地扶贫搬迁移民表示与其他民族的人一起工作“无所谓”，明确表示“愿意”与其他民族的人一起工作的比例为92.7%，只有极少数（2.4%）的易地扶贫搬迁移民表示“不愿意”与其他民族的人一起工作（见表 3-15）。

表 3-15　是否愿意与其他民族的人一起工作

	频率	百分比
不愿意	15	2.4
无所谓	31	4.9
愿意	440	69.8
非常愿意	145	22.9
合计	631	100

在问到是否愿意与其他民族的人做邻居方面，有 22.9% 的易地扶贫搬迁移民表示“非常愿意”，70.1% 的易地扶贫搬迁移民表示“愿意”，5.4% 的易地扶贫搬迁移民表示“无所谓”，只有 1.6% 的易地扶贫搬迁移民表示“不愿意”，绝大多数易地扶贫搬迁移民明确表示“愿意”与其他民族的人做邻居，总数达 93%（见表 4-16）。

表 3-16　是否愿意与其他民族的人做邻居

	频率	百分比
不愿意	10	1.6
无所谓	34	5.4
愿意	442	70.1
非常愿意	145	22.9
合计	631	100

聊天、一起工作以及做邻居还是相对浅层次的交往，做亲密朋友甚至通婚则是深层次交往。在问到你是否愿意与其他民族的人做亲密朋友中，有22.8% 表示“非常愿意”，有 68.9% 的易地扶贫搬迁移民表示“愿意”，6.2% 的易地扶贫搬迁移民表示“无所谓”，有 2.1% 的易地扶贫搬迁移民表示“不愿意”（见表 3-17）。

表 3-17　是否愿意与其他民族的人做亲密朋友

	频率	百分比
不愿意	13	2.1
无所谓	39	6.2
愿意	435	68.9
非常愿意	144	22.8
合计	631	100

族际通婚可以说是民族交往的最高形式。调查表明有 22.7% 的易地扶贫搬迁移民表示“非常愿意”自己的子女与其他民族的人通婚，有 64.5% 的易地扶贫搬迁移民表示“愿意”自己的子女与其他民族的人通婚，8.7% 的易地扶贫搬迁移民表示“无所谓”，3.8% 的易地扶贫搬迁移民表示“不愿意”，0.2% 的易地扶贫搬迁移民表示“非常不愿意”（见表 3-18）。总数达 87.3% 的易地扶贫搬迁移民明确表示“愿意”自己的子女与其他民族的人通婚。

表 3–18　是否愿意自己的子女与其他民族的人通婚

	频率	百分比
非常不愿意	1	0.2
不愿意	24	3.8
无所谓	55	8.7
愿意	406	64.5
非常愿意	143	22.7
合计	629	100

注：此表有 8 个样本为缺失值

可见在西南民族地区，绝大多数的易地扶贫搬迁移民对族群通婚的态度是支持的，其支持度高于其他地区类似的一些研究。例如，王玉君等人对新疆哈汉杂居的一个区域的调查中，哈萨克族对不同民族间通婚持赞同意见的占 21.7%，持反对意见的占 7.3%，无所谓的占 37.1%①。这充分说明西南民族地区易地扶贫搬迁移民中族群关系和谐，不存在明显的民族交往心理障碍，这也是多年来我国政府实施民族政策的结果。

四、易地扶贫搬迁移民的工具性交往与情感性交往

从社会交往的性质来看，社会交往又可以分为工具性社会交往与情感性社会交往。有些学者则把这两类也称为工具性社会支持和情感性社会支持，实际上很多情况下，学者们在使用社会交往与社会支持两个概念时经常交替使用，比如一些场景中的情感性社会支持，在另外某些场景中又被称为情感性社会交往。客观上看，建立了社会网络关系也就建立了社会支持网络。可以说与谁交往、有多少朋友是社会交往的形式，而社会交往的实际结果也就意味着获取了多少社会支持。社会支持的情况可以反映社会交往的性质、形式和水平。易地扶贫搬迁移民通过社会交往积累各类社会资本来获取情感、

① 王玉君等：《和谐社会语境下民族交往探析——以新疆昭苏县几个哈汉聚居区为例》，《新疆师范大学学报（哲学社会科学版）》2012 年第 2 期。

信息、物质、陪伴等形式的社会支持。因此，下面从易地扶贫搬迁移民社会支持的角度分析移民的工具性交往和情感性交往的情况。

大量的移民研究文献表明社会支持对移民的重要性。周敏研究认为社会支持对缺乏物质资本的来美国的中国大陆移民逐渐融入主流社会具有重要作用①；石智雷、彭慧发现正式社会支持与非正式社会支持在库区搬迁农户的脱贫与发展中的重要性②；李强指出良好的社会支持有助于移民的心理健康③；何雪松在研究香港新移民妇女时发现在定居阶段的不同时期新移民妇女有不同的社会支持需要④。

在社会支持方面，不同的学者对社会支持有不同的分类。对于社会支持的分类主要是由研究的目标以及研究的条件来决定的。比如，丘海雄把社会支持分为正式社会支持与非正式社会支持，正式社会支持来自政府、企业、社区组织和市场（职业介绍所、人才交流中心和广告等），非正式社会支持来自血缘关系（自己及配偶的父母、兄弟姐妹及子女）、亲缘关系（自己及配偶的亲戚）、业缘关系（同事及同学）、地缘关系（邻里）和私人关系（朋友）⑤。郑杭生把社会支持分为广义的社会支持与狭义的社会支持，认为社会支持由三个层次组成，包括广义的社会支持：国家支持、企业经济领域支持，以及社团和个人的狭义的社会支持⑥。范德普尔将社会支持分为三大类型：情感性支持（emotional support）、工具性支持（instrumental support）和社交陪伴（social Sompanionship）⑦。本研究主要从工具性和情感性两个类型进行分析。

---

① 周敏、黎熙元：《族裔特性、社会资本与美国华人中文学校——从美国华人中文学校和华裔辅助性教育体系的发展看美国华人移民的社会适应》，《世界民族》2005年第4期。

② 石智雷、彭慧：《库区农户从贫困到发展：正式与非正式社会支持的比较》，《农业技术经济》2015年第9期。

③ 李强：《社会支持与个体心理健康》，《天津社会科学》1998年第1期。

④ 何雪松：《社会支持的动态变化：关于香港新移民妇女的研究》，《南方人口》2007年第1期。

⑤ 丘海雄等：《社会支持结构的转变：从一元到多元》，《社会学研究》1998年第4期。

⑥ 郑杭生主编：《中国人民大学中国社会发展研究报告（2002）：弱势群体与社会支持》，中国人民大学出版社2003年版，第319页。

⑦ ［荷］马特·G. M. 范德普尔：《个人支持网概述》，肖鸿译，《国外社会学》1994年第4期，转引自唐利平：《外来蓝领青年的社会支持网络探析》，《青年探索》2010年第6期。

（一）易地扶贫搬迁移民的工具性社会支持

易地扶贫搬迁移民的工具性社会支持包括经济支持（物质帮助）、信息支持（信息和情报提供）、咨询与指导支持等方面内容。这部分社会支持与易地扶贫搬迁移民生计维持与发展、权益保障等方面息息相关。课题组通过“对您提供最大经济支持的人员身份？”“重大事情向谁咨询？”等方面进行了调查。47.2% 的易地扶贫搬迁移民表示提供最大经济支持的人员是亲戚，37.9% 的易地扶贫搬迁移民表示是家人，6.8% 的易地扶贫搬迁移民表示是朋友，2.9% 的易地扶贫搬迁移民表示是邻居，另有 2.3% 的易地扶贫搬迁移民表示是信用社等信贷部门人员，其他有选择村干部、同学等类型的，但是比例非常少，几乎可以忽略不计（见表 3–19）。

表 3–19　提供最大经济支持的人员身份

	频率	百分比
家人	390	37.9
亲戚	486	47.2
同学	6	0.6
同事	1	0.1
邻居	30	2.9
村干部	7	0.7
现居住地村干部	1	0.1
同村移民	7	0.7
不同村移民	2	0.2
朋友	70	6.8
其他	2	0.2
宗教权威人士	1	0.1
乡镇或社区工作人员	2	0.2
信用社等信贷部门人员	24	2.3
合计	1029	100

亲戚与家人合起来占了 85.1%，这表明易地扶贫搬迁移民经济支持主要来自基于血缘与亲缘的强关系，其他同事、同学、邻居等业缘与地缘关系

经济帮助较弱。易地扶贫搬迁移民选择朋友作为提供最大经济帮助的人占到 6.8%，排名第三位，说明有部分易地扶贫搬迁移民的经济帮助来自朋友，但是比例也较低。

由于绝大多数能够在移民们困难的时候提供帮助的人是家人和亲戚，在回答“提供经济支持的人认识的情况”这个问题时，当然大多数移民的选择答案是“搬迁前就认识的”（见表 3–20）。

表 3–20　提供经济支持的人认识的情况

	频率	百分比
搬迁前就认识	870	95.2
搬迁后才认识	44	4.8
合计	914	100

根据表 4–20 显示，95.2% 的易地扶贫搬迁移民表示提供经济支持的人是搬迁前认识的，只有 4.8% 的易地扶贫搬迁移民表示是搬迁后认识的。这说明为易地扶贫搬迁移民提供经济支持的关系主要是搬迁前建立的关系，而搬迁后建立的关系极少，因此从经济支持的角度来看易地扶贫搬迁移民本地化社会资本还非常少，不足以为其提供有力的经济帮助。从与提供经济支持的人交往频率来看（见表 3–21），与提供经济支持的人的交往频率每天交往的占 38.4%，每周交往的占 30.4%，每月有交往的占 16.7%，每年有交往的占 13.9%，这表明易地扶贫搬迁移民与提供经济支持的人有着比较紧密的交往，易地扶贫搬迁移民的经济支持来自强关系，反过来看社会交往的较高频率有助于维持强关系。

表 3–21 与提供经济支持的人交往频率

	频率	百分比
每天	395	38.4
每周一次或几次	313	30.4
每月一两次	172	16.7
每年几次或更少	143	13.9
一年以上	6	0.6
合计	1029	100

信用社等信贷部门为易地扶贫搬迁移民提供金融支持属于正式社会支持，是现代社会公民获取经济支持的重要手段。然而在本课题的研究中，只有 2.3%（见表 3–19）的易地扶贫搬迁移民表示提供最大经济支持的人为信用社等信贷部门人员，主要原因有：一是可及性不够。金融部门对易地扶贫搬迁移民提供的服务不到位，相关部门在程序及资质等方面设置有一些障碍，使得移民们获取相关金融服务缺乏便利性；二是移民自身缺乏现代金融知识与理念，缺乏通过信用社等部门获得经济支持的意愿。调查中发现有部分易地扶贫搬迁移民非常需要创业资金，但又不愿意向银行借贷，担心风险太大不能及时还贷，并且也不愿意承担较高的利息负担，总认为欠钱尤其是欠银行的钱是一件可怕的事；三是大多数移民们缺乏创业经验，手中并无有前途的创业项目需要资金扶助。他们心目中所需要的经济支持，多是一般生产生活中经常遇到的困难需要帮助，而这类困难多在亲友中就可以获得解决。易地扶贫搬迁移民获取经济支持的主要渠道是家人与亲戚，但他们的家人或亲戚大多也是贫困人口，这种同质性的关系网络难以提供给易地扶贫搬迁移民强有力的支持。因此，发挥现代金融的作用，更多的利用正式社会支持获取经济帮助具有重要意义。

课题组也调查了易地扶贫搬迁移民重大事情咨询人员身份情况。遇到重大事情向人咨询，通过咨询获取对重大事情的判断的信息或者通过咨询借用别人的智慧，最终做出有利的决策，这是一种重要的工具性社会支持。同时也可以看作是一种情感性社会支持，遇到重大事情向人咨询，因为他人的陪伴与协商，缓解了精神上的紧张与不安。调查表明有 86.3% 的易地扶贫搬迁移民表示重大事情咨询对象为家人，9.2% 的易地扶贫搬迁移民表示重大事情找亲戚咨询，1.9% 的易地扶贫搬迁移民遇到重大事情时首先找朋友咨询，其他还有选择同学、同事、原来邻居等人员，但是所占比例极小（见表 3–22）。排在第一位的是家人，第二位的是亲戚，可见重大事情咨询主要是家人与亲戚这种基于血缘与亲缘的强关系。与寻求经济支持的人员有一些差别，寻找经济支持人员里面亲戚排第一位，而在重大事情咨询的人员中排第一位的是家人。可能在于经济支持是以家庭为单位的，寻找经济支持中的家人指的是小家庭以外大家庭范围内的家人（小家庭里财产是共有的，不需要寻找帮忙）。但是重大事情咨询的事情不一定是家庭的，可能是个体的，因此有向小家庭的家人求助的可能，因此把家人作为咨询对象的机会增加了。另外，从排序的变化也可以看出关系远近的不同，按照差序格局理论，在乡土中国人民的观念里，排第一位的是家人，然后是有血缘或姻缘关系的亲戚，再是其他基于地缘、业缘关系的同事、老乡等。课题组发现西南民族地区易地扶贫搬迁移民的人际关系观念中依然遵循了这一传统格局。

表 3–22　重大事情咨询人员身份

	频率	百分比
家人	888	86.3
亲戚	95	9.2
同学	4	0.4
同事	1	0.1
原来邻居	6	0.6
原来村干部	9	0.9
现居住地村干部	4	0.4
朋友	20	1.9
其他	2	0.2
合计	1029	100

（二）易地扶贫搬迁移民的情感性社会支持

易地扶贫搬迁移民的情感性社会支持包括生病时的照料、烦恼倾诉等方面的支持。情感性社会支持对易地扶贫搬迁移民的精神健康、生活便利、归属感等方面有重要影响。课题组对这个指标设计了三个问题："生病时照顾您的人是谁？""您烦心的时候向谁倾诉？""近一段时间，您与谁一起进行社会活动（如串门、吃饭或喝酒、一起散步、赶场等）？"从表 3–23 看到，在"生病时照顾您的人是谁？"这个问题上，有 91.5% 的易地扶贫搬迁移民选择家人，6.1% 的人选择亲戚，选择原来邻居、朋友和同村移民等的比例都非常低，可以忽略不计。可见在生病时可以照顾的人基本上都是强关系中的人。田野调查时课题组碰到一位与孙子一起过日子的 70 岁老奶奶，孙子刚刚 18 岁，平时在建筑工地打工，老奶奶自己靠捡垃圾挣点钱。老奶奶提到生病时除了孙子照看外，没有别的人能够照顾。而通过田野调查发现，这并不是个别案例。对于易地扶贫搬迁移民来说，生病时如果没有家人照顾，或家人不在身边就会面临很大的困境，日常生活中缺乏照料，生病时很难得到精神慰藉与照顾。当然，这类情况不仅存在于易地扶贫搬迁移民中。但移民与其他人的区别是，移民们的社会网络不健全，原有的社会支持网络由于移民搬迁可能发生了部分的破裂，新的社会网络又还没有建立起来。因此，在移民社区治理方面提供一些必要的社区照顾服务等是非常有必要的。

表 3–23　生病时照顾的人的身份

	频率	百分比
家人	942	91.5
亲戚	63	6.1
原来邻居	10	1.0
原来村干部	1	0.1
同村移民	2	0.2
不同村移民	2	0.2
朋友	9	0.9
合计	1029	100

在回答“您烦心的时候向谁倾诉？”的问题时，有 35.7% 的易地扶贫搬迁移民首要的烦恼倾诉对象为家人，有 5.2% 的易地扶贫搬迁移民向亲戚倾诉，有 3.2% 的易地扶贫搬迁移民向同学倾诉，有 4.1% 的易地扶贫搬迁移民找邻居，找朋友倾诉的达到 16.6%，其他类型的占比极少可以忽略（见表 3–24）。可见，找家人倾诉的排在第一位，找朋友倾诉的排在第二位，朋友成为重要的烦恼倾诉对象。另外，表示没有人或者遇到烦心的事情时不说的易地扶贫搬迁移民比例占到 32.5%（见表 3–24），这说明易地扶贫搬迁移民情感支持比较有限，没有能找到适当的倾诉对象。当然这一结果可能与部分易地扶贫搬迁移民不习惯问卷调查时提问的方式，对题目不是很理解有关，因此结论还需要进一步调查验证。

表 3–24　烦恼时的倾诉对象

	频率	百分比
家人	367	35.7
亲戚	54	5.2
同学	33	3.2
同事	5	0.5
原来邻居	42	4.1
原来村干部	3	0.3
现居住地村干部	4	0.4
同村移民	9	0.9
不同村移民	2	0.2
朋友	171	16.6
其他	4	0.4
没有人或者不倾诉	334	32.5
合计	1026	100

在回答“烦恼倾诉对象的身份”问题上，与前几个问题相比，选择亲戚的比例下降幅度很大，选择朋友的比例虽然低，但上升幅度很大。同时不找人倾诉或者没人可以倾诉的占了一定的比例。

这符合人类心理的一般规律：烦恼倾诉对象很多时候不是家人，而是朋友，也揭示了一个问题：移民的朋友圈还很有限而且交往比较浅，才可能出现这一状况。这从表 3–25 也可以进一步证明。

从烦恼倾诉对象的认识情况来看，有 87.9% 的易地扶贫搬迁移民表示烦恼倾诉对象是搬迁前就认识的，有 12.1% 的易地扶贫搬迁移民表示烦恼倾诉对象是搬迁后认识的（见表 3–25）。这表明大部分易地扶贫搬迁移民搬迁后并没有建立起有效的关系网络，主要的社会资本还是在搬迁前形成的。

表 3–25　烦恼倾诉对象的认识情况

	频率	百分比
搬迁前就认识	613	87.9
搬迁后才认识	84	12.1
合计	697	100

注：上表总数为去掉“没有人”和“不倾诉”的人数。

课题组还就“近一段时间，您与谁一起进行社会活动（如串门、吃饭或喝酒、一起散步、赶场等）？”这一问题进行了调查。一起吃饭、喝酒或者散步、赶场是日常生活中普通的社会交往活动，在一些研究中被称为陪伴支持，课题组将其归类为情感性社会支持。一起闲聊、喝酒等活动具有帮助人们打发空闲时间、舒缓情绪、建立归属感等社会功能，也是情感性社会支持的重要功能。从表 3–26 可见，有 22.3% 的易地扶贫搬迁移民表示与家人一起参与上述活动，有 8.6% 的易地扶贫搬迁移民表示与亲戚一起活动，有 11.9% 的易地扶贫搬迁移民表示与原来邻居一起参与此类社会活动，有 3.1% 的易地扶贫搬迁移民表示与同村移民一起，有 15.4% 的易地扶贫搬迁移民表示与朋友一起喝酒聊天、逛街，另有 33.0% 的易地扶贫搬迁移民表示没有与人从事此类休闲活动。调查数据显示移民们的日常社会活动陪伴人员中，血缘（家人亲戚）、地缘（邻居、同村移民）占比高。

值得注意的是"无人陪伴"（即没有人和自己进行社会活动）占了33.0%。对应表3–24中的"无人可以倾诉"的32.3%，反映的情况基本一致：易地扶贫搬迁移民在安置点还有很多人没有构建起一个有效的深层次的社会网络关系，血缘、地缘关系还占着重要地位。

表3–26　最近一起进行社会活动的人员的身份

	频率	百分比
家人	229	22.3
亲戚	88	8.6
同学	22	2.1
同事	12	1.2
原来邻居	122	11.9
原来村干部	4	0.4
同村移民	32	3.1
不同村移民	20	1.9
朋友	158	15.4
其他	2	0.2
没有人	340	33.0
合计	1027	100

"最近一起参与活动人员的认识情况"这一问题的回答进一步说明了以上结论（见表3–27）。大部分易地扶贫搬迁移民是在搬迁前认识这些陪伴对象的（82.9%），只有少部分是在搬迁后认识的（17.1%）。

表3–27　最近一起参与活动人员的认识情况

	频率	百分比
搬迁前就认识	573	82.9
搬迁后才认识	118	17.1
合计	691	100

何雪松在研究香港新移民妇女的社会支持中发现，家庭成员是移民的主要工具性支持提供者，相比较而言，他们提供的信息、情感支持要少一些。朋友是信息和情感支持的主要来源，但很少能够提供工具性支持[①]。课题的研究也发现易地扶贫搬迁移民有类似的社会支持状况，易地扶贫搬迁移民获取经济帮助、重大事情咨询等工具性支持主要来自家人与亲戚，朋友、同事等业缘、地缘关系提供的工具性支持较少。研究中也发现朋友、邻居等提供的情感性支持虽然比工具性支持比例高，但是情感性支持的主要来源还是家人，亲戚提供的情感性支持相比工具性支持也有较大比例下降。这说明易地扶贫搬迁移民的社会支持网还是比较狭窄，通过社会关系网络能够获取的社会支持非常有限。而“易地扶贫搬迁移民烦恼倾诉对象”与“一起进行社会活动”两个问题的调查则显示：较大比例的易地扶贫搬迁移民缺乏陪伴对象与倾诉对象，这表明易地扶贫搬迁移民情感性支持的不足。同时，大多数易地扶贫搬迁移民的社会支持来自搬迁前形成的社会关系网，说明易地扶贫搬迁移民搬迁之后在新的居住地尚未建立起有效的社会关系网络，当地社会资本依然是不足的。比较前面对易地扶贫搬迁移民与本地居民交往的研究发现，虽然易地扶贫搬迁移民大多能正常与本地居民交往，但是这种交往是浅层次的，还不足以成为社会支持的来源。此外，课题组的调查也显示易地扶贫搬迁移民无论在工具性社会支持还是情感性社会支持方面，来自政府、社区的正式支持是非常少的。只有 2.3% 的易地扶贫搬迁移民表示最重要的经济支持来自信用社等信贷部门的工作人员，而在生病时的照料、信息支持等方面正式社会支持也极其缺乏。移民只有通过能够获得信息、物质、友谊等工具性或情感帮助的社会支持网才可以解决日常生活中的问题和危机，维持日常生活的正常进行。如同前面所分析的，社会支持网络既包括社区、政府的正式社会支持网，也包括家

① 何雪松：《社会支持的动态变化：关于香港新移民妇女的研究》，《南方人口》2007 年第 1 期。

人、亲戚、同事、同学与邻居等形成的非正式社会支持网。而非正式社会支持网络的建立也有赖于政府的相关服务，比如政府通过服务建立移民与其他群体的交流平台、发起消除其他群体对于易地扶贫搬迁移民既有偏见的文化活动等，以此促进易地扶贫搬迁移民与本地居民建立更加紧密的联系，这些服务都有助于易地扶贫搬迁移民构建起本地化的非正式社会支持网络。

第二节　西南民族地区易地扶贫搬迁移民交往适应的总体水平及影响因素分析

一、易地扶贫搬迁移民交往适应总体水平的测定与分析

（一）因变量及其指标构成

本课题计划用因子分析方法分析西南民族地区易地扶贫搬迁移民总体适应水平。这首先需要明确衡量移民社会交往的维度并给予分值。目前学术界关于移民的社会交往特别是易地扶贫搬迁移民社会交往的专门研究不多，对其测量指标的研究就更少。本课题对涉及移民社会交往的文献进行梳理后发现（见表3-28），有些学者把交往的内容分列在其他如“社会”[①]“结构融合”[②]或“环境”[③]等指标的内容中，有的则用“人际关系”[④]“社会互动”[⑤]概念指向“社会交往”概念。

① 韦仁忠：《藏族生态移民的社会融合路径探究——以三江源生态移民为例》，《中国藏学》2013年第1期；梁波、王海英：《国外移民社会融入研究综述》，《社会管理与建设》2010年第2期。

② 周浩：《流动人口社会融合的测量及理论思考》，《人口研究》2012年第3期。

③ 风笑天：《人际关系适应性：三峡农村移民的研究》，《社会》2000年第1期。

④ 郝玉章、风笑天：《三峡外迁移民的社会适应性及其影响因素研究——对江苏227户移民的调查》，《市场与人口分析》2005年第6期。

⑤ 张铁军：《生态移民社会适应问题研究》，《理论建设》2012年第3期。

表 3-28　与社会交往适应相近的指标统计表

作者	指标构成
张铁军	社会互动（移民之间的社会交往、与邻居的交往）
周浩	结构融合（社会交往、社会分层）
韦仁忠	社会（交往、地位、主体能动性）
郝玉章、风笑天	人际关系（与当地人的交往、移民对邻里关系的满意度）
风笑天	环境（住房满意度、邻里关系满意度）
田凯	社会（闲暇方式、消费方式、生活习惯与规律、人际交往）
朱力	社会层面（日常生活方式包括衣食住行等和闲暇时间利用、社会交往）
杨菊华	行为（交往、生活习惯、婚育行为、人文举止、社区参与）
任远、乔楠	与本地人的互动（平时与本地居民交往的多少）
梁波、王海英	社会（交往、朋友关系、组织参与、支持网络）

从表 3-28 可以看出，对"社会交往"这个概念的测量指标有所界定的很少，只有张铁军具体指出了"移民之间的社会交往""与邻居的交往"，和郝玉章等的"与当地人的交往"是构建在社会交往这个指标以下的二级指标。此外，风笑天的"移民对邻里关系的满意度"和任远等的"与本地人的互动"虽然没有直接设在社会交往的下面，但是比较具体。

本课题综合以上成果，选择以下四个指标来测量西南民族地区易地扶贫搬迁移民的交往适应："与本村移民的交往""与他村移民的交往""与当地人的交往""交往范围变化的感知"。

移民与本地人来往有一个命题："您和本地人有来往吗？"该命题有 3 个选项：基本不来往、偶尔有、经常有。分值分别为 1、2、3 分。

移民与老家人交往有一个命题："您现在与和您一起搬过来的原来村的移民来往是增多了还是变少了？"该命题包括 3 个选项：变少了、差不多增多了。分别记为 1、2、3 分。

与这个小区里从其他村搬来的移民的来往包括一个命题："您与这个小区里从其他村搬来的移民有来往吗？"该命题也有 3 个选项：基本不来往记

1 分、偶尔来往记 2 分、经常来往记 3 分。

移民的交往范围包括一个命题："搬迁之后，您觉得自己的交往范围是否变化了?" 选项有以下 3 个：变窄了、没变化、变广了，分别记为 1、2、3 分。

（二）西南民族地区易地扶贫搬迁移民社会交往总体水平状况

本课题运用因子分析的方法对易地扶贫搬迁移民社会交往适应 4 个指标的内部结构进行简化得到一个衡量社会交往适应的综合性指标。KMO 和巴特利特（Bartlett）球形检验表明调查数据适合进行因子分析。易地扶贫搬迁移民社会交往适应的 4 个测量指标的 KMO 统计量为 0.643，巴特利特（Bartlett）球形检验的卡方值为 304.322，$P<0.001$，拒绝了相关系数矩阵为单位矩阵的假设，表明各指标之间可能共享潜在因子（见表 3–29）。

表 3–29　KMO 和 Bartlett's 球形检验结果

KMO 值		0.643
Bartlett's 球形检验	Approx. Chi–Square	304.322
	DF	6
	P	0

运用主成分分析的方法对上述 4 个社会交往适应指标进行因子分析，根据碎石图判断抽取 1 个因子，命名为"社会交往适应"因子，4 个指标的共量分别为 0.538、0.262、0.477 和 0.446，新因子累计方差贡献率为 43.081%，各具体测量指标在对应因子上的因子负荷均大于 0.5，基本符合因子分析要求（见表 3–30）。

表 3–30　易地扶贫搬迁移民社会交往适应的因子分析

测量指标	社会交往因子	共量
与他村移民交往	0.733	0.538
与本村移民交往	0.512	0.262
与本地人交往	0.691	0.477
交往范围变化	0.668	0.446

续表

测量指标	社会交往因子	共量
特征值	1.723	
解释方差	43.081	
巴特利特球形检验（Bartlett）	304.322	
DF	6	
KMO	0.643	
P	0	

注：提取方法为主成分分析。

为了在研究过程中便于更直观地展示易地扶贫搬迁移民社会交往状况水平及进一步进行比较分析，本课题借鉴已有的研究方法将社会交往适应的初始因子值进行转换，将其转换为范围在 1 至 100 之间的指数。统计结果表明易地扶贫搬迁移民社会交往适应因子的平均得分为 69.66 分，其标准差高达 23.104（见表 3–31），这表明现阶段西南民族地区易地扶贫搬迁移民的社会交往适应总体良好，但是移民内部有一定程度的分化。

表 3–31　易地扶贫搬迁移民社会交往适应因子得分的描述性分析

	均值（M）	标准差（SD）
社会交往适应	69.66	23.104

二、易地扶贫搬迁移民交往适应的影响因素分析

（一）自变量及假设

在第二章关于变量体系的设计部分，本课题根据已有研究并结合田野调查，提出了西南民族地区易地扶贫搬迁移民社会适应的自变量体系，包括：个体特征（年龄、性别、教育程度、民族成分）、搬迁特点（搬迁时间和安置点类型）、社区环境和政府政策（就业扶持、最低生活保障、政府关心程度）。这里，本课题也把这套自变量作为交往适应的自变量，结合相关

已有理论和前期的田野调查，做出如下假设：

假设一：个体特征假设。不同个体特征的易地扶贫搬迁移民交往适应存在差异。个体特征包括：年龄、性别、教育程度和民族成分。

陈经富在研究移民社会交往时也发现，移民的年龄不同，交往的地域范围不同，年龄越大，越倾向于近距离交往，年龄越轻，越倾向于大范围交往。[①] 胡荣对农村社区和城市社区的研究都发现，年龄与社区居民社会交往呈负相关，年龄越大，社会交往越少。[②③] 在性别影响方面，陈经富在研究移民社会交往时得出结论，认为受传统的男权制的影响，“男主外、女主内”的家庭分工模式当今仍然发挥着应有作用，所以在移民社区，男性以社会交往为主，女性以亲属交往为主，男性的交往范围比女性的交往范围要广。[④] 台湾学者熊瑞梅的研究也表明，女性将生活重点放在家庭等私领域，其社会交往网络中亲属人数较多；男性生活主要嵌入于工作等公领域，故社会交往网络成员同事朋友较多。[⑤] 张雪筠利用天津调查数据，通过计算相关系数和卡方检验，分析了影响农民工城市社会交往的主要因素，发现教育程度越高的农民工，城市生活适应能力与融入能力更强，其社会交往范围越广。[⑥] 毕文芬基于 2014 年中国家庭追踪调查数据，运用描述统计与线性回归模型分析得出的结论认为，个人受教育年限越多，维持关系的技巧与礼仪素养越强，家庭邻里关系越友好。[⑦] 胡荣在研究农村社会交往时发现，文化程度较高者的亲属交往和社会交往范围都较高。这与边燕杰对城市居民社会交往的

---

① 陈经富：《“三西” 移民社区居民社会交往影响因素的实证研究》，硕士学位论文，兰州大学社会学系，2010 年。

② 胡荣：《影响村民社会交往的因素分析》，《厦门大学学报（社会科学版）》2005 年第 2 期。

③ 胡荣：《社会地位与关系资源》，《社会学研究》2000 年第 5 期。

④ 胡荣：《社会地位与关系资源》，《社会学研究》2000 年第 5 期。

⑤ 熊瑞梅：《影响情感与财物支持连系的因素》，《人文及社会科学研究集刊》1994 年第 6 期。

⑥ 张雪筠：《农民工城市社会交往影响因素探析》，《社会工作》2007 年第 8 期。

⑦ 毕文芬等：《城市化居住空间下教育对邻里关系的影响机制——基于两性比较》，《西北人口》2018 年第 2 期。

研究结论相一致，即文化程度越高，其社会交往范围越广。[①]陈经富在研究移民社会交往时也认为，文化程度越高，移民的社会交往范围越大。在民族成分的影响方面，陶格斯对牧民易地扶贫搬迁移民的研究发现，牧民的社会交往呈现出内倾性和表层性，牧民的主动性弱，难以将社会关系网络扩大。[②]陈经富在研究移民社区的社会交往时，通过汉族与回族的对比发现，不同民族的交往规则与习惯不同，如汉族重视伦理、亲情关系，而回族重视宗教信仰，因此民族的差异会影响移民的社会交往。[③]根据课题组的观察，相比较而言，老年移民的交往圈子比年轻人的交往圈子要窄一点，特别是部分少数民族移民，由于语言障碍和文化差异，在交往方面要困难一点。

基于以上学者的研究，本课题将假设一分成以下四个分假设：

1. 易地扶贫搬迁移民的受教育程度越高，其交往范围越广，交往适应水平越高。

2. 中青年易地扶贫搬迁移民的交往适应水平高于老年易地扶贫搬迁移民的交往适应水平。

3. 男性易地扶贫搬迁移民的交往适应水平高于女性易地扶贫搬迁移民的交往适应水平。

4. 少数民族易地扶贫搬迁移民交往适应水平低于汉族易地扶贫搬迁移民的交往适应水平。

假设二：搬迁特点假设。搬迁特点这里主要包括安置点类型和搬迁时间（即在安置点居住的时长）。不同安置点类型的易地扶贫搬迁移民交往适应水平有差异。

如前所交代的，课题组根据城镇化程度，把安置点类型分为村寨、集

---

① 边燕杰、李煜：《中国城市家庭的社会网络资本》，《清华社会学评论》2000 年第 2 期。

② 陶格斯：《生态移民的社会适应研究——以呼和浩特市蒙古族生态移民点为例》，硕士学位论文，中央民族大学民族学与社会学系，2007 年。

③ 陈经富：《"三西"移民社区居民社会交往影响因素的实证研究》，硕士学位论文，兰州大学社会学系，2010 年。

镇（小城镇）[1]、县城及以上三类。

学者们对移民的搬迁时间和安置类型对移民的社会交往方面的影响有过一些研究。在安置点点的影响方面，桑才让对易地扶贫搬迁移民的研究发现，城镇化程度越高的安置，移民与当地人的交往越有障碍，例如城镇的本地人中，只有非常困难的居民才会与移民通婚。潘泽泉、何倩研究发现居住空间格局对农民工的社会交往产生影响，居住分隔使农民工与市民缺乏交往机会，最终会影响到农民工的身份认同[2]。马宗保也发现，城镇的现代楼房居住模式封闭性比较强，对居民之间的交往有一定程度的影响。因此提出假设：城镇化程度越高的安置类型，易地扶贫搬迁移民的社会交往程度越低。[3] 在搬迁时间方面，张雪筠发现进城务工时间对农民工的社会交往有很大影响，进城时间越长，农民工拥有的市民朋友越多，其社会交往的范围越宽。[4] 包俊林则发现，对于易地外迁移民来说，搬迁时间长短是一个显著的影响因素。原因在于，移民来到一个陌生的安置点，人生地不熟的最初阶段往往是他们适应新生活最困难的时期，但随着时间的推移，特别是随着当地政府和地方居民的接纳，移民与当地人之间的交往增加，他们的适应状况也显著的得到改善。[5]

由此，形成两个分假设：

1. 安置点城镇化程度越高，移民的交往适应水平越低。

2. 搬迁时间越长易地扶贫搬迁移民的交往适应水平越高。

假设三：社区环境假设。社区环境包括：本地人对移民的态度、工作人

---

① 问卷中分为：村寨、集镇、小城镇和县城及以上。实际调研中发现，西南民族地区小城镇不多，大多都相当于乡镇所在地的镇，所以课题组统计的时候就把小城镇归到了集镇。

② 潘泽泉、何倩：《居住空间、社会交往和主观地位认知：农民工身份认同研究》，《湖南社会科学》2017 年第 1 期。

③ 马宗保、金英花：《银川市区回汉民族居住格局变迁及其对民族间社会交往的影响》，《回族研究》1997 年第 2 期。

④ 张雪筠：《农民工城市社会交往影响因素探析》，《社会工作》2007 年第 8 期。

⑤ 包俊林：《基于 467 户广西水库移民社会适应的调查研究》，《水力发电》2018 年第 6 期。

员态度、治安状况三个方面。

对于移民来说，一般进入安置点后，都迫切需要建立新的人际关系网络。但在搬迁早期的移民与当地居民的关系中，当地居民拥有更多的权力优势，这是这种关系的主导，移民作为弱势群体，更多的时候是被动的，是接受帮助的对象。[①] 如果本地居民对移民比较热情，移民可能就会比较容易与之相处，如果当地居民"欺生"，歧视移民，那么移民可能就会将自己局限在原来的地缘和血缘网络中，难以在搬迁后构建自己的新的社会交往网络。风笑天在研究三峡移民时就发现，外迁移民初来乍到不可避免会受到一些当地居民言语上的歧视甚至行动上的欺负。尽管这些行为只发生在部分当地人身上，但由于受到认知偏差的影响，它会破坏移民对本地人的整体认知，还会造成移民与本地人之间的对立甚至隔绝。[②] 所以在移民与当地人交往关系中，当地人的态度非常关键。同理，政府工作人员对易地扶贫搬迁移民的态度能一定程度的影响社区对移民的接纳。同时，安全是人们生存的一项基本需求。风笑天发现，作为外来的，在数量和规模上明显不占优势的小群体，移民往往会具有更强的自我防卫心理，对当地治安和生活安全也更为敏感。因此当地治安状况对集中安置的浙江三峡移民的社会交往具有十分重要的影响。[③] 安置点的治安状况良好，这无疑有助于移民对当地社区的认同，增强移民进行正常人际交往的信心 。

由此，形成以下分假设：

1. 本地人对易地扶贫搬迁移民态度越好，易地扶贫搬迁移民的交往适应水平越高。

2. 社区工作人员对易地扶贫搬迁移民态度越好，易地扶贫搬迁移民的交

① 郝玉章：《三峡外迁移民的社会适应性及其影响因素研究》，《市场与人口分析》2005 年第 6 期。

② 风笑天：《"落地生根"——三峡农村移民的社会适应》，《社会学研究》2004 年第 5 期。

③ 风笑天：《安置方式、人际交往与移民适应——江苏、浙江 343 户三峡农村移民的比较研究》，《社会》2008 年第 2 期。

往适应水平越高。

3. 社区治安状况越好，易地扶贫搬迁移民的交往适应水平越高。

假设四：政府因素。政府因素包括是否有就业扶持、是否有最低生活保障以及政府关心程度。在搬迁早期，政府的关心对移民的生存和发展尤其重要。有了政府提供的最低保障，易地扶贫搬迁移民的生活才可能无后顾之忧。政府提供就业扶持，可以提升移民的人力资本。以上这些，都可以缓解移民搬迁初期由于经济地位与当地人的差距而产生的自卑心理，从而为移民与当地人交往扫清障碍。

为此，提出以下分假设：

1. 政府是否提供就业扶持影响易地扶贫搬迁移民的交往适应水平，获得政府就业扶持的易地扶贫搬迁移民交往适应水平更高。

2. 政府是否提供最低生活保障影响易地扶贫搬迁移民的交往适应水平，获得最低生活保障的易地扶贫搬迁移民交往适应水平更高。

3. 政府的关心程度越高，移民的交往适应水平就越高。

下面本课题将采用多元线性回归分析方法验证上述假设。

（二）统计模型的建立

为了探讨影响西南民族地区易地扶贫搬迁移民交往适应的影响因素，本课题以易地扶贫搬迁移民的个体特征、搬迁特点、社区环境和政府因素为自变量，以易地扶贫搬迁移民的交往适应因子得分为因变量建立回归分析模型。个体特征包括年龄、性别、文化程度、民族成分。性别作为虚拟变量，以男性为参照。文化程度则根据教育年限把小学及以下记 1 分，初中程度记 2 分，高中（中专、技校、职高）程度记 3 分，大专及以上记 4 分。民族成分为虚拟变量，分别为苗族、布依族、瑶族、侗族、彝族、土家族、汉族，除以上民族成分之外的归为其他民族，以汉族为参照。移民方式包括搬迁过来的实际居住时间、搬迁方式、安置点点、搬迁距离。搬迁方式包括村寨整体搬迁、部分搬迁、其他方式，以整体搬迁方式为参照。安置点点包括村寨、集镇、小城镇、县城及以上，为虚拟变量，其中村寨为参照对象。社区环境包括移民主观感知的本地人对移民的态度、社区治安状况（与原来比较）、社区参与（是否参与社区重要事情决策的讨论）、住房满意度。社区参与为虚拟变量，以参与过社区重要事情决策讨论为参照。本课题首先把个体特征的四个变量与移民方式的四个变量一次纳入回归方程建立模型 1，然后再把社区环境的四个变量纳入方程建立模型 2。考虑到样本的集聚性，本课题把地区变量（虚拟变量，分别为四川、重庆、云南、贵州，以四川为参照）纳入方程建立模型 3。回归分析结果如表 3–32 所示。从回归分析结果来看，调整 R2 从模型 1 到模型 2 到模型 3 都有明显提高，说明自变量的选择比较合理。

表 3–32　易地扶贫搬迁移民社会交往影响因素的多元线性回归分析模型

自变量	因变量 = 社会交往			
	模型 1	模型 2	模型 3	模型 4
	B（SE）	B（SE）	B（SE）	B（SE）
个体特征				
年龄	0.053	0.039	0.003	0.001
性别[a]	–2.449	–1.199	–0.698	–1.004
受教育程度	3.275**	3.820***	3.617***	3.208**
民族成分[b]				
苗族	–4.982	–5.879*	–4.252	–3.882
布依族	–5.040	–10.602**	–10.355**	–10.547**
瑶族	–4.812	–15.292***	–15.128***	–16.763***
侗族	–4.958	–1.801	–3.439	–2.525
彝族	10.942***	–4.283	–4.472	–4.370
土家族	14.439***	3.644	3.918	4.154
其他	6.342*	–2.000	–4.100	–4.079
移民方式				
搬迁时间		0.214***	0.845***	0.761**

续表

自变量	因变量 = 社会交往			
	模型 1	模型 2	模型 3	模型 4
	B（SE）	B（SE）	B（SE）	B（SE）
安置点类型 [c]				
集镇		−1.027	−2.147	−2.023
小城镇		−16.439***	−13.122***	−13.583***
县城		−12.549***	−10.620***	−12.296***
社区环境				
本地人态度			8.663***	7.719***
治安状况			1.707	0.950
社区工作人员态度			1.637*	0.855**
政府政策				
最低生活保障 [d]				−0.428
就业扶持 [e]				1.342
政府关心程度				2.581**
（常量）	59.427	64.870	35.657	35.755
Adjusted R^2	0.110	0.195	0.207	0.211
F	12.395***	16.451***	12.906***	10.671***

注：1. $^{*}p < 0.05$，$^{**}p < 0.01$，$^{***}p < 0.001$。

2. a 参照类别为“女性”，b 参照类别为“汉族”，c 参照类别为“村寨”，d 参照类别为“无最低生活保障”，e 参照类别为“无就业扶助”。

（三）统计结果与分析

从回归分析模型可以看出：

1. 个体特征与易地扶贫搬迁移民的交往适应水平

从表 3-32 模型 1 中的多元线性回归分析结果可以发现，“受教育程度”和“民族”变量对易地扶贫搬迁移民的交往适应水平施加显著的影响。

表 3–32 显示，不同年龄和不同性别的易地扶贫搬迁移民的社会交往没有显著差异，但受教育程度和民族因素的影响显著，且民族的影响方向为负。根据模型 1 的结果，假设一的分假设 2 和 3 被否定了，但验证了分假设 1 和 4，即受教育程度和民族这两个指标的假设都得到了证实。

受教育程度对易地扶贫搬迁移民的社会交往影响显著。在不同民族易地扶贫搬迁移民社会交往的比较中，苗族移民、侗族移民与汉族移民社会交往没有显著差异，布依族移民、瑶族移民在控制了移民方式、社区环境及政府政策等变量以后与汉族移民比较有显著社会交往差异，彝族移民、土家族移民以及除以上民族之外的移民与汉族移民在控制了移民方式、社区环境、政府政策等变量之后没有社会交往的显著差异。

不同年龄易地扶贫搬迁移民总体上不存在社会交往差异，但是在分析社会交往的不同方面上则发现，不同年龄段的移民存在差异，只是这些差异综合起来互相抵消，最后在总体层面差异消失了。如不同年龄段的易地扶贫搬迁移民与原村移民交往存在显著差异，年龄越大与原村移民的交往越多（见表 4–33）。

表 3–33 年龄与原村移民交往（N=1029）

	年龄					
	18 岁以下	19—29 岁	30—41 岁	42—53 岁	54—65 岁	66 岁以上
增多了	13	47	87	96	59	29
	28.2%	31.3%	315%	33.8%	39.3%	24.6%
差不多	22	71	140	143	71	75
	47.8%	47.3%	50.7%	50.4%	47.3%	61.0%
变少了	11	29	49	41	16	17
	24.0%	19.3%	17.8%	14.4%	10.7%	13.8%
没有原村村民	0	3	0	4	4	2
	0.00%	2.9%	0%	1.4%	2.7%	1.6%
合计	46	150	276	284	150	123
	100.00%	100%	100%	100%	100%	100%
x^2=25.027[a]，df=15，P=0.049						

年龄与易地扶贫搬迁移民社会交往范围的变化呈现倒“U”型状态，随着年龄增大易地扶贫搬迁移民社会交往范围变大，然后又逐渐变小。其中30—41岁年龄段易地扶贫搬迁移民的社会交往范围的状况相对好一些（见表3–34）。

表3–34　年龄与交往范围变化（N=1029）

	年龄					
	18岁以下	19—29岁	30—41岁	42—53岁	54—65岁	66岁以上
变广了	32	100	186	199	84	66
	68.1%	67.6%	67.9%	69.3%	56.0%	53.7%
变窄了	5	12	8	19	17	14
	10.68%	8.1%	2.9%	6.6%	11.3%	11.4%
没变化	7	32	73	65	43	37
	14.9%	21.6%	26.6%	22.6%	28.7%	30.1%
说不清楚	3	4	7	4	6	6
	6.4%	2.7%	2.6%	1.4%	4.0%	4.9%
合计	47	148	274	287	150	123
	100%	100%	100%	100%	100%	100%
x^2=33.019[a]，df=15，p=0.005						

不同文化程度的易地扶贫搬迁移民社会交往适应存在显著差异，文化程度越高易地扶贫搬迁移民的社会交往状况越好。从表3–35可以看出，这种差异主要是因为不同文化程度的易地扶贫搬迁移民与本地人交往的状况不一样，文化程度越高的易地扶贫搬迁移民与本地人的交往状况越好，不同文化程度的易地扶贫搬迁移民与原村移民及他村移民的社会交往并没有显著差异。交往受交往意愿和交往机会以及交往能力决定。易地扶贫搬迁移民到了一个新的环境，与当地各种不同阶层不同民族不同籍贯的人交往的意愿应该都是有的，因为一定的交往范围可以为移民提供广泛的信息和资源，还可以排遣寂

寞。然而能否找到交往机会和如果有机会是否具备交往能力则需要具备一定的能力。文化程度越高意味其人力资本越高，其思维方式和与不同群体的人打交道的能力也可能就越高，能够寻找合适的机会并能比较有效的与其他相关的人建立一定的可以交往的关系。此外，本课题的发现与冯健等人研究的大城市郊区居住区居民的交往结论不一致，冯健等发现城市郊区大型居住区里邻里交往与受教育程度呈负相关，这种不一致与研究对象的区别有关。本课题的研究对象是易地扶贫搬迁移民，来自农村，安置点介于城乡社区之间，属于半熟人社区。社区居民同质性较高。即使不是同村移民，他村移民一般也是邻村的，除了县城安置的，村寨安置和集镇安置的都没有超出同一个乡镇范围。因此搬迁前很多移民就相互认识，或者拐弯抹角的也能知道对方的根底。城市郊区大型居住区的居民异质性很高，居民来源可能来自不同县甚至不同省份，基本就是陌生人社区。生计方式方面，城市郊区大型居住区教育程度高的居民在单位或企业上班较多，朝九晚五是常态，因此就时间安排、休闲方式、休闲时间以及对自己生活的私密度、自由度的需求、日常生活对社区的依赖等方面都会与教育程度低的居民有一定差异。教育程度越高，对自己生活的私密度、自由度的需求越高，对他人的生活规律也比较尊重，从而影响其与一般邻居的交往意愿。而易地扶贫搬迁移民社区由于同质性高，易地扶贫搬迁移民的邻里交往就会随意一点。不过，由于易地扶贫搬迁移民总体上比本地居民在见识等方面会弱一些，文化程度高的易地扶贫搬迁移民这方面的差距较小，也要有自信一点，因此与本地人交往就会比文化程度低的人容易些。

表 3–35　文化程度与本地人交往（N=1029）

	文化程度			
	小学及以下	初中	高中（中专、技校、职高）	大专及以上
经常有	321	146	49	24
	50.2%	56.4%	54.4%	60.0%

续表

	文化程度			
	小学及以下	初中	高中（中专、技校、职高）	大专及以上
偶尔有	188	79	31	13
	29.4%	30.5%	34.4%	32.5%
基本不来往	131	34.1	10	3
	20.5%	13.1%	11.1%	7.5%
合计	640	259	90	40
	100%	100%	100%	100%
x^2=13.493[a]，df=6，p=0.036				

回归分析中瑶族与布依族变量的系数为负，表明这两个民族易地扶贫搬迁移民的社会交往状况比汉族易地扶贫搬迁移民要差，彝族、土家族以及“其他民族”等变量的系数为正表明这几个民族易地扶贫搬迁移民社会交往的状况与汉族易地扶贫搬迁移民比较要好一些。但是彝族、土家族以及“其他民族”移民在加入移民方式、社区环境等变量以后不再显著，说明其与汉族移民社会交往的差异主要是移民方式、社区环境等方面影响的缘故。比如彝族移民是较大规模的集中安置，移民小区规模大，原来分散居住的移民集中居住大大增加了彼此交往，同时他们搬迁的时间长，移民与本地居民的区隔变小了，因此移民的社会交往状况总体上表现较好。而布依族与瑶族易地扶贫搬迁移民社会交往比汉族移民差的原因则可能需要在移民方式、社区环境等方面之外寻找。例如，瑶族易地扶贫搬迁移民的交往适应水平低，或许是与本课题的个案具有特殊性有关。本课题数据库中关于瑶族的数据主要是从贵州省荔波县一个瑶族易地扶贫搬迁移民村得到的。该村是政府修建的，为瑶族易地扶贫搬迁移民集中安置点，政府修建这个安置点的初衷是想在这里发展瑶族文化旅游，故该安置点被称为瑶寨。当时课题组选择该点作为调研的个案，主要是基于其两个特点：瑶族身份和旅游产业安置点。

这里的瑶族之所以和安置点居民的社会交往比较低，通过课题组的访谈和观察或许可以做如下解释：一是经济文化地位的差距。该安置点移民的原住地在离安置点大约4—5公里的山里面，没有通路，在安置点附近不到1里路的地方是一个被政府命名为“古瑶寨”的已经开发瑶族文化旅游的瑶族村寨。安置点移民与安置点居民之间的交往实际上就是这两个瑶寨（新建的瑶寨和原来的古瑶寨）的村民之间的交往。因为著名的小七孔风景区就在附近，政府的目的是希望借助小七孔风景区的知名度带动瑶族地区的发展。两个瑶寨的村民们虽然都是同一个民族，没有移民前两个村寨的村民们也离得不远，相互之间有亲戚关系、同学关系、朋友关系等，但由于古瑶寨的地理位置优于山里那个瑶寨，山外的瑶寨由于交通、教育、经济等基础条件都比山里好，村民比山里的村民富裕点，受教育的人也多点，等等，因此总体上看，山外的村民较之山里的村民自我感觉要好点，不知不觉地面对山里村民时会有点优越感。在和他们访谈过程中，一问到对面瑶寨的情况时，古瑶寨的人会说：“他们是从山里搬出来的，很穷”，“那些人啊，他们是山里人，贫困人口。”安置点居民的这种优越感显然会导致移民们的自卑感从而影响到移民们与其主动交往的意愿。二是习俗的差距。例如瑶族喜欢喝酒。当地一个村干部告诉课题组：“过去这里的瑶族男人非常喜欢喝酒，家里再穷，只要手里有点东西可以换酒他们就会赶场的时候带去换酒喝。常常赶场日会出现一个风景：从集市到他们的村寨沿路到处是打着伞的妇女，站在路边守候着醉倒在地上的男人。”随着社会的发展，山外的瑶族村民们由于交通比较发达，又是集市所在地，与外界接触机会多，打工机会也多，很多男人们已经一定程度上改掉了很多类似习惯，可是移民们由于长期在山里生活，很多习惯还保持着。这也导致两村的村民们感到交往有一定的困难。加上瑶族人本身具有的一点腼腆的性格，不太主动与陌生人交往，正如当地一位瑶族移民解释的：我们“害羞一点，这是我们民族性格的一部分”，从而导致移民的交往主动性不强。

2. 移民方式与易地扶贫搬迁移民的社会交往适应

从表 3–32 模型 2 中多元线性回归分析的结果可以看出，易地扶贫搬迁移民的“搬迁时间”变量通过了‰水平的显著性检验，其非标准化回归系数为 0.214（P<0.001），这意味着易地扶贫搬迁移民的搬迁时间对其交往适应状况施加着显著的正向影响。具体而言，易地扶贫搬迁移民搬迁时间每增加 1 年，其交往适应因子得分将显著地提高 0.214 分。“安置点特征”变量中的小城镇和县城两个因素也通过了‰水平的显著性检验，其非标准化回归系数分别为 –16.439 和 –12.549（P<0.001），这意味着小城镇安置和县城安置比村寨安置的易地扶贫搬迁移民的社会交往适应因子得分分别低 16.439 分和 12.549 分。假设二的两个分假设在模型 2 的结果都得到了证实，即搬迁时间和安置点特征都对易地扶贫搬迁移民交往适应产生影响，其中，安置点特征对移民的交往产生了显著的负向影响。搬迁时间越长易地扶贫搬迁移民社会交往状况越好，搬迁时间越长与本地人交往就会越多。县城及小城镇安置的易地扶贫搬迁移民比村寨安置的易地扶贫搬迁移民社会交往状况要差。

从表 3–36 看到，搬迁时间 5 年以上的易地扶贫搬迁移民与本地人交往的比例显著高于 5 年以下的易地扶贫搬迁移民，11 年及以上的易地扶贫搬迁移民比搬迁时间 5 年及 5 年以下的易地扶贫搬迁移民与本地人交往状况要好很多，但是却比搬迁时间为 6 年到 10 年间的易地扶贫搬迁移民与本地人交往的状况要差。搬迁 5 年以上包括 11 年及以上的易地扶贫搬迁移民与本地人交往好于搬迁 5 年以下的，这印证了搬迁时间越长易地扶贫搬迁移民的社会交往越好这个一般性规律。如果按照这个规律，那么搬迁时间在 11 年及以上的应该比搬迁在 6 年到 10 年之间的移民的社会交往要好，但是却出现这么一个拐点。本研究分析出现这个拐点的主要原因与搬迁时间在 11 年及以上的移民的搬迁安置方式有关。本案中搬迁时间在 11 年以上的易地扶贫搬迁移民主要是四川的彝族易地扶贫搬迁移民。他们的搬迁属于易地移民搬迁工程的早期阶段，搬迁方式多属于整体搬迁集中安置，而且是村寨集中安置（97.3%）。也就是说，一个安置点基本就是原来同一个村的人。风笑天对江苏和浙江两地不同安置方式，即集中安置和分散安置的移民的研究发现："由于相对集中的安置方式，大家从一开始就局限于移民自己的小圈子，形成相对独立的小团体。正是相对集中的安置方式，客观上形成了一个与安置点居民相对应的移民群体，这种移民小群体强化了移民相互之间的'我群感'以及移民与当地居民之间的'他群感'。"① 其实，这也就是一些研究所发现的易地扶贫搬迁移民的社会交往方面呈现的"内卷化"现象。② 根据李汉林的研究，如果一个群体，例如，农民工彼此交往具有明显的内群体交往倾向，就会导致同一群体内部成员之间的交往比较亲密，而不同群体间（农民工与本地居民之间）因具有明显的交往边界导致社会距离拉大。四川彝族搬迁安置点距离老家比较远，一般有几十公里，而且和当地人村寨也有一定距离，一般都在4公里左右。由于离老家远，加上安置点里都是本村的移民，所以本村的移民相互之间的来往比较多，但与当地人的来往由于距离的原因比较少。自然就有了"我群"和"他群"之分。所以在本案中就出现了搬迁时间对交往影响的这个拐点。也就是说，这个拐点是个特殊情况，不影响搬迁时间对易地扶贫搬迁移民社会交往的一般影响规律。

表 3–36　搬迁时间与本地人交往（N=1029）

	搬迁时间		
	5 年及 5 年以下	6 年到 10 年	11 年及以上
经常有	348	124	73
	47.8%	67.4%	63.1%

① 风笑天：《安置方式、人际交往与移民适应——江苏、浙江 343 户三峡农村移民的比较研究》，《社会》2008 年第 2 期。

② 马荣芳、骈玉明：《宁夏农垦生态移民的社会关系适应性调查》，《中国农垦》2013 年第 7 期。

续表

	搬迁时间		
	5年及5年以下	6年到10年	11年及以上
偶尔有	224	53	31
	30.8%	28.6%	26.1%
基本不来往	156	7	13
	21.4%	4.0%	10.8%
合计	728	184	117
	100%	100%	100%
x^2=41.081[a], df=4，p=0.000			

搬迁时间越长易地扶贫搬迁移民的社会交往越好，也可以从易地扶贫搬迁移民的邻里关系看出来。从表3–37看到，随着时间的推移，易地扶贫搬迁移民的邻里关系明显变好。

表3–37　搬迁时间与邻里关系满意度（N=1029）

	搬迁时间			合计
	5年及5年以下	6年到10年	11年及以上	
非常满意	176	47	33	258
	24.6%	25.7%	26.0%	25.0%
比较满意	293	120	81	595
	55.0%	64.9%	63.4%	57.8%
一般	131	16	13	159
	18.3%	8.4%	9.9%	15.5%
不太满意	11	2	1	13
	1.5%	1.0%	0.8%	1.3%
非常不满意	4	0	0	4
	0.5%	0%	0%	0.4%
合计	716	185	128	1029
	100%	100%	100%	100%
LR=21.114，df=8，p=0.007				

安置在集镇的易地扶贫搬迁移民与安置在村寨的易地扶贫搬迁移民的社会交往没有显著差异，安置在小城镇的易地扶贫搬迁移民比安置在村寨的易地扶贫搬迁移民的社会交往状况要差，同样安置在县城的易地扶贫搬迁移民社会交往状况比安置在村寨的易地扶贫搬迁移民要差。这其实表现的是一个规律：安置点城镇化程度越低，易地扶贫搬迁移民的社会交往适应越好。

根据表 3–38 显示，安置在小城镇与县城的易地扶贫搬迁移民与本地人的来往明显低于安置在村寨的易地扶贫搬迁移民，经常与本地人来往的小城镇的易地扶贫搬迁移民只有 33.8%，经常与本地人来往的安置在县城的易地扶贫搬迁移民只有 31.4%，而安置在村寨与集镇的易地扶贫搬迁移民经常与本地人交往的达到 62.8% 与 63.2%，相差非常悬殊。前面关于教育程度与移民社会交往部分所论述的，城镇社区（包括县城）的社区环境相比村寨与集镇的社区环境更有城市的陌生化、人际交往浅层化的特点。此外，安置在城镇的易地扶贫搬迁移民与本地人在家庭经济情况方面的差异较大。因此，易地扶贫搬迁移民与本地人的交往障碍更大。

表 3–38　安置点与本地人交往情况（N=1029）

	安置点点				
	村寨	集镇	小城镇	县城	合计
经常有	357	79	26	83	545
	62.8%	63.2%	33.8%	31.4%	52.8%
偶尔有	157	37	30	87	311
	27.4%	29.6%	39.0%	33.0%	29.9%
基本不来往	55	9	21	94	179
	9.7%	7.2%	27.3%	35.6%	17.3%
合计	569	125	77	264	1035
	100%	100%	100%	100%	100%
x^2=127.969[a], df=6，P=0.001					

在邻里关系方面，城镇安置的易地扶贫搬迁移民的邻里关系满意度要低于村寨与集镇安置的易地扶贫搬迁移民（见表 3–39）。安置点在村寨的移民，他们对邻里关系表示“非常满意”占比为 28.9%，“比较满意”的占比 60%；而安置在集镇的移民，他们对邻里关系表示“非常满意”占比为 22%，“比较满意”的占比 59.1%；安置在小城镇的移民，他们对邻里关系表示“非常满意”占比为 21.3%，“比较满意”的占比 46.7%；安排在县城的移民，他们对邻里关系表示“非常满意”占比为 18.1%，“比较满意”的占比 53.9%。可见，安置点的城镇化程度对易地扶贫搬迁移民的社会交往产生了影响。可以说安置点的城镇化程度越高，易地扶贫搬迁移民的邻里关系满意度越低。

表 3–39　安置点邻里关系满意度（N=1029）

	安置点点				
	村寨	集镇	小城镇	县城	合计
非常满意	180	29	16	53	278
	28.9%	22.0%	21.3%	18.1%	24.8%
比较满意	373	78	35	158	644
	60.0%	59.1%	46.7%	53.9%	57.4%
一般	63	23	23	71	180
	10.1%	17.4%	30.7%	24.2%	16.0%
不太满意	5	1	1	9	16
	0.8%	0.8%	1.3%	3.1%	1.4%
非常不满意	1	1	0	2	4
	0.2%	0.8%	0%	0.7%	0.4%
合计	622	132	75	293	1122
	100%	100%	100%	100%	100%
x^2=40.004[a], df=9，P=0.001					

3. 社区环境与易地扶贫搬迁移民的社会交往适应

从表 3–32 模型 3 中的多元线性回归分析结果可以发现，“本地人态度”和“社区工作人员态度”两个变量对易地扶贫搬迁移民的社会适应水平施加显著的影响。但“治安状况”变量的影响不显著。

“社区工作人员态度”变量通过了 5% 水平的显著性检验，其非标准化回归系数为 1.637（P<0.05），这意味着社区工作人员态度对易地扶贫搬迁移民交往适应水平施加着显著的影响。具体而言，社区工作人员态度每提高一个等级，易地扶贫搬迁移民交往适应因子得分将显著地提高 1.637 分。

“本地人态度”变量通过了 1‰水平的显著性检验，其非标准化回归系数为 8.663（P<0.001），非常高。意味着本地人态度对易地扶贫搬迁移民交往适应状况施加着显著的正向影响。具体而言，本地人态度每提高一个等级，易地扶贫搬迁移民交往适应因子得分将显著地提高 8.663 分。

模型 3 的结果否定了假设三的分假设 2，即关于社区治安的假设，证实了分假设 1 和 3。即当地人态度越好，易地扶贫搬迁移民的交往适应水平越高。社区工作人员对易地扶贫搬迁移民态度越好，易地扶贫搬迁移民的交往适应水平越高。

表 3–32 表明社区环境中，本地人对移民的态度、社区工作人员态度显著影响易地扶贫搬迁移民的社会交往。群际交往理论表明群际彼此的成见是影响群际交往的重要因素。易地扶贫搬迁移民越认为本地人态度友好或没有歧视，其社会交往的状况越好。本地人对移民的态度直接影响易地扶贫搬迁移民与本地居民交往的意愿与交往机会，本地人如果以包容之心积极接纳易地扶贫搬迁移民，或者易地扶贫搬迁移民能感受到本地居民的友好，则彼此就容易消除戒备心理而促进正常交往。这与许多移民研究的结论一致，风笑天对三峡移民的研究发现，当地居民的态度通过对移民的社会交往发生影

响，进而影响移民的社会适应[①]。回头看表 3-7 会发现，本课题中 77.2% 的易地扶贫搬迁移民认为本地人对易地扶贫搬迁移民没有歧视，说明绝大多数西南民族地区易地扶贫搬迁移民感受的本地人的态度是友好的或者没有歧视的，这自然为双方的交往奠定了很好的基础。

社区工作人员的态度之所以影响移民的社会交往，与社区工作人员的工作性质相关。实地观察到，由于易地扶贫搬迁移民工程是政府出于扶贫目的牵头组织的，移民对政府的依赖心理是很强烈的。而且政府也确实对移民的社会生活各个方面非常关心。而政府所有的有关易地扶贫搬迁移民的政策实施都是通过政府工作人员落实的。政府工作人员对移民的态度好，没有歧视没有排挤，能增强移民的自信心，从而能在社区以平等的身份和地位与他人交往，反之，移民就可能会退回到个人或家庭，缺乏与外界交往的自信。此外，社区工作人员的工作态度不仅包括对待移民时的面容表情和语气，也包括他们是否会积极的为移民提供所需的服务，包括为移民的社会交往创造机会。例如，组织一些社区活动之类的增加社区移民之间的交流。因此，社区工作人员的态度对移民的社会交往具有正向影响。

4. 政府政策与易地扶贫搬迁移民的交往适应

从表 3-32 模型 4 中的多元线性回归分析结果可以发现，“政府关心程度”变量对易地扶贫搬迁移民的交往适应水平施加显著的影响。但“社会保障”和“就业扶持”两个变量的影响不显著。

“政府关心程度”变量通过了 1% 水平的显著性检验，其非标准化回归系数为 2.581（P<0.01），这意味着政府关心程度对易地扶贫搬迁移民的交往适应水平施加着显著的影响。具体而言，政府对易地扶贫搬迁移民的关心程度每提高一个等级，易地扶贫搬迁移民交往适应因子得分将显著地提高

① 风笑天：《“落地生根”？——三峡农村移民的社会适应》，《社会学研究》2004 年第 5 期。

2.581 分。

模型 4 的结果证实了假设四的分假设 3，即关于政府的态度对易地扶贫搬迁移民的交往适应有正向影响，否定了分假设 1 和 2，即政府是否提供最低生活保障和就业扶持对易地扶贫搬迁移民的交往适应水平没有影响。政府关心显著影响移民的社会交往。政府越关心，移民的社会交往适应越好。从田野调查中了解到，政府在移民生存问题上给予了移民很多方面的特殊支持，让移民提升了自信。例如，政府在经济上特别是在就业方面给予易地扶贫搬迁移民的扶持，可以减少移民与当地人的经济差距；政府的住房政策让易地扶贫搬迁移民在城镇有着和当地人一样甚至更好的住宅，政府规划的安置点外貌上整齐划一，常常是当地社区的一个亮点；等等，都能够使得搬迁过来的易地扶贫搬迁移民比较容易克服可能的自卑和自闭心理，能够开放的与当地人交流交往。同时，很多地方政府要求移民社区重视移民的社会生活。例如，为少数民族移民的节日庆典提供方便，举办一些社区活动丰富移民的社区生活。而这些客观上都为移民与他人的交往提供了机会和条件。因此，政府关心必然能给易地扶贫搬迁移民的社会交往产生正向的影响。政府关心程度体现了政府工作对移民需求的满足程度，从客观层面反映了政府对移民社会交往环境的改善状况。

第三节　结论

一、易地扶贫搬迁移民社会交往的现状总结

研究结果表明，西南民族地区易地扶贫搬迁移民的社会交往适应良好。表现在原有的社会交往网络没有因为搬迁而发生太大的变化，搬迁前的亲缘关系和地缘关系基本没有受到影响。搬迁后移民新的社会交往网络还有一定程度的扩大。不过易地扶贫搬迁移民群体内部存在一定程度的分化。例如，

少数整体搬迁集中安置的移民社会交往有一定程度的“内卷化”，与当地人关系比较疏离；教育程度低的移民社会交往网络的扩张比较困难等。具体特点总结如下：

第一，西南民族地区易地扶贫搬迁移民安置点内，移民与移民之间保持了较密切的交往，这不仅表现在来自同村的易地扶贫搬迁移民之间的交往，还表现在与他村易地扶贫搬迁移民的交往。与来自不同村寨的易地扶贫搬迁移民之间的交往，扩大了易地扶贫搬迁移民搬迁前的社会交往范围。

第二，易地扶贫搬迁移民与亲戚之间交往并没有受到太多搬迁的影响。这意味着搬迁后大部分易地扶贫搬迁移民建立于血缘基础上的网络关系仍然如故。

第三，西南民族地区易地扶贫搬迁移民与当地人的交往基本没有区隔，多数易地扶贫搬迁移民能够与本地人保持经常性交往，不过总体上看，移民与当地人的交往是浅层次的。这种浅层次表现为移民的工具性交往与情感性交往中极少有当地人。

第四，西南民族地区易地扶贫搬迁移民的邻里交往呈现较高的水平，虽然多数安置点位于集镇或县城，形式上属于城市社区，但移民的社会交往情况好于一般城市社区，属于典型熟人社区的邻里交往模式。这源于西南民族地区易地扶贫搬迁移民安置以集中安置为主，因此安置社区同质性较高。而易地扶贫搬迁移民搬迁到新的居住点以后缺乏外在的社会资本，对移民社区的依赖性提高，邻里交往的意愿增强。这些因素提升了易地扶贫搬迁移民的邻里交往的频率与层次。但正因为易地扶贫搬迁移民社区的同质性，易地扶贫搬迁移民邻里交往水平的提升并不意味着其社会资本水平的提升。

第五，西南民族地区易地扶贫搬迁移民在民族之间交往方面不存在明显的障碍。无论是浅层次的日常交流、一起工作还是高层次的族群通婚，少数民族移民都表现出较高的跨族群交往的意愿。民族之间交往的较高意愿表明移民搬迁没有对当地民族关系造成什么消极影响，也表明多族群的移民集中安置不会对移民的社会交往产生消极影响。

第六，正因为安置点社区的同质性高，无论是工具性支持还是情感性支持，易地扶贫搬迁移民主要依赖基于血缘与姻缘的强关系，来自同事、同学、朋友等业缘与地缘关系的社会支持比较缺乏。易地扶贫搬迁移民获取经济帮助的主要来源是亲戚与家人，重大事情咨询的对象是家人与亲戚。前者排第一位的是亲戚，后者排第一位的是家人。在生病时照料、烦恼倾诉、日常陪伴等方面家人与亲戚始终是主要对象，但在烦恼倾诉、日常陪伴方面朋友与邻居的比例显著提升，亲戚支持的比例显著下降。因此，相比工具性支持，易地扶贫搬迁移民的情感性支持中朋友与邻居的作用在提升。与一些移民研究不同的是即使在情感性支持方面，朋友、同学、邻居等提供的社会支持依然是居于次要位置的。这表明移民的社会交往遵循传统的交往伦理，也说明移民现代性的社会交往或者社会支持存在不足。

第七，易地扶贫搬迁移民的社会支持主要来自搬迁前建立的社会关系，无论是能够提供支持的朋友还是邻里大多是搬迁前认识的。这说明易地扶贫搬迁移民搬迁后并不能充分建立起新的社会支持网络，也说明与本地人的交往处于较低的层次。易地扶贫搬迁移民的社会支持不足，一个重要原因在于来自社区、政府的正式社会支持的不足。正是正式社会支持的不足抑制了易地扶贫搬迁移民的非正式社会支持的提升。

二、影响易地扶贫搬迁移民社会交往适应的主要因素

西南民族地区易地扶贫搬迁移民的社会交往总体水平虽然良好，但也存在一定程度的内部分化。移民的社会交往受到多方面的因素影响。不同个体特征易地扶贫搬迁移民的社会交往存在差异，移民方式、社区环境与政府政策显著影响易地扶贫搬迁移民的社会交往。

第一，个体特征中不同年龄、不同文化程度和不同民族的易地扶贫搬迁移民存在社会交往的差异。年龄大和受教育年限少的易地扶贫搬迁移民在社会交往中存在一定的困难；部分少数民族群体（瑶族和布依族）搬迁后难以扩展社会交往网络。

第二，移民方式中，搬迁时间和安置点类型都对易地扶贫搬迁移民社会交往产生显著影响。搬迁时间对易地扶贫搬迁移民的社会交往产生着正向影响。小城镇与县城安置类型对易地扶贫搬迁移民的社会交往状况则产生的是负向影响。说明城镇化程度越高，西南民族地区易地扶贫搬迁移民的人际交往越是陌生化和浅层化。同时，整体搬迁集中安置比部分搬迁集中安置对易地扶贫搬迁移民原来的人际关系破坏要小，但是整体搬迁集中安置的易地扶贫搬迁移民与本地人交往的动力会小一点，从而产生社会交往的“内卷化”。

第三，社区环境中，本地人的态度和社区工作人员的态度对移民的社会交往产生正向影响。说明整体来看，西南民族地区易地扶贫搬迁移民安置点区的本地人对移民比较真诚、热心，两者相处友好，社区工作人员能够主动为移民提供日常生活援助 。从而使本地人和社区工作人员成为移民的重要支持网络。[①]

第四，政府政策显著影响移民的社会交往。移民越感受到政府的关心，其社会交往水平越高。政府关心程度从心理与交往机会方面影响着移民的社会交往。

社会交往是促进社会融合的重要途径，也是移民社会适应的一个重要面向。易地扶贫搬迁移民通过社会交往，可以积累本地社会资本，解决在新居住地生产生活中的各种问题，实现社会融合。西南民族地区易地扶贫搬迁移民社会交往存在的诸如同质化交往、与本地居民交往的浅层化、社会支持

---

① 马德峰：《影响三峡外迁农村移民社区适应性的客观因素》，《管理世界》2002 年第 10 期。

渠道不足以及严重的内部分化等问题需要政府、社区提供服务去化解。来自政府、社区的正式社会支持可以有力的改善社区环境而促进易地扶贫搬迁移民的社会交往，进而提升其非正式社会支持水平。当然来自政府、社区的社会支持本身也是解决易地扶贫搬迁移民生产生活中问题的重要组成部分。另外，选择适当的移民方式也是改善易地扶贫搬迁移民社会交往状况的重要途径。

第四章　西南民族地区易地扶贫搬迁移民的文化适应

文化适应是衡量生态扶贫移民工程成效的重要指标之一。一般来说，移民搬迁不仅意味着空间位置的迁移，更意味着两地文化差异所带来的种种适应问题。一方面，不同文化群体的充分接触促进了民族间的文化交流；另一方面，随着移民的搬迁和重新安置，他们的源文化也可能会出现与安置点文化的不适与冲突。因此，移民文化适应状况对促进易地扶贫搬迁移民地区社会的和谐与稳定具有十分重要的现实意义。本章主要从语言、习俗、居住、休闲方式四个方面分析易地扶贫搬迁移民文化适应的现状及特征，探析影响移民文化适应的各种因素，针对相关问题提出相应的策略建议。

第一节　西南民族地区易地扶贫搬迁移民搬迁后文化适应状况

已有文献中关于移民特别是关于易地扶贫搬迁移民文化适应的专门研究较少，大多研究是把文化适应作为社会适应的一个维度进行研究。关于"文化适应"的概念，美国的民族事务局 Powell 在 1880 年首次提出。Simons 在 1901 年，从社会学的角度，界定文化适应是一个双向的不同文化"相互调节”的过程。1936 年人类学家雷德菲尔德、林顿等进一步指出，“文化适应”指具有不同文化背景的个体或群体组织进行反复联系和互动而改变了其原来拥有的文化模式的过程[①]。斯图尔特认为，文化可以能动的利用特定的技术从生存环境中获取生产资料，反过来这种技术也将在思想观念层面反映出来，以此将文化的不适应变得适应。因此，文化的适应是双重的调适，既是对自然的调适，也是对社会的调适。[②]贝里（Berry）指出文化适应也称“文化渗入”“文化潜移”“文化调适”等，是指不同文化群体及其成员彼此接触致使其文化与心理发生双重变化的过程。[③]

综合上述学者对文化适应的论述，结合本课题的研究对象，本研究把文化适应界定为：具有不同文化背景的个体或群体成员彼此接触和互动，从而导致其文化的各个内容发生变化的过程。易地扶贫搬迁移民的文化适应，指的是移民搬迁后，其文化如语言、习俗等各个方面所面临的不同文化的冲击和融合，意识到其中的差别和变化并逐渐从行为、心理和思维上做出回应的过程。也就是说，易地扶贫搬迁移民文化适应不仅包括移民如何适应新的文化，也包括面对由于搬迁导致的母文化变迁甚至丢失而作出的回应。下文将从易地扶贫搬迁移民文化适应的四个内容（语言适应、习俗适应、居住适应、休闲适应）的具体现状和特征表现以及影响因素展开详细论述。

一、易地扶贫搬迁移民语言适应现状及特征

文化适应有多种指标来衡量，Josine 认为其中最重要的一个指标是语言的使用。群体共同语言的使用能降低人际疏离，增进人际亲密感[④]。语言是

① Redfield, R.Linton, R.Herskovits, M.J. “A Memorandum for the study of acculturation”, American Anthroplogist, 1936, Vol.38.

② 罗康隆：《论文化适应》，《吉首大学学报》2005 年第 2 期。

③ Berry，W. Immigration, Acculturation, and Adaptation, Applied psychology, 1997, Vol. 46, No. 1.

④ Junger-Tas, Josine，Ethnic Minorities, Social Integration and Crime, European Journal on Criminal Policy and Research, 2001, Vol.9.

人和人之间思想交流的重要工具，也是维系族群认同的一个重要工具。因此移民的语言适应是移民文化适应乃至移民社会适应的前提和基础。甘柏兹认为人和人之间交流和沟通的语境也是在动态中确定的，并且说话本身可以限定或改变语境，语境提示可以是话语内容，也可以是重音、停顿、程式化表达等我们平时忽略的一些要素。来自不同地区的人具有不同的语言背景、语言习惯、不同的文化和心理，因而容易造成误会和摩擦。[①]语言是移民进入安置点后进行交流的基础，只有语言没有障碍，才能与当地政府、当地人进行沟通交流，获取生活资源。个体或群体如果在交流上存在语言障碍就无法顺利地融入当地社会。例如，韦仁忠对三江源易地扶贫搬迁移民的调查发现藏族易地扶贫搬迁移民大部分只会讲藏语，缺少基本的汉语基础，由于语言不通导致他们不能正常完成政府安置的编织地毯的工作，而工作人员也因为语言障碍不了解藏民的文化困难[②]。

因此，易地扶贫搬迁移民的语言使用情况可以反映该群体在安置点的融入状况。本研究所指的语言适应范围比较宽泛，不仅指“说话人改变或掩饰自己的身份以期被受话人接受的一种努力”[③]，也包括了“语言要素的适应性调整，根据话题、对象、情境的不同所发生的语言选择与语言变异”[④]。因此，只要被调查对象能听得懂汉话并尝试运用汉话的构成要素进行基本的表达和交流都可以算是没有语言适应困境的现象。

西南民族地区易地扶贫搬迁移民中有很大一部分是少数民族（75.3%），他们都有自己的语言。此外，不同地方还有方言差别。一般认为，移民搬迁

---

① 申慧淑：《城市朝鲜族语言适应研究》，博士学位论文，中央民族大学少数民族语言文学系，2011 年。

② 韦仁忠：《藏族生态移民的社会融合路径探究——以三江源生态移民为例》，《中国藏学》2013 年第 1 期。

③ Giles H.& Powesland P., Accommodation Theory in Coupland & Jaworski, Sociolinguistics, New York : Macmoillan Press, 1997.

④ 申慧淑：《城市朝鲜族语言适应研究》，博士学位论文，中央民族大学少数民族语言文学系，2011 年。

后与不同民族或者不同地区的群体在一起的时候，交流中必然会遇到语言适应的问题（如苏红、许小玲等对上海的三峡移民的研究[①]，程瑜对广东的重庆移民的研究等[②]）。当然，本课题的研究对象与上述的研究个案有一定的区别：第一，本课题的研究对象是生态扶贫移民，迁徙距离都不是很远，安置基本都在县内，大多属于一个方言区；第二，随着我国在全国范围内推广普通话，以及民族地区现代化、市场化的迅速发展，地域的开放性和人口的流动成为常态现象，其中特别是少数民族外出打工现象的普遍性，都导致了少数民族语言的使用范围和习惯早在搬迁前就已经发生了变迁。"越来越多的少数民族年轻人在这种语言冲击中使用母语的能力逐渐下降，使用人口逐渐减少，使用领域逐渐缩小，使用功能日益萎缩。"[③]这都使得西南民族地区易地扶贫搬迁移民群体在语言适应方面与远距离搬迁的三峡移民有所区别。从表4–1中可以看出，超过半数的西南民族地区易地扶贫搬迁移民各少数民族都认为本民族语言已经没有特色了（57.3%），只有36.2%的移民对此持肯定态度。

表4–1　易地扶贫搬迁移民对本民族语言特色的判断

	频率	百分比
是	372	36.2
否	590	57.3
不好说	67	6.5
合计	1029	100

在当地语言文化已经发生较大变迁，即同化趋势比较显著的背景下，本课题假设的是：西南民族地区易地扶贫搬迁移民搬迁到安置点后，不会

① 苏红、许小玲：《三峡移民的社会适应政策》，《思想战线》2005年第1期。
② 程瑜：《一个三峡移民村落在广东的生活适应》，博士学位论文，中山大学，2004年。
③ 寸红彬、张文娟：《云南濒危少数民族语言的生态环境》，《学术探索》2016年第7期。

存在很大的语言障碍。为了证实这个假设，课题组通过“您能听得懂汉话吗？”“您会讲汉语吗？”这两个题目来测试移民的汉语能力，用“您家里人相互之间讲话时用本民族语言还是汉语？”来测试移民的汉语运用习惯。两方面的测试结果如下：

（一）语言适应的现状

1. 易地扶贫搬迁移民对汉语的掌握情况

课题组的调查发现，西南民族地区易地扶贫搬迁移民能完全听懂和听懂大部分汉语的比例达到 95.2%，讲得很流利或是基本能讲汉话的比例也达到 92.3%（见表 4–2）。

表 4–2　易地扶贫搬迁移民汉语的掌握情况

听懂汉语的情况	百分比	会讲汉语的情况	百分比
完全能听懂	78.3	讲得很流利	78.3
能听懂大部分	16.9	基本能讲	14.0
能听懂小部分	2.6	能讲一点点	5.1
基本听不懂	2.2	完全不能讲	2.6
合计	100	合计	100

可见，在我国大力推广普通话语言政策的大背景下，我国西南民族地区绝大部分生态移民不仅汉语听力好，也具备了较高的汉语表达和沟通能力，这为易地扶贫搬迁移民融入安置点奠定了较好的语言基础。

当然，在田野调查中，课题组发现也有部分少数民族易地扶贫搬迁移民使用汉话的能力较弱。例如，课题组在对四川省盐源县的彝族、贵州省榕江县古州镇丰乐社区的苗族和荔波县瑶寨乡的瑶族的易地扶贫搬迁移民进行实地访谈中，很多时候都必须带着该民族的语言翻译协助工作。不过一般都发生在少数民族高龄群体中。例如在榕江县古州镇丰乐社区课题组发现，70 岁以上的苗族易地扶贫搬迁移民汉语讲得就不太流利，80 岁以上的苗族移民很多都不能用汉语进行交流。因为这个安置点的苗族大多来自黔东南州月亮山和雷公山一带，地处非常偏僻的深山，这个年龄段的老人一方面接受教育年限少，另一方面也很少有机会与外人交流，所以这部分高龄易地扶贫搬迁移民使用汉话的能力较低。在实地调查中，常常遇到被调查对象戏谑自己所讲的汉话是蹩脚的普通话，而且还常常遇到因为自己有语言障碍而拒绝接受访谈或是带有不安、焦虑、歉意和自卑的情绪。他们常常会说："我讲不来汉话，你去找别人。"或是"我讲不好汉话的，你不要介意哦"。但这种情况毕竟是发生在极少一部分移民中。

2. 易地扶贫搬迁移民家人之间交流所使用的语言情况

易地扶贫搬迁移民家人之间交流使用什么语言表现的是移民语言使用习惯在范围方面的变化，可以进一步反映移民的语言适应情况。

根据课题组以往在民族地区的调查，由于很多村寨的民族成分比较单一，往往同一个自然村的村民都是同一个民族，所以他们无论是在公共场合还是家庭内部，交流基本都习惯用本民族语言。但是西南民族地区易地扶贫搬迁移民在与家人进行交流时，已经有 42.5% 的人是用汉语和家人交流，还有近 10% 的移民在与家人沟通时交替使用本民族语言与汉语（见表 4–3），说明搬迁后在少数民族移民家庭成员内部使用本民族语言交流的习惯已经发生了很大的变化。

表 4–3　与家人交流使用什么语言

	频率	百分比
本民族语言	493	47.9
汉语	437	42.5
有时本民族语言有时汉语	99	9.6
合计	1029	100

一般来说，无论是国际移民还是国内移民，语言使用常常是在公共场合会用当地主流社会通用的语言，但在家庭成员之间则习惯用自己的母语。除非在二代移民已经成长了，或者移民基本同化了才会出现母语从家人内部交流中淡化的现象。西南民族地区易地扶贫搬迁移民的母语从家人之间交流中淡出的现象进一步说明，该群体的语言文化在西南民族地区已经趋于大同。对于易地扶贫搬迁移民来说，其语言适应就轻松很多，从而其社会适应也因为语言障碍不多而容易很多。

（二）易地扶贫搬迁移民语言适应的特征

从上述关于西南民族地区易地扶贫搬迁移民对汉语的掌握程度以及与家人沟通所采取的语言类别来分析，可以发现西南民族地区易地扶贫搬迁移民的语言适应情况具有如下几个方面的特征：

1. 绝大多数易地扶贫搬迁移民能熟练使用安置点通用语言进行交流，只有少数年龄大的少数民族移民有一定的困难。

2. 易地扶贫搬迁移民与家人进行交流时，过去全部用母语（包括少数民族语言和方言）交流的习惯已经发生了变迁，相当比例的家庭内部交流时已经采用当地语言。

不过，在西南民族地区，语言对于汉族来说应该不是问题，但是对于少数民族可能就存在一定的障碍，因此需要进一步对不同民族的语言适应情况进行了解。

统计发现西南民族地区少数民族移民在运用汉语方面还是有一定的差别。从表 4–4 可见，土家族、布依族、苗族、侗族的易地扶贫搬迁移民说汉语的流利程度较高，讲得很流利的移民比例都在 75% 以上，但瑶族和彝族说汉语的流利程度较低，比例分别为 39.0% 和 42.6%。

表 4–4　不同民族汉话表达情况

民族	是否会讲汉话				合计
	讲得很流利	基本能讲	能讲一点点	完全不能讲	
汉族	34	0	0	0	34
	100%	0%	0%	0%	100%
苗族	89	21	6	2	118
	75.4%	17.8%	5.1%	1.70%	100%
布依族	75	14	1	1	91
	82.4%	15.4%	1.1%	1.10%	100%
瑶族	16	7	5	13	41
	39.0%	17.1%	12.2%	31.70%	100%
侗族	57	13	3	0	73
	78.1%	17.8%	4.1%	0%	100%
彝族	92	94	25	5	216
	42.6%	43.5%	11.6%	2.30%	100%
土家族	166	21	1	0	188
	88.3%	11.2%	0.5%	0%	100%
其他	74	48	4	2	128
	57.8%	37.5%	3.1%	1.60%	100%
合计	603	218	45	23	889
	67.8%	24.5%	5.1%	2.60%	100%
x^2=858.240[a]，df=28，P=0.000					

在这些少数民族易地扶贫搬迁移民中，瑶族中“完全不能讲”汉语的比例高达 31.7%，语言障碍最为显著。

此外，从家庭内部使用语言的情况看，表 4–5 显示，与表 4–4 信息相对应，瑶族和彝族易地扶贫搬迁移民与家人交流时 90% 以上使用本民族语言，充分说明这两个民族对汉语的掌握不是很好，语言使用习惯仍旧是本民族语言。其他少数民族家庭内部交流语言已经出现了双语交叉或轮流使用，土家族已经达到与家人交流时 97% 以上使用汉语。

表 4–5　民族身份与家人交流的语言交叉制表

民族	与家人交流的语言			合计
	本民族语言	汉语	有时本民族语言有时汉语	
汉族	5	86	1	92
	5.4%	93.5%	1.1%	100%
苗族	58	48	12	118
	49.2%	40.7%	10.2%	100%
布依族	36	32	23	91
	39.6%	35.2%	25.3%	100%
瑶族	41	0	2	43
	95.3%	0%	4.6%	100%
侗族	17	41	15	73
	23.3%	56.2%	20.5%	100%
彝族	202	6	8	216
	93.5%	2.8%	3.7%	100%
其他	65	39	24	128
	50.80%	30.5%	18.8%	100%
土家族	3	183	2	188
	1.6%	97.3%	1.1%	100%
合计	427 45.0%	379 39.9%	143 15.1%	949 100%
$x^2=1104.107^a$，df=21，p=0.000				

二、易地扶贫搬迁移民习俗适应现状及特征

洪勇认为，习俗文化是“以口头、风俗或行为等形式创造和传播文化的现象，与生活紧密相连，体现了人们日常生活的行为规范、道德伦理、认知方式和思维模式”①。它在特定的群体、村落或民族的成员之间发挥着桥梁和

① 洪勇：《试论民俗文化的特征和保护》，《南方文物》2004 年第 3 期。

联系纽带的作用。习俗“体现某种文化的物质层面和精神层面的所有内容，包括了饮食、节日、仪式、服饰、交往礼仪、生活习惯、价值观、世界观等内容”[①]。本课题根据上述关于习俗的概念和内容，从日常习俗（包括节日习俗、饮食习俗、穿衣习俗）和邻里交往礼仪两个方面对西南民族地区易地扶贫搬迁移民习俗适应展开具体分析。

首先，本课题用“搬迁后习俗是否发生了变化”这个问题从总体上了解了西南民族地区易地扶贫搬迁移民搬迁后习俗文化的变迁情况，发现移民认为搬迁后习俗有变化的仅占总数的7.5%，92.5%的移民认为其习俗没有发生变化（见表4–6）。可见，绝大多数西南民族地区易地扶贫搬迁移民认为搬迁后习俗没有发生变迁。

表4–6　搬迁后习俗是否变化

	频率	百分比
有	77	7.5
没有	952	92.5
合计	1029	100

进一步，本课题还用“搬迁后习俗是否发生了变化”这个问题分别了解了传统习俗的几个主要具体内容的变迁情况。从表4–7可以看到，对于习俗的几个具体内容，大多数西南民族地区易地扶贫搬迁移民都认为搬迁后没有什么变化。其中认为没有变化比例最高的是节日习俗（89.5%），其次是穿着（72.7%）和饮食（69.3%）。也就是说，同时，感觉饮食习惯有变化的移民比例（“有很大变化”和“有较大变化”）为18.6%，而节日和穿着方面的变化就非常小。

① 王娟：《民俗学概论》，北京大学出版社2002年版。

表 4–7　搬迁后日常习俗文化的变化情况

	节日习俗	饮食习俗	穿着习俗
有很大变化	0.3	4.5	4.1
有较大变化	3.6	14.1	11.3
有较小变化	6.6	12.1	11.9
基本没有变化	89.5	69.3	72.7
合计	100	100	100

因此，无论是对习俗的总体评价还是对习俗的具体内容，西南民族地区易地扶贫搬迁移民都认为搬迁后传统习俗没有发生引人注目的变化。特别是节日习俗的变迁非常小，以至于近 90% 的移民感觉没有变化。说明安置点的习俗与原居地的习俗基本没有差异。下面，本课题将分别对习俗的这几个内容进行分析。

（一）日常习俗的适应现状及特征

一个社区的习俗是社区居民长期以来形成的稳定的生活方式的重要载体。从表 4–7 中可以看到，西南民族地区大部分易地扶贫搬迁移民搬迁到安置点后其节日习俗、饮食习俗、穿衣习俗等变化都不明显，充分说明安置点和原居地习俗基本相似，因而移民搬迁后在以上三方面的习俗适应应该没有很大的困难。

但是饮食习惯出现了一定比例的变化，那么移民对饮食习惯的变化情况的反应是怎样的呢？

首先，饮食变化不单指食物种类的变化，还包括饮食方式、饮食习惯、饮食氛围的改变。课题组在四川藏族地区调查时发现，该地易地扶贫搬迁移民仍然保留着原居地的饮食方式，他们不像安置点居民一样围着餐桌或炉火进餐，而是用簸箕盛满马铃薯放在走廊或门口就餐，凡是熟人路过，他们都热情的招呼别人来品尝这些食物。从食品品种结构方面看，根据访谈和田野调查，对于西南民族地区很多少数民族来说，饮食习惯中比较突出的一点就是喝酒习惯，酒是很多少数民族日常餐饮中必不可少的。此外，过去在边远山区，受季节和气候等因素的影响，加上交通不便，当地的食品是比较单调的。很多西南民族地区的易地扶贫搬迁移民搬迁前多以土豆玉米类为主食，平时肉食比较少。易地扶贫搬迁移民搬迁后其传统的生计方式发生了改变，很多安置点移民或是外出打工，或是逐渐从事商业、服务业等非农产业，饮酒这种习俗慢慢地淡化了。例如有些移民因为从事交通运输业，就不得不慢慢改变平时好饮酒的习惯，在年轻人群体中，这种改变较为明显。此外，搬迁后离集镇和城镇近了，食品结构发生了变化，品种多样化了。表中 4–7 显示西南民族地区易地扶贫搬迁移民的饮食习惯由于搬迁发生了一定程度的改变，而田野调查也发现，易地扶贫搬迁移民的青壮年劳动力由于外出打工，慢慢接受了城市人的生活方式，对传统饮食习惯也在逐渐淡化。

移民既然认为自己的传统饮食习惯有一定的变化，那么对搬迁后饮食习俗的变化是否适应呢？

表 4–8　易地扶贫搬迁移民对饮食变化的适应情况

	频率	百分比
非常习惯	525	51.0
基本习惯	471	45.8
不太习惯	24	2.3
非常不习惯	9	0.9
合计	1029	100

从表 4–8 可以得知，绝大多数易地扶贫搬迁移民在饮食变化方面表示“非常习惯或基本习惯”。课题组分析，虽然移民搬迁后饮食习惯包括食品品种丰富了，喝酒的习惯也受到一定的节制，等，但是移民基本上习惯这种改变，关键的原因与饮食变化的方向有关。从上述简单的描述可知，移民搬迁后饮食品种和习惯的改变表现的是其生活水平提高了，饮食习惯也更加健康

了。因此移民对这种变化是适应的。

当然，总的看来，移民的日常习俗，特别是节日和衣着方面变化都不是很大。课题组分析这主要源于：

第一，移民的搬迁基本没有搬出其文化圈。从距离上看，大多数西南民族地区易地扶贫搬迁移民的搬迁距离都不是很远，一般都在同一个县境内，以乡镇安置为主，最远的就是县城安置，除个别地方外（如贵州榕江县），多数县城安置的移民也大多是来自县城附近的乡镇。根据课题组的观察，一定程度上一个乡镇内基本上就是一个文化圈。也就是说，乡镇安置和村寨安置情况下，移民们基本上没有离开原来的文化范围，自然在习俗方面就没有多大的区别。

第二，现代化城镇化的影响。就全国甚至世界范围来看，现代化浪潮对地方文化冲击的结果就是服饰、饮食、节日等习俗方面的变迁，其中特别是服饰的大众化。自改革开放以后，这一浪潮也一定程度上席卷了西南边陲。根据课题组的访谈和观察，西南民族地区交通稍微发达一点的地区一般都受到了影响。也就是说，西南民族地区多数易地扶贫搬迁移民在搬迁前较封闭的文化圈就已经被打破，大众化的服饰由于其便捷性和时尚性，已经早已替代了原居地村民传统的服饰。此外，西南民族地区易地扶贫搬迁移民的穿着在搬迁后没有发生明显的改变，搬迁前该地区的劳动力外出打工比例比较大，青壮年在外打工因为工作的需要不便穿传统服饰，习惯了大众服饰的便捷和时尚，回来后也就不改了；这种变迁集中表现在男性和青年群体中。特别是青年人搬迁前在穿衣打扮上还出现了追求时尚、赶时髦、随潮流的现象，民族服饰被同化的现象比较突出，课题组调研期间看到还保持身穿传统服饰的大多是老年妇女。

第三，政府比较关注。调研中发现，绝大多数西南民族地区地方政府在实施生态扶贫搬迁过程中都比较重视移民的民族文化保护问题。凡是涉及民族人口的搬迁，多数地方政府一般都会考虑到民族文化的保护、传承、开发等问题，或者把民族文化作为安置点的支柱产业进行培育和开发，例如贵州省荔波县瑶族移民村，政府就是按照瑶族文化旅游目的地来打造的；或者根据少数民族移民的习俗需要在安置点提供相关条件，解决相关配套设施的问题，如苗族的斗牛场、彝族的火把节和傣族的泼水节、侗族社区的鼓楼等所需要的场地和建筑。这为民族文化的异地保存和传承创造了条件。例如，当课题组与云南大理的彝族移民交谈时，问到他们对安置点条件的看法时，他们说："这个地方有大块空草坪，我们举行火把节就有地方了，感觉好像就是熟悉的地方了。"当问及他们是否喜欢火把节，移民说："这是我们民族的节日庆典，肯定喜欢，无论到哪里住都希望能过火把节。"政府的这些考虑一定程度上缓解了移民搬迁后习俗文化的变化带来的不适，从而让移民搬迁后没有感受到习俗的很大变化。

不过，尽管如此，课题组调查发现，西南民族地区易地扶贫搬迁移民对自身习俗的认同感是很高的。例如传统节日活动的参与意愿方面，有 72.7% 的易地扶贫搬迁移民表示愿意参加本民族的传统节日活动（见表 4–9）。

表 4–9　对所属民族传统节日活动的参与意愿

	频率	有效百分比
愿意	748	72.7
不愿意	109	10.6
无所谓	172	16.7
合计	1029	100

此外，在"保持家乡的生活习惯对我来说很重要"这个问题上，选择"不同意"和"非常不同意"的只有 6.0% 和 0.3%，大多数的移民（59.9%）认为保持家乡生活习惯是重要的（见表 4–10）。

表 4–10　保持家乡的生活习惯对我来说比较重要

	频率	百分比
非常同意	78	7.6
同意	538	52.3
既不同意也不反对	348	33.8
不同意	62	6.0
非常不同意	3	0.3
合计	1029	100

（二）邻里交往礼仪的适应现状及特征

本研究中的邻里适应是指易地扶贫搬迁移民搬迁后是否适应安置点社区居民之间的日常交往礼仪。所谓的邻里交往是指“社区居民相互间的日常联系，居民可藉由邻里交往获得功利性和情感性的社会支持”[①]。从邻里交往可以看出居民对社区的归属感和参与意愿。西南民族地区易地扶贫搬迁移民在长期的聚居过程中形成了一套邻里交往的问候、待客和送行礼仪习俗，是丰富多彩的地方文化的重要组成部分。最能体现邻里交往礼仪变迁的是邻里交往的方式，那么，西南民族地区易地扶贫搬迁移民邻里交往方式是什么样的情况，发生了什么样的变化？导致变迁的主要原因是什么？

表 4–11　目前你和邻里是怎样来往的（多选）

来往方式	频率	百分比
只是见面打招呼	680	23.0
一起逛街赶场	597	20.2
相互去家里玩	860	29.1
相互参加对方家里的红白喜事	787	26.6
其他的来往方式	35	1.2

① 黎熙元、陈福平：《社区论辩：转型期中国城市社区的形态转变》，《社会学研究》2008 年第 2 期。

交往方式可以体现人际之间交往的深度。一般来说，交往的浅层次可能只在见面打招呼，即所谓“点头之交”。交往到一定深度才可能会相互入户拜访，甚至会参与到双方家庭的重大人生礼仪中。而人际交往的规律一般都是从浅层次到深层次发展的趋势。不过从表 4–11 可以看出，西南民族地区易地扶贫搬迁移民的几种交往方式中，“相互去家里玩”比例最高（29.1%），其次是“相互参加对方家里的红白喜事”（26.6%），再次是“只是见面打招呼”（23.0%），最低是一起逛街赶场（20.2%）。由于这是个多选题，统计结果显示的这一排序似乎与日常理解相悖：“相互拜访”（去家里玩）和“参加对方红白喜事”这两项显然属于人际之间深层次的关系了，“只是见面打招呼”属于浅层次的交往。邻里之间首先要能够做到见面打招呼才有可能进一步发展深层次的交往。因此多选题的结果一定是这一项的比例高于“相互拜访”和“参加对方红白喜事”。这可能与问卷题目的设计有关，题目“只是见面打招呼”可能被调查对象理解为仅限于见面打招呼的邻里关系，而在他们的理解中可能觉得自己的邻里关系这类浅层次交往的少，所以选择这个项目的人就少了。

“相互去家里玩”和“相互参加对方家里的红白喜事”两项的比例高，说明西南民族地区易地扶贫搬迁移民安置点社区的邻里关系仍保留了一种熟人社区的邻里交往形式，邻里关系水平相对较高。这与典型城市社区的情况有比较大的区别。冯健等对北京郊区大型居住区的邻里交往研究中发现有 1/3 的居民对门互不相识，1/2 邻里互不来往。邻里之间的认识很大程度停留在“点头之交”[①]。孙龙等人对北京城市社区的调查发现在北京城四区只有 4.4% 的居民经常前往隔壁或者对门邻居家串门，回答“有时”或者“偶尔”前往邻居家串门的分别占 25.0% 和 29.1%，回答“从来不去”邻居家串门的

① 冯健等：《郊区大型居住区邻里关系与社会空间再生——以北京回龙观为例》，《地理科学进展》2017 年第 2 期。

占 41.5%。[1] 可见，易地扶贫搬迁移民的邻里交往与一般城市社区浅层化的交往有一定差异，这当然也与安置点社区居民的同质化有关。城市社区居民来源比较复杂，居民个体城市化程度比较高，而安置点居民虽然也来自不同村寨，但都是从乡村搬来，基本都是农民。与邻居交往带有较强的乡村邻里交往习惯：可以相互随便串门，遇到家中大事会相互上门帮忙，闲暇时间会随便喊几个邻居结伴逛街，等。因此，安置点移民相互之间的交往自然带有较为典型的乡村邻里特征。

正由于安置点社区居民的同质性，因而西南民族地区易地扶贫搬迁移民的邻里交往习惯能够得以一定程度上的保持，使得他们中多数人在这方面的适应难度不是很大。不过表 4–12 显示，还是有相当比例的移民不习惯这种带有一定城市社区性质的邻里关系。

从表 4–12 可以得知，西南民族地区易地扶贫搬迁移民在安置点邻里适应表现为“不太习惯或非常不习惯”的比例达到 38.4%，这说明超过三分之一的被调查对象在邻里交往方面存在不适应的现象。

表 4–12　搬迁后邻里适应情况

	频率	百分比
非常习惯	373	36.2
基本习惯	261	25.4
不太习惯	391	38.0
非常不习惯	4	0.4
合计	1029	100

毕竟安置点社区无论是居住方式（楼房为主）、社区居民来源结构（存在部分非移民）还是生活方式（城镇式）都与原居地不同，因此尽管安置点社区的邻里交往带有浓厚的乡村邻里交往特征，但也会导致移民的邻里交往

① 孙龙、雷弢：《北京老城区居民邻里关系调查分析》，《城市问题》2007 年第 2 期。

与在原居地的邻里交往有一定差异，带有一定程度的城市社区特征。换句话说，安置点社区实际上兼具城市社区和乡村社区特征，因而居民的邻里交往也就兼具城市社区和乡村社区邻里交往的特征，自然会有部分移民不适应这种变迁。

三、易地扶贫搬迁移民居住适应现状及特征

（一）西南民族地区易地扶贫搬迁移民居住空间的变迁

移民的居住空间其实包含两个方面，一个是移民安置点社区的空间，一个是移民家庭居住房屋内部的空间。这些空间的合理规划和布局影响着易地扶贫搬迁移民的文化适应。

关于空间，学者们认为应该具备三个特质：其一，空间是一个地理区域的存在；其二，空间具有物质性，也就是说空间是由物质文化构成的；其三，空间是一个社会结构性的存在，是一个具有社会价值和意义的所在。[①]可见，从空间的意义建构看，空间的生成和安排是地方 / 空间建构出现的社会结构类别、差异和层级的固化，社会网络和集体行动的重新安排，以及文化规则、认同、记忆和价值观的内化等。[②]可见，空间是一种重要的力量，能建构一种具有一定文化意义和社会意义的地图。[③]

首先，易地扶贫搬迁移民搬迁后社区空间的变化。安置点房屋即使是平房，也是按照城市街道那样布局，一栋紧挨一栋。如果是楼房，楼房的布局也比较密集。每幢房屋前后的间距都是按照车辆和行人通行的距离计算好，大约是 4 到 8 米的间距，房屋格局以城市单元楼为参照，统一装饰风格。总

---

① Gieryn, Thomas F.，A Space for Place in Sociology, Annual Review of Sociology, 2000, Vol.26.

② Cerulo, Karen A.，Identity Construction: New Issues, New Directions, Annual Review of Sociology, 1997, Vol.23.

③ Hubbard，Philoctetes.，Key Thinkers on Space and Place, London/Thousand Oaks: Sage, 2004.

之，安置点社区的外貌整齐划一，房屋很集中。村落房屋一般依山傍水而建，没有统一规划，每家每户之间保持一定距离，因此显得分散。但为每户房前屋后留下了一定的空间，便于村民晾晒粮食，堆放杂物，养鸡养鸭，种葱种蒜等，村寨周围的山头、草地、河滩都能为村民自由利用。此外，西南民族地区大部分村寨都有一个公共活动场所，既有室内的也有室外的，供村民举行公共活动和商量村里事务所用，同时也是村民交流感情共享信息的场所。特别对于少数民族群体来说，这样的场所非常重要，因为他们有很多传统活动需要场地，这类空间发挥着维系村民归属感的功能。安置点社区的空间布局则有所不同，虽然有些地方政府考虑到了移民的此类需求，会为移民特别是少数民族移民在安置社区特别修建公共活动的建筑，如侗族的鼓楼，或者预留大块开放式的空旷场地作为活动场所，如彝族火把节需要的场地。但也有少量社区由于土地有限，常常没有预留社区居民活动的公共空间，使得移民不得不把社区里的麻将室、小卖部当作了感情交流、信息交流的场所。

其次，易地扶贫搬迁移民搬迁后家庭居住的房屋空间方面（包括房屋内部房间布局和人均居住面积）的变化。根据课题组访谈和观察，西南民族地区易地扶贫搬迁移民搬迁居住的安置房，人均面积普遍比搬迁前的房屋小，房屋内部房间的功能性分布自然就会因为房屋总体面积的变化而发生变化。例如，原居地的房屋可能比较破，但面积可能足够一家三代甚至四代住在一起，父母房、祖父母房和子女房可以分开专用。此外，绝大多数移民在原居地的房屋一般有专门放置粮食和家庭物件（例如，大家庭聚会时用的大锅，用于晒东西的簸箕、筛子等）的地方，堂屋有专门安放祖宗牌位神龛的地方，大厨房不仅有可以应对家庭聚会、饲养猪（需要大灶台煮猪食、家庭烤酒也需要大灶台）的大灶台，而且厨房、牲畜房、厕所大都是独立，侧靠主屋。西南民族地区很多少数民族移民原居地的住房还是典型的吊脚楼，分为上下两层，廊坊晾晒，下层储物或养殖，上层住人，堂屋摆放火塘，堂前设置神龛。

安置点的安置房一般面积控制在每户 60 平米左右，内部房间设计基本按照城市居民的居住需求设计，卫生间、厨房、客厅（兼餐厅）和 2 间卧室。从房屋的空间结构看差别是非常大的。

综上可见，移民搬迁后的居住空间，无论是社区空间还是居住房屋内部空间都发生了很大的变化。

（二）移民居住文化的适应及特征

根据表 4–13 显示，大多数的移民（62.3%）感觉搬迁后的居住情况发生了程度不一的变化。

表 4–13　搬迁前后居住的变化情况

	频率	百分比
有很大变化	151	14.7
有较大变化	317	30.8
有较小变化	173	16.8
基本没变化	388	37.7
合计	1029	100

那么，移民对这些变化的评价如何？从表 4–14 可以得知，易地扶贫搬迁移民认为搬迁后居住条件好的比例达到了 73.8%，只有 13.3% 的移民认为搬迁前的居住条件好，这说明大多数移民对搬迁后的居住条件是比较认可的。

表 4–14　易地扶贫搬迁移民对搬迁前后住房条件的不同感受

	频率	百分比
搬迁前好	137	13.3
搬迁后好	759	73.8
差不多	129	12.5
没想过	4	0.4
合计	1029	100

表 4–15 进一步说明，大多数移民对搬迁后的住房是满意的（67.3%），只有 18.1% 的移民对住房条件不满意。

表 4–15　对搬迁后住房是否满意

	频率	百分比
满意	693	67.3
一般	150	14.6
不满意	186	18.1
合计	1029	100

前面对搬迁前后移民居住空间和住房条件的对比描述可以看到，移民搬迁后居住方面的变化是比较大的。然而上述两个表却反映出大多数移民对这种变化的评价都是正面的。根据课题组的实地访谈和调查，我们很理解移民的这种态度。因为居住空间布局和房屋内部房间的布局都与其功能有关，而功能又与人们的生产生活方式有关。搬迁前后居住条件的突出变化为：房屋面积变小了，房屋布局紧密了，从而导致房屋内部的房间不够用，大物件没有地方放，房前屋后没有空间供移民家庭蔬菜种植等。不过，这些方面都主要是农业社区需要。原居地村寨房屋零星散落于半山或河畔，既有利于村寨防火，因为西南民族地区易地扶贫搬迁移民原居地的房屋大多是木质结构，如果房屋紧挨一旦失火就不可收拾；也有利于村民对房前屋后小块土地的利用，解决村民离集镇远不方便随时购买新鲜蔬菜的问题。搬迁前村民以务农为主，农业社会的日常生活所需与城镇生活所需是有区别的。搬迁后移民虽然仍处于亦工亦农的生计模式，但务农比例大幅度下降（参考第三章数据），因而过去的很多大物件可能不再需要，屋前也不再需要空地晾晒粮食，室内也不需要大面积的场地堆放工具和粮食等。但安置点房屋室内的现代化生活条件（如自来水）却也给移民提供了很多方便。因此这种变迁对移民的生活影响虽然存在，但一旦移民住下来，很快就会明白城镇生活为什么对房

屋很多功能的需求会发生变化。因此在评价时，多数人就会给予正面的评价。因此在课题组调查移民的居住适应时发现，易地扶贫搬迁移民对搬迁后的居住“基本习惯”或“非常习惯”的比例较高，达到93.6%，“不太习惯”或“非常不习惯”的比例只有6.4%（见表4–16）。这说明绝大多数易地扶贫搬迁移民对移民搬迁后的居住变化表现出较好的适应性。

表4–16　移民对搬迁后居住习惯变迁是否适应

	频率	百分比
非常习惯	443	43.1
基本习惯	520	50.5
不太习惯	57	5.5
非常不习惯	9	0.9
合计	1029	100

四、易地扶贫搬迁移民休闲适应的现状及特征

所谓休闲是指“在非劳动及非工作时间内以各种‘玩’的方式求得身心的调节与放松，达到生命保健、体能恢复、身心愉悦目的的一种业余生活。科学文明的休闲方式，可以有效地促进能量的储蓄和释放，它包括对智能、体能的调节和生理、心理机能的锻炼”[①]。休闲和娱乐活动紧密相连，因为娱乐活动是休闲时间中的一个重要内容，当然休闲不只包括娱乐的功能，还有放松和发展的功能。“从休闲的类别来看有经济类和非经济类，从休闲的层次看有身体上的休闲、精神上的休闲和超越自我的无我状况的休闲。”[②]休闲娱乐生活是文化生活的一部分，是人们精神生活的体现。因此易地扶贫搬迁移民的文化适应内容还包括其休闲娱乐适应情况。

① 百度百科——休闲，见http:/ / baike.baidu.com/view/6495.html。

② 李银兵、和杏梅:《纳西族村落休闲文化变迁研究——以丽江古城区道生村为例》,《四川民族学院学报》2013年第6期。

课题组对西南民族地区易地扶贫搬迁移民在搬迁前后的休闲情况做了调查，通过数据统计发现，易地扶贫搬迁移民在搬迁前后的休闲生活发生的变化很小，从表 4–17 可以看到，一半以上的（57.6%）西南民族地区易地扶贫搬迁移民认为自己的休闲生活没有发生变化，但也有 42.2% 的移民认为发生了变化。

表 4–17　搬迁前后休闲生活的变化

	频率	百分比
有很大变化	48	4.7
有较大变化	189	18.4
有较小变化	199	19.3
基本没变化	593	57.6
合计	1029	100

（一）休闲生活内容的变化情况

关于易地扶贫搬迁移民的休闲活动变化情况，从表 4–18 可以看到，相比较而言，易地扶贫搬迁移民搬迁前后稍微变化大的几件事情就是聊天（32.8% 和 34.7%）、看电视或上网（30.2% 和 37.5%）的比例有细微上升，“做其他事情”的比例（搬迁前的比例为 24.1%，搬迁后的比例为 14.8%）在搬迁后有一定的下降。空闲时间“看电视（或上网）”的比例搬迁后提到了第一位，比搬迁前的比例上升了 7.3 个百分点；搬迁后休闲时间“做其他事情”的比例则下降了 9.3 个百分点。这两个变化比例虽然小，但也可以部分的说明一点问题：目前城市社区比较盛行的麻将和广场舞基本没有对移民产生影响，但是看电视的比例略有上升，说明移民休闲时间还是圈在家里比较多一点。此外，“做其他事情”的比例搬迁后下降了，说明了移民搬迁后谋生方式和生活方式发生了变迁，搬迁前在原住地房前屋后的种植和养殖活动有做不完的事情，因此对于村民来说休闲时间就是“做其他事情”。但是搬迁后没有了过去的这些种植和养殖活动，因此“做其他事情”的比例下降比较大。所以总的这些变化反映的是城乡休闲方式的区别。

表 4–18　搬迁前后休闲活动内容的变化

	搬迁前	搬迁后
搬迁前空闲时间打麻将（或棋牌）	3.8%	4.9%
搬迁前空闲时间和别人聊天	32.8%	34.7%
搬迁前空闲时间看电视（或上网）	30.2%	37.5%
搬迁前空闲时间跳广场舞	0.8%	1.5%
搬迁前空闲时间做手工艺	1.0%	1.3%
搬迁前空闲时间什么也不做	7.3%	5.3%
搬迁前空闲时间做其他事情	24.1%	14.8%
总计	100%	100%

（二）易地扶贫搬迁移民休闲适应及特征

由于半数以上的移民认为休闲生活没有发生变迁，而且休闲活动内容的变化表现的也是一种城乡社区休闲生活的区别，总的趋势是比过去更加轻松和简单。因此通过统计发现，易地扶贫搬迁移民对休闲生活所发生的变化适应状况总体情况非常好。从表 4–19 中可以看出，易地扶贫搬迁移民对休闲生活变化表示“非常习惯或基本习惯”的比例为 95.5%。

表 4–19　对休闲生活的适应　（单位：人或个）

	频率	百分比
非常习惯	456	44.3
基本习惯	527	51.2
不太习惯	35	3.4
非常不习惯	11	1.1
合计	1029	100

（三）西南民族地区易地扶贫搬迁移民休闲文化适应的特征

综上，从文化的各个具体内容来看，西南民族地区易地扶贫搬迁移民在文化几个具体内容方面的变迁及其适应方面具有如下几个特征：

第一，西南民族地区易地扶贫搬迁移民的语言适应状况较好，能较熟练掌握和使用汉语进行社会交流。不过年纪越大且流动性欠佳的老年人与年轻人相比要差一些，不同少数民族之间对汉语的掌握程度有差异，瑶族和彝族易地扶贫搬迁移民对汉语的掌握程度跟其他民族相比要偏低。从易地扶贫搬迁移民家庭成员之间的交流情况来看，大多数少数民族家庭内部交流所用语言已经由运用本民族语言为主向着运用汉语为主的趋势发展。

第二，搬迁导致易地扶贫搬迁移民的各种日常生活习俗（包括节日、饮食、穿着）发生了不同程度的改变。其一，易地扶贫搬迁移民的节日习俗发生改变的情况不明显，其总体上的适应状况较好。其二，易地扶贫搬迁移民的饮食结构发生了改变，其中突出表现为喝酒习俗的改变，其次是饮食方式和食品结构也发生了一定程度的变迁，但从整体上来说，移民在安置点的饮食适应较好。因为整个饮食变迁是朝着饮食的健康和水平的提高方向发展。其三，易地扶贫搬迁移民在安置点的穿着习惯没有很大变化，其穿着适应状况良好。

第三，从居住适应状况来看，绝大部分易地扶贫搬迁移民搬迁后住房布局、居住面积、居住类型、居住条件和居住习惯发生了变化，移民搬迁后居住满意度高，移民表示习惯的比例高。

第四，易地扶贫搬迁移民在休闲适应方面，其休闲活动的变化也不大，搬迁后在空闲时间做其他事情方面的比例减少了，说明移民搬迁后生产方式、生活方式也向着城市生活方式特征的方向变化。

在易地扶贫搬迁移民的文化变迁方面，一些学者有所关注。马小平研究宁夏易地扶贫搬迁移民工程的实施时，发现移民搬迁在促进移民经济社会发展的同时，也推动移民群体传统文化发生了巨大变化。[①] 乌力更认为移民导致了生产生活方式、社会结构以及文化习俗等的变化，在原住地环境基础上形成的传统文化随之发生变迁。[②] 冯文华也以宁夏易地扶贫搬迁移民为例进行研究，认为易地扶贫搬迁移民使得不同民族的交流更加频繁，其文化变迁必然发生。[③] 桑才让认为，由于社会发展不平衡，在同一个文化圈内的迁移也会引起文化碰撞，而异质文化之间的移民其文化的碰撞就更为激烈。[④] 但本研究发现，西南民族地区易地扶贫搬迁移民搬迁后文化变迁问题不是非常严重，更没有出现如同上述学者发现的一些异文化的激烈碰撞。主要是因为西南民族地区易地扶贫搬迁移民的搬迁距离不远，而且搬迁前移民原居地的文化已经出现大众化趋势，因此原居地和安置点的文化差异不大。这点从表 4–20 也可以看出。

表 4–20　比较有典型特色的文化（可多选）

	频数	百分比
语言	332	25.5
服饰	426	32.6
饮食	105	8.1
建筑	109	8.4
信仰	31	2.4
民间艺术	243	18.6
其他文化	58	4.4

从表 4–20 可以看出，移民认为自己所属群体的文化比较有特色的只有服饰、语言和艺术，但这三类文化形式的比例也都非常低。最高是服饰的比

① 马小平：《人类学视野下生态移民的文化变迁——基于宁夏永宁县闽宁镇移民社区的调查研究》，硕士学位论文，西北民族大学民族学与社会学院，2010 年。

② 乌力更：《试论生态移民工作中的民主问题》，《内蒙古社会科学》2003 年第 4 期。

③ 冯文华：《生态移民民族文化制衡机制的建构——以宁夏生态移民问题为例》，《人民论坛》2013 年第 11 期。

④ 桑才让：《对三江源生态移民文化适应性问题的调查与思考》，《攀登》2011 年第 6 期。

例，也只有 32.6%。与此相对应，当问到移民对自己所属群体的文化的态度时（表 4–21），虽然表示非常不喜欢和不喜欢的比例很低，但有 20.8% 的移民表示无所谓，还有 16.0% 的人表示一般。表示非常喜欢和喜欢的比例也分别只有 24.6% 和 36.7%。

表 4–21　对所属民族文化的态度　　（单位：人）

	频率	百分比
非常喜欢	253	24.6
喜欢	378	36.7
一般	165	16.0
不喜欢	17	1.7
非常不喜欢	2	0.2
无所谓	214	20.8
合计	1029	100

上面两个问题的调查都显示，移民对所属文化的态度已经很大程度的淡化了。现代化、城市化对西南民族地区的影响导致该地区的文化大众化，文化大众化使得大多数从边远山区出来的移民没有出现我们所想象的文化适应的困难。即使有些不适应，也主要表现在城乡生活的差异方面。虽然个别少数民族移民群体和个体搬迁后在某些文化方面有些适应的障碍，但总体上西南民族地区易地扶贫搬迁移民在上述几个文化内容方面的适应是良好的。

第二节　易地扶贫搬迁移民文化适应的影响因素分析

一、因变量及其指标

关于文化适应的研究内容，不同学者的关注角度不一样。例如，Szapocznik 从心理学角度指出文化适应包括了“行为和价值观两个维度，前者包括了运用语言及参与其他文化活动，后者指人和人、人和自然等关系模式”[①]。Padilla 则认为“文化过程包括了文化意识和民族忠诚（个体对文化的偏向以及对本民族文化的自豪感和认同感）”[②]。Cullar 等认为“文化适应包括行为（言语、习俗、饮食等文化形式）、感情（文化认同）和认知（休闲方式、邻里交往等价值观念和理念）三个水平”[③]。一定意义上，文化适应的内容其实也就是测量文化适应的维度问题。从这个角度，社会学者恩泽格尔提出了“四维融入理论”，认为对文化适应的测量可以通过外来移民对移入地社会规则和制度规范的态度评价、通婚圈、犯罪情况、语言能力四个维度来进行。[④]

杨格－塔斯（Junger-Tas）把文化适应看作是社会融入的前测阶段，文化适应的程度反映了社会融入的状态，同时文化适应的完成会推动群体的社会融入过程。

“文化适应”这个概念，在国内外学术界使用中的指向大多数是清晰的。但也有少数学者是在“社会适应”的概念上使用的“文化适应”。因此当我们在做文献搜索时，输入“文化适应”会得出一些如把经济、心理等要素作为文化适应的指标的文章。从而在讨论文化适应指标的时候会出现因变量概念与指标概念的重复现象。[⑤] 如此，本课题对之进行了处理，凡是没有涉及指标建构的这类文章一概不考虑。然后就发现目前在国内学术界，关于移民特别是易地扶贫搬迁移民社会适应中的文化适应这个指标的研究并不多，从

① Szapocznik, J. Kurtines, W.M. Acculturation, Biculturalism, and Adjustment among Cuban Americans. In A. M. Padilla (Ed.) . Acculturation: Theory, Models and Some New Findings, Boulder, Co: Westview, 1980.

② Padilla, A.M., The Role of Cultural Awareness and Ethnic Loyalty in Acculturation. In A. M. Padillia (ED.) Acculturation: Theory. Models and Some New Findings, Boulder, CO : Westview, 1980, pp.47–48.

③ Cullar, I. Arnold, B. & Maldonado, R., Acculturation Rating Scale for Mexican Americans–II : A Revision of Original ARSMA Scale, Hispanic Journal of Behavioral Sciences, 1995, Vol.17, No.3, p. 278.

④ 梁波、王海英：《国外移民社会融入研究综述》，《甘肃行政学院学报》2010 年第 2 期。

⑤ 例如，桑才让的文化适应概念。

而对这个指标的二级指标的建构方面的研究就更少。很多把文化适应的内容分列在不同的其他指标中，例如，解彩霞选择环境适应 、饮食适应 、住房满意度、衣着适应 、生产适应五个维度作为社会适应的分析指标。[①] 显然，其中的饮食、衣着以及住房可以归为文化适应，与生产、环境适应并列。田凯把农民工的城市适应性操作化为相对稳定的职业、经济收入、社会地位、生活方式、社会交往和社会参与[②]，其中的生活方式很大程度上应该与文化适应相通。因此，基于本研究第二章中周浩的测量维度总结表，把里面比较明确的提到了文化适应或者与文化适应相近的相关指标统计如下（见表 4–22）。

表 4–22　与文化适应相近的指标统计表

作者	时间	类型	维度
解彩霞[③]	2010	易地扶贫搬迁移民	环境适应 、饮食适应 、住房满意度、衣着适应 、生产适应
马伟华[④]	2011	易地扶贫搬迁移民	生产、生活、观念、宗教
严志兰	2010	在闽台商	经济层面、生活层面、社会层面、心理与文化层面
周浩[⑤]	2012	移民一般	经济融合、文化适应、社会适应、结构融合、身份认同
韦仁忠[⑥]	2013	易地扶贫搬迁移民	经济、社会、心理和文化
田凯[⑦]	1995	农民工（适应）	经济、社会、文化与心理

① 解彩霞：《三江源生态移民社会适应与回迁愿望分析》，《攀登》2010 年第 6 期。

② 田凯：《关于农民工的城市适应性的调查分析与思考》，《社会科学研究》1995 年第 5 期。

③ 解彩霞：《三江源生态移民社会适应与回迁愿望分析》，《攀登》2010 年第 6 期。

④ 马伟华：《生态移民与文化调适：西北回族地区吊庄移民的社会文化适应研究》，民族出版社 2011 年版。

⑤ 周浩：《流动人口社会融合的测量及理论思考》，《人口研究》2012 年第 3 期。

⑥ 韦仁忠：《藏族生态移民的社会融合路径探究——以三江源生态移民为例》，《中国藏学》2013 年第 1 期。

⑦ 田凯：《关于农民工的城市适应性的调查分析与思考》，《社会科学研究》1995 年第 5 期。

续表

作者	时间	类型	维度
张文宏[①]	2008	城市移民	文化融合、心理融合、身份融合和经济融合
杨黎源[②]	2007	农民工	风俗习惯、婚姻关系、工友关系、邻里关系、困难互助、社区管理、定居选择及安全感等 8 个方面
王桂新 等[③]	2008	移民一般	心理、文化、身份和经济
杨菊华[④]	2009 2010	移民一般	经济、文化、行为、身份
梁 波、王海英[⑤]	2010	国外移民	经济、社会、政治、文化
李廷宪[⑥]	1999	理论研究	家庭生活适应、职业适应、人际关系适应、社会文化适应

从表 4–22 中可以看到，有些学者是把文化适应独立作为社会适应的一个指标，但有些是把文化适应的某些具体内容与社会适应的其他指标并列。为此，本课题把对文化适应的衡量指标进行了具体构建的文献进行整理如下（见表 4–23）。

表 4–23　对文化适应衡量指标进行具体构建的统计表

作者	指标构成
张铁军	生活方式（衣食住行）[⑦]

① 张文宏、雷开春：《城市新移民社会融合的结构、现状与影响因素分析》，《社会学研究》2008 年第 5 期。

② 杨黎源：《外来人群社会融合进程中的八大问题探讨——基于对宁波市 1053 位居民社会调查的分析》，《宁波大学学报》2007 年第 6 期。

③ 王桂新、王利民：《城市外来人口社会融合研究综述》，《上海行政学院学报》2008 年第 6 期。

④ 杨菊华：《从隔离、选择融入到融合：流动人口社会融入问题的理论思考》，《人口研究》2009 年第 1 期；杨菊华：《流动人口在流入地社会融入的指标体系——基于社会融入理论的进一步研究》，《人口与经济》2010 年第 2 期。

⑤ 梁波、王海英：《国外移民社会融入研究综述》，《社会管理与建设》2010 年第 2 期。

⑥ 李廷宪：《社会适应论》，安徽人民出版社 1999 年版。

⑦ 只是在几个维度中涉及这些二级指标，没有专门就二级指标进行分析。

续表

作者	指标构成
周　浩	文化适应（语言、居住时间、饮食、风俗习惯）、社会适应（心理、社会职业满意度、住房满意度）、结构融合（社会交往、社会分层）
郝玉章 风笑天	生活（包括饮食住房的生活方式、气候、语言、习俗）
田　凯	社会（闲暇方式、消费方式、生活习惯与规律、人际交往）、文化与心理（归属感、价值观）
朱　力	社会层面（日常生活方式包括衣食住行等和闲暇时间利用、社会交往）
张文宏	文化融合（语言、习俗、价值观）
杨菊华	行为（交往、生活习惯、婚育行为、人文举止、社区参与）、文化（包括衣、食、节日、人生礼仪在内的习俗等价值观念、人文理念）
梁　波 王海英	文化（规范习得、语言学习、观念认同）
马伟华	生活适应（生态条件、生活习俗、语言）、观念调适（生产生活观念、生育观念、教育观念）、宗教文化调适

从表4–23可以看到，不同学者对文化适应的衡量指标构建不一样，有些文献称为生活方式、生活适应、生活或社会，有些要素则散在不同的指标中，例如，杨菊华的行为适应中的生活习惯其实与其后面的文化适应有重合，有些把文化与心理放在一起，而把文化的内容放在社会指标中，例如田凯。综合表4–23中学者们关于文化适应的指标体系，本研究选择以下7个指标来测量文化适应："休闲""饮食""穿着""节日""语言""邻里交往"和"居住"。

二、易地扶贫搬迁移民文化适应的因子分析及适应现状的描述分析

前面分别从西南民族地区易地扶贫搬迁移民的语言适应现状、习俗适应现状、居住适应现状及休闲生活适应现状几个方面对西南民族地区易地扶贫搬迁移民搬迁后的文化适应状况进行了分析，发现西南民族地区易地扶贫

搬迁移民的文化适应总体状况较为理想，不过不同群体在某些方面有一些差异。为了系统把握西南民族地区易地扶贫搬迁移民文化适应情况，下面进一步对西南民族地区易地扶贫搬迁移民的文化适应水平进行测定。

（一）易地扶贫搬迁移民文化适应的因子分析

本研究从易地扶贫搬迁移民搬迁后的“休闲”“饮食”“穿着”“节日”“语言”“居住”和“邻里交往”等七个维度设计了文化适应量表，答案包括“非常习惯”“基本习惯”“不太习惯”和“基本不习惯”，在分析过程中分别赋值为 4 分、3 分、2 分和 1 分，得分越高，表明易地扶贫搬迁移民的文化适应程度越高。

下面，本课题运用因子分析的方法对易地扶贫搬迁移民文化适应 7 个指标的内部结构进行简化，从而得到一个衡量易地扶贫搬迁移民文化适应的综合性指标。在进行正式的因子分析之前，首先进行了 KMO 和巴特利特（Bartlett）球形检验，从表 4–24 中的统计结果可以发现，易地扶贫搬迁移民文化适应的 3 个测量指标的 KMO 统计量为 0.907，巴特利特（Bartlett）球形检验的卡方值为 3342.322，P<0.001，拒绝了相关系数矩阵为单位矩阵的假设，表明各指标之间可能共享潜在因子。因此，正式调查数据适合进行因子分析。

表 4–24 KMO 和 Bartlett’s 球形 t 检验结果

KMO 值		**0.907**
Bartlett's 球形检验	Approx. Chi–Square	3342.322
	DF	21
	P	0

本课题接着运用主成分分析的方法对上述 7 个易地扶贫搬迁移民文化适应指标进行因子分析，分析过程中保证特征根取值大于 1、以因子负荷值 0.4 作为取舍点，根据碎石图判断抽取 1 个因子。根据因子负载情况将其命名为“文化适应”因子，新因子累计方差贡献率为 59.417%，这表明 7 个指标经过

因子分析后信息丢失都较少，且所有具体测量指标在对应因子上的因子负荷均大于 0.5，因子分析效果较理想，因而具有较高的信度和效度（见表 4–25）。

表 4–25　易地扶贫搬迁移民文化适应的因子分析

测量指标	文化适应因子	共量
休闲适应	0.801	0.642
饮食适应	0.798	0.637
穿着适应	0.793	0.629
节日适应	0.784	0.615
语言适应	0.752	0.565
居住适应	0.747	0.558
邻里适应	0.716	0.513
特征值	4.159	
解释方差	59.42%	
巴特利特球形检验（Bartlett）	3342.322	
DF	21	
KMO	0.907	
P	0	

注：提取方法：主成分分析。

（二）易地扶贫搬迁移民文化适应现状的描述分析

为了在研究过程中便于更直观地展示易地扶贫搬迁移民文化适应水平及进一步进行比较分析，本研究借鉴已有的研究方法将易地扶贫搬迁移民文化适应的初始因子值进行转换，将其转换为范围在 1 至 100 之间的指数。[①] 根据表 4–26 的统计分析结果可知，易地扶贫搬迁移民文化适应因子的平均得分为 76.18 分，其标准差高达 19.282，这表明现阶段西南民族地区易地扶贫搬迁移民的文化适应总体水平很好，但其内部的文化适应水平具有较大的

① 转换公式是：转换后的因子值 =（因子值 +B）· A。其中，A= 99/（因子最大值 – 因子最小值），B=（1/A）– 因子最小值。B 的公式亦为，B= [（因子最大值 – 因子最小值）/99] – 因子最小值。具体见边燕杰、李煜：《中国城市家庭的社会资本》，《清华社会学评论》2000 年第 2 期，下同。

差异性。

表 4-26　易地扶贫搬迁移民文化适应因子得分的描述性分析

	均值（M）	标准差（SD）
文化适应	76.18	19.282

三、影响易地扶贫搬迁移民文化适应的因素分析

（一）自变量及假设

在第一章关于变量体系的设计部分，本课题根据已有研究并结合田野调查，提出了西南民族地区易地扶贫搬迁移民社会适应的自变量体系，包括：个体特征（年龄、性别、教育程度、民族成分）、搬迁特点（搬迁时间和安置点类型）、社区环境和政府政策（就业扶持、最低生活保障、政府关心程度）。这里，本课题把这套自变量也作为文化适应的自变量，结合相关已有理论和前期的田野调查，做出如下假设：

假设一：个体特征假设。不同个体特征的易地扶贫搬迁移民文化适应存在差异。易地扶贫搬迁移民的文化适应与个体自身的特征相关。这里的不同个体特征包括：年龄、性别、教育程度和民族成分。

汪国华①、李培林②等研究认为移民文化适应存在代际差异：表现在新生代移民从内心深处更能接纳和内化移民身份，而老一代移民更倾向于复制和移植老家身份，"文化内卷化"倾向也更为明显。因为新生代移民文化适应的模式主要是融合③，所以，新生代易地扶贫搬迁移民能积极融入移民文化，整合老家认同与移民认同，而老一代移民老家认同与移民认同更容易产

① 汪国华：《两群体文化适应的逻辑比较与实证研究》，《西北人口》2009 年第 5 期。

② 李培林、田丰：《中国农民工社会融入的代际比较》，《社会》2012 年第 5 期。

③ Stevens, G.W.J.M. Pels, T.V.M. and Vollebergh, W.A.M. Patterns of Psychological Acculturation in Adult and Adolescent Moroccan Immigrants Iiving in the Netherlands, Journal of Cross-Cultural Psychology, 2004, Vol.35, No.6.

生分离[①]。导致这种差异的原因是移民的认知选择和目标的不同[②]。在移民文化适应的性别差异研究方面，Dion（1999）研究加拿大的华裔时发现男性更倾向于保持和维护源文化特质，而女性更容易适应主流文化，这种现象可能与女性在源文化中的地位和机遇与主流文化有很大的不同。Sam（2000）对居住在挪威的少数民族移民的研究发现，女性体验到更多的抑郁情绪，偏向于将适应不良进行内隐化，而男性倾向于用反社会行为来将适应不良进行外显化。[③]马燕、罗彦莲则发现进城农民工的回族女性在现代化进程中所面临的挑战、困境丝毫不亚于男性。相较于男性，女性受教育程度较低，尤其是她们受传统文化教育的途径有很大的限制，所以，回族女性在面对社会的发展变化时，所遭遇的冲击更大，内心的挣扎更激烈，冲破束缚的阻力也更大[④]。孙丽璐研究发现，农民工中男性与女性在文化适应的同化型、分离型和整合型上的差异非常显著，在弥散型上差异显著。[⑤]Eric（2002）的研究提出，如果有更高的社会支持和成就，男性的文化适应程度更高。[⑥]

不仅不同教育程度的农民工的文化适应程度不同，不同民族的农民工文化适应程度也有差异。[⑦]国外学者 Chung、Kim 和 Abreu、Beery、Phinney 和 Sam、China 和 Costigan 都曾通过对文化模式的比较研究了少数民族移民

---

① 马燕、罗彦莲：《城市化进程中回族女性的文化适应——以宁夏为例》，《回族研究》2016 年第 3 期。

② 孙丽璐：《农民工的文化适应研究》，博士学位论文，西南大学社会学系，2011 年。

③ Sam, D.L. Psychological Adaptation of Adolescents with Immigrant Backgrounds, Journal of Social Psychology,2000, No.140, pp.5-25.

④ 马燕、罗彦莲：《城市化进程中回族女性的文化适应——以宁夏为例》，《回族研究》2016 年第 3 期。

⑤ 孙丽璐：《农民工的文化适应研究》，博士学位论文，西南大学社会学系，2011 年。

⑥ Eric, J.L. Acculturation, Social Support Academic Achievement of Mexican and Mexican American High School Students, An Exploration Study in the Schools, 2002, No.39, pp. 245-257.

⑦ 整合型，即个体既适应城市文化（主流文化），也适应农村文化（源文化）；分离型即更适应源文化，避免和主流文化接触；弥散型即对城市文化和农村文化的适应度都低；同化型即适应主流文化，而不认同源文化。

的文化适应。[①]Bourhis 和 Dayan（2004）发现不同的群体信仰文化之间的差异性对文化适应有影响，不同群体的信仰差异越大，其文化适应压力就越大。[②]此外，Berry 发现在文化适应中，很多时候少数民族群体并不能自由选择他们的适应策略，他们的应对方式会受到主流文化群体对少数民族文化的态度的影响。基于以上理论，本课题把假设一分成以下几个分假设：

1. 教育程度越低，易地扶贫搬迁移民的文化适应水平越低，教育程度越高，易地扶贫搬迁移民的文化适应水平也越高。

2. 中青年易地扶贫搬迁移民的文化适应水平高于老年易地扶贫搬迁移民的文化适应水平。

3. 女性易地扶贫搬迁移民的文化适应水平低于男性易地扶贫搬迁移民的文化适应水平。

（4）汉族易地扶贫搬迁移民的文化适应水平高于少数民族易地扶贫搬迁移民。

假设二：搬迁特点假设。搬迁特点这里主要包括安置点类型和搬迁时间（即在安置点居住的时长）。不同安置点类型的易地扶贫搬迁移民文化适应水平有差异。根据课题组的调研，西南民族地区易地扶贫搬迁移民的安置点类型共有村寨（即中心村安置）、集镇（小城镇）[③]、县城三种类型。索端智研究认为，移民群体普遍的安置诉求是就近的本乡本土安置，从国内工程性移

---

① Chung, R. G. Kim, B. K. & Abreu, J. M. Asian American Multidimensional Acculturation Sealer：Development, Factor Analysis, Reliability, and Validity, Cultural Diversity and Ethnic Minority Psychology, 2014, Vol.21, No.10, pp. 66–80. Berry, J. W. Phinney, J. S.& Sam, D.L Immigrant Youth：Aculturation, Identity and Adaptation, Applied Psychology An International Review，2006, No.55, pp. 303–332. Chia, A. L. & Costigan, C.L. Understanding the Multidimensionality of Acculturation among Chinese Canadians, Canadian Journal of Behavioral Science，2006, No.38, pp.311–324. 转引自孙丽璐：《农民工的文化适应研究》，博士学位论文，西南大学社会学系，2011 年。

② Bourhis, R. Y. & Dayan, J. Acculturation Orientations Towards Israeli Arabs and Jewish Immigrants in Israel, International Journal of Psychology，2004, Vol.39, No.3, pp.118–131.

③ 问卷中分为：村寨、集镇、小城镇和县城及以上。实际调研中发现，西南民族地区小城镇不多，大多都相当于乡镇所在地的镇，所以课题组统计的时候就把小城镇归到了集镇。

民安置的实践经验来看，就近安置比远迁安置更具适应性，移民成功的可能性相对较大。[①] 此外，在搬迁时间与移民的文化适应方面，切茨维克对美国犹太移民的研究发现，移民在迁入地居住时间越长，就越有可能积累相关的劳动经验、语言能力等人力资本，文化融合的可能性会相应地增加。[②] 张文宏、雷开春研究认为，移居时间较短，是总体社会融合程度偏低的一个原因。由此，假设二可以具体化为以下两个分假设：

1. 安置点城镇化程度越高移民的文化适应程度越低，集镇安置的移民文化适应水平低于村寨安置的移民文化适应水平。县城安置的移民文化适应水平低于集镇和村寨安置的移民文化适应水平。

2. 搬迁时间越长易地扶贫搬迁移民的文化适应程度越高。

假设三：社区环境假设。社区环境包括：本地人对移民的态度、社区工作人员态度、治安状况三个方面。

马伟华对西北回族地区吊庄易地扶贫搬迁移民的文化调查研究发现，吊庄移民在迁入地的社会文化适应过程中出现了遭受迁入地居民偏见与歧视的现象，并认为这是当地人对移民中个别人不轨行为的印象普及到了移民整体，即“污名化”的结果。[③] 移民外迁到一个陌生的社会环境里，吃、穿、住、行等文化各方面的情况都发生了变化。那么，本地人对移民文化习俗的接纳和尊重，社区工作人员对移民传统生活习惯的理解和关心等都对移民的文化适应有着不可忽略的影响。正如风笑天所言：“当地对移民的接纳程度越高，移民的社会适应状况越好。”[④] 叶继红在研究农民集中居住的文化适应

---

① 索端智：《三江源生态移民的城镇化安置及其适应性研究》，《青海民族学院学报（社会科学版）》2009 年第 2 期。

② 张文宏、雷开春：《城市新移民社会融合的结构、现状与影响因素分析》，《社会学研究》2008 年第 5 期。

③ 马伟华：《生态移民与文化调适：西北回族地区吊庄移民的社会文化适应研究》，民族出版社 2011 年版。

④ 风笑天：《生活的移植——跨省外迁三峡移民的社会适应》，《江苏社会科学》2006 年第 3 期。

时指出，社区环境因素在移民文化适应上存在显著差异，越是认为社区环境好的人越能够适应新环境。[①] 而她这里的社区环境，就包括了社会治安。同时，所在社区的社会秩序稳定也是移民文化生活得以正常进行的保障。由此，可以得出以下几个分假设：

1. 本地人对易地扶贫搬迁移民的态度越好，易地扶贫搬迁移民的文化适应越好。

2. 社区工作人员对易地扶贫搬迁移民的态度越好，易地扶贫搬迁移民的文化适应越好。

3. 社区治安状况越好，易地扶贫搬迁移民的文化适应越好。

假设四：政府因素。政府因素包括是否有就业扶持、是否有最低生活保障以及政府关心程度。

易地扶贫搬迁移民从偏远地区搬迁到一个新的社会环境中，面临很多文化适应方面的困难。正如风笑天指出的，移民一定意义上说就是移民生活的移植。安置点政府和当地居民只有设身处地，从移民的角度出发，来思考移民的需求和困难，才能真正做到为移民考虑，才能更好地从各个方面为移民的适应创造合适的土壤和气候条件。[②] 对于移民来说，搬迁后的首要问题自然是生计问题。生计问题不解决，移民就无法从“落地”到“生根”。生计问题解决了，移民才能真正安心“生活”。而生计来源于就业，就业困难也可以依靠政府提供的最低生活保障，易地扶贫搬迁移民的生计无忧，才可能过上正常的“文化生活”。为此，本课题得出以下分假设：

1. 政府提供的就业扶持，对移民的文化适应会产生正面的影响。

2. 政府提供的最低生活保障，对移民的文化适应会产生正面的影响。

3. 政府的关心程度越高，移民的文化适应就越好。

---

① 叶继红：《农民集中居住、文化适应及其影响因素》，《社会科学》2011 年第 4 期。

② 风笑天：《生活的移植——跨省外迁三峡移民的社会适应》，《江苏社会科学》2006 年第 3 期。

下面，本课题通过多元线性回归分析方法验证上述假设。

（二）统计模型的建立与结果

为了探讨影响西南民族地区易地扶贫搬迁移民文化适应的具体因素，本课题以易地扶贫搬迁移民的个体特征、搬迁特点、社区环境与政府政策为自变量，以易地扶贫搬迁移民的文化适应因子得分为因变量进行多元线性回归分析。其中模型 1 为基准模型，用来考察易地扶贫搬迁移民个体特征对其文化适应状况的影响，模型 2、模型 3 和模型 4 则分别考察易地扶贫搬迁移民搬迁特点、社区环境与政府政策对文化适应状况的影响程度（回归分析结果见表 4–27）。

表 4–27　以易地扶贫搬迁移民文化适应因子得分为因变量的多元线性回归分析模型

自变量	因变量 = 文化适应水平			
	模型 1	模型 2	模型 3	模型 4
	B（SE）	B（SE）	B（SE）	B（SE）
个体特征				
年龄	0.117 （0.210）	0.113 （0.216）	0.069 （0.225）	−0.054 （0.239）
年龄平方项	−0.002 （0.002）	−0.003 （0.002）	−0.002 （0.002）	−0.001 （0.002）
性别[a]	−0.207 （1.237）	−0.208 （1.259）	0.203 （1.303）	0.524 （1.340）
受教育程度[b]				
初中	2.469 （1.503）	2.594 （1.526）	2.451 （1.597）	2.287 （1.683）
高中	2.032 （2.445）	3.376 （2.474）	2.266 （2.552）	2.274 （2.653）
大专	2.828 （3.299）	3.863 （3.340）	2.963 （3.316）	2.846 （3.479）

续表

自变量	因变量 = 文化适应水平			
	模型 1	模型 2	模型 3	模型 4
	B（SE）	B（SE）	B（SE）	B（SE）
民族成分[c]				
苗族	−4.056** (2.061)	−3.708* (2.238)	−2.562* (2.305)	−2.621* (2.405)
布依族	−4.637** (2.296)	−4.367* (2.392)	−4.993** (2.456)	−4.035* (2.503)
瑶族	−2.008 (3.097)	−1.926 (3.291)	−1.579 (3.293)	−3.926 (3.405)
侗族	−4.962** (2.431)	−5.900** (2.662)	−7.063** (2.747)	−6.199** (2.827)
彝族	−10.359**** (1.719)	−10.349**** (1.982)	−12.251**** (2.084)	−13.940**** (2.270)
其他	−5.486*** (2.038)	−4.689** (2.108)	−7.065*** (2.352)	−8.387*** (2.435)
搬迁特点				
搬迁时间	——	0.386** (0.179)	0.356* (0.191)	0.348* (0.201)
安置点类型[d]				
集镇	——	−0.903 (1.893)	−0.332 (1.954)	−0.232 (1.998)
县城	——	−4.060** (1.803)	−2.074** (1.964)	−2.601** (2.061)
社区环境				
本地人态度	——	——	5.109**** (1.396)	3.915*** (1.462)
社区工作人员态度	——	——	1.082 (0.707)	0.962 (0.783)
治安状况	——	——	3.210*** (0.999)	2.820*** (1.047)

续表

自变量	因变量 = 文化适应水平			
	模型 1	模型 2	模型 3	模型 4
	B（SE）	B（SE）	B（SE）	B（SE）
政府政策				
就业扶持[e]	——	——	——	2.695 （2.123）
最低生活保障[f]	——	——	——	3.190** （1.630）
政府关心程度	——	——	——	2.511**** （0.695）
（常量）	78.296**** （5.036）	79.467**** （5.224）	78.566**** （6.502）	76.182**** （6.938）
Adjusted R2	6.3%	9.4%	12.7%	15.6%
F	5.766****	5.224****	6.313****	5.609****

注：（1）* P ＜ 0.1，** P ＜ 0.05，***P ＜ 0.01，****P ＜ 0.001。（2）a 参照类别为“女性”，b 参照类别为“小学及以下”，c 参照类别为“汉族”，d 参照类别为“村寨”，e 参照类别为“无就业扶助”，f 参照类别为“无最低生活保障”。

就回归模型的解释力而言，模型 1 中纳入易地扶贫搬迁移民“个体特征”这一变量后，整个模型的解释力为 6.3%，而从模型 2 与模型 1 的比较中可以发现，将“搬迁特征”这一解释变量纳入回归方程之后，回归模型解释力从 6.3% 提高到 9.4%；从模型 3 与模型 2 中得知，把“社区环境”纳入模型后，其解释力从 9.4% 提高到 12.7%；而从模型 4 与模型 3 的比较中可以发现，将“政策环境”这一解释变量纳入回归方程之后，回归模型解释力从 12.7% 提高到 15.6%。可见，每加入一个因子，回归模型的解释力逐渐提高。而先后加入这三个解释变量后，回归模型的解释力分别提高了 3.1%、3.3% 和 2.9%。可见，易地扶贫搬迁移民的个体特征、搬迁特点、社区环境与政府政策是预测其文化适应水平的重要因素。

1. 个体特征与易地扶贫搬迁移民的文化适应水平

从表 4–27 模型 1 中的多元线性回归分析结果可以发现，年龄、性别、受教育程度、文化程度等因素对文化适应的影响没有显著性。而“民族成分”变量对易地扶贫搬迁移民的文化适应水平施加显著的影响。具体而言，“苗族”“布依族”“侗族”“彝族”和“其他”的非标准化回归系数分别为 –4.056（P<0.05）、–4.637（P<0.05）、–4.962（P<0.05）、–10.359（P<0.001）和 –5.486（P<0.01），这意味着与“汉族”易地扶贫搬迁移民相比，“苗族”“布依族”“侗族”“彝族”和“其他”少数民族易地扶贫搬迁移民的文化适应因子得分将分别低 4.056 分、4.637 分、4.962 分、10.359 分和 5.486 分。在这些民族成分中，只有瑶族对其文化适应没有显著性影响。

模型 1 的结果证实了假设中的分假设 4（汉族易地扶贫搬迁移民的文化适应水平高于少数民族易地扶贫搬迁移民），否定了该假设中的分假设 1（教育程度越低，易地扶贫搬迁移民的文化适应水平越低，教育程度越高，易地扶贫搬迁移民的文化适应水平也越高）、分假设 2（中青年易地扶贫搬迁移民的文化适应水平高于老年易地扶贫搬迁移民的文化适应水平）和分假设 3（女性易地扶贫搬迁移民的文化适应水平低于男性易地扶贫搬迁移民的文化适应水平）。郑杭生认为文化震惊是生活在某一种文化中的人初次接触到另一种文化模式时所产生的思想上的混乱与心理上的压力。[①] 周晓虹指出，社会学家和文化人类学家将由于内在的文化积累或外在的文化移入引起的急剧的变迁对人的心理生活的冲击与震动称作“文化震荡”[②]。托夫勒把文化震荡描述为人们在一个极短的时间里承受过多的变化以后，感到压力重重 、晕头转向 、不知所措的现象。[③] 文化相遇时是否发生“文化震荡”以及如果发

① 郑杭生：《社会学概论新修》，中国人民大学出版社 2013 年版，第 76 页。

② 周晓虹：《现代社会心理学多维视野中的社会行为研究》，上海人民出版社 1997 年版，第 527 页。

③ 托夫勒：《第四次浪潮》，九州出版社 1996 年版，第 161 页。

生“文化震荡”其程度的大小由什么原因引起？一般有两个重要的因素：第一就是文化差异的程度；第二就是个体的异文化体验经历。两种不同文化的差异越大，发生“文化震荡”的可能性就越大，个体越缺少不同文化体验经历，发生“文化震荡”的可能性越大。过去，大多数西南民族地区的少数民族都居住在比较偏僻的山区，与外界接触少。随着我国现代化城市化发展，这些地区很多少数民族特别是年轻人外出打工求学的越来越多，过去传统的封闭式的生活模式也发生了一定程度的改变。但这主要发生在青壮年群体。因此这些民族的异文化体验是有限的。此外，就文化差异来说，瑶族之所以文化适应的影响不显著，其实并不与上述两个因素有关，而是与本课题的样本有关。样本中的瑶族几乎全部来自贵州省黔南州荔波县的瑶乡，搬迁距离很近，基本没有离开瑶族文化圈，因此基本不存在文化适应问题。而苗族、布依族和侗族样本来源稍微复杂一点，有近距离的，也有远距离的。很大部分是县城安置的，例如，苗族移民的样本中有66%来自安置在贵州省榕江县城安置点和黎平县城薛家坪安置点。彝族虽然来源和瑶族一样比较单一，安置点全部都是一个民族，但却是远距离安置，86.1%的移民（四川凉山州）搬迁距离在100公里以外。而本课题中的布依族样本，则主要来自贵州省镇宁县城附近的一个比较发达的集镇安置点，离县城只有15分钟车程。因此，这几个民族搬迁后面临一定程度的与当地的文化差异。其中特别是苗族和布依族不仅离开了原来的文化圈，还面临很大的城市文化和乡村文化、汉族文化的差异。周晓虹认为，对于每一个从传统乡村进入城市的人来说，城市文化都会成为一种全新的社会化力量。[①] 陈晓毅的研究发现，居住空间以及生产、生活方式等方面的改变，给进入城市的少数民族本身已经非常熟悉的文化带来了较大冲击。而文化冲击的强烈程度又和这些流动人口自身携带的文

① 周晓虹：《传统与变迁——江浙农民的社会心理及其近代以来的嬗变》，生活·读书·新知三联书店1998年版，第263页。

化与城市文化的文化距离有着密切的联系。[①] 综合上述分析，就可以理解除了瑶族外，其他少数民族易地扶贫搬迁移民文化适应水平都比汉族易地扶贫搬迁移民的文化适应水平低了。

2. 搬迁特点与易地扶贫搬迁移民的文化适应水平

从表 4–27 模型 2 中多元线性回归分析的结果可以看出，易地扶贫搬迁移民的“搬迁时间”变量通过了 5% 水平的显著性检验，其非标准化回归系数为 0.386（$P<0.05$），这意味着易地扶贫搬迁移民的搬迁时间对文化适应状况施加显著的正向影响。具体而言，易地扶贫搬迁移民搬迁时间每增加 1 年，其文化适应因子得分将显著地提高 0.386 分。

另外，易地扶贫搬迁移民的安置点类型，尤其是县城安置对文化适应水平施加显著影响。“县城”变量通过了 5% 水平的显著性检验，其非标准化回归系数为 –4.060（$P<0.05$），这意味着县城安置对易地扶贫搬迁移民的文化适应水平施加着显著的影响。具体而言，与安置在“村寨”的易地扶贫搬迁移民相比，安置在“县城”的易地扶贫搬迁移民的文化适应因子得分将降低 4.060 分。

模型 2 的结果证实了假设二中的分假设 1（县城安置的移民文化适应水平低于村寨安置的移民文化适应水平）以及分假设 2（搬迁时间越长易地扶贫搬迁移民的文化适应程度越高）。

一般来说，随着时间的推移，日常生活的适应是比较容易达到的。[②] 随着搬迁时间的延长，移民社会适应的状况逐渐向好的方向发展。[③] 李婷婷、张杏梅研究宁夏易地扶贫搬迁移民居住文化适应时发现，对于居住文化的变

① 陈晓毅：《城市外来少数民族文化适应的三层面分析模式——以深圳“中国民俗文化村”员工为例》，《贵州民族研究》2005 年第 5 期。

② 风笑天：《“落地生根？”——三峡农村移民的社会适应》，《社会学研究》2004 年第 5 期。

③ 风笑天：《生活的移植——跨省外迁三峡移民的社会适应》，《江苏社会科学》2006 年第 3 期。

化，大部分人刚迁入时很不适应，有过返迁想法，但随着时间的推移适应性逐渐增强，移民已经比较认可当地的居住文化，并积极投入居住文化的重建中，以谋求进一步发展。[①]沈洁认为，较长的居留时间（年数）可以扩大移民的接触面，大大增加其融入城市的机会。[②]从本章第一部分的数据可以看到，西南民族地区易地扶贫搬迁移民语言交流基本没有障碍。搬迁后虽然某些群体在某些方面与安置点的文化有所差异，但随着时间的推移，移民会较快的习得当地习俗，调整自己，适应当地文化。

比较村寨安置，县城安置的易地扶贫搬迁移民文化适应较低。桑才让研究指出，乡镇所在地的易地扶贫搬迁移民和当地居民的关系相对密切，文化适应程度也相对高一些，而移入城市和城镇的易地扶贫搬迁移民与当地居民的文化差异较大，文化适应的状况较差。[③]

其实这点与上述的民族文化适应类似。从本课题来看，县城安置大多属于远距离安置，原居地和安置点之间的文化差异就比村寨安置的大很多。不仅如此，对于移民而言，县城安置对移民不仅意味着民族文化的跨越，也意味着城乡文化（即现代化与传统）的跨越。移民不仅要克服两地传统文化的平行差距带来的不适，还要克服传统与现代化之间历史差距的不适。很多在城市居民看来已经是习惯了的现代化生活要素，在移民看来可能完全是个新的需要学习的生活技能。例如课题组在贵州省榕江县古州镇丰乐社区调研的时候，很多移民反映的生活不适应包括：电器使用（电饭煲、煤气灶、洗衣机等）、卫生间的使用（厕所冲水和淋浴），等等。课题组调研的时候听到很多不适应现代化城市生活的移民的故事，例如有一家移民搬迁到县城的楼房住下后，家里来了很多客人祝贺乔迁之喜，家里的老人就自己下楼去参观社

---

① 李婷婷、张杏梅：《宁夏生态移民居住文化适应情况调查——以宁夏红寺堡区弘德村为例》，《山西师范大学学报（自然科学版）》2018 年第 3 期。

② 沈洁：《当代中国城市移民的居住区位与社会排斥》，《城市发展研究》2019 年第 6 期。

③ 桑才让：《对三江源生态移民文化适应性问题的调查与思考》，《攀登》2011 年第 6 期。

区。因为家里客人多谁也没有注意到老人出门了，结果到晚上天黑了客人都走了，家里人才发现老人失踪了。全家人下楼寻找很久才发现，老人已经又累又饿，非常无助地坐在小区一棵树下。原来老人下楼后刚转了一圈，就记不清是从哪栋楼哪个电梯出来的了，别人问她门牌号码她也不知道。对于来自深山中民族村寨的老人来说，原居地没有街道不需要门牌号，没有高楼，也没有见过电梯。这些对于城市人来说已经是日常生活一部分的现代元素，在他们那里却是文化适应的障碍。

由于县城的安置房基本上都是楼房，这对于移民来说在居住习俗上是一个非常大的转变。房子面积小，没有房前屋后的空间，活动空间受阻，已经习惯用的物品没有地方堆放，等等，给移民带来了一定的压抑感。此外，过去传统的生活习惯也因为楼房居住必须发生相应的变化：房前屋后没有了空间，因此家庭小型的养殖没有了，自供的蔬菜也没有了，一切消费品都需要购买。过去休闲时间就是房前屋后收拾柴火、猪食、种植葱蒜、放养鸡鸭的时间，现在这些活动内容全部没有了条件，休闲时间就是看电视或者发呆。因此，尽管本章第一部分的单变量分析中显示，西南民族地区易地扶贫搬迁移民搬迁后在文化内容的很多方面与原来差距不大，但是城乡差别导致的生活不适是存在的。这应该是县城安置影响显著的根本原因。

3. 社区环境与易地扶贫搬迁移民的经济适应水平

从表 4–27 的模型 3 中的多元线性回归分析结果可以发现，“本地人态度”和“治安状况”变量对易地扶贫搬迁移民的文化适应水平有显著的影响。

“本地人态度”变量通过了 1‰水平的显著性检验，其非标准化回归系数为 5.109（P<0.001），这意味着本地人态度对易地扶贫搬迁移民文化适应水平施加着显著的正向影响。具体而言，本地人态度每提高一个等级，易地扶贫搬迁移民文化适应因子得分将显著地提高 5.109 分。

“治安状况”变量通过了 1% 水平的显著性检验，其非标准化回归系数为 3.210（P<0.01），这意味着治安状况对易地扶贫搬迁移民文化适应状况施加着显著的正向影响。具体而言，安置社区的治安状况每提高一个等级，易地扶贫搬迁移民文化适应因子得分将显著地提高 3.210 分。

模型 3 的结果证实了假设三的分假设 1（本地人对易地扶贫搬迁移民的态度越好，易地扶贫搬迁移民的文化适应越好）和分假设 3（社区治安状况越好，易地扶贫搬迁移民的文化适应越好），否定了分假设 2（社区工作人员对易地扶贫搬迁移民的态度越好，易地扶贫搬迁移民的文化适应越好）。

本地人对移民的态度，包括对移民不同的文化习俗和生活习惯的接纳和容忍。如果本地人对来自边远山区的移民及随其而来的文化习俗不歧视，自然就能使移民搬迁后比较容易地融入当地社区。马伟华发现在川区，安置点当地人与移民之间的社会互动过程中，当地人的地域优越感不断的在一些场合得以彰显。对于当地人而言，移民仍然代表着贫穷、落后与野蛮。[①] 在本课题的访谈和调查中发现，类似现象在西南民族地区不是很大的问题。访谈中会发现当地人对移民有“他们”和“我们”之分，这种群体之间的界限在于安置点与当地人村寨之间有一定距离以及移民身份有关。但类似马伟华发现的川区的现象在这里不是很严重。主要原因还是与大多数移民的搬迁是在行政村范围或者集镇，当地人对移民搬迁前的基本情况是有基本印象的。课题组了解到一些移民还与当地人在搬迁前就认识或者甚至是亲友关系。移民与当地的文化主要的差异还在于城乡生活方式和习惯的差异。因此当地人如果能够接纳移民，善意地帮助他们度过最初落地时面临的生活习惯等方面的差异所带来的不适，学会安置点新的一些生活方式，那么移民的文化适应就容易很多。所以当地人态度与移民的文化适应自然就是正向发展的关系。同理，社区治安涉及移民的安居乐业是否有保障，社区治安越好，移民就越

① 马伟华：《生态移民与文化调适：西北回族地区吊庄移民的社会文化适应研究》，民族出版社 2011 年版。

能适应安置点日常生活习惯。

4. 政府政策与易地扶贫搬迁移民的文化适应水平

从表 4–27 模型 4 中的多元线性回归分析结果可以发现，“最低生活保障”和“政府关心程度”变量对易地扶贫搬迁移民的文化适应水平施加显著的影响。

“最低生活保障”变量通过了 5% 水平的显著性检验，其非标准化回归系数为 3.190（P<0.05），这表明与没有最低生活保障的易地扶贫搬迁移民相比，有最低生活保障的易地扶贫搬迁移民的文化适应因子得分将提高 3.190 分。

“政府关心程度”变量通过了 1‰水平的显著性检验，其非标准化回归系数为 2.511（P<0.001），这意味着政府关心程度对易地扶贫搬迁移民的文化适应水平施加着显著的影响。具体而言，政府对易地扶贫搬迁移民的关心程度每提高一个等级，易地扶贫搬迁移民的文化适应因子得分将显著地提高 2.511 分。

模型 4 的结果证实了假设四的分假设 2（政府提供的最低生活保障，对移民的文化适应会产生正面影响）和分假设 3（政府的关心程度越高，移民的文化适应就越好），否定了分假设 1（政府提供的就业扶持，对移民的文化适应会产生正面的影响）。

就最低生活保障因素来看，如上所言，移民搬迁后，无论是村寨安置、集镇安置还是县城安置，其生活方式都发生了很大的变化。其中特别是过去那种家庭小规模的种植和养殖条件不再存在，家庭支出大幅度增加。政府的最低生活保障可以一定程度上缓解移民这种因为生活环境导致的生活方式变化带来的生存压力，从而自然就缓解了移民生活方式变迁带来的文化不适。政府的关心是多方位的，其中特别是在移民的文化保护和传承方面。本章的前面部分用了很多笔墨介绍了各地政府对少数民族易地扶贫搬迁移民文化的保护和传承方面做的努力，政府的这些努力除了客观上对移民传统文化的保护有着很重要的作用之外，主观上也缓解了移民搬迁后的文化不适。例如，如果彝族搬迁后没有举行火把节的场所，可能就会出现搬迁后的文化失落感。所以政府在这方面的努力自然对移民的文化调适会起着正面的作用。

第三节　结论与讨论

一、结论

通过上文对易地扶贫搬迁移民文化适应的特征及影响因素的分析，本课题得出以下结论：

第一，西南民族地区易地扶贫搬迁移民的文化适应水平较高（因子平均得分为 76.18）。

总体来看，西南民族地区易地扶贫搬迁移民在原居地的文化，包括语言、节日庆典、服饰和饮食等习俗实际上在搬迁前就已经出现大众化趋势，加上大多数移民的搬迁距离都不是很远，所以搬迁后与安置点文化差异不是很大，因而搬迁后没有出现较大的文化适应困难。有点差距和适应困难的主要表现在老年群体。但移民搬迁后在居住习俗和休闲方式方面还是出现了比较大的变迁，移民的文化适应困难也比较集中表现在这两个方面。

第二，影响因素中，本课题涉及的四个层面，包括个体特征、搬迁特点、社区环境和政府政策中，所有因素对易地扶贫搬迁移民文化适应产生影响。例如，个体特征中的民族因素、搬迁特点中的搬迁时间和县城安置模式、社区环境中的本地人态度和社区治安、政府政策中的社会保障和政府关心程度都各自从不同角度、不同方面对易地扶贫搬迁移民的文化适应产生了不同程度和不同方向的影响。

二、讨论

从上述分析可以知道，就文化适应来说，县城安置给移民带来的是负效应。县城安置的移民文化适应低于村寨安置的移民，意味着就本课题的个案，虽然原居地和安置点文化差距不大，但是城乡文化差距比较大。因为城市里拥有大量包含现代性的因素，这些现代性因素对人们的生活、文化必然产生重要影响。[①] 同时，数据还显示，相对于村寨安置，集镇安置在移民的文化适应方面影响不显著。本课题第三章曾就城镇化安置问题进行过初步的讨论。因为安置点特征对西南民族地区易地扶贫搬迁移民的经济适应没有影响。意味着比起村寨安置和小城镇安置，县城安置对移民的经济适应并没有优势。结合经济部分的分析，本课题认为就文化适应来说，移民安置点的选择最好不要一刀切。既然在县域经济发展还不充分的情况下，和集镇比较起来县城安置对移民的生计并没有优势，不能为移民提供充足的就业岗位，那么移民安置可以充分利用集镇和小城镇的优势，既能把移民从恶劣的生态环境中搬出来，让移民能够享受生活的便利，享受较好的教育资源和医疗条件；也可以兼顾老家的土地，以便搬迁后就业出现困难时能有家庭基本生存的保障。同时，由于集镇距离移民原居地不远，大多属于同一文化圈，文化差异不大，从而移民搬迁后文化习俗也比较容易适应。

此外，无论县城安置还是集镇或者中心村安置，移民的生活方式和谋生方式已经在朝城市模式靠近。城市里的规范制度、生活习俗等方面的差异，使得进入城市的边远山区移民必须积极调适自身的文化，以使自己能够逐渐融入城市。从政府的角度而言，在易地扶贫搬迁移民的文化适应策略方面，本课题认为政府应该重视文化差异问题的研究，尽量减少、化解文化差异造成的文化冲突，创造良好的外部环境，才能使移民的文化适应有可靠的基础

① 马伟华：《生态移民与文化调适：西北回族地区吊庄移民的社会文化适应研究》，民族出版社 2011 年版。

保障。[①] 例如，通过适当措施提高移民的语言交流能力和文化水平，有利于增加其社会适应能力。[②] 重建移民的精神家园，帮助他们缓解由文化不适应带来的震荡和心理压力，以增加移民的文化适应能力。[③] 同时，采取各种办法大力发展民族文化，加强对移民文化的尊重和建设。例如，对少数民族移民的民族文化活动提供专门场地、多组织不同民族的文化活动等，移民的文化才能得到传承，对移民的文化适应也才有促进作用。

① 韦仁忠:《草原生态移民的文化变迁和文化调适研究——以三江源生态移民为例》,《西南民族大学学报（人文社会科学版）》2013 年第 4 期。

② 杨萍等:《三江源区生态移民适应问题研究》,《青海环境》2013 年第 2 期。

③ 桑才让:《对三江源生态移民文化适应性问题的调查与思考》,《攀登》2011 年第 6 期。

第五章　西南民族地区易地扶贫搬迁移民的心理适应

国内有关移民的研究大多关注于移民的安置问题、移民的政策问题、移民的社会适应以及移民的可持续发展问题等，对移民的心理研究相对较少。一些研究有涉及移民心理研究的，但多集中在对城市农民工和水库移民这类农村移民群体，针对易地扶贫搬迁移民的心理研究较少。研究主题方面，已有研究多关注移民心态及其特点、心理满意度、心理需要等方面。而且大多是在研究社会融入或者社会适应的时候把心理适应作为其中的一个维度进行研究。[①] 杨菊华认为中国农民工在城市融入度中，心理融入的程度普遍较低。[②] 李培林、田丰以及何军分别通过社会融入的代际比较也发现，农民工的心理融入比较困难。[③] 刘有安借用跨文化专家霍夫斯塔德的"洋葱文化论"（即多层文化论）解释移民的心理适应属于"深层适应"，而一般的"语言""饮

① 佐斌：《迁移者的心灵——三峡库区移民的社会心理研究》，华中师范大学出版社 2002 年版。

② 杨菊华：《从隔离、选择融入到融合：流动人口社会融入问题的理论思考》，《人口研究》2009 年第 1 期。

③ 李培林、田丰：《中国农民工社会融入的代际比较》，《社会》2012 年第 5 期；何军：《代际差异视角下农民工城市融入的影响因素研究——基于分位数回归方法》，《中国农村经济》2011 年第 6 期。

食”和“服饰”等文化适应则属于“表层适应”，所以需要时间。[①] 田凯根据马斯洛关于心理需求地位的评价，也认为农民工心理上对城市的认同感和归属感，是“适应的一个较高层次的具有相对稳定性的心理特征”[②]。朱力把进城农民工的社会适应划归为三个层次，即“经济层面、社会层面和心理层面”，认为这三个层面是依次递进的关系。心理层面上的适应“属于精神上的，它反映出进城农民工对城市化生活方式等的认同程度”，也“反映了农民工参与城市生活的深度”。因此“只有在心理上也适应了”，才能实现“由农村人转化为城市人这一社会化过程的完成”[③]。

在对水库移民的研究中，秦朝均等通过对龙滩库区农村移民的心态状况进行了调查，分析了各类心态对移民安置产生的影响，并探讨了其内在的规律性[④]。

风笑天发现在移民社会适应中，比较日常生活、生产劳动和经济发展几个维度，心理融合要缓慢滞后一点。[⑤] 总之，学者们基本认同移民的心理适应是深层次的问题，因此相比较移民社会融合或适应的其他方面，心理适应比较滞后。

上述研究虽然比较零星分散，但是其研究和视角结论为本课题研究提供了宝贵的借鉴。

① 刘有安：《论移民文化适应的类型及心理变化特征——以新中国成立后迁入宁夏的外地汉族移民为例》，《思想战线》2009 年第 6 期。

② 田凯：《关于农民工的城市适应性的调查分析与思考》，《社会科学研究》1995 年第 5 期。

③ 朱力：《论农民工阶层的城市适应》，《江海学刊》2002 年第 6 期。

④ 秦朝均、肖平：《水库移民研究与评价——以龙滩水电工程为例》，华中科技大学出版社 2011 年版。

⑤ 风笑天：《“落地生根？”——三峡农村移民的社会适应》，《社会学研究》2004 年第 5 期。

第一节　西南民族地区易地扶贫搬迁移民心理适应的因子分析

关于心理适应概念，贾晓波认为比较完整的表述是："当外部环境发生变化时，主体通过自我调节系统做出能动反应，使自己的心理活动和行为方式更加符合环境变化和自身发展的要求，使主体与环境达到新的平衡的过程。"[①]心理适应包含个体的心理、生理及其与环境互动的一系列过程和结果。心理适应存在两种研究取向：一是强调心理适应的内在机制的过程取向；二是注重外部环境的影响取向。无论是哪一种取向，其最终结果都是关注个体更优的适应与发展状态。本课题关于西南民族地区易地扶贫搬迁移民的心理适应不考虑个体的内在心理机制，而是关注易地搬迁后环境对个体的心理影响。本课题因此将心理适应定义为个体与环境互动过程中形成的较为稳定的、内心的和谐与平衡的状态。

在关于移民心理适应的内容方面，佐斌在其《迁移者的心灵——三峡库区移民的社会心理研究》中将三峡库区移民的社会心理具体分解为移民的迁移态度、思想品德素质、迷信心理及行为、需要类型、价值观水平、传统与现代性水平、审美心理、消极心理等方面。风笑天借用因子分析法，概括出了"对住房满意状况、是否怀念搬迁前居住的地方和是否怀念搬迁前的熟人"作为测量心理适应的指标。[②]邵安银、刘嫣从移民主体的角度，借助"契合度"概念，用经济活动适应性、生活方式适应性、社会交往适应性三个方面作为移民的心理融合测量指标[③]。在解彩霞的调查中，移民的身份认同是考

① 贾晓波：《心理适应的本质与机制》，《天津师范大学学报（社会科学版）》2001 年第 1 期。

② 风笑天：《"落地生根？"——三峡农村移民的社会适应》，《社会学研究》2004 年第 5 期。

③ 邵安银、刘嫣：《三峡工程农村外迁移民心理适应性现状分析——以湖北省荆州市江陵县北闸移民村为例》，《广西农学报》2013 年第 2 期。

察其心理的一个指标[①]。

根据上述关于移民心理适应的内容或测量指标的划分，心理适应大致可分为对于安置点和原住地的生活比较；对于自己是哪里人的认同；心理健康和心理适应的相关性。因此，围绕上述关于移民心理适应的界定，借助上述关于移民心理适应测量指标的研究，本课题把易地扶贫搬迁移民心理适应的测量指标总结为以下三个方面：对家乡的依恋感、安置点认同感和心境。对家乡的依恋感是个比较复杂的集体情绪，既有怀旧的意义，也有回归的情绪。社会学视角下的归属感，注重个体在组织或系统中的身份标签。从精神层面上来讲，归属是与某个客观实在或是地点的形而上学的关系。一定意义上，对安置点人的身份认同其实就是移民对安置点的归属感。身份认同是个体意识到自己是某个群体的一分子，是群体凝聚力的重要因素之一。身份认同过程就是追求与他人（或他们）相似或者与他人（他们）相区别的过程，过程中实际上就确定了个体或集体的边界，人们也就获得了社会关系网中的位置；心境也称为心情，是一种使人的所有情感体验都感染上某种色彩的较持久而又微弱的情绪状态，是一种影响个体行为和心理体验的情绪倾向。心境对人的生活、学习、工作等影响较大，具有长期性和弥散性，在一定程度上决定着个体的情绪状态。

一般来说，测量群体适应程度的方法有两种：单变量分析法和指数分析法[②]。单变量分析主要集中在单变量的描述和统计推断两个方面，在于用最简单的概括形式反映出大量样本资料所容纳的基本信息，描述样本数据中的集中或离散趋势。而指数分析法是利用指数体系分析各影响因素变动对总指数的影响方向和程度，以及各因素对总指标影响数额的一种分析方法。单

① 解彩霞：《三江源生态移民的社会适应研究——基于格尔木市两个移民点的调查》，《青海社会科学》2009 年第 3 期。

② 杨菊华：《流动人口在流入地社会融入的指标体系——基于社会融入理论的进一步研究》，《人口与经济》2010 年第 2 期。

变量分析可以全面、细致的分析易地扶贫搬迁移民的心理适应状况，但是失去了在整体上、系统上说明移民心理适应的可能性。因此，本课题选用指数分析法，以期综合说明西南民族地区易地扶贫搬迁移民心理适应的现状、特征、变化趋势和影响因素。

本课题选取家乡依恋感、身份认同感和心境这三个因素，作为西南民族地区易地扶贫搬迁移民心理适应的测量指标；然后，对心理适应三个指标下的变量进行因子分析，提取出一个衡量易地扶贫搬迁移民心理适应的综合性指标。因子分析要求变量之间具有较高的相关性，因此需要对原始变量做相关性分析。本研究采用的是 KMO 和 Bartlett 球形检验法。

表 5-1　KMO 和 Bartlett's 球形检验结果

KMO 值		**0.565**
Bartlett's 球形检验	Approx.Chi-Square	91.342
	DF	3
	P	0

KMO 抽样适度测定值用于研究变量之间的偏相关性，一般认为 KMO 值越接近 1，表明进行因子分析的效果越好，而 0.5 以下不宜做因子分析。通过 KMO 和 Bartlett 球形检验法进行检验，结果得出 KMO 值为 0.565，巴特利特（Bartlett）球形检验的卡方值为 91.342，$P<0.001$，拒绝了相关系数矩阵为单位矩阵的假设，表明各指标之间可能共享潜在因子。因此，正式调查数据适合进行因子分析。

然后，运用主成分分析的方法对上述 3 个易地扶贫搬迁移民心理适应指标进行因子分析，分析过程中保证特征根取值大于 1、以因子负荷值 0.4 作为取舍点，根据碎石图判断抽取 1 个因子。因为易地扶贫搬迁移民的家乡依恋感、身份认同感和心境 3 个指标主要从不同方面反映其搬迁后的心理适应状况，本课题根据因子负载情况将其命名为“心理适应”因子，3 个指标的共量分别为 0.424、0.388 和 0.537，新因子累计方差贡献率为 49.9%，这表明 3 个指标经过因子分析后信息丢失都较少，有两个测量指标在对应因子上的因子负荷大于 0.4，因子分析效果较好，因而具有较高的信度和效度（见表 5–2）。

表 5–2 易地扶贫搬迁移民心理适应的因子分析

测量指标	心理适应因子	共量
家乡依恋感	0.651	0.424
身份认同感	0.623	0.388
心境	0.733	0.537
特征值	1.349	
解释方差	44.97%	
巴特利特球形检验（Bartlett）	91.342	
DF	3	
KMO	0.565	
P	0	

注：提取方法为主成分分析。

为了在研究过程中便于更直观地展示易地扶贫搬迁移民心理状况水平及进一步进行比较分析，本课题借鉴已有的研究方法将易地扶贫搬迁移民心理适应的初始因子值进行转换，将其转换为范围在 1 至 100 之间的指数。根据统计分析结果可知，易地扶贫搬迁移民心理适应因子的平均得分为 63.50 分，其标准差为 20.13（见表 5–3）。

表 5–3 易地扶贫搬迁移民心理适应因子得分的描述性分析

	均值（M）	标准差（SD）
心理适应	63.5	20.13

第二节　西南民族地区易地扶贫搬迁移民心理适应的现状及特征

本课题从以下三个角度考察西南民族地区易地扶贫搬迁移民心理适应的现状和特征。首先，心理适应的整体现状和维度现状。心理适应整体特征主要考察西南民族地区易地扶贫搬迁移民的心理状态，反映的是总体的特征；心理适应的维度特征主要考察西南民族地区易地扶贫搬迁移民对家乡的依恋感、对安置点的归属感和心境状态，反映的是心理适应的局部特征。其次，是心理适应的横向比较特征。本课题中涉及的横向比较变量有：性别、居住时间、搬迁距离、安置点点、安置点类型和年龄，将从这六个方面分析西南民族地区易地扶贫搬迁移民的特征。最后，心理适应的纵向发展特征。西南民族地区易地扶贫搬迁移民的心理适应并不是静态的，而是在各种环境、内在因素的影响下，处于一个发展变化的过程，是动态的。因此，分析移民心理适应的纵向发展特征对了解其心理变化有着巨大的作用。

一、心理适应的整体现状和维度现状

（一）心理适应的整体特征

心理适应的得分范围是1—100分。根据表5-4显示，心理适应得分为41—60分的人数最多，占33%；人数第二的为61—80分的群体，占比32.7%。往下依次为心理适应得分为81—100分、21—40分、1—20分的群体，分别占比为20%、12.2%、2%。同时，心理适应得分大于60分的人数占到总人数的52.7%。其中，20%的移民得分达到81—100分，心理适应程度达到最好水平，可见，绝大部分易地扶贫搬迁移民心理适应良好。另外，有47.2%的移民心理适应得分低于60分；有2%的移民心理适应较差，其心理适应得分为1—20分。上述数据表明，西南民族地区易地扶贫搬迁移民的心理适应总体向好，但是仍有一部分移民心理适应较差，甚至还有一小部分移民心理适应程度很差。

表 5–4　移民的心理适应得分情况

心理适应得分	频率	百分比
1—20	21	2
21—40	126	12.2
41—60	340	33
61—80	336	32.7
81—100	206	20
总计	1029	100

移民从生态脆弱地区或者自然条件恶劣地区搬迁到基础设施相对完善，社会经济相对发达的地方不仅住房条件、出行条件都改善了，孩子上学、家人就医也方便了。搬迁后的生活环境大大优于原居地，且生活便利性大大提高，这些都有益于移民对搬迁地的心理适应。

（二）西南民族地区易地扶贫搬迁移民心理适应的维度特征

首先，西南民族地区易地扶贫搬迁移民对安置点的认同感方面，课题组用"您认为自己是本地人（即安置点的人）还是外地人"来了解，根据表 6–5 显示，绝大多数移民对安置点的认同感比较高，78.8% 的人明确表示自己是安置点本地的人，还把自己当作是外地来的人的比例只有 15.7%，说明大部分西南民族地区易地扶贫搬迁移民对安置点具有了归属感。

表 5–5　移民的身份认同情况

	频率	百分比
外地人	162	15.7
说不清	57	5.5
本地人	810	78.8
合计	1029	100

在移民对原住地的依恋感方面，课题组用“您是否怀念原来的地方”这个问题来调查移民这方面的感觉。一般认为，当移民还没有习惯安置点的生活时，移民会保持比较强的思乡情绪，对原住地的依恋感会比较重。当移民习惯甚至适应了安置点后，对安置点的认同感就会增强，对安置点的归属感也会上升，西南民族地区大多数移民对安置点有了认同感和归属感，意味着他们对安置点的生活已经开始习惯甚至比较适应了，也就意味着移民对原住地的依恋感也在减弱。表 5–6 反映的情况基本符合这一逻辑：表示对老家非常怀念的移民只有 22.8%，不到三分之一，大多数移民对老家的依恋感已经减弱。表示不怀念的移民达到 23.2%，48% 的人也只是有些怀念。所以总体看来，移民对原住地的依恋感已经大幅度得到缓解，思乡情绪不再那么浓烈。

表 5–6　移民对老家（原住地）是否怀念

	频率	百分比
非常怀念	235	22.8
有些怀念	494	48
说不清	61	6
不怀念	239	23.2
合计	1029	100

对移民的心境了解，课题组通过下面这个问题来衡量：“比较在原来的地方，您觉得在这里生活心情如何？”表 5–7 显示超过半数（54.8%）的移民表示搬迁到安置点生活后心情比原来好一些或者好了很多，表示搬迁后感觉自己的心情差了一点（6.5%）或者心情很不好的（2.8%）人数非常少，比例可以忽略不计。所以，总体来看西南民族地区易地扶贫搬迁移民搬迁到安置点后的心情普遍较好。

表 5–7　易地扶贫搬迁移民的自我心境评价

	频率	百分比
差很多	29	2.8
差一些	67	6.5
差不多	369	35.9
好一些	386	37.5
好很多	178	17.3
合计	1029	100

综上，结合三个方面的情况看，移民对安置点已经有较高的认同，思乡情绪已经弱化，在安置点生活的心情总体良好。充分说明西南民族地区易地扶贫搬迁移民的心理适应总体是良好的。不过从上述分析中可以看到，依然存在一些不统一的数据，也就是说，移民在三个方面的感觉有不统一的现象。为了分析对家乡的依恋感、对安置点的认同感和心境在不同心理适应组别的分布情况，课题组分别对依恋感、认同感和心境的数据进行了相关的分类处理。首先，依据心理适应得分，把移民分为五组。心理适应得分 1—20 分的移民为低心理适应组；心理适应得分在 21—40 分的为中低适应组；心理适应得分在 41—60 分的为中心理适应组；心理适应得分在 61—80 分的为中高心理适应组；心理适应得分在 81—100 分的为高心理适应组。其次，将依恋感、认同感和心境的分数进行标准化处理，转化为 Z 分。由于调查对象来自四个省份和地区，再加上依恋感、认同感和心境的计分方式不同，所以直接使用依恋感、认同感和心境分数进行分析是不合适的。故将依恋感、认同感和心境得分都转换为标准分，作为分析数据。

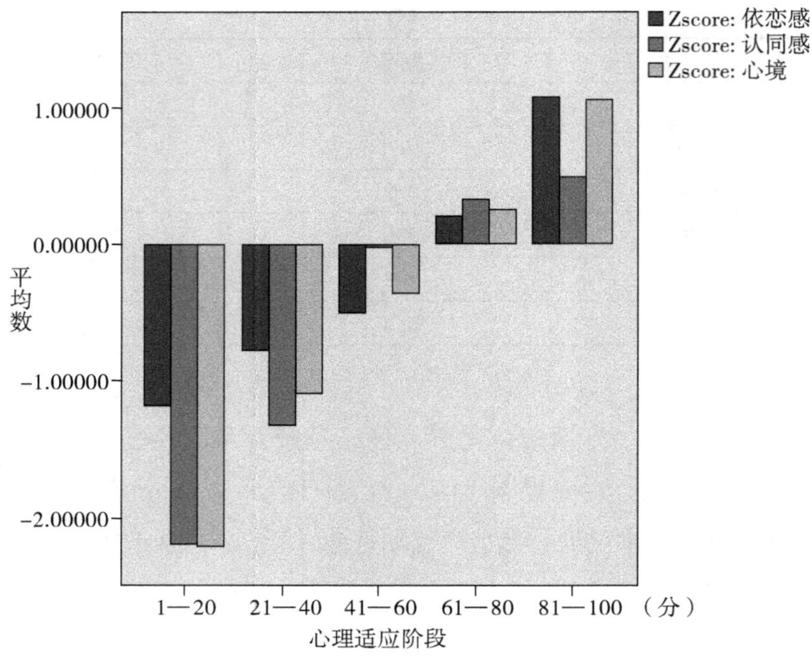

图 6-1　心理适应的分组得分

由图 5-1 可以看出，在不同的心理适应程度分类中，移民的依恋感、认同感和心境发展情况是不同的。在心理适应较差的两个群体中，低心理适应组（即得分为 1—20 分）的依恋感、认同感和心境在心理适应五个组当中得分最低，认同感和心境相对于依恋感来说得分更低。说明对这部分移民来说，搬迁引起了其身份认同的困惑以及一些不良的情绪状态。相比低心理适应组，中低心理适应组的依恋感、认同感和心境得到提升。中低心理适应组的认同感和心境由低于平均分 2 个标准差，到接近低于平均分 1 个标准差。中心理适应组的依恋感、认同感和心境继续提升。在中高心理适应组，移民的依恋感、认同感和心境都高于平均值。在高心理适应组，移民的依恋感、认同感和心境都为最高值。可见，依恋感、认同感和心境的发展程度并不同步。第一，不同分组中的移民心境差异较大，而依恋感和认同感的差异较小。

这说明依恋感和认同感，特别是身份认同感的建立是一个长期的过程。原居住地虽然生活条件差，但是与移民的生活习惯、精神诉求、社会关系网络、社会支持网络紧密联系着。所以对于新居住地的身份认同感的建立，将会是一个逐步递进的过程，不会一蹴而就。

二、心理适应的横向比较特征

这部分主要分析不同性别、不同年龄、不同居住时间、不同搬迁距离、不同安置点点、不同安置点类型的西南民族地区易地扶贫搬迁移民的心理适应差异。

（一）女性移民和男性移民在心理适应上没有差异

本课题采用独立样本 T 检验的分析方法，探讨男性和女性在心理适应程度上是否有差异。男性 607 人，其心理适应、依恋感、心境的平均分分别是 5.8072、2.21、3.59；女性 490 人，其心理适应、依恋感、心境的平均分分别是 5.9082、2.32、3.59（见表 5-8）。由于 P 值均大于 0.05，所以，无论是心理适应、依恋感、心境，男性和女性的得分均没有显著差异。

表 5-8　心理适应、依恋感、心境在性别上的差异检验

	性别	N	均值	标准差	F 值	P
心理适应	男	578	63.10	20.02	0.52	0.47
	女	451	64.01	20.27		
家乡依恋感	男	578	2.25	1.06	2.320	0.128
	女	451	2.35	1.06		
身份认同感	男	578	3.63	0.74	0.057	0.955
	女	451	3.63	0.73		
心境	男	578	3.60	0.04	0.009	0.924
	女	451	3.60	0.04		

这个结论与王丽萍、曾祥岚的研究结论略有不同。王丽萍等人调查宁夏易地扶贫搬迁移民的社会适应与心理健康现状时发现，不同性别易地扶贫搬迁移民的心理健康状况存在差异，男性易地扶贫搬迁移民的心理健康要好于女性移民的心理健康[①]。心理适应和心理健康存在着正相关的关系，一般来说心理适应越好，心理健康水平就越高[②]。本课题研究发现，女性与男性移民在心理适应方面没有差异，也就意味着心理健康的差异也不大。究其原因，女性较高的就业率对其心理适应起着正向的影响。本课题调查显示，在安置点就业的男性易地扶贫搬迁移民为73%，女性为76.5%，女性比男性高3.5%，就业率的提升意味着女性在家庭收入中贡献增大。收入的差距会导致社会比较，使得收入低的群体容易产生负面的心理体验和焦虑，进而影响身心健康[③]。随着女性收入的提高，其心理健康水平特别是心理适应程度也得到提高。此外，现居住地与原居住地相比，日常生活对体力劳动的需求大幅度下降，女性在生活中的便利性得到提高。这些因素都提升了女性移民对搬迁地的适应水平。

（二）两年以下居住时间是心理适应程度的最低点

为了探索不同居住时间在心理适应方面是否存在差异，研究采用单因素方差分析检验居住时间差异，本课题统计发现心理适应在居住时间上的差异显著。为了具体了解心理适应在居住时间上的差异情况，本课题采用事后检验展开了进一步的分析。根据表5-9显示，在心理适应方面，居住时间2年以下的移民与居住时间为3—4年、5—6年、7年以上的移民差异显著。

---

① 王丽萍、曾祥岚：《宁夏生态移民社会适应与心理健康现状调查——以杨显村等10个移民点为例》，《宁夏社会科学》2015年第3期。

② 张晖等：《95后大学新生心理适应与心理健康的关系：自我接纳的中介作用》，《中国健康心理学杂志》2016年第5期。

③ 周彬、齐亚强：《收入不平等与个体健康——基于2005年中国综合社会调查的实证研究》，《社会》2012年第5期。

居住时间2年以下的移民，其心理适应程度要明显差于居住时间3—4年、5—6年、7年以上的移民，这表明居住时间2年以下的移民心理适应程度最低。除此之外，其他居住年限的移民之间，其心理适应没有显著差异。

表5-9　心理适应在搬迁时长上的差异检验

	搬迁时长	N	均值	标准差	P	事后检验
心理适应	① 2年及以下	366	60.71	21.28	0.002	② > ① ④ > ① ② > ③
	② 3—4年	325	66.13	18.68		
	③ 5—6年	81	61.06	19.95		
	④ 7年以上	256	64.92	19.80		

对于易地扶贫搬迁移民来说，心理适应更多的意味着当移民在面临新的生活环境时，是否有适应新环境的能力。适应新环境除了与自身特质相关之外，时间也是影响心理适应的重要因素[①]。国外学者Ward等人在新加坡对来自马来西亚学生的心理适应研究发现，他们的抑郁水平在第一个月和第一年的时候达到最高峰，也就是说心理适应也在相应的时间达到最低谷[②]。学者认为在跨文化适应的最初阶段，由于缺少资源和相应的支持，初期的适应水平最差。本课题支持了这个结论，在搬迁的初期也就是两年内，移民的心理适应程度最低，两年以后移民的心理适应程度逐步上升。

（三）搬迁距离为71—100公里是心理适应的最低点

本课题研究发现，西南民族地区易地扶贫搬迁移民的搬迁距离为71—100公里是心理适应的最低点。为了分析搬迁距离的远近是否会对心理适应产生影响，本课题采用单因素方差分析检验搬迁距离。从表5-10可以看出，

① 陈慧等:《跨文化适应影响因素研究述评》,《心理科学进展》2003年第6期。

② Ward, C., Kennedy, A., Acculturation Strategies, Psychological Adjustment, and Sociocultural Competence Curing Cross-Cultural Transitions, International Journal of Intercultural Relations, 1994, Vol.3.

不同搬迁距离的易地扶贫搬迁移民有心理适应程度上的差异。采用事后检验以便进一步分析差异的具体表现，发现搬迁距离小于10公里的移民的心理适应要明显高于搬迁距离为71—100公里的移民；搬迁距离在11—40公里的移民的心理适应要明显高于搬迁距离为71—100公里的移民。可见，搬迁距离在71—100公里的移民，其心理适应程度是最差的。

表5-10 心理适应在搬迁距离上的差异检验

	搬迁距离（KM）	N	均值	标准差	P	事后检验
心理适应	①小于10	472	65.96	18.18	0.00	①>③ ①>④ ②>④ ⑤>④
	② 11—40	296	63.57	20.05		
	③ 41—70	97	60.19	17.60		
	④ 71—100	111	54.78	24.77		
	⑤ 100以上	53	65.53	24.98		

搬迁距离在一定程度上代表着文化距离。“文化距离”这个概念是Babiker、Cox和Miller在1990年提出的，指的是客源地与目的地之间以语言为主要特征的文化差异，主要包括了语言、生活习惯等方面的差异[①]。按照文化特征，文化可以依照距离远近被划分成为一个连续体。例如，美国和加拿大的文化比较接近，其文化距离也比较小；而美国和日本的文化距离就会比较大。文化距离越大，心理适应就会越困难。本课题中得出71—100公里可能就是一个比较大的文化距离，导致移民的心理适应程度比较低。本课题样本中搬迁100公里以上的移民全部来自四川，他们的搬迁时间都超过了十年以上，已经基本融入到搬迁地，所以他们的心理适应水平较高。

① Babiker, I. E., Cox, J. L, Miller, P., The Measurement of Cultural Distance And its Relationship to Medical Consultation, Symptomatology, and Examination Performance of Overseas Students at Edinburgh University, Social Psychiatry, 1980, Vol.2.

（四）不同安置点类型的易地扶贫搬迁移民心理适应有差异

本课题发现，安置在村寨和集镇的移民心理适应程度较高。通过单因素方差分析，安置点点的不同会引起移民心理适应的显著差异。事后分析显示（见表 5–11），安置点为村寨的移民，其心理适应情况要明显好于安置点为县城的移民；安置点为集镇的移民，其心理适应情况也要明显好于安置点为县城的移民。

表 5–11　心理适应在安置点点上的差异检验

<table>
<tr><th></th><th>安置点点</th><th>N</th><th>均值</th><th>标准差</th><th>P</th><th>事后检验 t</th></tr>
<tr><td rowspan="4">心理适应</td><td>村寨</td><td>566</td><td>67.20</td><td>19.17</td><td rowspan="4">0.00</td><td rowspan="4">村寨 > 小城镇
村寨 > 县城
集镇 > 小城镇
集镇 > 县城</td></tr>
<tr><td>集镇</td><td>127</td><td>69.30</td><td>16.36</td></tr>
<tr><td>小城镇</td><td>76</td><td>57.52</td><td>18.84</td></tr>
<tr><td>县城</td><td>260</td><td>54.35</td><td>20.13</td></tr>
</table>

易地扶贫搬迁移民大多来自生态脆弱地区或者自然条件恶劣地区，大部分是条件比较恶劣的农村地区。农村的生活方式主要有以下几个特征：首先，以家庭为基础生产单位，生产力水平低下，创造价值较小。其次，消费水平比较低，支出也比较少。最后，人际交往密切，且范围狭窄。这些原居于农村的移民搬迁到村寨或是集镇，搬迁地的总体生活方式与原居地差异不大。而搬迁到县城的移民，搬迁地的生活方式与原居住地有着较大的差异。生活方式较大程度的变化必然导致一段时间的压力感和负面情绪，其心理适应水平也会降低。

（五）从安置点的属性来看，旅游景区的移民，其心理适应程度最高

通过单因素方差分析，安置点属性的不同也会引起心理适应程度的显著差异。事后分析显示（见表 5–12），安置点属性为旅游景区的移民，其心

理适应程度要好于安置点类型为工业园区的移民；安置点属性为其他的移民，其心理适应程度要好于安置点属性为工业园区的移民。可见，安置点属性为旅游景区的移民，其心理适应程度是所有移民类型中最高的。

表 5–12　心理适应在安置点类型上的差异检验

	安置点类型	N	均值	标准差	P	事后检验 t
心理适应	①工业园区	42	53.49	1.77	0.00	②＞① ③＞①
	②旅游景区	160	66.65	1.53		
	③其他	827	63.40	1.58		

根据课题组的田野访谈和调查，发现所有旅游点安置（在很多地方被称为旅游业带动型安置）的移民心理适应要好于其他属性的安置点，这说明移民的心理适应与安置点属性密切相关。根据课题组的观察了解，虽然很多地方政府选用了工业园区作为易地扶贫搬迁移民安置点，但正如第三章相关部分所分析的，由于需要生态扶贫搬迁的地方大多属于欠发达地区，地方经济社会本就不发达，由于各种原因，很多地方的工业园难以真正引进企业，即使个别地方有企业但规模也比较小，并不能够真正为移民提供足够的就业岗位，即使有部分岗位，工资也很低而且没有保障。更多的地方是有工业园规划，但没有实体。不是旅游点或者不是工业园的其他类型的安置点，可能连规划都没有，所以移民在就业方面就不如旅游业安置点好。比较而言，旅游业带动型安置点的基础设施由于要吸引游客，所以一般安置点的基础设施都比较完善，村容村貌规范、漂亮，让移民生活感到舒服、方便、惬意。更重要的是，旅游业带动安置的目的就是带动移民致富。所以整个产业规划都是围绕移民能够参与旅游业而设计，搬入到旅游景区的移民，他们的家庭人口基本都可以参与到旅游开发中，如此，旅游景区的移民大多都会有较为稳定、持久和较高的经济收入。经济情况与心理适应一般来说呈正相关的关系，即较高的经济收入与较好的心理适应联系在一起。所以，旅游景区的移民，

其心理适应情况要好于其他类型安置点的移民。

（六）从年龄分段来看，18—30岁年龄阶段的移民，其心理适应程度最低

通过单因素方差分析，年龄阶段的不同也会引起心理适应程度的显著差异。事后分析显示（见表5-13），年龄阶段为18—30岁的移民，其心理适应程度要低于年龄阶段为31—43岁的移民；年龄阶段为18—30岁的移民，其心理适应程度要低于年龄阶段为44—56岁和56岁以上的移民。可见，年龄阶段为18—30岁的移民，其心理适应程度是所有移民类型中最低的。

表5-13　心理适应在年龄上的差异检验

	年龄	N	均值	标准差	P	事后检验t
心理适应	①18岁以下	15	58.88	14.60	0.009	③>② ④>② ⑤>②
	②18—30岁	163	58.80	19.20		
	③31—43岁	324	63.27	19.81		
	④44—56岁	293	65.24	20.35		
	⑤56岁以上	234	65.18	20.90		

年龄和心理适应的关系在目前的研究中并没有一致的结论，有一些研究认为青年人的适应比较好，另一些研究则认为老年的适应比较好[①]。本课题发现18—30岁群体的心理适应最低，究其原因，可能与青年人的认同和期待息息相关[②]。这个年龄阶段的移民，其自我认同处于形成的最后时期，而且自我期望处于一个较高的水平。从较为落后和不方便的原居地迁移到经济、交通等各方面更为便利的搬迁地，他们的自我认同有可能从原来的较低

① 陈慧等：《跨文化适应影响因素研究述评》，《心理科学进展》2003年第6期。

② Beiser M. Influences of Time, Ethnicity, and Attachment on Depression in Southeast Asian Refugees, American Journal of Psychiatry, 1988, Vol.1.

的社会阶层跃升为较高的社会阶层，自我期待也有可能重新定位更高的目标。由于总体来说，搬迁移民从各方面比较，还是处于劣势。所以，18—30岁这个年龄阶段的移民，他们的新的认同得不到其他人的承认和肯定，期待又落空的情况下，势必成为心理适应最低的年龄群体。

三、从纵向比较来看，心理适应的发展会略有波动

虽然，单因素方差分析显示，除了居住时间在3年以下的移民跟其他几个居住时间段的移民的心理适应有显著的差异外，其他居住时间段并没有显著差异。但是，以居住时间为横轴，心理适应为纵轴，可以发现移民的心理适应呈现波动的发展趋势。居住年限为2年及以下的移民，其心理适应水平最低，在搬迁地居住4年期间，移民心理适应水平得到较大的提升。但是，在4年到8年这个阶段，移民的心理适应水平不仅没有上升，还在一定程度上略有下降。从6年以后，心理适应程度大幅度提高。心理适应的总体趋势是随着居住时间的增长，先上升再略有下降，最后增长。

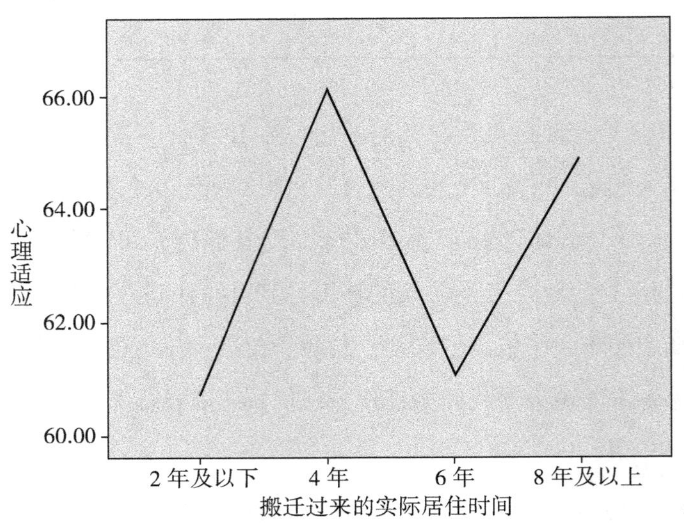

图5-2　心理适应折线图

除此之外，心理适应的三个维度：依恋感、认同感和心境的发展趋势，也出现了波动的趋势，且波动趋势基本一致。从图 5–3 可见，原居地依恋感在居住时间为 2 年以下处于平均分之下，然后快速增长，到搬迁时间为 4 年时，原居地依恋感开始快速下降，到搬迁时间 6 年时，其原居地依恋感降到了最低点，6 年后又急速上升。移民的身份认同感在搬迁后的 2 年内处于最低点，到 4 年左右达到较高的水平，随后缓慢下降，到了 6 年后缓慢上升。心境则由最低水平在两年的时间中快速上升，然后缓慢下降，6 年后再缓慢上升。基本上，原居地依恋感、身份认同感和心境的变化趋势基本一致，搬迁最初两年时间内，三个维度得分都较低。2 年到 4 年的时间上升，4 年后缓慢下降，从 6 年后再次缓慢上升。

从折线图可以看出，随着时间的推移，心理适应经历了先增长，再小幅下降最终增长的过程。这与 Oberg 在 1960 年提出的跨文化个体存在适应

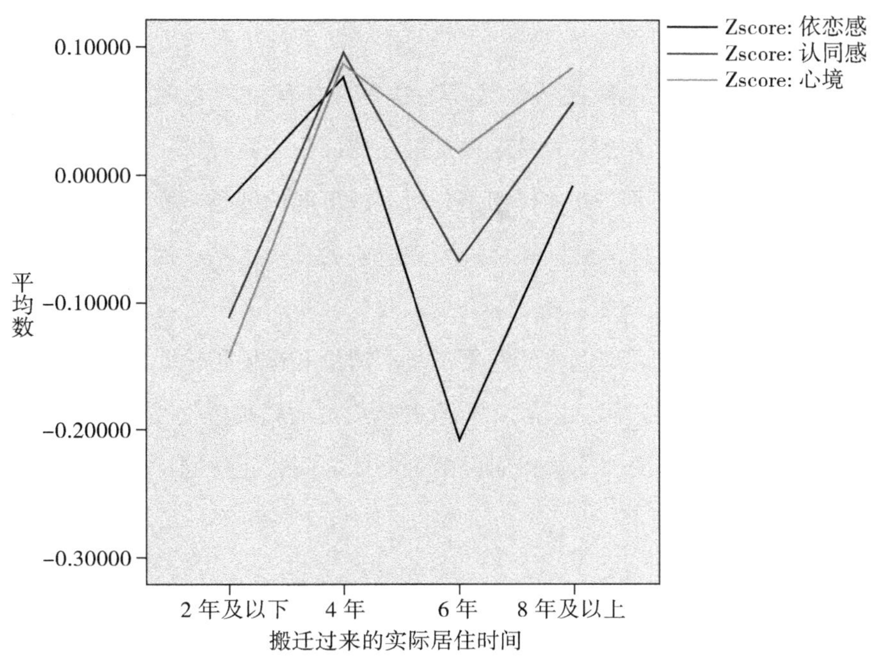

图 5–3　依恋感、认同感和心境的折线图

四阶段的理论不谋而合[①]。他提出适应经历了四个阶段，分别是：蜜月阶段，强调最初的陶醉、狂热；危机阶段，特征是感觉到不足、挫折和焦虑；恢复阶段，解决新环境中的危机；适应阶段，在新环境中重新适应。易地扶贫搬迁移民最初从各方面条件都不便利的地区搬迁到较为便利的安置点，由于生活环境的提升，导致移民心理适应在搬迁初期迅速上升。在中期，由于移民对生活变化的主观认知与现实体验相差太大，生活满意度就会下降，从而导致心理适应也随之下降。如果再加上移民现有的技能并不能解决在安置点遇到的各种问题，更是增加移民的焦虑和紧张感，这些都会促使心理适应程度下降。在经历这段困难时期后，通过学习掌握相关的生活技能，同时降低期望水平，心理适应会重新得到提升。

第三节　西南民族地区易地扶贫搬迁移民心理适应的个案研究——以云南省移民点为例

为了更好的了解西南民族地区易地扶贫搬迁移民的心理适应情况，本课题选取云南省两个地级市的易地扶贫搬迁移民为个案，选用不同的指标测量移民的心理适应水平，并进行相关分析。以不同的视角考察移民的心理适应水平，不仅能够更准确的反映移民心理适应的真实水平，而且可以对个案群体进行比较全面深入的考察。

感知融合是测量心理适应的重要工具。博伦和霍伊尔认为感知融合包括个体在某一群体中的归属感以及作为该群体成员的精神感受[②]。感知融合在一定程度上反映了移民与安置点居民两个群体之间相互认同、彼此接受的意

① Oberg, K. Cultural Shock: Adjustment to New Cultural Environments, Practical Anthropology, 1960, Vol.3.

② Kenneth A. Bollen, Rick H.Hoyle. Perceived Cohesion: A Conceptual and Empirical Examination, Social Forces, 1990, Vol.2.

愿。感知融合有许多相近的概念，例如，凝聚力、认同感、满意度等。根据博伦和霍伊尔的定义，感知融合囊括了归属感和满足感两个维度。基于此，本课题认为易地扶贫搬迁移民的感知融合是一种主观心理意愿，其中包括移民对安置点的归属感和在安置点生活的满意程度。对安置点的归属感包括了三个命题："认为自己属于这里"；"感觉自己就是这里的成员"；"非常愿意居住在这里"。满意程度也包括了三个命题："对目前的居住状态感到满意"；"对目前的生活状态感到满意"；"如果重新决定是否搬迁，基本不会做出改变"。这六道题目分别赋予非常同意、同意、既不同意也不反对、不同意、非常不同意这五个等级，分别记为 5 分、4 分、3 分、2 分、1 分。归属感和满意程度分别将对应的三道题得分的均值作为各自的测量值。

本课题选取了云南大理白族自治州的茶山村、边江村和岔花村，云南芒市的江连新村以及和谐村进行调查，发放问卷 81 份，回收问卷 81 份。民族成分以白族、景颇族、德昂族、汉族为主，年龄主要分布在 18—59 岁，男性 41 人，女性 40 人。总的来说，这四个易地扶贫搬迁村村民的感知融合程度较高。为了全面考察易地扶贫搬迁移民的感知融合程度，构建了两个维度、六个指标，即被调查者在 5 点量表上的平均数作为衡量感知融合的指标。但是仅仅使用平均数会掩盖感知融合的差异性。为了更好地揭示感知融合的程度，将原始的 5 个问卷选项进行重新归类，把"非常不同意""不同意"归为感知融合度低；将"既不同意也不反对"归为感知融合度中等；将"同意""非常同意"归为感知融合度高。

总体来说，无论是男性移民还是女性移民，都有着较高的感知融合度（见表 5-14）：感知融合得分 1—2 分（即感知融合低水平）0 人；感知融合得分 3 分（即感知融合中水平）29 人；感知融合得分 4—5 分（即感知融合高水平）52 人。感知融合高水平的个体占调查总人数的 64.2%，由此可见，易地扶贫搬迁移民对于安置点有着较强的归属感和认同感。究其原因，安置点比原居住地更加有利于移民的日常生活。搬迁地大多靠近集贸市场或是交通要道，很大程度上解决了在原居地上学难、就医难、出行难等问题。

其次，从感知融合的性别差异来看，女性移民的感知融合程度要略高于男性移民，女性感知融合度平均数高出0.1—0.4（见表5–14）。相比男性，女性更加温柔、细腻、善解人意。这种性格上的差异促使女性有着更高的情绪智力，即更容易在理解自己和他人情绪基础之上解决问题和调节行为。因此，女性对新环境具有更好的适应性，对安置点有着更高的满意度和归属感。

表5–14　易地扶贫搬迁移民的感知融合程度

调查地点		感知融合（频次）		合计（频次）	感知融合度
		中度	高度		平均值
云南大理漕建镇茶山村	男	4	6	10	3.5
	女	0	8	8	3.9
	合计	4	14	18	3.7
云南大理民建乡边江村	男	2	6	8	3.4
	女	7	0	7	3.5
	合计	9	6	15	3.4
云南大理民建乡岔花村	男	1	7	8	3.6
	女	3	7	10	3.8
	合计	4	14	18	3.7
云南芒市江连新村	男	2	4	6	3.5
	女	4	4	8	3.6
	合计	6	8	14	3.5
云南芒市和谐村	男	4	5	9	3.6
	女	2	5	7	3.8
	合计	6	10	16	3.7

除了性别差异外，移民的感知融合也随着搬迁距离存在不同（见表5–15）。从搬迁距离来看，50公里是感知融合变化的一个分界点。搬迁距离小于等于50公里的移民有着较高的感知融合程度，感知融合度的平均值在

3.5—4 之间；而搬迁距离大于 50 公里的移民，其感知融合程度在 3—3.5 之间。相比之下，搬迁距离越近，移民的感知融合程度越高，反之越低。易地扶贫搬迁强调的是把群众迁移到更适宜居住的地方，并不排除本村、本乡的范围。搬迁距离近，甚至搬迁地就在本乡、本村的移民，生活环境基本上没有太大的改变，就不需要适应环境，感知融合度自然要高。而搬迁距离在 50 公里以上的，一般而言都会搬出本乡，面对一个新的生活环境，其归属感和满意度要比近距离搬迁的移民要低。

表 5–15　搬迁时间、地点与感知融合

搬迁时间	搬迁距离	融合（频次）		合计（频次）	感知融合度
		中度	高度		平均值
5 年以内	5 公里以内	5	8	13	3.7
	5—10 公里	5	13	18	3.7
	10—50 公里	4	4	8	3.5
	50 公里以上	1	0	1	3
	合计	15	25	40	3.5
5—10 年	5 公里以内	1	4	5	3.7
	5—10 公里	3	5	8	3.6
	10—50 公里	1	1	2	3.5
	合计	5	10	15	3.6
11—15 年	5 公里以内	2	2	4	3.6
	5—10 公里	0	1	1	3.7
	10—50 公里	0	1	1	3.4
	50 公里以上	1	1	2	3.5
	合计	3	5	8	3.6
15 年以上	5 公里以内	2	6	8	3.6
	5—10 公里	2	4	6	3.7
	10—50 公里	0	1	1	3.7
	50 公里以上	2	1	3	3.4
	合计	6	12	18	3.6

最后，不同移民方式对移民的感知融合也有一定的影响（见表 5-16）。整组（自然村）搬迁、整组（自然村）集中安置的移民感知融合最高，接下来依次是部分搬迁、集中安置；部分搬迁、分散安置；整组（自然村）搬迁、分散安置；自发搬迁、自主安置。可见，集中安置移民的感知融合度要高于分散安置的移民。移民在原居住地社会支持网络中的劳务、人力、资金等资源的互利互惠，是日常生活中的重要的社会资本。整组搬迁、集中安置的移民基本上保持了原有的社会网络，避免了这一部分社会资本的流失。相反，那些部分搬迁或分散安置的移民，迁移将会使上述社会资本受到较为严重的损失，其感知融合度相比较而言就要低。

表 5-16　搬迁方式与感知融合的平均值表

移民方式	N	感知融合度均值
整组（自然村）搬迁、整组（自然村）集中安置	22	3.8
整组（自然村）搬迁、分散安置	5	3.5
部分搬迁、集中安置	45	3.7
部分搬迁、分散安置	4	3.6
自发搬迁、自主安置	5	3.2
总计	81	3.7

而移民在家庭结构、受教育程度、年龄、民族和婚姻状况的不同并没有导致在感知融合上面的差异。

第四节　西南民族地区易地扶贫搬迁移民心理适应的影响因素

杨菊华、李培林、何军等学者的研究对农民工城市融入的影响因素做了分析，大多认为农民工的个人禀赋、人力资本以及社会资本等因素对其城市融入有影响[①]。在水库移民心理适应的影响因素方面，刘琴在其博士论文中对影响水库移民心理的相关因素的研究进行了总结，认为可概括为三个方面：①个体因素，包括人格特征、自我概念、自尊和应对方式等；②社会因素，包括社会政策、社会经济、社会支持、社会适应、人际关系、文化适应、社会排斥、社区服务、受教育机会、就业状况、公共卫生服务的可及性等；③自然环境因素，资源占有的多少及质量，如拥有的耕地数量与质量等。在此基础上，她对三峡水库移民的研究发现，心理社会应激、社会支持、职业和经济状况等社会因素是影响三峡移民心理健康的重要方面[②]。邵安银等对三峡移民的研究则发现年龄对移民的心理适应性呈负相关，而文化程度与移民心理适应性成正相关[③]。

上述研究各有侧重，为本课题认识易地扶贫搬迁移民心理适应的规律和影响因素奠定了基础。

一、统计模型的建立、假设与结果

综合上述有关研究，影响移民心理适应的因素主要包括两大类：个体因素和群体因素。个体性因素包括性别、年龄、健康程度、婚姻状况、搬迁时间、搬迁方式等；群体性因素则包括文化适应情况、主观态度因素和社会支持网络等。

个体因素作为移民的生理、心理或是其他要素特征，在一定程度上会

① 杨菊华：《从隔离、选择融入到融合：流动人口社会融入问题的理论思考》，《人口研究》2009 年第 1 期；李培林、田丰：《中国农民工社会融入的代际比较》，《社会》2012 年第 5 期；何军：《代际差异视角下农民工城市融入的影响因素研究——基于分位数回归方法》，《中国农村经济》2011 年第 6 期。

② 刘琴：《三峡水库移民社会心理健康问题、相关因素及其干预对策研究》，博士学位论文，重庆医科大学公共卫生学院，2009 年。

③ 邵安银、刘嫣：《三峡工程农村外迁移民心理适应的特点及对策》，《科技企业》2013 年第 6 期。

影响移民的心理适应。因此，本课题首先选用个体因素作为影响因素。除此之外，搬迁时间和搬迁类型也是影响移民适应的因素之一。风笑天把家庭规模、搬迁时间、搬迁方式、对三峡工程的认识、对政策落实的看法、对安置点政府和居民对移民的态度评价、原居住地与安置点在各方面的差异等作为自变量，被访者年龄、受教育程度、性别作为控制变量，发现搬迁时间和搬迁类型对移民的社会适应程度有显著的预测作用[①]。

第二，社会支持是影响心理适应的显著因素。社会支持的获取方式有多种，包括家庭成员、亲戚朋友、邻居、当地社会、政府等方面。风笑天认为安置点政府和居民对移民的接纳状况，是影响移民适应状况的最重要因素[②]。Adelman 认为，由相同经历的人提供的支持是很有用的。他们可以提供给旅居者信息，帮助他们应对新的环境[③]。与此同时，相同经历者还能提供情感支持，帮助移民宣泄负面情绪、减轻压力感。但是，这样的支持也会阻碍移民与搬迁地移民的交往和交融。

第三，偏见同样会影响移民的心理适应。偏见主要来源于搬迁地的个体、群体和当地政府。许多研究发现偏见与幸福感、心理适应呈显著的负相关。例如，有学者研究加拿大的塔基人，他们觉察到的歧视与较低的心理适应是联系在一起的[④]。

第四，移民对生活变化的评价是重要的主观因素。生活环境变化是客观因素，客观因素都是通过主观因素作用于个体的。所以，个体如何解读这些生活变化也是影响他们心理适应的重要因素。当前，对个体主观评价研究较多的是“期望”。本课题认为正确的、与现实相匹配的期望能够促进个体的心理适应程度。反之，如果个体怀有过高或过低、与现实严重背离的期望，

① 风笑天：《落地生根：三峡农村移民的社会适应问题》，华中科技大学出版社 2006 年版。

② 风笑天：《落地生根：三峡农村移民的社会适应问题》，华中科技大学出版社 2006 年版。

③ Adelman，M. B. Cross-cultural Adjustment：A Theoretical Perspective on Social Support [J]. International Journal of Intercultural Relations，1988 (03) .

④ 陈慧等：《跨文化适应影响因素研究述评》，《心理科学进展》2003 年第 6 期。

将会降低个体的信心，增加个体在新居住地的焦虑和紧张程度。

综上，本课题把个体因素、搬迁时间、搬迁特点、社会支持、偏见和移民的主观评价作为易地扶贫搬迁移民心理适应的影响因素。易地扶贫搬迁移民的社会支持，理论上说婚姻和家庭情况不会因为搬迁而改变，所以不在本课题的考虑之列。搬迁后，移民的社会支持可能在这两方面发生改变：搬迁后安置点的政府和社区的支持；偏见和主观评价则由易地扶贫搬迁移民感知到的所在社区和政府的相关状况组成。基于此，本研究把上述影响因素按照研究视角及类别差异，将易地扶贫搬迁移民心理适应的影响因素分为四大类：个体特征、搬迁特点、社区环境和政府政策。其中，个体特征包括性别、年龄、教育程度和民族成分；搬迁特点包括搬迁时间和安置点类型；社区环境包括本地人态度、社区工作人员态度、治安状况和是否满意现在生计条件；政府政策包括就业扶持、最低生活保障和政府关心程度。

结合已有的相关理论和课题组的田野调查所得信息，做出如下假设：

假设一：个体特征假设。这里的不同个体特征包括：年龄、性别、教育程度和民族身份。不同个体特征的易地扶贫搬迁移民心理适应存在差异。

假设二：搬迁特点假设。搬迁特点这里主要包括安置点类型和搬迁时间（即在安置点居住的时长）。不同安置点类型的易地扶贫搬迁移民心理适应水平有差异。

根据城镇化程度，本课题把安置点类型分为村寨、集镇（小城镇）[①]、县城及以上三类。

假设三：社区环境假设。社区环境包括：本地人对移民的态度、社区工作人员态度、治安状况三个方面。移民外迁到一个陌生的社会环境里，对周围环境会比较敏感，特别是在当地人态度方面。根据相关理论：当地人对他

① 问卷中分为：村寨、集镇、小城镇和县城及以上。实际调研中发现，西南民族地区小城镇不多，大多都相当于乡镇所在地的镇，所以课题组统计的时候就把小城镇归到集镇。

们是否有歧视、工作人员对他们是否有偏见等都可能影响他们的心理适应。

假设四：政府因素假设。政府因素包括是否有就业扶持、是否有最低生活保障以及政府关心程度。作为由政府组织动员的扶贫移民，政府在其心理适应中的作用是不可替代的。

为了探讨影响西南民族地区易地扶贫搬迁移民心理适应的因素，本课题以易地扶贫搬迁移民的个体特征、搬迁特点、社区环境和政府因素为自变量，以易地扶贫搬迁移民的心理适应因子得分为因变量进行多元线性回归分析。其中模型 1 为基准模型，用来考察易地扶贫搬迁移民个体特征对其心理适应状况的影响，模型 2、模型 3 和模型 4 则分别考察易地扶贫搬迁移民搬迁特点、社区环境与政府政策对心理适应状况的影响程度。

本课题采用阶层回归分析，四个阶层分别是生活的个体特征、搬迁特点、社区环境和政府政策。结果发现四个阶层各自的解释力显著，都为 0.000。第一阶层、第二阶层、第三阶层和第四阶层的加入，使解释力分别提高 10%、3.6%、7.2% 和 1.9%（见表 5-17）。由此可得，在本课题中个体特征对心理适应变异解释力最高，其他从高到低依次是社区环境、搬迁特点和政府政策。

表 5-17　模型统计表

模型	R	R^2	调整后 R^2	变更统计资料				
				R^2 变更	F 变更	df_1	df_2	显著性变更
1	0.332	0.110	0.100	0.110	10.47	12	1016	0.000
2	0.383	0.146	0.131	0.036	7.171	6	1010	0.000
3	0.467	0.218	0.201	0.072	23.13	4	1006	0.000
4	0.487	0.237	0.218	0.019	8.144	3	1003	0.000

本课题建立四个回归模型，四个模型的整体解释力均达到显著水平。但是模型的整体解释力（个体特征、搬迁特点、社区环境和政府政策）能

够有效解释心理适应 21.8% 的变异量。可见，易地扶贫搬迁移民的个体特征、搬迁特点、社区环境与政府政策是预测其心理适应水平的重要因素。下面将分别探讨个体特征、搬迁特点、社区环境与政府政策对心理适应的影响。

表 5–18　以易地扶贫搬迁移民心理适应因子得分为因变量的多元线性回归分析模型

自变量	因变量 = 心理适应水平			
	模型 1	模型 2	模型 3	模型 4
	B（SE）	B（SE）	B（SE）	B（SE）
个体特征				
年龄	0.130** （0.042）	0.124** （0.044）	0.107** （0.043）	0.089** （0.043）
性别[a]	2.246 （1.244）	2.949* （1.475）	2.473 （1.461）	2.356 （1.407）
受教育程度[b]				
初中	1.182 （1.470）	0.897 （1.448）	0.875 （1.390）	0.158 （1.393）
高中	−0.794 （2.672）	−0.617 （2.644）	−0.886 （2.540）	−1.971 （2.562）
大专及以上	−4.396 （4.118）	−3.470 （4.052）	−3.581 （3.890）	−4.850 （3.886）
民族成分[c]				
苗族	−8.311** （2.196）	−7.868** （2.244）	−4.764* （2.197）	−4.661* （2.175）
布依族	2.744 （2.502）	−1.626 （2.637）	1.981 （2.616）	1.266 （2.603）
瑶族	−2.825 （3.233）	−9.059*** （3.381）	−5.138 （3.325）	−7.794 （3.335）
侗族	−5.887* （2.735）	−3.765 （2.817）	0.751 （2.776）	0.154 （2.750）

续表

自变量	因变量 = 心理适应水平			
	模型 1	模型 2	模型 3	模型 4
	B（SE）	B（SE）	B（SE）	B（SE）
彝族	12.431** （1.909）	6.394** （2.262）	4.807* （2.180）	3.700 （2.210）
土家族	6.763* （1.889）	0.120 （2.252）	−0.398 （2.163）	0.429 （1.889）
其他	2.942 （2.113）	−1.523 （2.255）	−2.813 （2.139）	−3.372 （2.123）
搬迁特点				
搬迁时间				
3—4 年	——	4.448** （1.542）	2.689 （1.491）	2.686 （1.477）
5—6 年	——	0.727 （2.492）	−1.170 （2.400）	−0.882 （2.376）
7 年以上	——	1.675 （1.967）	0.084 （1.894）	0.166 （1.877）
安置点类型 d				
集镇	——	2.248 （2.012）	2.454 （1.937）	2.493 （1.923）
小城镇	——	−8.759** （2.268）	−3.647 （2.632）	−4.105 （2.614）
县城	——	−9.191*** （1.833）	−6.857*** （1.790）	−7.828*** （1.793）
社区环境				
本地人态度	——	——	3.958*** （0.792）	3.385*** （0.795）
社区工作人员态度	——	——	1.328** （0.645）	0.410 （0.665）
治安状况	——	——	4.040*** （0.908）	3.422*** （0.909）

续表

自变量	因变量 = 心理适应水平			
	模型 1	模型 2	模型 3	模型 4
	B（SE）	B（SE）	B（SE）	B（SE）
政府政策				
就业扶持[e]	——	——	——	2.809（0.760）
最低生活保障[f]	——	——	——	-0.202（1.717）
政府关心程度	——	——	——	-1.398***（1.477）
（常量）	51.617***（3.308）	54.901***（3.955）	23.430***（5.221）	26.014***（6.202）
Adjusted R^2	10%	13.1%	20.1%	21.8%
F	10.473***	9.627***	12.774***	12.458***

注：（1）* p < 0.05，* * p < 0.01，* * * p < 0.001。

（2）a 参照类别为“男性”，b 参照类别为“小学及以下”，c 参照类别为“汉族”，d 参照类别为“村寨”，e 参照类别为“无就业扶持”，f 参照类别为“有最低生活保障”。

从回归分析模型可以看出：

（一）个体特征与易地扶贫搬迁移民的心理适应水平

从表 5-18 模型 1 中的多元线性回归分析结果可以发现，“年龄”和“民族成分”变量对易地扶贫搬迁移民的心理适应水平施加显著的影响；而“性别”和“受教育程度”对易地扶贫搬迁移民的心理适应水平没有显著的影响。

易地扶贫搬迁移民的“年龄”变量通过了 1% 水平的显著性检验，其非标准化回归系数为 0.130（P<0.01），这表明总体来说，年龄越大的移民，其心理适应水平越好。易地扶贫搬迁移民的民族成分对其心理适应水平施加显著影响，具体而言，“苗族”“侗族”“彝族”和“土家族”的非标准化回归系数分别为 -8.311（P<0.01）、-5.887（P<0.05）、12.431（P<0.01）和 6.763

（P<0.05），这意味着与汉族易地扶贫搬迁移民相比，“苗族”和“侗族”移民的心理适应因子得分将分别低 8.311 分、5.887 分；而“彝族”和“土家族”的心理适应分数比汉族移民高出 12.431 分、6.763 分。

而“性别”和“受教育程度”对易地扶贫搬迁移民的心理适应程度没有显著影响。具体而言，其非标准化回归系数为 2.246（P>0.05），这表明与男性易地扶贫搬迁移民相比，女性易地扶贫搬迁移民的心理适应因子得分将高出 2.246 分。“初中”“高中（中专、技校、职高）”和“大专及以上”的非标准化回归系数分别为 1.182、–0.794 和 –4.396，这意味着与受教育程度为“小学及以下”的易地扶贫搬迁移民相比，受教育程度为“初中”的易地扶贫搬迁移民的心理适应因子得分将高出 1.182 分；“高中（中专、技校、职高）”和“大专及以上”的易地扶贫搬迁移民，其心理适应水平比“小学及以下”的移民低 0.794 分和 4.396 分。

（二）搬迁特点与易地扶贫搬迁移民的心理适应水平

从表 6–18 模型 2 中的多元线性回归分析结果可以发现，易地扶贫搬迁移民的“搬迁时间”变量部分通过了 1% 水平的显著性检验。具体而言，搬迁时间为“3—4 年”“5—6 年”“7 年及以上”的非标准化回归系数分别为 4.448（P<0.01）、0.727（P>0.05）、1.675（P>0.05），这意味着与搬迁时间在 2 年及以下的易地扶贫搬迁移民相比，搬迁时间为“3—4 年”“5—6 年”“7 年及以上”的易地扶贫搬迁移民的心理适应因子得分将分别高 4.448 分、0.727 分和 1.675 分。

易地扶贫搬迁移民的“安置点”变量部分通过了 5% 水平的显著性检验。具体而言，安置点为“集镇”“小城镇”“县城”的非标准化回归系数分别为 2.248（P>0.05）、–8.759（P<0.01）、–9.191（P<0.001），这意味着与安置点为村寨的易地扶贫搬迁移民相比，安置点为“集镇”“小城镇”“县城”的易地扶贫搬迁移民的心理适应因子得分将分别高 2.248 分和低 8.759 分、9.191 分。

（三）社区环境与易地扶贫搬迁移民的心理适应水平

从表 6–18 模型 3 中的多元线性回归分析结果可以发现，“本地人对移民的态度”“社区工作人员态度”“治安状况”“生计条件的”对易地扶贫搬迁移民的心理适应有着显著的影响。

“本地人对移民的态度”变量通过了 1‰水平的显著性检验，其非标准化回归系数为 3.958（P<0.001），这意味着本地人的态度对易地扶贫搬迁移民心理适应水平施加着显著的影响。具体而言，本地人的态度每提高一个等级，易地扶贫搬迁移民心理适应因子得分将显著地提高 3.958 分。

“社区工作人员态度”变量通过了 1% 水平的显著性检验，其非标准化回归系数为 1.328（P<0.01），这意味着社区工作人员态度对易地扶贫搬迁移民心理适应水平施加着显著的影响。具体而言，社区工作人员态度每提高一个等级，易地扶贫搬迁移民心理适应因子得分将显著地提高 1.328 分。

“治安状况”变量通过了 1‰水平的显著性检验，其非标准化回归系数为 4.040（P<0.001），这意味着治安状况对易地扶贫搬迁移民心理适应水平施加着显著的影响。具体而言，治安状况每提高一个等级，易地扶贫搬迁移民心理适应因子得分将显著地提高 4.040 分。

（四）政府政策与易地扶贫搬迁移民的心理适应水平

从表 5–18 模型 4 中的多元线性回归分析结果可以发现，“政府关心程度”变量对易地扶贫搬迁移民的心理适应水平施加显著的影响，而“是否有就业帮扶政策”“是否有最低生活保障”对易地扶贫搬迁移民的心理适应水平没有显著的影响。

“政府关心程度”变量通过了 1‰水平的显著性检验，其非标准化回归系数为 –1.398（P<0.001），这意味着政府关心程度对易地扶贫搬迁移民的心理适应水平施加着显著的影响。具体而言，政府对易地扶贫搬迁移民的关心

程度每提高一个等级，易地扶贫搬迁移民心理适应因子得分将显著地提高1.398分。

“是否有就业帮扶政策”变量没有通过5%水平的显著性检验，其非标准化回归系数为2.809（P>0.05），这表明与没有就业扶持的易地扶贫搬迁移民相比，有就业扶持的易地扶贫搬迁移民的心理适应因子得分将提高2.809分。

“是否有最低生活保障”变量没有通过5%水平的显著性检验，其非标准化回归系数为-0.202（P>0.05），这表明与有最低生活保障的易地扶贫搬迁移民相比，没有最低生活保障的易地扶贫搬迁移民的心理适应因子得分将降低0.202分。

二、易地扶贫搬迁移民心理适应影响因素的作用机制分析

由多元回归方程可知，个体特征、搬迁特点、社区环境和政府政策是影响移民心理适应的重要因素。四个维度总共解释了西南民族地区易地扶贫搬迁移民心理适应的21.8%的变异率。那么，这四个维度是如何具体影响西南民族地区易地扶贫搬迁移民的心理适应，有什么样的具体作用机制？下面将通过相关理论、访谈资料和调查数据尝试探讨这四个影响因素对心理适应的具体作用机制。

（一）个体特征

在个体特征中，“年龄”和“民族”变量对易地扶贫搬迁移民的心理适应水平施加显著的影响；而“性别”和“受教育程度”对易地扶贫搬迁移民的心理适应水平没有显著的影响。年龄可以正向预测移民心理适应，即年龄越大其心理适应就越好。这或许与不同年龄的个体掌握不同的应对技能相关。有关生存知识和技巧可以增加个体对新环境的心理适应。而知识和技能的获得与原有的经验相关，年龄越大个体的生活经验就越多，从而其心理适

应程度就越好。民族因素同样可预测移民的心理适应，具体来说苗族和侗族的心理适应得分比汉族移民低；而彝族和土家族的心理适应得分比汉族移民高。导致上述心理适应得分的民族差异原因比较复杂。苗族和侗族的适应得分比汉族低，可能与其安置点的类型相关。根据数据显示（见表 5–19），样本中的汉族移民搬迁到县城的比例为 43.3%；苗族移民搬迁到县城的比例为 64.2%；侗族移民搬迁到县城的比例为 80.3%；比较而言，苗族和侗族在县城生活所感受到的民族文化差异和城乡文化差异肯定比汉族大很多。以苗族为例，样本中的苗族很大部分来自贵州省榕江县的月亮山和雷公山苗寨，其苗族传统文化保持比山外的苗族好很多，其服饰、语言和行为习惯等文化要素在县城里表现出非常明显的特点。而且受教育程度很低，很多苗族老人、妇女是文盲，思想观念也很保守。例如，如果政府给苗族妇女安排什么工作，她丈夫必须跟着去。因为担心自己的女人会迷路，会被人拐跑，等。除了民族文化差异外，城乡差异也是非常大。课题组调研时听社区工作人员介绍，苗族移民不会用家用电器是个普遍性问题；城市房屋内部的现代化装修、外部的居住分布格局等对于苗族移民都是不习惯的，如老人下楼找不到家在哪个单元所以回不了家；等等，都会导致他们心理适应出现障碍。加上县城的就业难度，最后大部分的移民返回了月亮山和雷公山。① 彝族和土家族适应力高的原因可以这样理解：首先，彝族移民搬迁时间较长。样本中的彝族很多都搬迁十来年了，而且他们的搬迁安置方式属于“集中搬迁、整体安置”，是村寨安置，在安置村寨里面没有安置其他移民，所以安置点村寨的同质性非常高。其次，样本中彝族移民属于有土安置，政府在安置点给他们分配了土地，因此他们搬迁出来后仍然是务农。可见，这个移民群体除了环境发生了变化外，其生产、生活方式基本没有发生变化，原有的社会网络关系包括血缘和地缘关系以及村寨内部的

① 根据 2019 年 3 月对当地人的补充采访。

行政管理关系依然如旧。因此结合上述关于心理适应的几个指标，即身份认同和心境等各方面都基本不存在问题。对家乡的依恋感无论如何都会有的，但是搬迁后生产生活条件的改善，以及长时间的安置点的居住，很大程度上消解了部分思乡情结。因此这个移民群体的心理适应比汉族移民自然会好点。毕竟样本中的汉族移民还是会因为搬迁到新的地方而产生一些诸如生产生活方式的变化以及社会网络关系不同程度的断裂等问题，从而导致心理不适。土家族的心理适应水平高与该民族的汉化程度以及安置特征有关。根据课题组观察，西南几个少数民族样本中的土家族汉化程度非常高，加上多数土家族移民安置走的是旅游产业带动模式，搬迁后其经济水平大幅度提高，甚至比安置点当地的汉族生活水平都高[①]，自然心理适应较好。综上所述，苗族和侗族的移民，其心理适应要显著低于汉族移民，而彝族和土家族的移民心理适应要显著高于汉族移民。

表 5–19　安置地点与心理适应统计表　　（单位：人）

民族	安置点点				总计
	村寨	集镇	小城镇	县城	
汉族	67 （26.4%）	15 （5.9%）	62 （24.4%）	110 （43.3%）	254 （100%）
苗族	35 （32.1%）	2 （1.8%）	2 （1.8%）	70 （64.2%）	109 （100%）
布依族	56 （73.7%）	9 （11.8%）	3 （3.9%）	8 （10.5%）	76 （100%）
瑶族	41 （97.6%）	0 （0.0%）	0 （0.0%）	1 （2.4%）	42 （100%）
侗族	12 （19.7%）	0 （0.0%）	0 （0.0%）	49 （80.3%）	61 （100%）
彝族	177 （87.8%）	2 （1.1%）	2 （1.1%）	0 （0.0%）	181 （100%）

① 见第三章相关分析。

续表

民族	安置点点				总计
	村寨	集镇	小城镇	县城	
土家族	111 （60.0%）	74 （40%）	0 （0.0%）	0 （0.0%）	185 （100%）
其他	67 （55.4%）	25 （20.7%）	7 （5.8%）	22 （18.2%）	121 （100%）
总计	566 （55.0%）	127 （12.3%）	76 （7.4%）	260 （25.3%）	1029 （100%）

而性别和教育程度对心理适应的影响则不显著。一般来说，大部分研究结论都是女性移民的适应水平要低于男性，而在本课题中，两者没有显著的差异。除了经济收入对心理适应的作用外，对搬迁地的归属感也是影响移民心理适应的重要因素。从表 5–20 可以看出，男性移民和女性移民对原居住地的依恋感基本上一致，这也是男性与女性移民心理适应水平没有显著差异的原因之一。

表 5–20　原住地依恋感与心理适应统计表

	您对原住地有什么感觉?				总计
	非常怀念	有些怀念	说不清	不怀念	
男	142	278	29	129	578
	24.6%	48.1%	5.0%	22.3%	100%
女	93	216	32	110	451
	20.6%	47.9%	7.1%	24.4%	100%
总计	235	494	61	239	1029
	22.8%	48.0%	5.9%	23.2%	100%

教育程度对心理适应也没有显著的影响。已有研究发现，受教育水平与适应程度成正相关，这是因为教育与促进适应水平的资源有关联性[①]。例如，受教育水平越高，经济收入就越高，也拥有更多的知识和应对技能，个体的心理适应水平也就越高。本课题中的结果与样本分布有关，从表 5-21 可知，91.7% 的调查对象受教育程度为初中及以下，初中以上的移民较少。这与当前的农村人口现状相符。学历较高的个体倾向于选择在城市居住，学历较低的群体除去外出打工的时间，主要居住地还是农村。这导致调查中，样本以低学历个体为主。高学历样本的缺失，致使高学历个体的适应能力没有充分体现出来，从而引起教育程度对移民的心理适应没有显著影响。

表 5-21　受教育程度统计表

	次数	百分比
小学及以下	667	64.8
初中	277	26.9
高中（中专、技校、职高）	62	6
大专及以上	23	2.2
合计	1029	100

（二）搬迁特点

在搬迁特点中，“搬迁时间”和“安置点类型”变量对易地扶贫搬迁移民的心理适应水平施加显著的影响。搬迁时间为 3—4 年的移民，其心理适应得分显著高于搬迁时间低于 3 年的移民。其他搬迁时间与搬迁时间为 1—2 年的移民，其心理适应程度没有显著差异。

在搬迁的初期阶段，搬迁在一定程度上破坏了原居地生活共同体与移民之间的社会关系网络、伦理道德、生活方式、文化传统、心理情感等方

① 陈慧等：《跨文化适应影响因素研究述评》，《心理科学进展》2003 年第 6 期。

面，从而深刻的体验到“断裂”感[①]。虽然这种“断裂”从长远意义上看是必要的，但不可否认的是，这将在一段时期内使移民感受到搬迁后的阵痛。搬迁后的日常生活变化越大，移民的“断裂”感越强，心理适应程度就越低。因此，在搬迁后的两年中，移民的心理适应程度较低。在安置点居住一段时间后，移民逐渐适应新地方的生活，其心理适应水平得到提升。

而安置点类型同样对心理适应产生显著影响。与安置点为村寨的易地扶贫搬迁移民相比，安置点为“集镇”“小城镇”“县城”的移民的心理适应因子得分分别高 4.448 分和低 8.579 分、9.191 分。这就涉及移民的文化适应程度对其心理适应的影响。相对来说，小城镇和县城更偏向于多样性、开放性的城市文化，而村寨和集镇则是相对保守和封闭的农村文化。因此，移民由农村搬迁到小城镇和县城，就面临着思维方式、生活习惯等各方面的巨大差异。这种适应压力势必会引起移民的心理问题，进而降低其心理适应程度。而集镇属于农村范畴，因此搬迁至此的移民不会体验到各种冲突，又由于集镇的基础设施建设比原居住地要好，所以搬迁至集镇的移民，其心理适应程度要好于搬迁至村寨的移民。

（三）社区环境

“本地人对移民的态度”“社区工作人员态度”“社区治安”对易地扶贫搬迁移民的心理适应有着显著的影响。这四个测量指标实际上代表了移民对所生活社区的主观感受和生活水平的评判。

“本地人对移民的态度”“社区工作人员态度”实际上就是移民的主观感受，即体验到的情感上的支持，也就是个体在交往过程中感受到的被支持、被尊重，从而产生的情感体验。心理适应是移民对当地环境的一个适应及融

---

① 周永康：《生命历程与日常生活：大流动时代的乡村家庭与个人》，《西南大学学报（社会科学版）》2015 年第 1 期。

入的过程。一般来说，社会支持会提高个体的心理融入程度。而安置点居民及政府对移民的积极态度，使移民获得积极的情感体验，这些积极的情感体验则是移民拥有的主观社会支持之一。良好的社会支持会促进移民的心理融合，增强移民的心理适应水平。

“社区治安”“生计条件的满意度”代表着移民对搬迁后安置点社区生活水平的主观评价。易地扶贫搬迁对移民的生活水平确有较大的提升，相对生活水平能影响到移民的心理适应，这样的结果或许和社会比较有关。获得认同感的途径有很多，其中非常重要的一个方面就是通过与周围人比较而获得。当移民面对上行比较信息（即搬迁地生计条件差）会降低自我评价水平，从而获得较低的心理适应程度；当移民面对下行比较信息（即搬迁地生计条件好）会提高自我评价水平，相对应的获得较高的心理适应程度。

（四）政府政策

从多元线性回归分析结果可以发现，“政府关心程度”变量对易地扶贫搬迁移民的心理适应水平施加显著的影响，而“是否有就业帮扶政策”“是否有最低生活保障”对易地扶贫搬迁移民的心理适应水平没有显著的影响。“政府关心程度”这一因素表明政府对移民的态度越好，移民的心理适应程度就越高。这跟社区因素中的情感社会支持是一致的。

第五节　结论与建议

一、结论

本课题通过实地调研，分析了西南民族地区易地扶贫搬迁移民心理适应的基本情况、特征及影响因素。得出如下结论：

首先，从整体来看，心理适应程度总体向好，部分移民的心理适应较差；三个维度差异较小。绝大部分易地扶贫搬迁移民心理适应良好，另外，有 25.5% 的移民，其心理适应得分低于理论平均分；有 2% 的移民心理适应较差，其心理适应得分为 1—20 分。上述数据表明，西南民族地区易地扶贫搬迁移民的心理适应总体向好，但是仍有一部分移民心理适应较差，甚至还有小部分移民心理适应程度很差。

第二，心理适应在居住时间、搬迁距离、安置点点、安置点类型和年龄等方面存在显著的差异，在性别上的差异不显著。此外，心理适应程度随搬迁时间有波动的上升。居住时间 3 年以下的移民，其心理适应程度最低，其他居住年限移民的心理适应则没有显著的差异；搬迁距离的影响显著，表现在搬迁距离在 71—100 公里的移民，他们的心理适应水平最差；安置点特征的影响方面，安置点为村寨的移民，其心理适应程度要明显好于安置点为县城的移民；安置点为集镇的移民，其心理适应程度也要明显好于安置点为县城的移民；安置类型为旅游园区的移民，其心理适应程度是所有移民类型中最高的；年龄阶段为 18—30 岁的移民，其心理适应程度是所有移民类型中最低的。心理适应的发展呈现出略有波动的发展趋势。居住年限在 2 年及其以下的移民，其心理适应水平最低。到居住 4 年为止，移民的心理适应水平得到大幅度的增长。居住到了 4—6 年，移民的心理适应出现了小幅度的下降。从 6 年以后，心理适应又得到较大幅度的增长。因此，心理适应的发展趋势是随着居住时间的增长，先上升再略有下降，最后增长。

第三，个体特征、搬迁特点、社区环境和政府政策对心理适应有显著的影响。四个维度共解释了西南民族地区易地扶贫搬迁移民心理适应的 21.8% 的变异率。

二、建议

易地扶贫搬迁移民并不是简单的人口的空间移动，而是涉及移民搬迁后生存的方方面面。如何提高移民对安置点的心理适应，是移民“搬得出”“稳得住”至关重要的环节。已有心理适应研究大多强调移民对安置点的适应，重点放在移民的客观条件上。但是，本课题分析结果表明，当地居民的偏见与移民的主观评价都对心理适应有着影响，这意味着主观感受对心理适应的解释度增强。而生活水平对心理适应的影响，则说明出行、上学、看病、社会保障等一系列生活实际问题的解决更能促进移民安居乐业。以上种种都表明，易地扶贫搬迁进入一个更加复杂的阶段，未来的关注点应该更多转向心理、人际关系和行为的适应等方面，而不能仅仅局限在物质方面。

根据调查结果，在今后易地扶贫搬迁移民的安置工作中，需要从以下几个方面着手：

首先，在切实提高易地扶贫搬迁移民的家庭收入的基础上，保障移民家庭生活水平稳步上升。迁移前，移民一般居住在自然环境恶劣、生态环境脆弱的地方。除去外出打工，家庭经济收入主要来源于原有土地广种薄收，这种“靠天吃饭”的日子必然会导致贫困。搬迁后，因为生活环境、生产条件的差异，大多数移民与安置点居民的经济收入有着较大的差距，这就导致了移民对自身主观经济地位较低的评价，同时也加剧了移民在搬迁后由于处于劣势地位而体验到的心理不适。因此，提高移民的家庭经济收入，是促进移民心理适应的基本保障。

物质基础是提高移民心理适应的基础，但不是主要条件。调查结果显示，生活水平的提高是影响移民心理适应的重要因素。相对于经济收入，生活水平更能真实的反映移民搬迁后的生活境况。搬迁后，移民的就业范围得到大幅度拓展，收入也相应的增加。但是，搬迁后特别是搬迁到乡镇、县城的移民，失去土地，打破了原有的自给自足的生活。日常生活开销加大，虽然经济收入增多，但是实际可支配收入可能并没有得到显著的增加。而生活水平则包含了移民的实际收入、卫生保健和教育等方面，是满足移民物质、文化生活需要的真实状态。如何在提高移民家庭收入的基础上，降低由于生活刚需所带来的日常消费，增加移民实际可支配收入是需要关注的一个点。

另外，上学、就医、出行等涉及移民切身利益的公共服务及社会保障，必须落到实处。让移民既能感到通过搬迁带来的生活水平的提高，又能生活得更体面、更有尊严，能够享受公平的同等权利。

其次，完善和加强对西南民族地区易地扶贫搬迁移民社区的社区管理。有研究表明，移民与当地居民互动越多，其对搬迁地的依恋感就越强，社会融合程度也就越高。但是，由于移民之间同质性较高的影响，在搬迁初期，往往整组搬迁、集中安置的移民，其心理适应和社会融合水平比较高。整组搬迁、集中安置这样的搬迁方式使得移民很大程度上保留了原有的社会网络，但是也极大地阻碍了移民和搬迁地本地人的往来。这样可能会出现移民社会交往的“趋同性”。从长远来看，这种现象并不利于西南民族地区易地扶贫搬迁移民的心理适应和社会融合。完善和加强对易地扶贫搬迁移民的社区管理，就是要打破这种同质性、趋同化的移民内部之间的交往，加强移民与本地人的往来。

因此，政府统一规划、选择移民住宅地时，既要充分考虑到搬迁后对同质性交往的需要，又要顾及移民与搬迁地当地居民交往的必然趋势。鼓励支持易地扶贫搬迁移民和本地居民共同居住在同一小区，方便移民与本地人的交流，鼓励和支持移民进行广泛的社区参与，帮助移民适应新的生活习惯、满足其合理的心理诉求、建立新的社会支持网络，增强移民对搬迁地的认同感和归属感。

再次，给予在心理适应过程中处于劣势的移民群体更多的关注。对于18—30岁的青年移民，通过提升能力与积累人力资本，更好地消除搬迁后带来的身份认同困惑和期待上的差异。对于由搬迁时间和搬迁距离引起的心理不适应，以及由安置点点和安置点类型所引起的心理不适应则可以深入移民家庭，实际解决他们可能存在的问题。

最后，关心移民的日常生活点滴，及时帮助他们解决生产生活中的难题，让移民产生被尊重、被支持的积极情感体验。移民对政府态度的感知关系到移民的心理适应，感知到政府积极的关心，移民的感知融合程度就高，反之则低。拓宽政府与移民之间的沟通渠道，在规划和实施移民安置时，加强移民的过程参与程度。在日常生活中，要深入移民、联系移民，积极解决移民日常生活中存在的问题，让移民感受到政府在政策层面之外的关心。

除此之外，引入社会组织并发挥其专业救助功能，应对移民心理适应的波动期。在移民心理适应的波动下降期，需要得到更多的帮助和关怀。而心理咨询机构、社会工作机构等专业社会组织，可以提供专业的助人服务。例如，通过专业的心理咨询和帮助，提高移民的积极心理能力，以积极的心态面对新环境所带来的问题；社会工作者可以协助预防或解决移民适应过程中遇到的生活困难。

第六章　西南民族地区易地扶贫搬迁移民社会适应与社区治理

移民工程经历搬迁和定居两个阶段。搬迁阶段包括评估村寨的资源环境与贫困程度，寻找合适的安置点，置换安置点建设所需土地，规划并建设安置点，组织移民搬迁等工作。在这个阶段地方政府起着主要和关键的作用。定居阶段重点是移民的生存和发展，包括移民熟悉适应新的社区环境，寻找新的生计方式，建立新的社会网络，实现安居乐业。这个阶段社区扮演着主要角色，它是衔接政府政策的接口，是联结官方资源与移民需求的政治空间，政府的很多政策措施是通过社区得以实施和落实。

易地扶贫搬迁移民社会适应状况如何，程度高低，都发生在移民社区这个场域空间内，即使因为某些方面的不适应而带来了什么问题，也会集中表现在社区层面。搬迁之后社区能否根据移民需要为移民提供相应的服务，会影响移民在安置点的适应状况。移民社区治理指移民社区的建设与管理，其重要内容是对移民的管理与服务。移民社区的生计发展、文化活动、组织建设、治安维护、矛盾化解以及民主参与等都是移民社区治理的内容，移民的社会适应都与这些内容紧密相关。良好的社区治理能促进移民的社会适应，反过来移民社会适应状况也体现了移民社区治理的水平。所以，社区治理对西南民族地区易地扶贫搬迁移民的社会适应具有举足轻重的意义，关乎移民能否适应和融入新的生产生活环境以及社区的和谐稳定。

本章从社区治理的角度来进一步分析西南民族地区易地扶贫搬迁移民的社会适应。

第一节 相关文献梳理

一、国外社区治理相关研究

关于治理主体方面，戴维·奥斯本能和特德·盖布勒在《重塑政府》中强调公民、邻里群体以及社区组织的作用，认为公共企业家要在社区内部充当催化剂，超越宏观政策选择的同时发挥公民、邻里以及社区组织的主动性和能动性。[①] 多中心治理理论学派创始人奥斯特罗姆夫妇也认为，政府、市场和社会共同承担治理责任，强调治理的多元主体。关于社区治理的任务方面，Alexinkes（1990）在分析西方自治组织发展历程与发展目标的基础上，指出“现代市民意识”的培育是任何形式的社区共同体建设的首要任务；美国学者海伦·苏利文则认为“社区领导力的引导与培养、社会资本的增强以及增进社区公共福利供给与管理”是社区治理的三个核心主题[②]；萨谬尔·伯勒斯和赫尔伯特·基提斯也强调了社会资本，认为社区社会资本的培育是社区治理的主要任务[③]。在社区治理主体之间的关系方面，Murdoch（1998）认为社区治理是通过政府和非政府组织的伙伴关系来安排，政府组织和非政府组织是无等级的联盟合作关系；美国学者凯勒（1978）认为在社区治理中，居民与官方组织是政治博弈的关系。

---

① ［美］珍妮特·V. 登哈特、罗伯特·登哈特：《新公共服务：服务而不是掌舵》，中国人民大学出版社 2010 年版。

② Helen Sullivan. Modernization, Democratization and Community Governance, Local Government Studies, 2001, Vol.27.

③ 曹荣湘：《走出囚徒困境：社会资本与制度分析》，上海三联书店 2003 年版。

国际上典型的社区治理模式主要有自治型、政府主导型与混合型社区治理模式，分别以美国、新加坡与日本为典型代表。自治型社区治理模式强调高度的社区自治，并对社区与政府的不同分工进行了划分，认为政府重在宏观角色，如提供制度保障和法律约束，而社区组织则全权负责社区治理的一切相关事务；政府主导型社区治理模式强调政府的核心作用，政府设置专门的治理部门从上而下实施社区干预与控制；混合型的社区治理模式则强调政府部门、社区组织、居民邻里在社区治理中的共商共治，政府侧重于指导、规划、提供经费等间接干预，社区组织侧重社区服务等直接干预。[①]

二、国内社区治理相关研究

国内关于社区治理的概念方面，夏建中认为，社区治理就是在接近居民生活的多层次复合的社区内，依托于政府组织、民营组织、社会组织和居民自治组织以及个人等各种网络体系，应对社区内的公共问题，共同完成和实现社区社会事务管理和公共服务的过程；[②] 张永理则指出，涉及社区的多元主体之间通过合作互动，共同提供公共产品和实施对社区公共事务的管理，完善社区居民自治，实现社区公共生活品质不断提升、社区可持续发展能力不断增强的过程便被称为社区治理。[③] 在社区治理主体方面，陈潭认为社区治理存在着三个层面的行为主体即政府组织、社区组织和社区公众；夏建中认为社区组织、居民、志愿组织、市场组织以及政府组织等都是社区治理的主体。对社区治理内容的研究中，李文静从任务目标与过程目标两个方面对社区治理的内容进行了分析，过程目标方面包括提升居民自助互助能力和团结行动能力，任务目标方面包括救助弱势群体、提升居民福祉以及满足

① 李寒湜：《中国社区治理现状及探索》，《经济研究参考》2015 年第 45 期。
② 夏建中：《治理理论的特点与社区治理研究》，《黑龙江社会科学》2010 年第 2 期。
③ 张永理：《社区治理》，北京大学出版社 2014 年版，第 107 页。

生活需求三部分。[①]夏建中认为当下我国社区治理的内容主要有社区文化、社区救助、社区卫生、社区安全、社区就业、社区流动人口管理、社区教育、社区体育等多方面内容，同时非物质的社会资本的培育与提供也应该引起重视。在社区治理模式方面，陈潭认为我国当下主要形成了以下三种模式：政府主导的行政型社区、政府推动和社区自治结合的合作型社区、政府支持和社区扮演核心角色的自治型社区。[②]

国内关于移民社区治理的研究主要有以下几个角度：第一，从社区管理模式角度，倡导建立“政府主导、社区分权自治、居民参与”的移民社区治理框架，构建政策动力与内在潜力、社区共同价值与促进居民成长相结合的移民社区治理格局。[③]第二，从文化构建角度，主要针对少数民族聚集的移民社区，主张通过重建文化来整合移民社区，通过文化共同体的构建实现移民社区治理。[④]第三，从社会资本理论角度，重视帕特南所提出的横向网络与纵向网络互动所形成的社会资本，横向网络主要是移民与移民之间、移民与社区组织之间的互动，纵向网络是移民、社区组织与政府之间的互动。[⑤]

关于移民社区治理的实践研究大多集中在以下两类移民社区：一是关于水库移民社区治理的相关研究，代表性的学者有李庆、李宏毅、张佐、唐传利等[⑥]，这方面的研究多强调水库移民安置社区具有其特殊性，所以要转

---

① 李文静：《社会工作在社区治理创新中的作用研究》，《华东理工学报（社会科学版）》2014 年第 4 期。

② 陈潭、史海威：《社区治理的理论范式与实践逻辑》，《求索》2010 年第 8 期。

③ 渠章才、黄华艳：《非自愿性移民社区的管理模式探究》，《重庆交通大学学报（社会科学版）》2013 年第 4 期。

④ 戴庆中：《混杂与融合：少数民族生态移民社区文化重建图景研究》，《贵州社会科学》2013 年第 12 期。

⑤ 刘晋飞、黄东东：《三峡移民社区的整合机制分析——兼论移民纠纷框架下社会资本的缺失与重构》，《西北人口》2008 年第 6 期。

⑥ 李庆：《水库移民社会治理创新研究》，《人民长江》2016 年第 14 期；李宏毅：《水库移民安置社区治理模式的路径分析》，《现代商业》2017 年第 25 期；张佐：《建立水电开发库区社区共同治理发展机制研究》，《思想战线》2014 年第 6 期；唐传利：《对新时期全国水库移民工作的思考》，《中国水利》2014 年第 1 期。

变政府职能，培育社会组织，创新社区治理体系以促进移民社会适应，实现水电开发库区与移民安置社区的共建共享。二是关于乡—城迁移（如农民工、流动人口方面）的移民社区治理研究，代表性的学者有李骏、郎晓波、刘小年等[①]，强调通过资源汲取，社区公共服务供给等方面，推动农民市民化、城市社区治理等方面的政策创新。

目前有关易地扶贫搬迁移民社区治理的研究文献比较少，仅有的文献中，有关于易地扶贫搬迁移民社区治理困境的研究，例如李晗锦、吴新叶、何得桂等[②]，认为易地扶贫搬迁移民社区治理的主要问题包括移民生计问题和留守人员社区服务问题、社区公共设施建设与公共服务不足；居民参与能力与自治意识欠缺，主动性与参与率低；居民参与社区的组织化、制度化程度低；社会组织与社区组织严重不足，社区治理的主体缺失，治理主体职责不清晰，治理机制不完善；等等。也有研究集中在关于易地扶贫搬迁移民社区治理创新方面，代表性学者有付少平、何志扬、杨桂兰等[③]，主要强调政府“元治理”与“多方合作”并重，促进社区治理多元化；通过能力建设与赋权提高居民能力与意识，促进市民化转变，激活参与热情；基于生活理性与系统理性的居民组织化，塑造社区共同体，培育社区组织等。

以上国内外关于社区治理研究对西南民族地区易地扶贫搬迁移民社区

---

① 李骏：《移民威胁、经济剥夺还是治理失效——对上海市60个基层社区凝聚力的比较分析》，《华中科技大学学报（社会科学版）》2018年第12期；郎晓波：《“乡—城”迁移视野下新生代农民工聚居社区治理研究——浙江的个案及启示》，《中共杭州市委党校学报》2015年第5期；刘小年：《家庭半移民、代际市民化与政策创新——基于城市社区农民落户家庭的调查》，《农村经济》2014年第7期。

② 李晗锦、郭占锋：《移民社区空间治理困境及其对策研究》，《人民长江》2018年第17期；吴新叶、牛晨光：《易地扶贫搬迁安置社区的紧张与化解》，《华南农业大学学报（社会科学版）》2018年第2期；何得桂等：《精准扶贫与基层治理：移民搬迁中的非结构性制约》，《西北人口》2016年第6期。

③ 付少平：《创新陕南移民社区社会治理的探讨》，《新西部（理论版）》2014年第21期；何志扬等：《灾害移民城镇化安置方式下的社区治理——以甘肃省Z县X社区为例》，《水利经济》2017年第5期；杨桂兰：《生态移民社区治理的“内卷化”及路径选择》，《农村经济与科技》2017年第16期。

治理的研究具有重要借鉴意义，为本课题的研究提供了一定的研究思路与内容基础。本章将借鉴上述相关研究成果，结合本课题田野调查的数据，总结西南民族地区易地扶贫搬迁移民社区治理的现状和特征，分析存在的问题，在此基础上探讨易地扶贫搬迁移民社区治理的策略和发展方向。

第二节　易地扶贫搬迁移民社区的特征

按照社区特点和社区结构，我国社区可以分为城市社区和农村社区。城市社区是理性的陌生社会，有较为完整的社区服务体系，并以高楼单元为建筑特征；农村社区是熟人社会，有独特的行政管理体系，并以分散的独家独户为建筑特征。调研发现，西南民族地区易地扶贫搬迁移民安置点的建筑形式和布局有三种形态，一是在村寨附近建起的联排平房，二是在乡镇所在地旁边建的小高层楼房，三是在县城边上建的高层或小高层楼房。总体上看，分布在村寨附近的联排平房小区仍然具有较强的农村社区特性，可将之归为农村社区；乡镇所在地或县城的高层或小高层小区具有一定的城市社区特性，可将之归为城市社区。基于这样的分类，结合西南民族地区易地扶贫搬迁移民的迁徙时间和其他相关条件，本课题认为西南民族地区易地扶贫搬迁移民安置社区主要有以下特征。

一、新建社区

从时间上看，西南民族地区易地扶贫搬迁移民社区大多数属于新建小区，历史短。从样本来看，西南民族地区易地扶贫搬迁移民的搬迁时间大多在 4 年以下，7 年以上也只有 25%。与一般具有几十年甚至百年以上历史的移民原住地村寨比较起来，这些安置点社区都属于新型社区，缺乏社区传统。社区中的一切社会关系，包括社区组织和人际关系都需要重建，所有涉及社区治理的要素，包括主体与客体及其相互关系、相关规则等都处于变动、界定和构建之中。

二、半熟人社区

根据课题组的调查，西南民族地区易地扶贫搬迁移民的安置方式是以集中安置与混合安置相结合的方式。同村移民多以集中安置为主（89.6%），即同一个村的移民会集中安置在某个安置点。但同时也是多村移民混合安置，即同一个安置点会安置来自不同自然村的移民。这两种方式的结合使得安置点具有了熟人社会和陌生人社会混合的特征：首先，同村移民集中安置于同一安置点使得这部分移民原有的"熟人圈"也随着这部分移民的迁移转移到了安置点，从而使得安置点社会具有一定的熟人特质；同时，同一个移民安置点又安置了来自不同村寨的移民。当然，由于西南民族地区的移民安置基本上都是县内安置，而且乡镇内的安置（包括村寨安置和集镇安置）比例比较高（74.7%）。一般来说，在一个乡镇内的村民们很大一部分人都因血缘、亲缘等关系直接或间接知悉对方，甚至还有点沾亲带故的关系。特别是2015年以前，很多地方政府为了筹集资金，允许安置点拿出一定比例的安置房出售给非移民，[①]从而使得很多安置点除了移民外还混杂有其他外地人。这种情况下，安置社区既有原先同村或邻村的移民安置，又有其他来源的非移民入住[②]，居民结构复杂，在整体上异质性较强，又在一定范围内表现出明显的同质性，使得易地扶贫搬迁移民社区兼具了熟人特质与陌生特质。

三、孤岛式社区

调研中课题组发现，大多数西南民族地区的易地扶贫搬迁移民安置点都位于乡镇或者县城的边缘地带，远离城镇的生活聚集区域，从空间布局来

① 见访谈。云南、重庆和贵州的访谈中都有反映。

② 例如，贵州省惠水县摆金镇移民安置点。

看类似一座孤岛。除了空间的隔离外，绝大多数移民在政治和行政关系方面也几乎和当地具有一定程度的隔离：大多数样本移民（2016 年以前迁移的移民）的户口并没有迁移出来，林权、土地、社会关系，包括相关的政治权利和福利等也都仍然保留在原住地。因此，在大多数情况下，安置点的干部选举、村寨发展等重大事项与他们来说几乎无关，他们关心的是家乡的类似事件，这显然给社区治理带来了一定的难度。

例如课题组在四川调查时看到一个早期搬迁的移民安置点，移民户口已经迁出，与其他本地居民村庄相隔较远，缺乏联系。村庄移民住房排列在一条马路两边，马路多年没有维修，多是泥坑，尤其下雨天行人与车辆难以通行。课题组了解到，该移民村村委会基本没有开展活动，由于搬迁时间较早，政府也没有后续投入，对安置点的关注很少。但由于与周边村寨相隔较远，当地政府又不太过问，安置点社区的公共事务处于无人管的状态。

四、空心化社区

自 2000 年以来，易地扶贫搬迁移民的安置基本上都是无土安置，移民的家庭收入来源基本由三个部分构成：外地打工、安置点打工、原住地的种植业。根据课题组的调查，由于西南民族地区多属于欠发达地区，当地政府的能力有限，因此大多数安置点都没有可以支撑移民后续发展的支柱产业。可是移民搬迁后在当地的城市生活方式又使得他们的家庭生活支出大幅度上升，加上绝大多数的移民在购置安置房的时候都欠债，所以多数青壮年移民要么就像搬迁前那样继续在外地打工，要么就留在老家继续种地，安置点上大多只剩下老年人和部分妇女守着孩子读书，[①] 导致移民家庭形成离散居住格局，使得安置点也成了留守社区。社区空心化，使得社区治理面对的大多是老弱病残，扶老济困的任务更重，另一方面，青壮年较强的流动性也增加

① 见第三章相关研究。

了社区治理成本。

例如课题组在贵州省六盘水调研的时候，在几个移民小区都看到这样的情况，小区大概有 2—3 栋五、六层的楼房组成，小区就只有几个老人带着小孩在小区里。（见相关图片）经了解，大多数移民都外出打工了，有几家移民甚至举家外出，安置房一把锁锁着，春节都没有回来。部分移民家庭是年轻人外出打工，老人回原住地从事农业生产，所以安置点的房子也是空的。只有极少部分移民家庭年轻人外出打工，老人带着小孩居住在移民小区。

这种移民小区呈现的是典型的空心化状态，留在小区的居民仿佛生活在空城之中，相应的移民服务也就无从谈起，缺乏必要的社会支持。

五、城乡二重性社区

无论安置点是位于集镇还是县城，是平房还是楼房，易地扶贫搬迁移民安置点在很多方面都具有城乡二重性。一方面，多数易地扶贫搬迁移民社区一定程度上具有城市社区的社会服务体系，另一方面它的管理大多采用的是传统的村委管理模式；同时，移民的社区生活具有一定的城市社区特征，例如，城市生活方式、城市休闲方式等，但移民从农村带来的生活文化习惯仍然具有很强的滞留性，从而造成移民社区城乡文化的二重性。

六、多民族杂居社区

课题组田野调查发现，很多易地扶贫搬迁移民社区是多民族混合杂居格局。无论是集中安置还是混合安置，从安置区整体的角度来看，多民族杂居在移民生活习惯、民族文化、民族政策等方面都会存在差异，一方面，这些差异使移民所拥有的价值观念不尽相同，这在某种程度上成为移民交往或互动的限制因素，这给社区治理带来了整合难度，增加了社区治理成本；另一方面，不同民族的生活与文化差异也丰富了易地扶贫搬迁移民社区的多样性，为社区文化建设提供了多元素材基础，是社区凝聚力的重要源泉。同时，这也启示我们，在易地扶贫搬迁移民多民族杂居社区的治理过程中，协调、融合多元民族利益与文化的同时，更要尽可能地营造传统的人地关系，维护生产和生活中传统文化的元素。

七、贫困社区

易地扶贫搬迁移民搬迁前就处于贫困状况，所以得以享受政府的生态扶贫移民政策。搬迁后最重要的一点是改变了原来的生存环境。但原来的贫困导致移民一般都没有家庭经济方面的积累，搬迁后由于购买安置房负债，短期内不可能马上使家庭富裕起来。因此与当地周围社区居民比较起来，易地扶贫搬迁移民具有一定程度的贫困问题，严重的甚至整个移民村呈现出贫困村状态。

例如在四川一个十多年前迁出的彝族移民安置点，位于小镇的旁边。当年从高山上搬迁下来，由散居变为集中居住。由于搬迁时间较早，他们没有享受到后来的易地扶贫搬迁工程那些相对优厚的政策。政府只是为他们分配了一些荒地，修建了比较简易的平房，给他们分配的田地就在安置点附近，移民外出打工的不多，主要从事农业生产，种植玉米、土豆等。移民们收入来源单一，收入很低，也缺乏来自外界的资源，因此安置点的移民非常贫困。这类特殊类型的移民社区虽然不是非常普遍，但却是易地扶贫搬迁移民社区的一部分，需要更多关注。

第三节　易地扶贫搬迁移民社区治理与移民的社会适应

基于易地扶贫搬迁移民社区的实际情况，课题组从易地扶贫搬迁移民社区的常规性管理、社区服务状况、易地扶贫搬迁移民的社区参与及移民在社区治理方面的满意度等几个方面进行了调查，探讨易地扶贫搬迁移民社区治理的基本状况，并分析这种状况对移民的社会适应产生的影响。

一、易地扶贫搬迁移民社区的常规性管理与移民的社会适应

如前文对易地扶贫搬迁移民社区特征的分析，易地扶贫搬迁移民社区不同于普通的城乡社区，其常规管理的内容也具有特殊性。本课题将从易地扶贫搬迁移民户口与社会保障管理、移民社区的治安维护与纠纷处理、移民社区日常的社会问题三个方面来了解易地扶贫搬迁移民社区的常规性管理，在此基础上分析其对移民社会适应的影响。

（一）易地扶贫搬迁移民户口与社会保障管理

易地扶贫搬迁移民的户口与社会保障管理体现的是移民原住地与安置点社区管理的接续问题，这些问题在那些成熟的城乡社区一般不会存在，反映了移民社区的过渡性社区特点。

1. 易地扶贫搬迁移民的户口办理

西南民族地区易地扶贫搬迁移民的村寨安置实际上就是中心村安置，因为都在一个行政村内，无论是移民还是地方政府基本不会考虑这类安置方式移民的户口去向问题。但对于安置在乡镇和县城的移民，户口迁移问题就比较重要。因为农村户口与移民的土地、林权、社会保障等权益联系在一起。在田野调查中发现，西南民族地区易地扶贫搬迁移民户口还在原住地没有迁入安置点的比例比较高。这给社区治理带来一些挑战：第一，移民户口所在地与安置点分离弱化了移民归属感，影响移民社区服务管理。若户口未迁入安置点，对移民而言安置点只是一个简单的居住地，移民就会有“外乡人”情结，对社区的归属感不强，不利于社区整合。从服务管理角度来看，移民居住在安置点，就要接受安置点社区的服务与管理，但移民的户口仍在原居地，这就给移民社区统一服务管理带来了困难。

问：原来在山里的时候，有事情找村委会，现在有什么事找哪里呢？

答：还是一样地找原本的村委会。

问：人已经住到这边了，但是户口还是在那边?

答：是的，还是在那边。

问：那边村委会开会的话，你们还要过去吗?

答：我们还是很近的，骑车也就十分钟。

问：还是归那边的村委会管?

答：嗯。①

在这种“双重治理”中，容易发生“该谁管、谁来管”的尴尬。遇到较大的矛盾和问题时，移民就可能会遇到两边踢皮球，或者自己也不知道应该到哪里寻找支持从而出现困惑。例如当移民遇到纠纷时，处理渠道及方式就显得非常多元化。根据表6–1显示，有13.5%的移民表示日常的纠纷找当地政府（安置点）处理，有10.5%的移民会去找原来的村委，有36.7%的移民会去找现在的村委会或者居委会（即安置点社区管理部门），有20.4%的人选择“其他”。“其他”主要包括“没有纠纷”“自己忍”“大的矛盾找政府，小的自己解决”“找家中长辈”等。

表6–1　现在日常的邻里纠纷找哪个部门处理

	频数	百分比
找当地政府	139	13.5
找原来村委	108	10.5
找现在的村委会或居委会	378	36.7
找移民中有威信的人	25	2.4
社区组织	28	2.7
其他	210	20.4
不知道	141	13.7
合计	1029	100

① 见访谈录第5页。

而过去村里有了矛盾，大部分（73.2%）移民找村干部协调解决。可见搬迁前主要由村委会来调解处理矛盾纠纷，而现在的处理方式则比较分散。说明部分移民在遇到纠纷时找不到相应的处理渠道。

表 6–2　过去村里有了矛盾主要是谁负责协调解决

	频数	百分比
寨老	74	7.2
村干部	754	73.2
鬼师（巫师）	2	0.2
其他村里能人	20	2.0
其他	179	17.4
合计	1029	100

同样，在权益受到损害时移民的处理方式也是分散的。从表 6–3 来看，有 16.4% 的移民在权益受到损害时选择自己忍耐，有 11.3% 的移民选择向原来村委反映，有 35.7% 的移民选择找现在的村委会或居委会处理，有 25.8% 的移民选择向现在的政府部门反映。

表 6–3　现在当您的权益受到损害的时候，您如何处理　（单位）

	频数	百分比
自己忍耐	169	16.4
向原来村委反映	116	11.3
找现在村委会或居委会	368	35.7
向现在政府部门反映	265	25.8
向媒体反映	2	.2
在网上发牢骚	2	.2
采取极端行为，引起政府重视	3	.3
其他	104	10.1
合计	1029	100

第二，移民户口与居住社区分离，导致移民的诸多权利难以得到保障，社区对之无能为力。

因为附着于农民身份上的权力与利益是与户籍挂钩的，移民户口不在安置点社区，移民在例如社区选举、社区议事等社区参与方面就会受到影响。由于移民户口在原住地，诸如回去参加村委会换届选举、领取政策性补贴等都会遇到困难，安置点社区协调的成本就比较高。

不过，课题组田野调查发现，即便如此，多数城镇安置的移民并不愿意迁移户口，因为老家还有宅基地、耕地等资产，担心迁移户口会损失这些资产。如第三章所述，移民原住地的耕地、宅基地、林权等对移民而言，既是一份资产又是移民在城镇应对生活压力的一个缓冲，所以在制定相关政策的时候，如何既能保障移民的原有资产安全，又能使移民放心迁移户口以充分享受安置社区的基本服务是值得慎重思考的问题。

2. 易地扶贫搬迁移民的社会保障办理

课题组调查了移民的社会保障事项办理情况（见表 6–4）。有 52.9% 的移民表示社会保障还在原来住的地方办理，有 41.7% 的移民在安置点办理。一些移民反映返回原住地办理社会保障非常麻烦，一方面距离遥远，交通不便；另一方面许多移民亲戚、邻里都搬迁过来，原来的社会网络已不存在，没有人能提供必要信息。但是安置点社区对此表示没有办法。调查中发现也有少数移民社区为移民提供社会保障的办理服务，如贵州省一个县城的移民社区建立了社区服务站，即使户口不在本地，服务站也能为移民提供社会保障办理服务，不需要移民返回原住地办理，这为移民提供了很大方便，但是这类移民社区比较少。

表 6–4　平时的社会保障（养老保险、医疗保险）是在原来的地方还是在新的地方办理

	频数	百分比
原来住的地方	545	52.9
现在住的地方	429	41.7
其他	55	5.4
合计	1029	100

从表 6–5 可以看到移民领取最低生活保障的情况。搬迁后领取最低生活保障的比例比搬迁前高 6.7%，但这并不能表明搬迁后移民领取最低生活保障的机会增加了，是因为西南地区农村最低生活保障的实施基本上是从 2007 年后才开始的，而移民中有部分在 2007 年前就已经搬迁了，这部分移民在搬迁前不可能有最低生活保障，因此总体上搬迁后移民领取最低生活保障的比例提高了。虽然政策使然，但是帮助了更多的贫困移民改善生活，一定程度上缓解了经济困境在社区层面的影响。

表 6–5　搬迁前与搬迁后的最低生活保障情况比较

	搬迁前		搬迁后	
	频数	百分比	频数	百分比
有	175	17.0	244	23.7
没有	854	83.0	785	76.3
合计	1029	100	1029	100

另外，田野调查发现少部分移民在搬迁前有最低生活保障，但因为搬离原住地不再发放而心有怨言。问题虽然发生在原住地，但是抱怨发生在安置点，对移民在安置点的生活有影响，而且容易累积负面情绪，增加了社区治理的难度。

（二）移民社区的治安维护与纠纷处理

前面的研究发现移民社区的治安显著影响移民的社会适应，社区治安状况越好，移民的社会适应水平越高（见第六章）。社区治安状况反映了移民社区治理的成效。

1. 搬迁前后社区治安状况比较

易地扶贫搬迁移民能否在新环境中安心生活，社区治安环境尤为重要。课题组对搬迁前后的社区治安状况进行了调查，有很大一部分（51.8%）移民认为安置点的治安与原住地一样，有一部分移民（26.9%）认为安置点的社区治安状况比过去好，还有一部分移民（21.3%）认为安置点的治安没有原住地好（见表6–6）。移民认为现在的社区治安比以前好的原因，主要包括如下几个方面。一是现在生活条件比以前好，以前受到贫穷的驱动所以偷盗现象多一些。二是以前争水争田争林等方面的纠纷多，现在大家各做各的事，利益纠纷少了。三是以前老家没人管，现在有治安人员、有监控、打电话方便、离派出所近等。另有移民认为现在住的近，方便团结。从上述总结的原因可以看出，安置点社区在社区治安方面还是很有成绩的。因为与搬迁前比较，安置点社区在治安方面有安保措施，大都设有派出所等机构，可以有效地为移民解决安保之忧。

表6–6　搬迁前后社区治安状况比较

	频数	百分比
没有过去好	219	21.3
和过去一样	533	51.8
比过去好	277	26.9
总计	1029	100

部分移民反映现在的社区社会治安比较差。根据课题组的田野调查，这种情况一般发生在城镇安置点。因为这类安置点多处于城镇边缘，与城镇和附近村寨有一定距离。此外，移民安置社区里面很多楼房不是移民居住的，人员比较复杂，因此小区的社会治安要差一点。例如，课题组在某个位于县城边的移民小区调研的时候，部分移民反映小区的偷盗现象比较严重，家里的自行车、摩托车等东西是不敢放到房子外面的，否则一转眼就可能不见了。而那些搬迁时间较长，尤其是位于村寨、集镇的移民社区移民则反映治安要好得多。

2. 易地扶贫搬迁移民社区日常的社会问题

社区日常的社会问题在这里指的是一般城乡社区常见的、可能存在的问题。课题组就“你们小区常见的社会问题是什么？”进行了调查，选项包括邻里纠纷、家庭矛盾、盗窃等社会治安问题、环境卫生问题、其他、不知道。在回答小区是否存在上述问题时，73.1% 的移民表示存在类似的社会问题（见表 6-7）。

表 6-7　所在小区是否存在以上社会问题

	频数	百分比
是	752	73.1
否	277	26.9
合计	1029	100

课题组进一步对社区存在的问题具体情况做了调查，根据表 6-8 显示，环境卫生问题（30.7%）与盗窃等社会治安问题（26.3%）比较突出，同时，移民反映的其他问题比例比较高（34.6%），其他问题包括社区公共事务无人管理、没水吃、道路不好、太吵闹了等。说明一些移民社区公共服务的严重不足，基础设施不完善，缺乏对公共事务进行管理的机构与组织。在四川省的一个易地扶贫搬迁移民点，课题组田野调查时发现贯穿村子的一条满是泥泞的马路，坑坑洼洼，行人与车辆难以通行。这个移民村搬迁已有十多年，搬迁以后政府没有提供后续资金投入，村庄自身管理也没能到位，村庄的主干道因此没能得到及时修缮。根据表 6-8 显示，邻里纠纷、家庭矛盾等问题则相对较少。在调查社会治安问题中，许多移民表示社会治安比搬迁前的地方要好，而在调查日常的社会问题时仍然有较高比例的移民把社会治安不好作为日常社会问题之一。这看似矛盾实际上表明移民对社会治安问题的敏感，同时也表明移民社区的社会治安比搬迁前好并不意味着没有问题，依然有改善的空间与

必要。

表 6–8 你们小区常见的社会问题是什么（多选题）

	频数	百分比
存在邻里纠纷问题	50	5.1
存在家庭矛盾问题	33	3.3
存在盗窃等社会治安问题	260	26.3
存在环境卫生问题	304	30.7
存在其他常见的社会问题	342	34.6

除了以上日常的社会问题外，西南民族地区易地扶贫搬迁移民社区还有一个比较特殊的社会问题，就是族群关系问题。西南民族地区安置点常常有不同民族杂居的情况。在这种多民族杂居社区常常会因为生活习俗的差异而发生程度不同的共处障碍。例如贵州省荔波县瑶乡拉片村的移民点，社区居民以瑶族为主（75 户），但混杂有少量苗族（5 户）。例如苗族移民廖金梅表示，搬来后生活有些不习惯的地方，主要是和瑶族村民的交流方面。一方面，自己的熟人不多，一起搬来的同村村民总共就 5 户；另一方面，社区不同民族的交流语言是用汉语，但部分瑶族人特别是年纪较大的不会说汉话，因此语言交流有困难。此外，在就业政策上，当地镇政府规定瑶族人全日制本科大学毕业，回瑶山后优先分配工作。让这个瑶族社区中的苗族人产生了不公平感。[①]

问题反映到社区层面，但社区没有能力处理这类事情。显然这类多民族杂居的社区在社区成员的关系协调方面比其他社区的难度要大，而社区成员的关系如果不协调，显然会影响移民的社会适应。

① 见访谈录，第 47–48 页。

二、易地扶贫搬迁移民的社区服务与移民的社会适应

夏建中曾指出，社区服务就是为居民提供公共产品，这些公共产品包括物资的和非物资的两方面，前者指的是满足社区居民的基本设施建设等，而后者更重要，主要是社会资本。[①]付少平在研究陕南移民社区治理时指出，应该重视移民的公共服务需求，从社区的长远发展进行规划，修建社区卫生院、幼儿园、小学、社区体育活动场所与设施等。[②]王晨蕾指出移民社区服务还应该重视社区卫生保洁、社区安全防护、社区配套设施与绿化维护等内容。[③]何志扬在研究灾害移民安置社区治理时提出应引入社会组织提供社区福利服务，重视社区内生力量发展社区生计等。[④]

通过前文对易地扶贫搬迁移民社区的特征分析发现，易地扶贫搬迁移民社区具有一些和一般城乡社区不一样的特征和需求，因此需要的社区服务在重点方面和其他一般城乡社区相比也存在一定的差异。本课题对西南民族地区易地扶贫搬迁移民的服务需求作了调查，从表6–9可以看出，易地扶贫搬迁移民的就业服务（41.4%）、养老服务（29.4%）、儿童日常照顾（18%）三个方面的需求比较突出。

表6–9　您认为下列哪些服务现在对你们来说是最需要的（多选题）

	频数	百分比
需要就业服务	550	41.4
需要养老服务	391	29.4
需要小孩日常看护照顾服务	240	18.0
需要移民的心理健康咨询服务	61	4.6
需要其他具体服务	88	6.6

① 夏建中：《治理理论的特点与社区治理研究》，《黑龙江社会科学》2010年第2期。

② 付少平：《创新陕南移民社区治理的探讨》，《新西部》2014年第32期。

③ 王晨蕾：《彭山区农村跨区域征迁移民集中安置社区治理对策研究》，硕士学位论文，西南交通大学公共管理学院，2018年。

④ 何志扬等：《灾害移民城镇化安置方式下的社区治理——以甘肃省Z县X社区为例》，《水利经济》2017年第5期。

（一）就业服务需求

根据表 6-9 显示，就业服务是移民服务要解决的首要问题。如前文所述，移民的生计存在困难，就业需求比较强烈。从需求层次的规律来看，这一需求结构说明移民的需求主要还在求生存阶段，生计问题最受关注。这也是移民社区治理特殊性在移民需求发展阶段上的体现。就移民社区的工作来看，虽然目前在政府的支持下，社区在这方面做了很多工作，但是也有不尽人意的地方。根据课题组的访谈，政府的就业帮扶有多种形式，一是政府联系企业给移民提供就业岗位；二是开发社区岗位，如安排城市安保和保洁工作给移民等；三是技能培训。在田野调查中，一个政府工作人员这样讲到：

焦：他（指移民）来这里讲，我家四五口人在这里住，怎么解决就业问题？（我告诉他）我们以后要采取培训的方式，我们周边各个工业园区有很多厂房，然后通过培训给他把就业慢慢解决，这是一个（方式），第二个就是从低保方面慢慢搞，第三个就是让他在这里打扫卫生，当清洁工[①]。

有的地方在建设移民安置房的时候，把一楼作为商铺，由移民购买给移民从事个体经营提供便利。有的地方把移民搬迁到工业园区、旅游景区以及农业园区安置，为移民能够就近就业提供机会。总之，地方政府在移民的生计发展方面采取了一些创新性措施。不过本课题田野调查表明这些效果都不是很理想。一方面许多工业园区对移民的就业吸纳非常有限；另一方面移民或者不能胜任那些技术要求较高的工作，或者嫌工资太低，没有利用这些就业资源。

政府实施了大量的技术培训项目，期望通过提升移民的就业能力来

① 见访谈录第 77 页。

促进其就业。但是课题组的调查表明，参加过技术培训的移民数量极少（11.9%），参加过多次培训的移民数量更少（5.8%）（见表 6–10）。

表 6–10　您搬迁到这里以后参加过政府组织的技术培训吗

	频数	百分比
参加很多次	60	5.8
偶尔参加	63	6.1
从未参加	779	75.7
其他	127	12.3
合计	1030	100

上述情况说明针对移民的技术培训不够普及，培训的持续性与有效性也有待提高。柳劲松等[①]对武陵山片区易地扶贫搬迁移民技能培训的调查发现，“培训内容往往掺杂了过多的移民政策法规宣传教育，适用性技能操作缺乏”，“培训机构往往没有及时、准确地了解劳动力市场的信息动态，最终导致培训内容与市场需求脱节”，“培训机构都是根据政府部门的政策和分配的任务和自身能力来进行培训内容安排，学员和用人单位在整个过程中显得十分被动”。课题组进行田野调查时也发现以上类似现象。由于技能培训缺乏针对性和有效性，移民参与度不强。因此尽管地方政府及移民社区在移民的就业问题上考虑了诸多办法，采取了诸多措施，当问到“政府是否提供了就业帮扶”时，却有大多数移民（86.6%）表示“没有”，只有 13.4% 的移民表示政府提供了就业帮扶，说明政府这一措施效果不是很好（见表 6–11）。这显然不利于移民的经济适应，甚至对移民社会适应的多个层面都不利。

① 柳劲松、杨胜才：《武陵山片区生态移民技能培训服务链的绩效评估研究——基于 DRF–DEA 组合模型的实证分析》，《广西民族研究》2017 年第 6 期。

表 6-11 您搬到这里后政府有就业方面的帮扶政策吗 （单位）

	频数	百分比
没有	891	86.6
有	138	13.4
总计	1029	100

（二）社区文化活动的需求

社区文化活动一方面能够愉悦身心，丰富居民休闲活动；另一方面，集体性的社区文化活动也可以增强社区凝聚力，增加居民的社区归属感。对于易地扶贫搬迁移民来说，社区层面的文化活动可以消除社区陌生感，消除隔阂，促进交往，培植当地社会资本。因此，移民社区的文化活动应当是移民社区治理非常重要的内容之一。调查显示，只有 22.5% 的移民表示社区今年（2016 年）组织过休闲娱乐的集体活动，有 77.5% 的移民表示社区今年（2016 年）以来没有组织过类似活动（见表 6-12），说明大多数的移民社区在这方面的工作做得不够。

表 6-12 今年 2016 年以来，你们现在住的社区或村组织过休闲娱乐集体活动吗

	频数	百分比
有	232	22.5
没有	797	77.5

不过，根据课题组的田野调查，很多少数民族为主的移民社区比较重视少数民族文化的传承，因此常常举办一些带有民族文化特色的社区集体活动，受到了移民的欢迎，例如贵州省荔波县瑶族移民安置点，由于该点属于旅游开发区，每年 4—10 月到附近的瑶族古寨的游客比较多，为了吸引游客，当地政府部门在这个安置点会组织一些颇具民族特色的社区活动，譬如拔河、斗鸡、情歌对唱，并且设立名次奖品，移民自由组队参与。

但是像瑶山安置点这样的社区比较少。一般性的社区活动的缺乏则主要与社区层面缺乏有效组织有关。没有相关组织，移民缺乏参与的平台，休闲娱乐集体性活动难以开展。

综上，政府提供的就业帮扶对移民的就业有一定的促进作用，这虽然在一定程度上缓解了移民的生计困难，但是仍然有很大的改善空间；在社区文化活动方面，总体上凝聚移民、丰富移民生活的文化活动严重不足。虽然部分移民社区组织了有民族特色或地方特色的文化活动，但是缺乏普遍性。特别是缺乏对留守老人和儿童的服务，社区在这方面还有相当大的空间需要弥补，可以多开发一些针对社区文化与留守群体的服务项目，如规划社区文化广场、修建留守之家、构建留守家庭志愿者对口帮扶网络等，以更好地回应移民社区服务需求。

三、易地扶贫搬迁移民的社区参与和社会适应

易地扶贫搬迁移民的社区参与可以增强移民的社区归属感，是提升移民社会适应的重要部分之一。从社区层面来说，移民的社区参与对于社区公共事务的有效管理以及提升社区整体能动性等方面也都具有重要意义。课题组从移民参与社会组织、讨论决策社区重大事项以及参与社区选举三个方面进行了调查。

（一）易地扶贫搬迁移民参与社会组织

调查显示，大多数移民（85.9%）没有参加过任何社会组织（见表 6-13）。

表 6-13 您搬迁过来后参加了哪些社会组织

	频数	百分比
党组织	42	4.1
工会	2	0.2
团组织	26	2.5
宗教组织（基督教等）	3	0.3
村委会	38	3.7
休闲娱乐组织	22	2.1
公益组织	1	0.1
慈孝协会	1	0.1
业主委员会	1	0.1
其他	9	0.9
没有参加任何组织	884	85.9
合计	1029	100

无论是政治类如村委会还是社会生活类组织，移民都很少参与。移民参与村（居）委会的比例低说明移民作为外来者在政治生活中的边缘性地位，这与前面分析的户口归属问题相关，也说明政府对移民的政治参与没有给予应有的重视。移民很少参与休闲娱乐、公益等方面的组织的原因则在于社区层面缺乏相关组织，移民没有参与机会。移民参与社会组织以及移民成立相关组织对于促进社区治理有重要意义。钟苏娟[①]等对丹江口的水库移民的研究认为移民的组织化参与可以将移民群体的内部分散、多元的利益诉求在组织内部进行整合，为政府提供高效的决策信息，同时也为移民表达提供意见平台，这对于移民活动有序展开、保障移民权益、促进社区和谐起到了重要作用。水库移民是非自愿搬迁移民，容易形成移民与政府的矛盾，这一点与易地扶贫搬迁移民不同。但是易地扶贫搬迁移民同样有各类诉求，诸如安置房的质量、安置点的公共服务以及原有土地等资源的处置等问题需要与政府

① 钟苏娟等:《水库移民中的组织化参与——基于丹江口库区 D 村移民公众参与的实证考察》,《水利经济》2018 年第 5 期。

协商，没有有效组织，移民的诉求表达缺乏渠道，政府也难以了解和有效处理这类诉求，最终容易产生移民对政府的“怨言”，移民的组织化有利于化解诸多“怨言”并促进问题的解决。另一方面，移民的组织化也有利于移民加强彼此联系，消除对新社区的陌生感，增加相互支持。钟苏娟等认为丹江口水库移民组织化参与的成功源于有力的草根动员、较强的主体意识、良好的制度前提、政府的外在支持以及前期的良性互动[①]。水库移民可能由于被迫搬迁导致其维护自身利益的主体意识比较强，组织化的动力比较足，而政府从顺利推动和谐搬迁角度也有较强的动力去推动移民组织化，移民社会组织更容易产生。易地扶贫搬迁移民则因为是自愿搬迁，自身利益维护的需求较弱，同时主要是部分搬迁（即同一个自然村只有部分村民搬迁），一个安置点安置了来自不同村落的移民，难以形成统一意见，草根动员资源缺乏，因此移民组织化程度与水库移民相比要低一些。

总之，一方面，易地扶贫搬迁移民社区属于新建社区，非正式社区组织极少；另一方面，移民社区侧重于行政性服务，无暇顾及社区福利性服务，缺乏移民社区参与的平台。同时，移民的参与意识与参与能力不足也是主要因素。移民的组织化参与可以将移民群体内部分散、多元的利益诉求在组织内部进行整合，为政府提供高效的决策信息，同时也为移民表达意见提供了平台，这对于移民活动有序展开、保障移民权益、促进社区和谐起到了重要作用。同时，移民的组织化也有利于移民加强彼此联系，促进社区整合。因此，多领域、多层次的社区服务组织培育以及移民参与意识与能力的提升是社区治理中应引以重视的内容。

（二）易地扶贫搬迁移民参与社区重大事项决策讨论

移民社区重大事项包括物业管理、拆迁、道路修建、产业发展等。调

① 钟苏娟等:《水库移民中的组织化参与——基于丹江口库区 D 村移民公众参与的实证考察》,《水利经济》2018 年第 5 期。

查表明，大多数移民（79.5%）没有参与过社区重大事项讨论（见表 6–14）。

表 6–14　现在住的社区或村有重大事情决策时，您是否参与过讨论

	频数	百分比
参与过	211	20.5
没有参与过	818	79.5
合计	1029	100

一方面，如前文所分析的，移民组织化程度低，缺乏参与决策讨论的渠道；另一方面，移民社区缺乏相应管理机构，或者管理机构管理的能力或理念不能适应社区需要，没有搭建移民参与讨论的平台。

杨：搬来这里社区有开会吗？

李：搬下来 3 年了，没有。

杨：你们内部有没有信任的人会帮你们出头处理事情呢？

李：没有。

杨：希望社区让每个人参与重大事情吗？

李：希望啊，但是觉得没用的。[①]

搬到安置点三年了，居然社区都没有开过会。或者是开会了但是没有通知有些移民参加。所以移民表达了一种无奈的心情。从表 6–15 可以看出，至少有一半以上的移民在重大事项决策的时候会发表意见，说明多数移民还是愿意参与社区重大事项的决策，只是社区常常忽略了他们的这种需求。

表 6–15　在参加重大事项的决策讨论时，您是否发表过意见

	频率	百分比
是	126	59.9
否	85	40.1
合计	211	100

① 见访谈录第 37 页。

重大事项关系到社区居民的切身利益，参与社区重大事情讨论是移民的重要权利，也是增强移民社区归属感与认同感的主要方式，更是重大事项决策科学性与有效性的前提保障。移民对社区重大事项决策讨论的参与率低，说明移民的边缘性地位，也表明移民社区治理现代化水平有待提高。

（三）易地扶贫搬迁移民参与社区选举情况

参与移民社区的选举是移民一项重要的政治权利，是移民社区参与的重要组成部分。调查表明，大部分移民（64.9%）没有参与最近一次的村委会或社区居委会的选举（见表 6–16）。

表 6–16　您是否参加了最近一次的村委会或社区居委会的选举

	频数	百分比
参加了	361	35.1
没参加	668	64.9
合计	1029	100

由于问卷题目没有区分现居地村（居）委会还是原住地村（居）委会，所以表格中参与过选举的一部分移民可能包括参与了原住地的村（居）委会选举（调查中部分移民搬迁出来的时间短，主要只参与原住地的一些活动，现居地的活动参与少），因此真正参与现居地村（居）委会选举的比例比调查的要低。影响移民参与社区村（居）委会的选举的因素有几个方面。一是部分移民的户口还在原居住地，这部分移民处于两难境地，一方面参与现住地社区的选举似乎合法性不够，另一方面没有条件参与原来村（居）委会的选举（现住地与原住地相距较远，而且由于搬迁原有社会关系有一定程度的疏远）。二是部分移民搬迁到居住地以后主要是外出务工缺乏条件参与社区选举，这一点也是社区重大事情决策讨论移民参与率低的原因。前者就需要社区治理某种形式的制度创新，比如户口与选举权利的分离即不一定要本地户口才可以参与选举，赋予移民这类特殊群体参与社区选举的便利性。后者

实行社区选举的异地化形式，比如以邮寄选票的方式参与选举。除此以外，移民参与社区选举也与移民社区治理的规范性程度有关，部分移民被排除在社区选举之外，还有部分移民以局外人身份旁观选举，这都说明移民社区治理需要加强规范性和创新性，把更多的移民纳入移民社区的大家庭，消除移民的冷漠心态，积极参与到包括社区选举在内的公共事务中来。

社区选举的公正性评价是反映移民社区选举参与状况的另一个指标。调查表明移民对现有社区村（居）委会选举的公正程度的评价不高（见表6–17）。看起来表6–17的选项比较分散，而且持模棱两可态度的（说不清、一般、不知道）比较多，答案缺失值达19.0%。依照田野调查经验，这种表述和回避这类问题的人大多真实态度是负面的。但是即使去掉这部分，仍可以看到认为村（居）委会选举公正的比例也不高，持负面态度（不太公正和非常不公正合并30.2%）和持正面态度（非常公正和比较公正合并30.1%）的比例接近。但移民认为社区选举不公正的原因可能是多方面的，而对选举公正程度的负面评价反过来也会影响移民社区选举的参与积极性。

表6–17　您觉得社区村（居）委会选举是否公正

	频数	百分比
非常公正	35	3.4
比较公正	275	26.7
不太公正	220	21.4
非常不公正	90	8.8
说不清	132	12.8
一般	96	9.3
不知道	181	17.6
合计	1029	100

四、易地扶贫搬迁移民对社区治理的满意度

易地扶贫搬迁移民对社区治理的满意状况可以反映社区治理的水平。本节从移民对住房的满意度、移民对社区生活条件的满意度以及移民对政府管

理的满意度三个方面进行分析。

（一）易地扶贫搬迁移民对住房的满意度

搬迁后第一步就是需要安家，住房对移民就是最基础的需要。易地扶贫搬迁移民的住房建设既是政府推进移民搬迁工程的主要手段，也是移民在新居住地安居重点关注的内容。课题组调查发现，易地扶贫搬迁移民住房来源主要有两种形式，一种是移民自建（占 49.7%），一种是政府统一建设（占 48.5%）。通过田野调查了解到，前者一般是政府规划好一片宅基地，移民以较低价格买下宅基地按规定的面积与风格自己修建住房，政府给予一定补贴。后者由政府把房屋建好，低价提供给移民居住，一定年限（一般是 5 年或 8 年）产权归移民所有。政府修建的移民房在城镇安置的以高层楼房居多，中心村安置的一般是平房。移民住房的面积都比较小，例如课题组调查的贵州省一个位于县城的易地扶贫搬迁移民安置点，每户移民住房面积约为 56 平方米。

课题组调查发现，总体上移民对住房的满意度比较高，达 67.2%，不满意的只有 18.1%（见表 6–18）。由于搬迁是移民自身的选择，故移民对住房的各个方面抱怨不多。调查中发现，移民对住房不满意集中表现在政府统规统建的住房质量问题和面积问题上。

表 6–18　您对现在住房的满意程度

	频率	百分比
不满意	186	18.1
一般	152	14.8
满意	691	67.1
总计	1029	100.1

通过进一步了解，移民对住房不满意主要是面积小（50.5%）如表 6–19 所示。移民对面积小不满意的原因有：第一，人口多，如课题组在贵州省惠

水县安置点访谈时发现，很多移民家庭是五个或者六个成员一起生活。第二，农村移民的居住习惯，如习惯平房不喜欢楼房、房子不够开阔、房前屋后的问题等。在传统村落，村口、鼓楼下、水井旁、大树下等地方都是村民可以自由聚集的公共空间，安置点是政府主导统一规划建设的单元房，这种居住格局限制了居民的活动空间。第三，移民的功能需求，移民由“农民”向“市民”身份转换滞后，虽然搬进了安置区，但内心习惯的依然是原住地自给自足的生活方式，如保持养殖业、种植业等，显然这在安置点难以实现，这种不适就会转变成移民对住房的不满。

表 6–19　对现在住房不满意的具体地方

	频数	百分比
面积小	520	50.5
设计不合理	73	7.2
上下楼不方便	27	2.6
周边环境差	44	4.3
其他	365	35.4
合计	1029	100

除以上问题外，还有移民反映移民房的地基不稳、住房质量不好、离田地比较远、经常停水停电以及下水道经常被堵等问题，其中住房质量问题导致的怨言比较多。在贵州省一个移民社区调查发现，住房质量成为社区矛盾的焦点之一。部分移民因为住房漏水开缝、墙体开裂、地板损坏等问题多次找政府反映，并提出退房要求。

问：我刚刚听您说本来不想要这个房子的啊？它可以退吗？

答：本来可以退 6 万 5，他现在说这下不是 6 万 5 了，是 1 万多了，他们讲话不算数。

问：听说这个房子要修 2 层？

答：嗯，原来说是要搞2层，但现在只搞1层，还验收不了。

问：验收不了是什么意思？现在到底验收了没有呢？

答：不得验收，他验收不了。

问：是质量……

答：哎，是质量不合格了嘛。[①]

移民住房的质量问题会渗透到移民每天的日常生活中，严重影响移民在安置点的适应水平，如果不能很好地处理，容易积累移民焦虑、无助等负面情绪，降低移民在安置点的生活获得感，进而可能转变为移民社区矛盾的导火索，成为社会稳定的隐患。所以，应该从社区长远发展的角度出发，加大房屋修缮的政策支持，让移民真正“搬进来”而“安其所”。

（二）易地扶贫搬迁移民对社区生活条件的满意度

课题调查结果显示，绝大部分移民（84.2%）对社区生活条件表示满意，表示不满意的移民只有9.7%，几乎可以忽略（见表6–20）。相较于移民搬迁前的生活条件，搬迁小区在教育、医疗、交通等方面明显方便了许多。但是与其他城镇社区相比，差距仍然非常大，生活条件改善依然是易地扶贫搬迁移民社区治理的重要内容。

表6–20　是否满意安置点的生活条件

	频数	百分比
满意	536	84.2
不满意	62	9.7
说不清	39	6.1
合计	637	100

① 见访谈录第65页。

对社区生活条件满意的方面主要有出行方便（32.0%）、上学方便（22.1%）、看病方便（18.7%）等（见表 6–21）。

表 6–21　满意的生活条件（多选）

	频数	百分比
社会治安好	92	6.1
环境舒适整洁	202	13.4
出行方便	483	32.0
邻里友善	95	6.3
上学方便	334	22.1
看病方便	283	18.7
其他	21	1.4

从调查结果来看，移民对社区生活环境总体上比较满意。对社区生活环境满意度高说明移民搬迁工程在移民生活环境的改善方面具有明显的成效。从社区治理角度来看，移民社区生活环境上得到了移民的认可，但是应该看到移民的满意度主要是建立在与搬迁前相比较而言的，并不完全意味着移民社区治理的应有水平。

（三）易地扶贫搬迁移民对政府社区管理的满意度

村（居）委会在理论上是基层自治组织，但在实践层面又常被居民看作是基层政府的延伸，实际上它们也在履行某种政府的行政职能。因此，课题组也把政府的满意度归到对社区管理满意度的讨论当中。课题组主要从移民对村（居）委会、乡（镇）工作人员办事公正程度以及是否认为政府对移民关心三个方面讨论移民对社区管理满意度的评价。

1. 移民对社区人员办事的满意度

从表 6–22 看到，明确表示非常公正的比例非常低，只有 2.9%，而明确表示非常不公正的却有14.7%。即使不考虑农村在评价此类敏感问题时的保守态度，去掉说不清和一般的比例，认为办事公正（包括非常公正和比较公正）的移民的比例（31.3%）也比认为办事不公正（包括不太公正和非常不公正）的移民的比例（35.9%）低。可见相当比例的移民认为村（居）委会办事是不公正的。

表6–22　您认为社区村（居）委会的人员办事是否公正

	频数	百分比
非常公正	30	2.9
比较公正	294	28.4
不太公正	218	21.2
非常不公正	151	14.7
说不清	17	1.7
一般	206	20.1
不知道	113	11.0
合计	1029	100

田野调查表明，移民认为村（居）委会办事不公正的地方主要表现在两个方面：社会救助款的发放不太公正，最低生活保障给予关系户等分配方面不太公正。

访谈对象：移民张叔

访问员：房子有质量问题吗？

张：房子我不知道，但是我知道他们的生活条件比任何人都差。

访问员：是你之前所说的政府送的衣服他都没有得到吗？政府给谁送衣服？

张：这些贫苦的人嘛，每年政府都送衣服、米、油，这些政府都有发的。但是到乡政府就没有了。

访问员：县政府发到乡政府了没有？

张：发到了啊，但是这些村支书的口袋太大了。

访问员：你说村支书拿了很多都不发吗？

张：上面来的什么东西，上面来100块钱，发到他们的只有二、三十块。

访问员：那你们是怎么知道这个情况的呢？

张：我老爸是退伍军人，经常去贵阳开会，我老爸说我们家的地方很贫苦，说从贵阳发到你们那里去的东西也不少啊，这些东西发到哪里去了？发给那些贫苦农民比如那些没有儿子的老年人，本来这种没有儿子的老年人一切费用国家都承包了的，但是没有的，本来是3包米，他们只给他2包啊。

访问员：那还有1包，一个人能收那么多包吗？

张：他不要，但是我跟你关系好我就给你嘛。本来这个老年人是3包米，50斤一包他只给他100斤，这50斤我跟他关系好我就给他，这家人又不贫苦，他要就要，不要就拿去卖。[①]

访谈中移民的陈述可能无从证实，甚至可能纯粹就是一种“污名化”的推理和想象，但是反映了部分移民对村（居）委会不满和不信任。事实上近年来政府对基层政府部分工作人员在扶贫领域、最低生活保障发放等方面的腐败行为已经非常重视并采取了很多得力措施加以规范，但在一些边远地区还是偶有发生，这常常是导致社区居民不满以及公正程度低评价的主要因素，也是社区矛盾的一个重要来源，这种现象在移民社区同样有所体现。

2. 易地扶贫搬迁移民对乡（镇）政府的满意度

从表6-23可以看出，认为乡（镇）政府工作人员办事公正的移民（28.5%）低于认为办事不公正的移民（30.4%），这与移民对村（居）委会

① 见访谈录第70页。

的评价结论相一致，但是对乡（镇）政府的满意度要高于对村（居）委会的满意度。这与许多关于居民对政府信任度的研究结论类似，政府级别越高，居民对其信任度越高，反之信任度越低。这种现象源于越是基层的政府越直接接触普通居民，其行政行为与老百姓的利益直接相关，因此越可能招致不满，所以，干群关系在以后的社区治理中依然有很大改善空间。

表 6–23　您认为乡或镇的人员办事是否公正

	频数	百分比
非常公正	26	2.5
比较公正	268	26.0
不太公正	190	18.5
非常不公正	122	11.9
说不清	22	2.2
一般	210	20.4
不知道	190	18.5
合计	1028	100

此外，移民对给政府反映情况的反馈的满意度方面，表示有作用的比例不高，加上认为有些作用的比例也没有达到半数，只有 41.0% 的移民认为政府的回应有作用（见表 6–24）。从移民对反映情况的评价来看，移民对政府的信任度并不高。因此移民社区如何建立起反映社情民意的畅通渠道以及增强政府与移民间的信任是加强社区治理的一个方向。

表 6–24　您认为给政府反映情况有没有作用

	频数	百分比
非常有作用	42	4.1
有些作用	379	36.9
不太有作用	243	23.5
完全没作用	155	15.1
说不清楚	210	20.4
合计	1029	100

3. 易地扶贫搬迁移民对政府关心的评价

风笑天[①]在研究三峡移民的社会适应状况时发现移民感知的政府关心程度显著影响移民的社会适应水平。移民感知的政府关心客观上表明政府可能为移民做了多少实事，政府为移民创造更好的生产生活条件而促进移民的社会适应，同时在心理层面加强移民的社区归属感或者心理上有了更多的依靠而提升社会适应水平。本课题组并没有考察移民认知的政府关心程度是否影响其社会适应水平，但结论及其原理应该是一样的。而从社会治理角度来看，对政府关心程度的评价显然反映了移民对政府管理的认可程度。从表 6–25 可以看出，移民认为"政府关心移民"的比例（44.6%）高于认为"政府不关心移民"的比例（30.1%），说明移民总体上认可政府所付出的努力，也说明移民对政府管理总体上持积极评价。

表 6–25　您认为政府对移民是否关心?

	频数	百分比
非常关心	58	5.6
比较关心	401	39.0
一般	261	25.3
不太关心	235	22.9
完全不关心	74	7.2
合计	1029	100

综上，移民对住房、生活条件以及政府关心总体上比较满意。易地扶贫搬迁移民工程的初衷就是将移民从生态恶劣或者生活不便或者极度贫瘠的环境迁至生产生活更加优越的环境。移民对社区生活条件满意度高说明移民搬迁工程具有明显的成效，初步达成了它的政策初衷。从社区治理角度来看，虽然移民社区生计、生活环境上得到了移民的认可，但是应该看到移民的

① 风笑天：《"落地生根？"——三峡农村移民的社会适应》，《社会学研究》2004 年第 5 期。

满意度主要建立在与搬迁前相比较而言的，并不意味移民社区在改善生活条件方面没有问题。从城镇化以及社区治理现代化的角度看，易地扶贫搬迁移民社区的起点仍然很低，它的软环境、硬环境等各个方面的改善空间仍然很大。移民对“政府关心”认可的关键原因在于易地扶贫搬迁移民是政府完全主导的确实为民利好的政策性工程，有这样的肯定也是自然而然。但是，搬迁工程不单是“搬出来”的点状战线，它与“稳得住”及“富起来”是前后连贯的条形战线，后续任务同样艰巨同样意义重大，而且“政策型”的社区特征决定了政府角色的不可缺位，如何在持久战中避免出现认知逆转，继续保持移民对“政府关心”的认可是摆在当下的重大挑战。

第四节　易地扶贫搬迁移民社区治理的困境

既有的移民社区治理方面的研究显示，移民社区治理呈现不同层面的问题。马伟华[①]对宁夏吊庄移民社区的研究发现，搬迁形成的新社区由于社会控制的弱化，社区出现了严重的社会治安问题，偷盗现象普遍，甚至出现了以“偷盗”为生的特殊群体，这类群体在社区内部以及周边城市偷盗财物，群体成员中既有移民也有居住在移民社区的外来流动人口，但由于是移民为主的社区，因此移民被“污名化”。刘晋飞、黄东东[②]对三峡移民社区的研究发现由于安置补偿等利益分配方面的问题，移民社区存在较普遍的移民对政府的不满以及移民之间的纠纷。吴新叶、牛晨光[③]对易地扶贫搬迁移民安置社区的研究发现安置区移民游走于传统农村社区与现代城市社会之间，日

---

① 马伟华：《从人类学角度解读宁夏吊庄移民中出现的社会治安问题》，《宁夏社会科学》2008 年第 3 期。

② 刘晋飞、黄东东：《三峡移民社区的整合机制分析——兼论移民纠纷框架下社会资本的缺失与重构》，《西北人口》2008 年第 6 期。

③ 吴新叶等：《易地扶贫搬迁安置社区的紧张与化解》，《华南农业大学学报（社会科学版）》2018 年第 2 期。

益被“边缘化”。周大鸣、陈世明[①]对位于东莞的一个外来工聚集社区的研究发现，主要来自四川、湖南和河南的打工者生活在老乡的圈子里，很少与本地村民来往，即使那些已经在此居住了20年的打工者也是如此，而这些外来工在社区治理当中几乎处于完全“失声”的状态。

课题组的调查则表明，西南民族地区易地扶贫搬迁移民社区没有出现以上研究中所揭示的移民社区的问题，至少在程度上没那么严重。但是西南民族地区易地扶贫搬迁移民社区也普遍存在诸如公共活动场所缺失、生计空间遭遇挤压、移民社会网络断裂、社区认同弱化等移民社区特点所带来的问题，以及移民社区治理中存在社区治理组织不完善、移民社区参与不足等问题，这些问题共同导致了移民社区的治理困境，从而给已经入住的移民带来适应上的一定困难。

一、易地扶贫搬迁移民社区治理的特有困难

（一）易地扶贫搬迁移民居住格局变迁导致的社区治理困难

在第五章本课题分析西南民族地区易地扶贫搬迁移民居住的变化中谈到，移民居住方式的变化既包括安置点社区的街道规划，楼房的布局以及公共活动空间的设置，也包括由于居住面积的变化导致的家庭人口规模的变化和房屋功能的变化。这些变化给移民既带来了以前所未能体验过的生活便捷，同时存在的部分不足给社区也带来了一些问题，例如楼房居住隔离性导致的干群关系疏离问题。西南民族地区易地扶贫搬迁移民安置点的社区治理，很多地方是在移民中选举一些过去的村干部来负责。搬迁之前传统村落中村干部对村里各户情况都较为了解。搬迁之后，由于一个安置点安排了来自不同村落的移民，移民来源多元复杂，并且原有的熟人关系网络断裂，这些共同导致社区干部开展工作举步维艰，一方面社区干部重新组合，也大多来自不

① 周大鸣、陈世明：《城市转型与社会治理》，《公共行政评论》2017年第5期。

同村落，然而过去的村干部只熟悉本村移民，对其他村的移民情况不了解。此外，在传统村落里，村民住房一般都是独立院落，其开放性对村干部随时上门访问、了解村民情况提供了便利，村民与村领导之间的干群关系相对稳定，这都是农村社区治理的特征和优势，而西南民族地区县城安置和部分集镇安置的移民住房类型的设计是以城市的单元楼为主，主要表现为小高层或者带电梯的高层。移民这种楼房居住方式的封闭性给社区干部上门访问带来了极大的不便。大多数村民的家里都安了防盗门，社区干部在没有预约的情况下很难像过去那样随时可以推门入户了解情况，因此导致干群关系疏离，给社区干部工作开展带来困难。课题组在移民村调研的时候，也都需要请村干部先打电话帮忙预约，否则进不了门。课题组在田野调查的时候，曾在几个移民安置点找当地村干部帮忙带访谈员上门调研，这些村干部按照名单一户一户去敲门，因为每户都安了防盗门，又是楼房。连续走访几栋楼房，整个上午就敲开几家的门。有的是孩子在家，有的是老人在家，都是隔着防盗门回复，基本说不上话。村干部很无奈的告诉调研人员，他们有什么事情要找移民核实，需要多次联系才能解决问题。而且，社区干部数量不足，社区事务琐碎繁杂，社区管理人员缺乏时间和精力与居民接触，工作开展起来十分困难。

（二）易地扶贫搬迁移民社区公共空间匮乏导致社区治理的困境

搬迁前，易地扶贫搬迁移民基本上都是居住在边远山区的自然村寨里。在那种小型熟人社会里，村民之间的关系建立在血缘、亲缘和地缘关系上，社区秩序和社区生活主要依靠传统宗族和传统组织，按照约定俗成的规则维持。村口、大树下、晒谷坪或者鼓楼、村口风雨桥旁等公共空间是村民聚集交流情感，讨论社区公共活动和集体事务的场所。同时，政府和外界的信息传递以及村民的反馈在这类公共空间非常便捷和有效。这些都使传统农村社区治理具有很强的便捷性。但是在安置点新建社区，出于节约用地与成本的考虑，楼房建设一般都相对密集，特别是部分搬迁移民社区因为土地缺乏的原因就没有专门留下移民活动的公共空间。例如对于侗族来说，鼓楼是村民公共活动的重要场所，一定意义上还是一个侗族村寨的精神寄托之地。贵州省黎平县一个侗族移民村，是一个集中搬迁集中安置的移民村。村中居民全部是来自一个地方的侗族，所以很在意鼓楼。政府规划的移民小区没有鼓楼，所以该村移民感觉非常失落。课题组到该村调研的时候刚好遇到村民在为此事开会。会议决定，为了本村村民自己有个公共事务讨论商量的场所，村民自己集资去和当地人商量购买一块地修建鼓楼。其他有些没有公共空间的移民社区，村民们常常就集中在小区门口和麻将室，例如云南省的禄丰县黑井镇移民安置点，半坡上除了两排安置房外什么也没有，安置社区空荡荡的。重庆市酉阳县的移民村只有村委会的房子作为移民开会的场所，移民平时的非正式交流就只有在路边和麻将馆。贵州省荔波县的瑶族移民村移民反映，他们原住地老村的中间有一块用于夏天晒粮食的很大的空地，旁边有口很老的水井，空地旁边是一排老树，除了冬天外，这里就是村民的休闲之地，信息交流之地，精神归属之地。搬迁后的移民新村，虽然是平房，但一排挨着一排，房屋面积也小，村里没有一个可以供大家聚会的开放性空间，村民闲暇时间就只好步行到约 1 公里之外的集市街上走走。村民公共空间的缺失，不仅不利于移民社区成员之间的感情交流，也给社区干部的管理方式带来了一定程度的不便。

（三）易地扶贫搬迁移民的生计困难导致的社区治理困难

根据课题组的调查，易地扶贫搬迁移民搬迁之后，生计发展是他们普遍面临的突出问题。特别是对县城安置的移民而言，这个问题通常更加突出。如第三章所介绍的，易地扶贫搬迁移民搬迁后的生计方式较之以前有所区别，易地扶贫搬迁移民基本都来自偏远的农村，搬迁之前大部分移民的生计来源主要由外地打工收入和本地种植收入两个方面构成。由于在原住地完全是农村生活方式，日常生活费用不高，因为蔬菜自种，鸡鸭自养，水和柴火也都不用买。搬迁之后，特别是搬到县城以后，一方面，由于大多数特别是县城安置的移民无法继续利用原来的承包地。移民由原来的亦农亦工农业为主的生计模式向非农职业为主的生计模式转型。但受到安置点人口数量、当地城镇的市场容量和经济水平以及移民自身的技能和社会资源等方面的限制，转型过程中往往面临诸多困难，不少移民反映本地就业困难，因为安置点大多没有比较大的支柱产业可以为移民提供可靠稳定的职业，因此他们的生计来源大部分依旧靠外出打工和回老家种植，只有少部分移民在安置点打零工或者在有集市的日子做点小生意。另一方面，虽然移民的生产性支出减少，但是生活性费用大幅度增加。搬迁之后移民高昂的生活成本加上被挤压的生计空间，部分移民显得焦躁不安。此外，也正由于本地就业困难导致大量青壮年劳动力外流，人口流动性一定程度上自然带来了移民安置点社区的不稳定性，不仅给社区正常治理工作带来很多不便，而且影响社区治理主体的参与，阻碍移民社区治理的现代化进程。因此，谋生方式的变迁是影响移民社区融入与社区治理的重要因素之一。

（四）易地扶贫搬迁移民的市民身份转换滞后导致的社区治理困难

要实现移民社区治理的现代化，更深层次是促进移民市民身份的转换。客观上看，西南民族地区易地扶贫搬迁移民搬迁之后，无论是从生活方式上还是生计方式上都已经初步处于城市化阶段，但实地观察发现，绝大多数移民尚缺乏市民身份的认同。农民身份在他们心里根深蒂固，一定程度上的农业传统与城镇现代文明的遭遇而产生的文化震撼，这种断裂式的变迁导致适应的难度比较大。加之教育水平和个人能力等因素的限制，很多移民对社区的管理和活动参与的意愿不是很强烈。调查发现很多移民不知道居委会工作人员的构成，也不了解居委会人员日常工作内容，甚至不知道社区居委会在什么地方等，有些移民表示生活中遇上问题他们一般回原住地解决或者自己解决。

这种市民身份认同感的缺乏，导致移民难以积极主动参与到社区治理与社区活动中来。然而，社区治理需要居民的主动参与，积极的居民参与态度与较强的参与主动性对于社区治理的发展起着重要作用。市民身份转换的滞后既是移民对社区认同欠缺的结果，也是导致移民社区归属感不足的原因。课题组在实际调查中发现，85%以上的移民都还是认为自己"不是这里的人"而是"那里的人（即原住地）"。移民社区归属感的欠缺弱化了社区集体行动能力，导致一些集体性的社区活动开展困难。

第五节　促进易地扶贫搬迁移民社区治理发展的策略建议

如何解决易地扶贫搬迁移民社区治理问题，促进移民社区治理走出困境，提升社区能力，从而从社区层面提升扶贫搬迁移民的社会适应水平？本研究认为，可以从培育社区产业、构建移民新的社会网络、促进移民的市民身份转变、调动社区内在生动力与外在力量、构建多元合作的治理格局以及促进社会工作介入易地扶贫搬迁移民社区治理等几个方面开展工作。

一、关注移民生计发展，重视社区产业培育

易地扶贫搬迁移民工程帮助移民彻底摆脱恶劣的生存环境，为移民家庭经济发展提供了很大的可能性。

但是总体来看，西南民族地区易地扶贫搬迁移民无论是搬迁时间长短，都还有相当一部分移民群体没有完全摆脱贫困。例如四川凉山的彝族，搬迁时间已经有7年以上，长的有10多年了，但整个安置点似乎还是一个贫困村寨。本课题第三章的数据分析也显示，相当一部分西南民族地区易地扶贫

搬迁移民搬迁后仍处于相对贫困之中。安置点经济发展不足，缺乏后续发展的支柱产业，安置点移民生活成本较高，这些因素都是移民生计困难的主要原因。因此关注移民后续生计发展，重视社区产业培育应该是社区治理首先要重视的一个主要任务。例如，尽可能地在政府管理部门、用工企业和移民个体与家庭之间建立政策协调用工、扶持就业的网络联系机制，提供就业机会，促进就业率的提高。开展有针对性的就业培训，真正提升移民的就业能力。特别是要积极发展社区经济，培育社区特色产业，多渠道、全方位、灵活多样地促进移民生计发展。

二、重建移民社区新的社会网络

按照帕特南的社会资本理论，社区居民之间的横向网络是社会资本的重要载体，是形成居民之间信任与互惠的网络基础。重建搬迁移民新的社会网络，是移民社区治理的内在要求，也是提升移民社区治理能力的重要方法。对于易地扶贫搬迁移民来说，新的社会支持网络在扩大移民交往范围的同时，也可以增进移民的社区认同。对于移民社区管理者来说，构建新的社区支持网络不仅可以成为社区治理工作的切入点，过程中也能够增进管理者与搬迁移民之间的关系。重建搬迁社区新的社会网络，首先要打破移民心理隔阂，消除移民交往的心理障碍，增进移民之间的互动与了解。在调查中发现移民与邻居交往不多的原因除了因为城市楼房居住格局导致的隔离外，还与移民心理上的不安有关。很多移民认为不了解邻居，不敢主动交往。因此，消除移民交往的心理障碍是重建社会网络的第一步。可以通过举办移民感兴趣的系列社区活动，将移民的参与和相互了解作为过程目标进行设计，从而增进搬迁移民之间的互动与交往，引导建立移民社区新的社会支持网络。同时这也对社区管理者提出了要求，社区管理者在这个过程中扮演组织者、引导者等角色，只有走进社区与移民的生活，才能真正建立互信关系，真正了解移民的需求，从而在重建社区社会网络的过程中有效发挥作用。

三、培养移民社区归属感，促进移民市民身份的转换

居民对社区的归属感如何是衡量社区治理效果的指标之一，因此应当对易地扶贫搬迁移民的社区归属感给予关注。同时，增强易地扶贫搬迁移民对社区的认同感与归属感也是社区治理的重要任务，更是促进移民社区治理现代化的重要保障。移民认同社区、认同社区管理者是社区归属感的前提条件，归属感强，才能积极主动参与到社区活动和社区治理实践中来，移民社区治理现代化格局才有可能形成。这方面，社区可以通过针对移民共同需求构建利益共同体、组织系列社区活动等方式促进移民的归属感。同时应当注重培养移民的市民意识，促进移民的市民化转变。西南民族地区易地扶贫搬迁移民的安置基本上走的是城镇化途径，但是移民离开农村离开农业并不等于就成了市民。农民市民化，最重要的是“让转化为市民的农民，在生产、生活方式及理念上，真正融入到城市文明之中，使他们真正成为城市市民”①。推动移民市民化转变，核心是人的现代化问题。课题组通过观察发现，西南民族地区易地扶贫搬迁移民还基本处于农民意识和农村习惯很强的状态中。因此关注移民的观念、行为和生活方式等多方面的转变，增强移民作为一个居民对权利与义务的心理认同与理性自觉，是实现移民社区治理的重要任务之一。

四、充分调动移民社区的内在动力与外在资源

移民社区的内在动力主要来自移民，要充分发挥移民的主体性与主动性；外在资源则主要来自政府与政策，要倡导政府在公共设施建设与公共服务方面的责任完善与政策更新。两者之间的协调合作是解决移民社区问题，促进搬迁社区可持续长远和谐发展的重要条件，相关政策的规划与实施需要在移民生活日常表达的基础上，注重挖掘移民社区的内在动力，加强对移民

① 王琼：《推进和谐社会中农民市民化问题》，《湖北社会科学》2007 年第 5 期。

群体的能力建设与意识提升的重视，不断改善政策机制，逐渐提升政策理念，从而从可持续发展的长远角度实现政策动力与社区内在力量发育、问题解决与移民能力意识提升的双赢目标。

发挥移民的主体性作用，就是要对移民进行能力建设，让搬迁移民本身成为个人需求与社区公共需求满足的行动主体。从根本上讲，移民的发展需要其自身具有可持续发展的能力，否则脱贫之后还可能很快返贫。政府的帮扶只能从促进移民能力成长的角度着眼，帮助移民实现自我发展。从社会政策的角度来看，移民搬迁是一种发展型社会政策的实践，通过消除移民发展的环境约束，为移民创造发展机会。着眼于政策对象能力成长的社会政策具有长期效益，对于政策对象来说这种投资才是真正需要的。这也是扶贫实践强调的从“输血”到“造血”转变，也是一些学者所提倡的社区治理需从经济补偿向能力补偿[①]的含义。

如果说移民自身的能力与意识欠缺是社区治理的主观障碍，移民社区在公共设施与公共服务方面的先天不足则是妨碍社区治理的客观因素，两者缺一不可。政府管理部门一方面作为移民工程的主导者，另一方面作为公共利益的代表者，决定了其在易地扶贫搬迁移民社区的公共设施建设与公共服务供给中有着不可替代的责任。另外，如前文所述，易地扶贫搬迁移民工程“搬得出、稳得住和能致富”的原则或目标中，“搬得出”得到了重视，但“稳得住和能致富”更多地表现为一种宣传规划或者远景预期，表现为移民的基本诉求受到了忽视。易地扶贫搬迁移民在生活方面还没有适应工业化、城镇化和市场化的现代化环境，社区内的移民与社区外的环境仍然处于分离状态，尚未达到融合状态，从分到合的过渡需要外界的支持，所以“搬得出”以后的生活也需要政府给予后续的政策扶持，否则安居乐业的政策目标很难充分实现。

---

① 李增元：《试论我国农村社区治理的历史演进与现代转向》，《理论与改革》2016 年第 4 期。

五、构建多元、参与、合作的治理格局

易地扶贫搬迁移民社区既有传统农村社区“熟人圈”特征，又具备一些现代城市社区的特点，乡土性与现代性并存。这既为社区治理提供了有利条件，又增加了治理的复杂性和挑战性。如前文指出的，社区治理需要引入多方力量共同参与。俞可平也曾强调社区治理过程中“多元化主体”的重要性，认为这也是社区治理的基本特征。[①]社区治理需要多元主体共商共治，要促进政府组织、非政府组织、社区组织及广大居民之间的团结协作，才能达到社区治理的核心要义。在易地扶贫搬迁移民社区治理过程中，应当积极培育各类社区组织，支持各类组织积极参与社区弱势人群服务与社区福利服务，加强政府、社区组织与居民之间的共商共治，建立以移民社区认同和社区共识为基础的充分发挥搬迁移民自主性与能动性的治理格局，形成良好的政府、社区组织以及移民互补性的社区治理体系，促进政策动力与内在动力、社区问题解决与移民能力意识提升相结合，从而达到善治自治的目标。如建立移民代表制度，移民代表作为移民社区和居委会以及镇政府间的沟通纽带，可以起到反映和协调各种问题和关系的作用。

六、社会工作介入移民社区治理

通过政府购买服务或岗位开发的方式将社会工作者引入易地扶贫搬迁社区，在推动移民社区治理的过程中帮助移民适应社区，转变心态，循序渐进地实现移民在文化习惯、生活方式、个人素质等方面的积极转变。易地扶贫搬迁移民不同于其他类型的移民，具有贫困、人力资本弱、“外乡人”等突出的弱势特征。调研表明一定比例移民特别是部分少数民族移民存在比较严重的生计困难、社会关系疏离、社区认同缺乏等问题。如何激发移民的内在发展动力、如何为移民链接发展资源、如何满足移民社区中老人与儿童照

① 俞可平:《治理与善制引论》,《马克思主义理论与现实》1999 年第 5 期。

顾的特殊需求等都亟须解决。而移民社区由于新建等原因缺乏社会资本，自身难以解决上述问题。当前移民社区治理的模式和管理人员结构及能力水平也无法满足这些特殊需求。政府直接的帮扶非常重要，但是只有政府服务还不足以解决上述的易地扶贫搬迁移民社区的深层次问题。社会工作是一种以利他主义和助人自助为核心价值观的专业助人方法，它强调通过居民的社区参与来解决社区问题，过程中不断提升居民解决问题的能力和参与社区的公共意识，培育社区组织或志愿组织，促进社区自治。因此在易地扶贫搬迁移民社区引入社会工作非常必要，社会工作以专业的理念与方法开展移民社区治理工作，为移民提供更具个性化的服务，可以从更深层次解决移民社区治理问题。

第七章　西南民族地区易地扶贫搬迁移民社会适应的总体水平及主要特征

前文第三章到第六章分别从西南民族地区易地扶贫搬迁移民社会适应的四个维度进行了研究，分析了易地扶贫搬迁移民在经济、文化、交往和心理层面的适应情况及其影响因素。本章首先通过建立一个综合的易地扶贫搬迁移民社会适应指标体系测量西南民族地区易地扶贫搬迁移民社会适应的总体水平，以从整体上对西南民族地区易地扶贫搬迁移民的社会适应情况做个较为科学的总体评估。再结合前面各章在不同层面的研究，从西南民族地区易地扶贫搬迁移民社会适应的特征、生态扶贫移民搬迁工程的成就与不足两个方面对整个研究进行总结。

第一节　移民社会适应的总体水平测量

建立易地扶贫搬迁移民社会适应的测量指标体系是社会适应定量研究的基础。在建立指标体系的基础上通过对易地扶贫搬迁移民社会适应的测量可以对易地扶贫搬迁移民社会适应总体进行评估。

一、移民社会适应的测量指标

在相关的移民社会适应研究方面，一些学者选用了不同的测量指标，这些研究对于建立易地扶贫搬迁移民社会适应指标体系具有重要的借鉴意义。这些相关的移民社会适应研究中，一些是单一指标，一些是综合性的指标体系。兰竹虹等在研究社区人文社会环境对汶川地震移民社会适应的影响中把地震移民对搬迁后新环境的总体主观感受作为社会适应的测量指标，只有一个指标[①]。张文宏等用 14 项指标（职业稳定程度、语言掌握程度、熟悉风俗程度、接受文化价值的程度、亲属相伴人数、身份认同程度、社会交往范围、经常交往人数、添置房产意愿、社会心理距离、拥有户籍情况、社会满意度、职业满意度和住房满意度）来测量城市新移民的社会融合状况，并通过因子分析形成文化融合、心理融合、身份融合与经济融合等四个维度[②]。杨菊华从经济整合、社会适应、文化习得和心理认同四个维度测量城市流动人口的社会融入状况，其中经济整合包括职业、收入和社会保险；社会适应涵盖主要交往对象、困难求助对象、社区活动参与和组织参与；文化习得涉及对本地语言的掌握程度，与本地居民的居住隔离情况，与本地市民在饮食习惯、服饰、卫生习惯、节庆习俗、人情交往等方面的差别；心理认同包括长期居留打算、家庭团聚意愿以及是否认为自己是本地人等[③]。风笑天在研究三峡移民社会适应中用 9 个指标从经济、心理、环境与生活等 4 个维度测量三峡移民在新居住地的适应状况[④]。国外移民研究中，移民社会融入的测量有二维度（Gordon 的结

① 兰竹虹等：《社区人文社会环境对汶川地震移民社会适应的影响——以北川县为例》，《人文地理》2017 年第 4 期。

② 张文宏、雷开春：《城市新移民社会融合的结构、现状与影响因素分析》，《社会学研究》2008 年第 5 期。

③ 杨菊华：《中国流动人口的社会融入研究》，《中国社会科学》2015 年第 2 期。

④ 风笑天：《“落地生根？”——三峡农村移民的社会适应》，《社会学研究》2004 年第 5 期。

构性和文化性）、三维度（杨格—塔斯等人为代表的结构性融入、社会—文化性融入以及基于法律面前人人平等原则的政治—合法性融入）、四维度（恩泽格尔等人社会经济融入、政治融入、文化融入、主体社会对移民的接纳或拒斥等）等不同指标体系。移民社会适应（融合）指标的选择需要遵循有效性与简明性原则[①]。既有研究对易地扶贫搬迁移民社会适应的测量具有重要的借鉴意义，但显然不能照搬。比如张文宏等人的城市新移民社会融合指标中的“购置房产意愿”“拥有户籍情况”等指标对易地扶贫搬迁移民缺乏适用性，同样杨菊华流动人口的社会融合指标“与本地居民的居住隔离情况”在测量易地扶贫搬迁移民社会适应时也缺乏有效性。风笑天的三峡移民社会适应的测量指标同样不能完全适用易地扶贫搬迁移民，比如搬迁后的“邻里关系满意度”难以有效测量易地扶贫搬迁移民的人际交往环境状况，西南民族地区易地扶贫搬迁移民主要是集中安置，邻里基本是一起搬迁过来的移民，其邻里状况好并不意味其社会交往状况或者社区环境好。

课题组在借鉴既有移民社会适应测量指标研究的基础上结合田野调查选择了14个指标用来测量易地扶贫搬迁移民的社会适应状况，并通过因子分析技术对指标进行简化而构建一个综合性的指标体系。

这14个指标分别为：与本地人交往状况、与他村移民交往状况、与同村移民来往状况、交往范围变化、节日习俗适应、居住习惯程度、饮食习惯程度、休闲习惯程度、生计方式、提高收入信心、与当地人收入比较、地域认同（本地人还是外地人）、对原住地的怀念、心情变化。每个指标的具体测量见第二章的概念界定。

课题组运用因子分析方法对上述14项指标进行主成分法分析，采用方差极大方法对因子负荷进行正交旋转，得到碎石图（见图7–1）。

① 周皓：《流动人口社会融合的测量及理论思考》，《人口研究》2012年第3期。

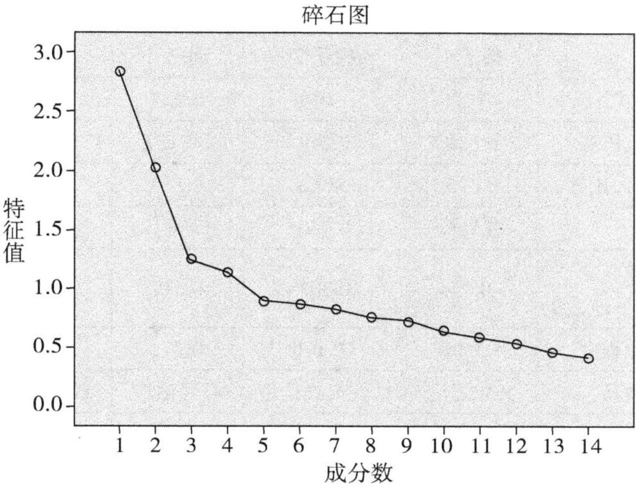

图 7–1　运用因子分析后的碎石图

从表 7–1 看到，有四个主要成分的特征值大于 1，特征值分别为 2.834、2.023、1.255、1.143，分别用因子 1、因子 2、因子 3、因子 4 表示新的因子，分别命名为文化适应、社会交往适应、心理适应与经济适应。所有指标的共同度除与同村移民来往等少数几个指标外都大于 0.5，四个新因子的累计方差贡献率达到 51.819%。KMO 检验值为 0.754，巴特利特球体检验值达到 1620.883（P <0.001），说明这些指标基本适合进行因子分析。

表 7–1　易地扶贫搬迁移民社会适应的因子分析结果

	因子 1	因子 2	因子 3	因子 4	共同度
与其他村移民交往	–0.039	0.765	0.036	–0.010	0.589
与本地人来往	0.030	0.684	0.159	0.077	0.500
与同村移民来往	0.000	0.343	0.446	–0.213	0.362
交往范围变化	0.088	0.615	0.062	0.190	0.426
节日习俗适应	0.761	–0.061	–0.091	0.091	0.599
饮食习惯程度	0.813	–0.010	–0.023	0.032	0.663
居住适应	0.761	0.054	0.208	0.053	0.629
休闲适应	0.760	0.113	0.074	0.027	0.596

续表

	因子 1	因子 2	因子 3	因子 4	共同度
生计方式	–0.029	–.034	0.002	0.693	0.482
对提高收入信心	0.131	0.249	–0.127	0.608	0.465
与本地人收入比较	0.095	0.066	0.279	0.645	0.507
心情	0.166	0.230	0.541	0.265	0.443
地域认同（本地人还是外地人）	–0.024	0.303	0.517	0.066	0.364
对老家怀念程度	0.033	–0.179	0.772	0.000	0.628
新因子命名	文化适应	社会交往适应	心理适应	经济适应	
特征值	2.834	2.023	1.255	1.143	
方差贡献率	17.600%	12.958%	10.973%	10.287%	
累计方差贡献率	17.600%	30.558%	41.532%	51.819%	

注：提取方法：主成分。旋转法：具有 Kaiser 标准化的正交旋转法。

二、移民社会适应状况的评估

把因子分析的各个新因子值转换为 1—100 之间的数值，然后以四项因子的方差贡献率为权数得到社会适应的分值（见表 7–2）。

表 7–2　易地扶贫搬迁移民社会适应状况

	文化适应	社会交往适应	心理适应	经济适应	社会适应
平均值	75.2327	62.4913	56.2119	50.1736	63.0427
标准差	16.52831	20.34011	18.61710	20.18443	9.43231

从表 7–2 看到，社会适应平均值为 63.0427，说明易地扶贫搬迁移民社会适应的总体状况良好。在四个层面中，文化适应、社会交往适应、心理适应、经济适应平均分分别为 75.2327（标准差为 16.52831）、62.4913（标准差为 20.34011）、56.2119（标准差为 18.61710）、50.1736（标准差为 20.18443）。这表明易地扶贫搬迁移民的社会适应中文化层面的适应最好，其次是社会交往层面的适应，相对稍差点的是心理适应和经济适应，且以经

济适应水平最差。这一情况基本符合前面几章相关的分析。在第四章和第五章的关于西南民族地区易地扶贫搬迁移民的交往和文化适应分析中，基本结论是西南民族地区易地扶贫搬迁移民的社会交往适应和文化适应良好，第六章心理适应问题也不是很大，但第三章关于社会经济适应部分的分析发现西南民族地区部分易地扶贫搬迁移民在生计适应方面存在一定程度的困难。此外，从标准差来看，社会交往适应的分化最为严重，其次是经济适应，然后是心理适应，文化适应的分化程度最小。说明西南民族地区易地扶贫搬迁移民在社会交往适应和经济适应方面内部存在比较大的差异。这也基本符合前面相关章节的分析结论。例如在第三章关于易地扶贫搬迁移民经济适应部分的分析，发现不同性别、不同教育程度和不同民族身份的移民在经济适应方面是有差异的；关于社会交往适应的相关研究也同样发现不同教育程度和不同民族的易地扶贫搬迁移民在社会交往方面存在比较大的差异。

第二节　西南民族地区易地扶贫搬迁移民社会适应的主要特征

根据上文的研究，结合前面各章对西南民族地区易地扶贫搬迁移民社会适应不同维度的情况研究，课题组认为西南民族地区易地扶贫搬迁移民的社会适应存在以下特征。

一、西南民族地区易地扶贫搬迁移民社会适应总体水平良好，但不同层面（维度）的适应状况稍有差异

（一）西南民族地区易地扶贫搬迁移民的社会适应在不同层面的表现

课题组把易地扶贫搬迁移民的社会适应操作化成经济适应、文化适应、

社会交往适应和心理适应四个维度。

经济适应层面的情况是：易地扶贫搬迁移民经济适应因子的平均得分为46.61分[①]，表明现阶段西南民族地区易地扶贫搬迁移民的经济适应水平相对偏低。这从移民的生计方式、家庭收入，以及与移民对自己家庭经济在当地的地位感知几个方面可以看出。西南民族地区易地扶贫搬迁移民搬迁后的生计模式发生了变化：从职业结构来看，移民从事传统农业的比例下降幅度比较大，非农就业有所增加。谋生方式的变化说明西南民族地区易地扶贫搬迁移民在生计方式的变化方面有一定的适应性，但调查信息也同时显示移民的就业仍有不足。从就业地点来看，移民在原住地就业的比例下降幅度很大，在安置点就业比例比搬迁前有所提升。安置点当地就业率较高说明安置点具有一定的劳动力吸纳力。在移民家庭经济方面，调查信息显示总体看移民的收入增加了，增加的主要渠道是来自打工。但移民普遍反映搬迁后城镇生活方式导致日常生活费用增加，因此家庭支出大幅度上升，从而使得家庭纯收入比搬迁前减少了；与安置点当地人的经济情况比较，部分移民认为自己的收入赶不上本地人的收入。此外，调查发现西南民族地区易地扶贫搬迁移民因建房负债的比例高达78.5%。因此总的来看，目前西南民族地区仍有部分易地扶贫搬迁移民的家庭经济状况不理想，与易地扶贫搬迁移民工程的核心目标有一定的距离。虽然其他相关研究例如王晓毅对宁夏易地扶贫搬迁移民的研究[②]，以及其他类型的农村移民的研究[③]中也发现类似的移民贫困问题，移民的经济生产适应性从整体上来说还处于比较低的水平[④]。但是，这个问题是值得地方政府高度重视的。不过，虽然数据显示西南民族地区易地扶贫

① 见本书第三章，第 p103 页 。

② 王晓毅：《移民的流动性与贫困治理——宁夏生态移民的再认识》，《中国农业大学学报（社会科学版）》2017 年第 5 期。

③ 马德峰：《我国水库外迁移民社区经济适应研究》，《广西社会科学》2005 年第 11 期。

④ 李丹、周帆：《西南地区少数民族工程移民的经济融合和社会融合》，《四川大学学报》2015 年第 4 期。

搬迁移民存在一定程度一定范围的贫困现象，但这并不意味着移民搬迁后的经济情况比过去差，多数移民对家庭经济的未来发展表示有信心，说明易地扶贫搬迁移民工程还是给他们带来了希望和憧憬。

第四章对西南民族地区易地扶贫搬迁移民社会交往适应维度的分析发现，社会交往适应因子的平均得分为69.66分，说明西南民族地区易地扶贫搬迁移民的社会交往总体情况良好。这主要表现在易地扶贫搬迁移民的交往范围有了扩张。前文分析表明西南民族地区多数易地扶贫搬迁移民原有的社会交往网络包括亲缘关系和地缘关系在移民搬迁后基本没有受到影响，移民搬迁后与一起搬迁过来的同村移民、与自己的亲友的交往都没有发生逆向变化，而且与同一社区的来自他村的移民建立了交往关系，也与当地人有一定程度的来往。说明西南民族地区易地扶贫搬迁移民搬迁后扩大了新的社会交往网络。从移民社会交往意愿来看，虽然西南民族地区多数移民安置点位于集镇或县城，但与一般城镇社区比较，移民社区的同质性较高，因此邻里交往的意愿较为强烈。不过从对移民的社会交往方式的研究看，西南民族地区易地扶贫搬迁移民群体内部在社会交往中也存在一定程度的分化。例如少数属于整体搬迁集中安置模式的移民社会交往有一定程度的“内卷化”，比较深层次的交往大多发生在同村移民和亲友中，与当地人的交往多属于点头之交。这是由于安置点与周边村寨都有一定的距离导致的。空间隔离导致了移民与当地人关系一定程度的疏离，也导致了移民与当地人的交往浅层化。在移民的工具性交往与情感性交往中极少有当地人这点印证了这一浅层特征。此外，安置点社区的同质性高，导致无论是情感性支持还是工具性支持，西南民族地区易地扶贫搬迁移民的社会支持主要来自血缘与姻缘的强关系，来自现代性的地缘与业缘关系的社会支持都非常弱。

在文化适应方面，易地扶贫搬迁移民的文化适应主要包括语言适应、习俗适应、居住适应和休闲适应四个方面。第五章关于西南民族地区易地扶贫搬迁移民的文化适应的研究发现移民的文化适应水平较高（因子平均得分为 76.18）。这与西南民族地区易地扶贫搬迁移民在原居地的文化，包括语言、节日庆典、服饰、饮食等，实际上在搬迁前就已经出现大众化趋势有关，也与搬迁距离比较近有关。由于安置点距离移民的原住地不远，原住地的文化与安置点文化基本没有差异，而且由于现代化的冲击，西南民族地区边远地带的很多地方文化包括一些少数民族文化与其他地区和其他民族的文化出现高度融合的趋势，地区之间和民族之间的文化差异弱化了。因而移民搬迁后文化适应的困难不是很大。虽然数据显示仍有少量文化不适应的移民，研究发现有点差距和困难的主要表现在老年群体当中。当然，文化内容除了语言、节日庆典、服饰和饮食等习俗外，还有其他方面的内容，例如，居住习俗和休闲习俗。研究发现移民的居住习俗和休闲方式在搬迁后出现了比较大的变化。但移民搬迁后休闲生活方面的变化具有比较明显的城市社区居民的休闲方式发展趋势：多样化、轻松、愉快，不再像搬迁前那么单调和辛苦，因此多数移民感觉良好。移民感觉文化适应的困难比较集中表现在居住习惯方面，例如移民普遍反映面积小房间少，不能满足农村家庭人口的规模需求和功能需求，这是对房屋内部空间的不满意。从居住的外部空间来看，社区缺乏移民活动的公共空间，不利于移民社区归属感的凝聚。不过，由于安置点房屋室内的现代化条件给移民提供了很多方便，感觉更加舒适，因此在课题组调查移民的居住适应时，易地扶贫搬迁移民对搬迁后的居住“基本习惯”或“非常习惯”的比例高达 93.6%，绝大多数的移民给予了正面的评价。

心理适应层面，心理适应层面研究发现西南民族地区易地扶贫搬迁移民的心理适应总体向好，易地扶贫搬迁移民心理适应因子的平均得分为 63.50 分。该章还对心理适应得分的群体做了分类统计，发现西南民族地区易地扶贫搬迁移民的心理适应得分大于 60 分的人数占到总人数的 52.7%。其中，20% 的移民的得分达到 81—100 分，心理适应程度达到最好水平。

可见，绝大部分易地扶贫搬迁移民心理适应良好，只有 2% 的移民心理适应较差（1—20 分）。此外，对心理适应的差异研究发现，西南易地扶贫搬迁移民的心理适应存在着内部差异。从搬迁时间来看，心理适应的总体趋势是随着搬迁时间的延长，先上升后略有下降，最后增长。三年以下的居住时间是心理适应程度的最低点；从搬迁距离来看，搬迁距离为 71—100 公里是心理适应的最低点；从安置点的类型来看，县城安置和集镇安置的易地扶贫搬迁移民心理适应都比村寨安置的移民心理适应差；旅游景区的移民心理适应程度比其他属性的安置点都高；在年龄方面，18—30 岁年龄阶段的移民，心理适应程度最低。总之，较大比例的移民有较好的心态，没有出现严重的焦虑等不良情绪。有部分移民对老家有较为强烈的思恋之情，但这主要是一种对于过往岁月怀恋的正常情感体验，并不是对安置点的失望引起的，因此不一定是消极的。总体上移民有比较良好的心态，这反映了易地扶贫搬迁移民作为自愿移民的特征。不过，移民的本地归属感比较弱，故土难离情结的消除也需要时日，心理适应因此是一个漫长的过程。

对西南民族地区易地扶贫搬迁移民社会适应四个维度的分别研究发现，四个维度的适应标准差都比较大。经济适应因子的标准差为 19.732，社会交往适应因子的标准差为 23.104，文化适应因子标准差为 19.282，说明西南民族地区易地扶贫搬迁移民群体内部在经济适应水平、文化适应水平和社会交往适应水平方面都具有较大的差异性。

二、不同自变量因素对易地扶贫搬迁移民社会适应的影响有差异

研究发现，西南民族地区易地扶贫搬迁移民社会适应因个体特征与移民方式的不同存在差异，也因社区环境以及政府支持的方式与力度差异而有所不同。

易地扶贫搬迁移民社会适应水平的差异性取决于其影响因素。课题组在

已有研究的基础上，结合田野调查信息，设计了一套针对西南民族地区易地扶贫搬迁移民社会适应的自变量体系。包括个体特征（年龄、性别、教育程度、民族成分）、搬迁特点（搬迁时间和安置点类型）、社区环境（本地人态度、社区工作人员的态度、治安状况）和政府政策（就业扶持、最低生活保障、政府关心程度）。用这套体系分别对社会适应的四个维度建立了回归模型，回归分析发现：

第一，不同个体特征的易地扶贫搬迁移民存在社会适应的显著差异。首先，第三章经济适应部分的研究表明，易地扶贫搬迁移民不同年龄群体的社会适应主要在于经济适应的显著差异。易地扶贫搬迁移民不同年龄群体在生计方式、对未来提高收入的信心等经济适应的各个层面都存在显著差异。例如年龄越大从事农业生产的比例越高，在做生意一类则是中年人居多，而处于年龄两端的年纪较轻与年纪较大的移民无业的可能性越大。此外，年纪越大就近就业比例越高，年纪越轻对未来提高收入有信心的比例越高。其次，扶贫搬迁移民中女性和男性在社会适应的经济层面存在适应差异。女性在生计方式、对未来提高收入等指标上要显著低于男性。由于在体力等层面的人力资本方面女性比男性要弱，而安置点增加的非农岗位比如建筑工存在较高的体力要求，这使女性的生计方式选择存在更多的局限。同时女性家庭照顾任务更重，尤其是移民搬迁使部分扩大家庭变为核心家庭，家庭分工削弱了女性的经济参与。最后，易地扶贫搬迁移民中不同民族成分的移民存在一定社会适应差异。瑶族、彝族和苗族移民社会适应水平要稍差一些，尤其是经济适应水平要低于汉族移民。此外，教育程度对易地扶贫搬迁移民的社会适应产生重要影响。不同教育程度易地扶贫搬迁移民存在经济适应的显著差异，教育程度越高经济适应水平越好，教育程度越高社会交往水平越高。教育程度越高从事非农就业机会越多，与本地居民社会经济条件的差异越小，使其整体社会适应的水平越高。

个体特征对易地扶贫搬迁移民社会适应的影响在于不同个体特征意味

不同的人力资本、社会资本存量，同时不同个体特征的易地扶贫搬迁移民在移民搬迁中的人力资本与社会资本的损益不同。人力资本、社会资本存量越高，易地扶贫搬迁移民社会适应状况越好，比如年龄、教育程度对易地扶贫搬迁移民社会适应的影响。移民搬迁中人力资本、社会资本损失越少或者增加得越多，易地扶贫搬迁移民社会适应状况越好。

第二，移民方式的不同，包括搬迁时间的长短、安置点类型的不同，易地扶贫搬迁移民的社会适应水平也会有差异。搬迁时间对易地扶贫搬迁移民社会适应的四个层面都产生了重要影响。搬迁时间越长，易地扶贫搬迁移民的经济、文化、交往和心理适应都会越好。

在不同的安置点方面，城镇化程度越高的安置点的易地扶贫搬迁移民社会适应水平越差，县城安置的易地扶贫搬迁移民社会适应水平显著低于村寨安置的易地扶贫搬迁移民，小城镇安置的易地扶贫搬迁移民社会适应水平也显著低于村寨与集镇安置的易地扶贫搬迁移民。原因在于县城与小城镇安置的易地扶贫搬迁移民其原住地与现住地的差异远大于集镇与村寨安置的易地扶贫搬迁移民。因而县城安置的易地扶贫搬迁移民面临的文化差异、生计环境及人际交往环境变化更大，这都增加了其社会适应的难度。社会交往环境的变化以及日常生活方式的差异增加了其社会适应的困难。因此，安置方式对易地扶贫搬迁移民社会适应四个维度都有显著影响。

第三，社区环境显著影响易地扶贫搬迁移民的社会适应，包括当地人态度、社区工作人员态度和社区治安状况的不同都会导致易地扶贫搬迁移民社会适应的差异。安置点当地人对易地扶贫搬迁移民的态度显著影响易地扶贫搬迁移民的社会适应，在除经济层面以外所有维度上都产生了显著影响。当地人的歧视与排斥的态度就像人为竖起一道城墙，阻隔易地扶贫搬迁移民与本地人彼此的交往，也自然会影响易地扶贫搬迁移民对安置点归属感的建立。相反原住地积极与友好的姿态则能消除易地扶贫搬迁移民与本地人之间的隔阂，有力促进易地扶贫搬迁移民归属感与社会关系网络的建立。

易地扶贫搬迁移民社区的治安状况显著影响其社会适应，治安状况对易地扶贫搬迁移民的文化适应与经济适应都有显著影响。社区治安越好，社区软硬件更成熟，公共服务更完善，更有利于易地扶贫搬迁移民生计发展与日常生活适应，最终促进易地扶贫搬迁移民整体社会适应水平提高。

总之，社区环境从不同层面影响易地扶贫搬迁移民的社会适应。包容的社区文化、完善的社区服务能显著促进易地扶贫搬迁移民的社会适应。反之，歧视与排斥的社区文化、匮乏的社区服务则严重阻碍易地扶贫搬迁移民的社会适应。

第四，政府支持的方式与力度显著影响易地扶贫搬迁移民的社会适应。政府因素中，就业帮扶除了对易地扶贫搬迁移民的经济适应产生显著影响外，对其他几个层面没有显著影响。田野调查表明移民工程中的就业帮扶缺乏普遍性和有效性。只有 10% 的易地扶贫搬迁移民表示有政府就业帮扶。同时帮扶措施的有效度不高，技术培训等措施的针对性还不足。一些安置点，政府为易地扶贫搬迁移民联系工作岗位或者在建设易地扶贫搬迁移民安置房的时候为易地扶贫搬迁移民提供商铺。前者因为工作岗位不匹配（工资太低或者不适合）并没有受到易地扶贫搬迁移民的普遍欢迎，后者由于安置点商业机会有限，易地扶贫搬迁移民经营商铺或者把商铺出租的机会缺乏，并不能发挥改善生计的作用。因为就业帮扶的普及性及有效性不够，其对易地扶贫搬迁移民的社会适应并没有产生显著影响。但政府关心程度显著影响移民的社会适应。易地扶贫搬迁移民作为政策性移民，政府通过具体政策实施从主观与客观两个层面可以促进移民的社会适应。

为了更简便清楚地检查易地扶贫搬迁移民社会适应各个影响因素的作用，课题组把影响因素的表现统计在下面的表格中（见表 7–3）。

---

① 心理适应部分，苗族、侗族和瑶族的心理适应比汉族差，但是彝族和土家族比汉族的好。

表 7–3　易地扶贫搬迁移民社会适应的影响因素

		经济适应	文化适应	交往适应	心理适应
个体特征	教育	*		*	
	年龄				*
	性别	*			
	民族	*（苗、瑶、彝）	*（苗、布、侗、彝）	*（布、瑶、彝、土家）	*（苗、侗、瑶、彝、土家①）
搬迁特征	搬迁时间	*	*	*	*
	安置点类型		*（县城影响显著）	*	*（县城影响显著）
社区环境	本地人态度		*	*	*
	社区工作人员态度	*		*	*
	治安状况	*	*		*
政府政策	就业扶持	*			
	最低生活保障		*		
	政府关心程度	*	*	*	*

从表 7–3 可以看出，同样一套自变量体系对不同维度的影响有差异。在移民的经济适应层面，影响显著的有：个体特征中的“性别”“教育程度”和“民族身份”，搬迁特征中的“搬迁时间”，社区环境中的“社区工作人员态度”和“治安状况”，政府政策中的“就业扶持”和“政府关心程度”。在移民的文化适应层面，个体特征中只有“民族身份”的影响是显著的，但搬迁特征中的两个指标“搬迁时间”和“安置点类型”的影响都是显著的，社区环境则是“本地人态度”和“治安状况”的影响显著，政府政策中的“最低生活保障”和“政府关心程度”是显著的。社会交往层面影响显著的指标包括：个体特征中的“教育程度”和“民族身份”，搬迁特征中的“搬迁时间”和“安置点类型”，社区环境中的“社区工作人员态度”和“本地人态度”，政府政策中的“政府关心程度”的影响都是显著的。

从中可以看出：自变量中的各个指标对西南民族地区易地扶贫搬迁移

民社会适应的不同层面的影响是不一样的。总的来看，个体特征中的“民族身份”、搬迁特征中的“搬迁时间”、政府政策中的“政府关心程度”这几个指标对所有维度的影响都是显著的，说明这几个指标在西南民族地区易地扶贫搬迁移民的社会适应中非常有意义。其中特别值得总结的是“民族身份”这个要素。从各个维度的具体分析中课题组发现：在“民族身份”这个指标的影响中，各少数民族的影响是不一样的。总体来看，几乎所有维度中影响显著的都有苗族、瑶族和彝族。也就是说，比较汉族而言，苗族和瑶族在经济、文化、社会交往以及心理几个层面都比汉族的适应差。彝族除了在心理层面比汉族好外，在其他所有层面的适应都比汉族差。具体原因相关章节都做了比较详细的分析。总的看来这与西南民族地区少数民族的社会经济发展不平衡、安置点特征以及搬迁方式都有关系。比较而言，在西南民族地区，苗族、彝族和瑶族大多居住在边远山区，社会经济发展不足，民族传统文化保存也较好，与其他民族相比，这几个少数民族的文化与外界文化融合程度较低。加上样本大多来自特别贫困的不发达山区，其文化的这一特征更加明显。此外，也与安置方式有关。这几个少数民族由于多是属于特别贫困群体，因此大多是整体搬迁整体安置。这虽然能够帮助该群体在搬迁初期度过比较艰难的适应阶段，但是也比较容易产生民族抱团，从而影响其与外部交往以及获取更多外部支持。总之，课题组所获数据体现了西南民族地区易地扶贫搬迁移民工程中民族要素的重要性，值得当地政府关注。

此外，搬迁时间和政府关心程度在四个维度中的影响也全部是显著的。反映了无论是经济适应、文化适应、社会交往适应还是心理适应，移民搬迁时间越长就会越好。换句话就是：移民的社会适应会随着搬迁时间的推移而变得越来越好。这里给予社会的启示就是：易地扶贫搬迁移民搬迁初期遇到的困难都是难免的，但只要社会给予足够的关心和支持，随着时间的推移，初期的一些问题会逐步得以克服。政府关心程度对于西南民族地区易地扶贫搬迁移民社会适应的四个层面都有影响。毕竟这是一个由政府主导的移民工程，移民虽然是建立在自愿基础上，但工程的所有环节基本都是在政府的主导之下。因此这一指标的影响特征既表现了政府在工程中的不可替代的作用，也反映了移民对政府很大程度的依赖性。

相反，个体特征中教育和性别两个变量只在经济适应中有作用，政府政策中就业扶持也只在经济适应中有作用，最低保障只在文化适应中影响显著。搬迁特征中的安置点类型（即村寨安置、集镇安置和县城安置）除了在经济适应中影响不显著外，在其他三个层面（文化、交往和心理）的影响都是显著的。其中，在文化适应和心理适应中都表现为县城安置的移民文化和心理适应低于村寨安置的，社会交往适应则表现为县城的低于集镇，集镇低于村寨这种带层级的影响顺序。总的可以说，比较村寨安置和集镇安置，在文化适应、交往适应和心理适应方面县城安置并没有显示出优势。

三、易地扶贫搬迁移民的社会适应具有不同于其他类型移民的相应特点

易地扶贫搬迁移民不同于工程移民。工程移民是由于修建水库、电力设施以及城市基础建设等需要不得不搬离原住地产生的移民，属于非自愿移民。世界银行对这类移民进行过大量的研究，这类移民面临失去土地、失业、失去家园、边缘化、不断增长的发病率和死亡率、食物没有保障、失去享有公共的权益、社会组织结构解体等八大风险[①]。易地扶贫搬迁移民相比则具有自愿性，是在政府的帮扶下寻找更好发展条件的移民。但易地扶贫搬迁移民又与其他类型的自愿移民有一定的区别，例如跨国移民、城市移民，或者有时被称为“流动人口”的乡城移民（农民工）等。易地扶贫搬迁移民是在政府主导下、组织下、安排下，甚至资助下进行的有规模的移民，而后者则

① ［美］迈克尔·M. 塞尼：《移民·重建·发展——世界银行移民政策与经验研究（二）》，水库移民经济研究中心编译，河海大学出版社 1998 年版，第 7—14 页。

是个体在理性考量下完全自发迁移的。因此，他们的社会适应具有自身特征。

一是在适应维度方面，易地扶贫搬迁移民社会适应的各个维度的适应水平与其他类型移民不同。风笑天在研究三峡移民中发现这些工程移民社会适应的各个维度中，日常生活领域的适应状况最好，经济方面的适应和心理方面的适应最差，因为心理融合、社区认同需要一个比较长的过程[①]。这一点与西南民族地区易地扶贫搬迁移民的社会适应存在差异。课题组的研究表明易地扶贫搬迁移民总体适应状况较好，但是内部几个维度比较而言，西南民族地区易地扶贫搬迁移民的经济适应比较困难。在交往方面，相比其他类型移民的人际交往情况，本课题中的移民原有的社会交往网络并没有受到大的破坏，反之在旧有网络上还有不同程度的扩展，而且整体上没有出现严重的社会交往“内卷化”现象（即移民交往主要限于移民内部，不与本地人交往的现象），这与三峡移民研究发现的移民只在同来的移民小圈子范围内部交往不同。[②] 在文化适应方面，易地扶贫搬迁移民的节日习俗、饮食、服饰等方面的适应都较好，也表明搬迁后新环境中的文化习俗对其文化生活没有产生太大影响，这一点与跨国移民不同。解释移民社会适应的熔炉理论认为作为弱势文化群体的移民会在强势文化的影响下，放弃自己的文化而接受新环境下的文化及生活方式[③]。由于西南民族地区易地扶贫搬迁移民搬迁距离近，加上改革开放以后现代化、城市化的发展，导致区域文化和民族文化出现大众化的趋势，区域性的和民族性的文化差异自然也就缩小了。整体看来，西南民族地区易地扶贫搬迁移民社会适应的难点是在经济适应这个层面。与那些具有较强人力资本的其他类型移民如城市之间的知识移民不同，易地扶贫搬迁移民人力资本较弱，在城镇谋生较其他类型城市移民的难度要大很

① 风笑天：《落地生根：三峡农村移民的社会适应》，华中科技大学出版社 2006 年版，第 293 页。

② 风笑天：《安置方式、人际交往与移民适应——江苏、浙江 343 户三峡农村移民的比较研究》，《社会》2008 年第 2 期。

③ 朱力：《中外移民社会适应的差异性与共同性》，《南京社会科学》2010 年第 10 期。

多。而与工程移民相比，虽然对于两种移民来说，经济适应都是主要困难，但是表现形式有差异。易地扶贫搬迁移民的安置模式是城镇化模式，因此主要的困难在于其生计方式的转变以及移民在城市就业的技能比较薄弱。而工程移民无论是远距离安置还是就近后靠安置，基本都是农业安置，差距主要在于远距离安置的农业耕作方式的差异。

在影响因素上，易地扶贫搬迁移民与其他类型移民既有共同点但区别也很大。易地扶贫搬迁移民与其他类型移民在社会适应的影响因素方面有许多类似点。比如，个体特征对工程移民、对城市移民甚至对跨国移民的社会适应都有影响，只是可能影响的方式与结果会有差异；本地居民的态度对各类移民的社会适应状况都会产生影响，但可能影响的力度有所不同。易地扶贫搬迁移民在搬迁过程中也可能会遇上其他类型移民所面临的“原有社会联系瓦解……社会组织解体”[①]，使集体社会资本减弱的问题。因此，易地扶贫搬迁移民和其他类型的移民（如工程移民）都需要实现生活的重建。但易地扶贫搬迁移民的社会适应影响因素与其他类型移民的社会适应影响因素也有很多不同的地方。朱力[②]在研究城市移民时指出，移民的融入动机对移民能否成功融入城市有影响。移民融入城市的动机越强，越容易适应和融入城市，移民越是具有临时心态，越不容易融入城市。此外，管理制度对移民的城市融入影响也非常大，管理制度越严格，对移民的适应与融入限制越大，管理制度越松弛，对移民的适应与融入限制就越小。因此，移民动机与管理制度是影响移民适应的重要因素。赵丽丽[③]则认为影响城市女性婚姻移民的社会适应的最重要因素是户籍制度、参照群体和家庭地位。户籍制度和参照群体（女性婚姻移民常以上海市民而不是以和他们处于同一地位的城市其他外

---

① ［美］迈克尔·M. 塞尼:《移民·重建·发展——世界银行移民政策与经验研究（二）》，水库移民经济研究中心编译，河海大学出版社 1998 年版，第 103 页。

② 朱力:《中外移民社会适应的差异性与共同性》,《南京社会科学》2010 年第 10 期。

③ 赵丽丽:《城市女性婚姻移民的社会适应及其影响因素研究——对上海市“外来媳妇”的调查》,《上海交通大学学报（哲学社会科学版）》2008 年第 3 期。

来人口作为参照群体）分别从经济上和身份认同上阻碍城市女性婚姻移民的适应，融洽的家庭关系与较高的家庭地位则从心理上促进其社会适应。影响西南民族地区易地扶贫搬迁移民的社会适应因素与上述研究有一些区别。上述研究是针对乡城移民，因此户籍与城市社会管理等因素对农民工之类的农村进城移民影响很重要。而且这类移民属于个体行为，政府对这个群体的城市适应基本没有相关的政策；易地扶贫搬迁移民虽有很大一部分是城镇化安置，但是属于政府组织的工程，带有集体行为的特征。整个工程从设计规划到动员和搬迁，政府始终发挥着主导作用。因此，政府政策与态度对西南民族地区易地扶贫搬迁移民有着很大的影响。例如，政府移民政策对易地扶贫搬迁移民的生计环境的关注，通过改善生计环境会影响移民人力资本与社会资本的变化，最终影响到不同特征移民的社会适应状况。比如已有研究证明，亦工亦农这种生计模式对移民的生计具有一定的保障作用。但搬迁距离越远，亦农亦工这种生计模式的可能性越小，而搬迁距离是移民政策实施决定的。另一方面，易地扶贫搬迁移民作为帮扶对象需要通过后续帮扶措施提升其适应能力，后续帮扶措施实施的好坏影响移民的适应能力。

第八章　总结与建议

第一节　西南民族地区易地扶贫搬迁移民项目的成就与主要问题

一、西南民族地区易地扶贫搬迁移民项目的主要成就

调查表明西南民族地区易地扶贫搬迁移民项目具有较为显著的经济效益与社会效益，移民社会适应情况向好，检验了国家扶贫搬迁政策的正确和实施的效果，其成效主要表现在以下几个方面。

第一，易地扶贫搬迁普遍性改善了移民生活条件。本课题调查表明，移民搬迁改善了西南民族地区易地扶贫搬迁移民的生产生活条件：移民的住房、交通、教育、医疗等公共服务得到了明显改善。绝大多数移民原来都居住在生态环境恶劣的山区，很多地方基本不通路。例如贵州省榕江县古州镇丰乐移民安置新村安置的苗族移民，有部分是从月亮山摆王村、摆拉村等地搬迁下来的。据当地移民局介绍，月亮山区的交通状况非常落后，老百姓一直全靠走山路。以摆拉村为例，摆拉村距离乡政府所在地、乡级医院、初中学校、邮电所、信用社和集市等均为 38 公里。距离最近的六年制小学 15 公里，全部是山路。课题组调研时已修通了乡村公路，但情况是通路不通车，

因为路面状况非常差。有个移民描述他们老家的交通说："我们那里交通不好，种出来的东西没有办法变成钱，只能自己吃。有一次我花了200元从计划乡（即集市所在地）买了一头猪仔想回家喂养，抬着猪还没有走到家，猪仔就死在半路上了。"村里如果有人生病，小病就地找点草药吃，大病都是抬去几十里外的乡医院。现在政府帮忙搬迁到了县城，交通、医疗和教育条件与过去就是天壤之别，现在喝水、行路、用电、上学、就医困难状况得到了彻底解决。住房条件方面，过去在山里的房子由于贫穷很多年久失修已经是危房，个别住房还是茅草房，政府以廉租房的形式帮助移民搬到了移民新居，住房条件得到了很大的改善。

第二，易地扶贫搬迁极大地改善了移民的生计条件，具有比较明显的扶贫效应。课题组研究发现，西南民族地区易地扶贫搬迁移民就业方式发生了改变，移民收入普遍有所提高；移民交往范围扩大，大部分移民对提高收入充满信心，对移民政策表示满意。总体上，移民搬迁取得了明显成效，移民搬迁提升了环境恶劣区域贫困农村居民的综合能力，为他们的发展创造了机会。仍以摆拉村和摆王村为例，这两个苗寨均属于高寒地区，山大沟深。摆王村的海拔高度为980米，摆拉村的海拔高度为1430米，年均气温只有15.2度，每年还有30—40天的冰冻天气，对农业生产造成很大影响。由于受到地理条件和气候的影响，当地除了生产一些玉米或少量稻谷外，没有任何其他经济作物。而且人均耕地面积只有0.54亩和0.82亩，都属于"腰带梯田"，田块破碎，土地贫瘠，农业生产成本比较高。村民一年到头劳作只能解决基本温饱，其他任何消费都有困难。这样的条件很难做到就地实现脱贫致富。搬到县城后，政府依托"城镇化、工业化和农业现代化"建设，积极引进企业入驻榕江，多渠道解决移民的就业问题。有针对性地免费对移民进行了职业技能培训，拓宽移民就业门路。路通百通，观念转变，信息畅通，丰乐安置点的苗族移民有了更多的市场意识，为摆脱贫困奠定了观念基础；在政府上述扶持下，移民在县城从事第二、三产业和外出务工人员明显增多，贫困移民的脱贫能力明显提高。上述易地扶贫搬迁移民项目的种种积极成果表明易地扶贫搬迁政策的实施作为对贫困人口的帮扶具有合理性和必要性。多数移民对提高收入充满信心，对移民政策表示满意。这充分表明政府在推行易地扶贫搬迁移民工程的目标方面取得了较明显的成效。

第三，易地扶贫搬迁改善资源环境恶劣地区人口过载问题，促进了移民原住地的环境保护。移民搬迁之后，减轻了移民原住地区的生态压力，一些原住地宅基地退耕还林，或者变为耕地。由于部分或全部居民迁出，原住地人类活动显著减少，原住地生态环境得以恢复，这些都具有环境保护效应。此外，移民的城镇化安置也促进了贫困地区的城镇化进程，人口的城镇集聚带动区域经济发展。从政府的角度来说，通过易地搬迁以较低的代价使基本公共服务惠及了更多的人群。总之，易地扶贫移民搬迁在人口布局和资源配置方面是科学的，能有效促进当地资源环境与人口的可持续发展。

移民政策的目标是要通过政策实施创造移民的发展条件，促进其脱贫致富实现更好发展。因此，移民政策实施方式至关重要。移民政策既是移民产生的原因，也是移民社会适应问题产生的原因。因为移民政策本身就包含了解决移民社会适应问题的目标或责任。从这个角度来说，易地扶贫搬迁移民社会适应的情况是检验国家移民政策实施的效果指标之一，而本课题的研究结果发现，我国西南民族地区易地扶贫搬迁移民社会适应较好，说明我国扶贫移民的政策是正确的，实践是有效果的。

二、西南民族地区易地扶贫搬迁移民工程中存在的主要问题

（一）移民的社会适应中存在的问题

移民社会适应存在的问题本身是其社会适应特征的组成部分，但是为了从实践层面出发有必要专门进行分析。从前面几章关于易地扶贫搬迁移民

社会适应几个层面的分析中，可以概括出以下几个方面的问题。

一是生计困难。易地扶贫搬迁一定程度上改变了移民的生计模式，移民从事农业的比例下降幅度大，非农就业比例相应显著增加。但是非农就业机会有限，大量移民以打临工为主要生计方式，同时一定比例的移民处于待业状态。大部分移民在原住地与安置点两地之间奔波，兼顾原来的农业生产以保障家庭的最低生活需求。总体上看较大比例的移民还未能找到比较稳定的可持续的生计方式。在移民的自我认知中，生计困难（挣钱难）是生活中面临的最大困难，这表明生计问题是移民社会适应的主要问题，也是易地扶贫搬迁目标能否实现的关键。易地扶贫搬迁移民的生计困难在不同类型安置点也存在差异，城镇安置的易地扶贫搬迁移民由于生活开支显著增长等因素，生计困难问题显得更为突出一点。

二是本地融入不足。主要表现为较大比例易地扶贫搬迁移民缺乏归属感，始终从心理与身份上区隔于所在社区，难以实现社区融入。同时移民与本地居民的交往呈现浅层化状态，移民未能有效构建本地社会资本而缺乏有效社会支持。移民的社区参与明显不足，无论是社区重大事项的决策讨论还是日常娱乐性活动移民参与不足。这些都表明移民与本地社会存在一定的疏离，本地融入的程度不够。

除以上问题外，还有搬迁移民缺乏或者难以适应城镇文化休闲活动、因搬迁产生家庭功能弱化等问题。当然，这些问题都是以上两方面问题衍生出来的，也并不是移民特有的问题，因此以上两方面是易地扶贫搬迁移民最亟须解决的问题。

（二）易地扶贫搬迁移民工程实施过程中存在的问题

本课题调研的样本主要为“十二五”规划期间及以前的易地扶贫搬迁移民，“十三五”期间搬迁的移民比例较少。在课题调研中发现这个阶段易地扶贫搬迁移民工程中出现的几个需要重视的问题。

1. 移民社区治理滞后于社区需求

移民社区是新型社区，具有其他成熟社区不一样的特征，例如缺乏社区传统，包括社区组织和人际关系都需要重建，所有涉及社区治理的要素，包括主体与客体及其相互关系、相关规则等都处于界定和构建之中。而且西南民族地区的易地扶贫搬迁移民社区大多属于“空巢”社区，青壮年基本都在外打工，家中以老人小孩为主等。易地扶贫搬迁移民社区的治理在社区经济、社区服务、社区环境、社区治安、社区教育等方面的需求比一般社区的需求更加突出，例如贫困和就业问题，社区治理主体单一、治理能力较弱，移民参与社区治理事务的比例非常低，社区组织发育不足、社区经济发展不够、社区服务水平较低、社区基础设施欠缺等。总体来看，目前移民社区的治理条件和水平都远远无法满足社区移民的基本需求，加强移民社区的规范性管理已成为当务之急。

2. 易地扶贫搬迁移民的后续帮扶欠缺

课题组调查表明针对移民的后续帮扶非常缺乏，或者完全没有后续帮扶措施，或者这些帮扶措施缺乏有效性。政府规划中提及比较多的职业培训既不普遍也缺乏效率。其他一些措施或者停留在规划层面，或者缺乏实施的保障条件。作为贫困人口的移民仅仅依靠搬迁不一定能够实现最终脱贫，要使移民真正脱贫，政府的后续帮扶非常关键。如何提供有效的后续帮扶是今后易地扶贫搬迁需要加强的关键。

3. 易地扶贫搬迁过程中移民参与不足问题

调查发现，从搬迁方式及安置点的选择到安置房的设计与建设等方面，移民基本没有机会参与。个别地方政府会就安置房的设计简单征求一下移民的意见，但基本也没有采纳。移民的主体性在整个扶贫移民工程实施过程中基本没有得到体现。这样的结果导致移民内在动力不足，产生对政府的严重依赖。这种依赖不仅发生在移民过程中，更发生在移民搬迁后。这种情况既不利于移民自身的发展，也给政府带来很大的负担，给移民社区管理带来很大的压力。

易地扶贫搬迁移民是一类政策性移民，其社会适应依赖于移民政策的实施。因此如何从完善后续帮扶、规范移民社区管理、强化移民参与等几个方面努力促进移民的社会适应具有重要意义。

第二节　易地扶贫搬迁移民工程的演进和政策属性

一、易地扶贫搬迁移民工程政策与实践的演进

生态扶贫移民工程在我国经历了一个较长的演进过程。学界普遍把 1983 年宁夏“吊庄移民”作为生态扶贫移民工程的开端，当时位于宁夏南部干旱高寒山区的居民迁移到北部灌溉区以谋求更好的农业生产条件。过后，“生态扶贫移民”更名为“易地扶贫搬迁”。1994 年，国务院颁发《国家八七扶贫攻坚计划（1994—2000 年）》，全国范围内开始实施易地扶贫搬迁。本世纪初国家层面开始出台易地扶贫搬迁规划，其中包括“十一五”“十二五”直到近来的全国“十三五”易地扶贫搬迁规划。一些研究者把易地扶贫搬迁划分为三个阶段，翟绍果等根据中央与地方的互动关系角度划分为中央引导各地跟进阶段（1990—2000 年）、中央布局地方协同阶段（2000—2010 年）、多元参与精准发力阶段（2010—2020 年）①。王宏

① 翟绍果等:《易地扶贫搬迁的政策演进与创新路径》,《西北农林科技大学学报（社会科学版）》2019 年第 1 期。

新等则把易地扶贫搬迁划分为试点探索、全面推进、脱贫攻坚三个阶段[①]。也有学者分为四个阶段，如吴丰华等将易地扶贫搬迁划分为：地方政府自发实施阶段（1983—1993 年）、中央鼓励地方试点阶段（1994—2005 年）、中央统筹地方推进阶段（2006—2012 年）、中央规划地方实施阶段（2013 年至今）[②]。

不同阶段易地扶贫搬迁在实施方式、政府补贴等方面存在差异，但总体上易地扶贫搬迁的发展具有以下趋势：一是政府参与力度不断提高，政策不断完善。

从最初的自发移民到政府引导，到后来政府主导，政府对易地搬迁的重视程度越来越高，参与力度越来越大。政府参与既包括组织搬迁、补贴移民搬迁以及搬迁之后的帮扶等各个方面。最早阶段，政府只是不予限制，移民自发组织搬迁。随着中央对扶贫工作的重视，易地移民搬迁逐渐显现扶贫的作用，地方政府开始引导移民搬迁，但是投入有限，只是规划搬迁安置点，并提供安置点的一些生产生活方面的基础建设。在"十一五"及"十二五"期间，易地搬迁以各种方式提供移民住房，并着重为移民生计提供一定安排。这一期间，政府措施逐渐加强，移民规划趋向完善，但是主要精力还是放在如何"搬得出"，对移民如何"稳得住"的措施有限，或者没有得到很好的落实，而且由于这一阶段，政府投入依然有限，因此在搬迁过程普遍存在上述的"搬富不搬穷"现象。"十三五"时期，政府投入力度进一步加大。这一时期无论是移民住房政策还是搬迁补贴政策都有了改善，总体上补贴标准提高了，住房政策亦更加人性化，比如有些地方原来政策规定提供的移民住房面积不能超过 60 平方米，新规定则是人均不超过 25 平方米。这种

① 王宏新等：《中国易地扶贫搬迁政策的演进特征——基于政策文本量化分析》，《国家行政学院学报》2017 年第 3 期。

② 吴丰华、于重阳：《易地移民搬迁的历史演进与理论逻辑》，《西北大学（哲学社会科学版）》2018 年第 5 期。

以家庭人口数量分配住房面积的规定可以有效解决移民家庭住房拥挤问题。安置点的公共基础建设标准也普遍有所提高。同时移民帮扶措施也受到了更多的重视和得到了很好的实施。值得关注的是“十三五”期间精准扶贫理念强化了对贫困人口的识别，要求搬迁对象要瞄准建档立卡户，“搬富不搬穷”现象将得到更好解决。二是规模日渐增大。2001—2006年国家层面计划搬迁贫困人口150万，投入资金100亿。“十二五”期间国家提出搬迁240万农村贫困人口。到2016年，《全国“十三五”易地扶贫搬迁规划》提出到2020年完成1000万建档立卡贫困人口的搬迁任务。因此，“十三五”期间易地扶贫搬迁移民总量将超过以往搬迁人口的总和。三是易地搬迁的目标定位更趋合理。易地扶贫搬迁目标定位随着国家经济社会的发展在变化。吴丰华等通过对政策文本的分析指出易地移民搬迁的目标正由生存型向发展型转变，“八七扶贫攻坚”阶段是创造解决温饱的基础条件，“十一五”期间“稳定地解决搬迁人口的温饱问题”，“十二五”期间则是“稳定实现扶贫对象不愁吃、不愁穿，保障义务教育、基本医疗和住房”，最近的“十三五”规划则是“基本生活需求得到满足”“有稳定的收入渠道”“与全国人民一道迈入全面小康社会”①。

本课题调查的易地扶贫搬迁移民主要是“十三五”规划实施之前搬迁的移民，“十三五”期间搬迁产生的移民还没有纳入调查范围。但是课题组于2018年底和2019年初对新阶段的易地搬迁政策做了一些调查，发现“十三五”期间的易地扶贫搬迁除了上述共同趋势外，还具有一些新的特征：一是在搬迁方式方面，增加了整体搬迁。整体搬迁即是把整个自然村或行政村的全体居民搬迁到新的安置点居住。在以往搬迁中，基本实施的是部分搬迁，即一个自然村里只有部分村民搬迁。新阶段的易地扶贫搬迁中甚至还

---

① 吴丰华、于重阳：《易地移民搬迁的历史演进与理论逻辑》，《西北大学（哲学社会科学版）》2018年第5期。

有个别地方实施了整乡居民搬迁。[①]例如，贵州省黔西南州有三个乡规划实施整体搬迁，包括晴隆县三宝乡、望谟县麻山乡、册亨县百口乡。“十三五”期间黔西南州总共有2362个自然村寨需要整体搬迁[②]。二是在安置方式上，大幅度增加了城镇化安置。跨县安置在“十二五”期间的易地扶贫搬迁工作中只是鼓励地方在可能的情况下考虑城镇化带动的安置模式，县城安置没有全面铺开，而且基本没有跨县安置。安置方式在实施过程中以中心村安置和沿公路安置为主，有少量的结合小城镇建设或县城安置。“十三五”规划在城镇化安置方面加大了力度，基本不再考虑村寨安置，原则上都安置在县城，少数考虑交通比较发达一点的集镇。更有个别地方跨县安置在市（州）政府所在城市。比如，黔西南州较大比例的移民跨县安置在市（州）政府所在城市。三是政府持续提高资金投入。新阶段的易地扶贫搬迁普遍提高了补贴标准，住房及安置点公共基础设施的标准也有所提高。各地加大了对易地扶贫搬迁移民的资助力度，基本解决了移民购买安置房的经费问题。四是更加重视后续扶持工作。“十三五”期间移民后续帮扶政策得到更多的重视。2019年4月全国易地扶贫搬迁后续扶持工作现场会在贵州省黔东南州召开，国务院副总理胡春华讲话要求因地制宜加大后续扶持力度。贵州省2019年2月发布的《中共贵州省委省人民政府关于加强和完善易地扶贫搬迁后续工作意见》指出，全省易地扶贫搬迁工作重心逐步从以搬迁为主向后续扶持工作转变，并规划了建立培训和就业服务体系、完善移民社区治理体系等方面的具体措施。2018年以来，易地扶贫搬迁后续扶持工作得到中央和地方前所未有的重视，后续扶持政策在不断完善。

---

① 兴义市移民局王局长介绍：“十二五”规划没有整体搬迁这一说，在“十三五”规划中是贵州省根据省情出台的一个措施，原则是五十户以下，贫困发生率50%以上的自然村寨可实施整村寨搬迁。再后来是2017年，在实施组组通公路建设过程中，一些居住条件很差，居住人口又少，基础设施建设花费更大，还不如实施搬迁。这样搬迁花费比修公路的费用还少一点。这首先要求是不通公路的三十户以下，贫困发生率20%以上的自然村寨，可以纳入搬迁。

② 贵州省黔西南州州委办公室内部资料，2019年。

易地扶贫搬迁政策演变与众多因素相关，一是与整个国家经济社会发展高度相关。改革开放以来，我国经济社会发展取得了长足进步，国家有更多的财力来实施易地扶贫搬迁，易地搬迁规模不断扩大。同时，我国的工业化、城镇化在快速推进，农民的流动性不断在增强，因此易地扶贫搬迁的城镇化安置能够得以实施。一方面城镇化的快速发展以及农民普遍的非农就业方式使贫困人口有迁移城镇的意愿，同时这个过程中农民流动意识的增强也使得农民能够自愿选择搬迁。另一方面我国综合国力增强，国家有能力帮助移民城镇化安置。二是与扶贫战略定位有关。党的十八大以来，扶贫工作得到了政府前所未有的高度重视，精准扶贫成为国家的一项重大战略，从中央到地方，从国家机关到社会组织，全员动员、全程参与投入精准扶贫战略行动。三是易地扶贫搬迁也与国家福利供给的意识形态变化相关。在改革开放初期，改革的重点在于促进市场化以激发社会活力，国家减少了福利供给，社会承担了更多的福利责任。但是随着经济社会的发展也出现了更多的新问题、新需求，需要国家提供更多的社会保障以改善民生，促进社会和谐发展。从本世纪初，国家更加重视民生改善，增加福利供给。扶贫工作包括易地搬迁工程作为一项改善民生的社会政策实践受到了更多的重视，这个过程中扶贫对象的待遇不断提升，易地扶贫搬迁中对移民的帮扶力度也不断提高。

“十三五”以来，全国易地扶贫搬迁工作取得了卓越的成效，但也出现了一些新问题：第一，新老政策的衔接问题。“十二五”期间规划搬迁的移民由于行动滞后，只能与“十三五”期间规划的移民搬迁同时实施，但移民政策不同。按“十二五”期间政策，移民需要自费或者至少部分自费购买或修建安置房，“十三五”期间的移民却全部免费获取安置房，（有些地方甚至包括安置房内的家具厨具都给备好）从而与前期移民的待遇形成很大的差距，由此导致了早一批移民的不满以及因此造成搬迁困难。第二，移民滋生对政府的依赖心理。政府在精准扶贫工作的压力下，为了实现移民早日搬迁，动员各部门和事业单位出人出物，帮助移民给安置房打扫卫生，购置家具家电，接送移民搬迁，移民只需带上私人物品就可以进入新家。这样可能让移民产生等、靠、要依赖心理，正如吉登斯理论所描述的：福利国家给予贫困群体的收入保障是一种消极保护，这种消极保护一方面促使一个依赖福利生存阶层的产生，削弱经济增长的动力，妨碍了长期发展；另一方面贫困群体被挡在工作场所之外，被剥夺了能力锻炼和心理训练的机会，因此福利制度在安抚了贫困群体的同时又制造了贫困群体。因地方政府的过度迁就，易地扶贫搬迁移民对外在资源特别是对政府的依赖性就变得非常高，搬迁后生活中的困难和问题都找政府。这对发挥移民主观能动性非常不利。

二、易地扶贫搬迁的政策属性

作为政府主导的一项扶贫工程实践，易地扶贫搬迁具有怎样的政策属性？易地扶贫搬迁的目的是反贫困，促进贫困人口发展，体现了社会主义共同富裕的本质要求，因此它属于扶贫政策范畴。但它又不同于一般救济性扶贫，即通过直接提供现金保障贫困人口的基本生活需要，这类扶贫工作只能暂时缓解扶贫对象的生活困难，不能提升贫困户脱贫致富的能力，学界称为输血式扶贫。易地扶贫搬迁是通过改变贫困人口生存环境以实现贫困人口的脱贫致富。在这个意义上，易地扶贫搬迁具有促进贫困人口能力增长的目的，因此属于开发式扶贫。开发式扶贫是我国目前扶贫政策的核心和基础，也称为发展型政策实践。

发展型社会政策理论是在对传统社会政策的批判中发展起来的。克劳斯·奥菲认为福利国家无效力的原因在于它不消除个体不幸的原因，只是对不幸的结果进行补偿，因此福利国家干预的典型特征就是干预总是太晚了①。谢若登认为，传统福利制度是以收入为本的，只关注到穷人的收入低

① ［德］克劳斯·奥菲：《福利国家的矛盾》，郭忠华译，吉林人民出版社 2006 年版，第 5—6 页。

和消费能力欠缺，而由国家提供给穷人一定收入补贴保障其基本生活。但这种基本生活保障只能使穷人短期内有限度的摆脱贫困，无法使穷人获得长期发展。同时现有的福利制度设置是依赖身份和收入的，收入高的人享受的福利程度越高，收入低的人享受的福利优惠越窄，而且收入高的人享受的福利具有资产积累的效应，穷人的福利只有纯消费的功能，最终拉大两者的差距，穷人永远无法摆脱贫困的陷阱[①]。理论家们对于传统福利制度从不同角度进行了批判，并在批判的过程中提出了各自的主张。

吉登斯主张从传统社会政策中的被动、消极的干预向积极干预转变，尽量从直接经济资助向注重人力资本投资转变[②]。谢若登认为福利制度应该从以往以收入和消费为本向以资产为本转变，通过制度化的补贴机制形成穷人的资产积累，帮助其提高发展能力，强调人的资产不但具有通过延迟消费提高潜在消费能力的功效还具有其他的经济、社会和心理效应，包括促进家庭稳定创造一种未来取向、促进人力资本发展、增加个人效能、增加后代福利等隐性效应[③]。资产为本的福利制度也通过增加储蓄、提高整个国家的人力资源等方式促进国家的繁荣。阿玛蒂亚·森从可行能力的概念出发提出了他的福利制度主张，认为贫困不单纯是收入缺乏，而是缺乏过有理由珍视的那种生活的可行能力，可行能力是指行动者实现目标的功能性组合，表现为一种实质自由，这种实质自由是以行动能力为基础的。因此，福利制度的目标应该是提高行动者的可行能力[④]。

总括起来，发展型社会政策理论具有以下几方面观点：一是社会政策

---

① ［美］迈克尔·谢若登:《资产与穷人：一项新的美国福利政策》，高鉴国译，商务印书馆 2005 年版，第 119—139 页。

② ［英］吉登斯:《第三条道路——社会民主主义的复兴》，郑戈译，北京大学出版社 2000 年版，第 129 页。

③ 冯希莹:《社会福利政策的新走向：实现以资产为本的福利政策——对谢若登的〈资产与穷人：一项新的美国福利政策〉的解读》，《社会学研究》2009 年第 2 期。

④ ［英］阿玛蒂亚·森:《以自由看待发展》，任姬、于真译，中国人民大学出版社 2002 年版，第 62—63 页。

与经济政策应该实现融合。社会政策要与劳动力市场密切配合，改变单纯支出和消费的传统方式，与经济政策一道对发展做出贡献。因此，社会政策的实施也应该引入成本与收益的核算机制，计算其投入和产出的得失。二是要实现社会发展和经济发展协调的包容性发展。社会政策的目标是实现包容性发展，促进经济发展和社会发展的协调。包容性发展要避免严重的贫富分化，要提高人类整体福祉，实现社会成员对发展成果的共享。通过包容性发展实现人与人关系的和谐，避免社会矛盾的激化。包容性发展也要处理好人与自然的关系，以实现可持续发展。三是福利制度要以投资为取向帮助贫困者实现自我发展。社会政策要致力于贫困者的人力资本和社会资本的投资，从"上游"干预以消除贫困者贫困的原因，提高其自我发展能力。对于贫困者人力资本的投资在于增加其参与劳动力市场的技能，提高自我效能感。对于社会资本的投资，则在于消除社会排斥，提高社会参与以及排除通往劳动力市场的障碍以增加就业的机会。四是要实现权利与义务的均衡，使福利供给多元化。福利资源既可以来自国家，也可以来自市场和家庭。需要发挥各方优势，提高福利供给的效率。

从以上可以看到，发展型社会政策具有不同于传统的再分配型社会政策的独有属性。易地扶贫搬迁以扶持贫困人口为目标，但是本身具有促进经济发展的功能，要求实现经济政策与社会政策的统一。易地搬迁中移民住房建设、安置点基础设施建设从消费角度促进经济增长。易地扶贫搬迁改变移民居住环境，更好地联结市场，从地理角度促进了贫困人口市场能力成长。易地搬迁中就业培训等后续扶持措施提升了贫困人口的人力资本。贫困人口通过自我奋斗实现发展而摆脱单纯的福利依赖，从更高层次上实现了社会公平，贫困人口的能力成长又从人力资源供给层面促进经济发展。易地扶贫搬迁使贫困人口从环境恶劣区域迁出而促进原住地的环境修复，因此有力保护了生态环境。易地扶贫搬迁兼有生态环境保护的功能，这也是易地搬迁又被称为易地扶贫搬迁移民的原因。因此，易地扶贫搬迁是一项发展型社会政策的实践。

我国社会政策是以社会投资（发展型社会政策理论）为基本理念的，一方面直接福利的供给标准较低而且项目较少，只有少量福利项目是以直接物资输送方式实施的。同时也缺乏像福利发达国家名目繁多的以收入保障为核心的社会服务项目，这使我国整体的福利保障的程度较低。但是另一方面，我国在扶贫以及财政的区域转移支付等方面投入较大，这有利于解决福利保障较低带来的问题。包括易地扶贫政策在内的扶贫措施的实施就从发展的角度促进了贫困人口的福利。因此，扶贫等制度安排实际上成为整个国家福利制度的一个重要组成部分。这也使我国社会政策具有浓厚的发展型社会政策的特征，易地扶贫搬迁政策将在很长一段时间内保持发展型社会政策的属性。

第三节　易地扶贫搬迁移民的相关讨论

一、有关政策执行与理念的讨论

反思易地扶贫搬迁中的问题，首先要进一步检视政策执行过程。课题组调查中发现“十二五”期间易地搬迁存在“搬富不搬穷”的现象以及移民因搬迁购置安置房而陷入新的贫困问题，“十三五”以后政府及时调整了易地扶贫搬迁的相关政策，实施了对贫困人口建档立卡制度，基本上遏制了上述现象的发生。然而，易地扶贫搬迁对象之所以贫困，既与当地资源匮乏环境恶劣等客观因素有关，也与移民个人因素有关。搬迁可以改变移民谋生的环境，但某些移民个体因素并不会因为搬迁而消失或者化解。原有的贫困诱因可能会随着移民的搬迁也随之转移到安置点，加之这种大规模搬迁、整体搬迁、跨区域安置方式，移民会产生文化适应、社会交往适应、心理适应等社会适应问题，给移民社区治理带来严峻挑战。

特别是早期易地扶贫搬迁缺乏对移民的后续帮扶，很多地方政府由于财政和人员问题，没有能力支持移民的后续发展，大多“一搬了之”。虽然许多政策文件都以“搬得出、留得住、能致富”为目标，但是在实施过程中都只重视能否搬得出，而留得住与能致富则无暇顾及。在政策设计中也都考虑到为移民提供就业培训，但实际上就业培训的有效性与普及性都非常低。一些安置点在建设移民住房时考虑为移民配置商铺，但由于市场容量有限，商业价值不足，移民难以出租或者用来做生意；一些安置点设在工业园区，但西南民族地区由于区域性的原因，很少能够吸引有实力的企业入驻工业园区，因此多数工业园不能为移民提供就业岗位。“十三五”以后的移民政策有更完善的帮扶措施安排，尤其是2018年以来从中央到地方更加重视后续帮扶，要“从搬迁为主向后续扶持转变”，但政策的实施也面临诸多挑战，政府能否组织足够资源，是否有足够的技术手段去落实还需要实践检验。

除了政策执行层面存在问题外，也有必要对政策背后的理念做出反思。易地扶贫搬迁作为政府主导的民生工程，移民的主体性在实施过程中容易被忽视。从移民搬迁政策的制定，到安置点的选择、安置房的规划与建设，或者搬迁之后如何发展等环节，基本都是政府替民做主、移民参与意识较弱。早期易地搬迁主要是以移民部分搬迁的方式，移民有较大的选择余地，这一定程度上避免了政府主导带来的消极影响。但“十三五”期间搬迁规模进一步扩大，并增加了县城安置甚至跨区域安置。一些研究者认为盲目扩大搬迁规模是政府在扶贫政绩考核压力下的理性选择，因为易地搬迁可以以一种简单的方式完成脱贫任务[①]。也有分析认为，因为中央财政资金的拨付对于地方来说是增量资金，有助于地方发展，但获得中央资金必须与相应的项目挂钩，地方政府为了争取中央资金扩大了易地搬迁范围。一些研究者认为地方政府有城市偏好，秉持城市总是好于乡村的简单的线性发展观，因此偏好于

① 马流辉：《易地扶贫搬迁的“城市迷思”及其理论检视》，《学习与实践》2018年第5期。

选择城市安置[①]。批评者认为这背后是地方政府的发展主义思维的影响。发展主义是一种发展的拜物教主义，把发展作为唯一的目标，而发展只是体现为经济的发展[②]。发展主义的价值观主导的社会充满了过度竞争，社会成员为不落后于人而投入竞争，偏离了追求发展是为了人的幸福的目标，变成为了发展而发展。在易地扶贫搬迁的场域中，发展主义体现为地方政府“逼民脱贫”或“逼民致富”。在个别地方政府以及社会构建的关于贫困的话语体系中，一些农村居民的安贫乐道成为不容于社会的恶，需要加以消除，因此这个过程中出现个别地方政府把那些原本环境并不恶劣的居民搬迁到新的居住地以实现脱贫的现象。

综上所述，课题组认为应该谨慎对待易地扶贫搬迁工程，应该根据各地情况制定扶贫移民方案，不宜盲目扩大搬迁范围，同时需要谨慎选择安置方式和安置点点。易地扶贫搬迁的复杂性在于它不仅仅涉及移民的生计发展与收入，同时还涉及移民的社会融入与包括生计模式和生活模式在内的文化转型，以及移民更深层的心理适应等方面。

因此，易地扶贫搬迁应充分尊重移民的主体地位。首先需要充分遵循自愿原则。有些地方为了争取早日脱贫和政绩，会设法提高福利条件吸引那些本不打算移民的村民搬迁出来，政府工作人员耐心与富有技巧的劝导也极大地促使移民做出搬迁的决定。因此，易地扶贫搬迁移民的搬迁意愿常常是非理性的，这为移民在安置点的社会适应埋下了隐患。其次，应充分激活移民的内在动力。部分移民搬迁后原有的生计技能可能因为城市化安置失去效用，新的文化系统使其变得惶惑而弱化了自我价值，自我效能感显著降低，对外界的依赖性增强，最后表现为内在动力不足。因此，要激发贫困人口内在动力，让移民提升自我价值，正如学者所言，“国家意识形态不仅要支持给弱

---

① 马流辉：《易地扶贫搬迁的“城市迷思”及其理论检视》，《学习与实践》2018 年第 5 期。
② ［美］阿里夫·德里克：《发展主义：一种批判》，《马克思主义与现实》2014 年第 2 期。

者以物质的帮助，还需要在价值上给予他们承认，后者更为重要”[①]。

二、城镇化安置模式的讨论

中国共产党第十九次全国代表大会的报告提出：“我国社会主要矛盾已经转化为人民日益增长的美好生活需要和不平衡不充分的发展之间的矛盾。”“更加突出的问题是发展不平衡不充分，这已经成为满足人民日益增长的美好生活需要的主要制约因素。”[②]学者们认为，城镇化的快速推进将为解决这一矛盾提供经济和社会的基础。[③]西南民族地区易地扶贫搬迁移民自2016年[④]以来的安置模式也是城镇化带动策略。

但调查发现，西南民族地区易地扶贫搬迁移民的搬迁在一些地方有点“拖泥带水”。前面的介绍中可以看到，西南民族地区易地扶贫搬迁移民的生计模式具有类似于黄宗智提出的“半工半耕”特点[⑤]：有些家庭可能是年轻人搬出去在安置点打工、做生意，老人们留在老家守着那栋旧屋，耕种那几分田地；有些是老人搬出去在安置点照顾孩子读书，年轻人或留在老家谋生，或出去外地打工，农忙的时候回家帮助老人耕作田地；[⑥]更多的情况是移民两地跑，农忙跑回老家种田，农闲就在安置点做点零工。

贵州省六盘水的一位42岁的移民，从1993年起在广东打工一直到2012年。2012年作为易地扶贫搬迁移民从偏远老家搬迁到城镇的移民安置点后，他用自己在外打工的积蓄在安置点开了家超市，超市的年收入超过6万元。但是由于这类创业对于移民来说都还是处于摸索期，因此他们还是没

---

① 胡若雨：《新加坡发展主义意识形态反思》，《理论探索》2016年第5期。

② 习近平：《决胜全国建成小康社会 夺取新时代中国特色社会主义伟大胜利——在中国共产党第十九次全国代表大会上的报告》，2017年10月18日，人民出版社2017年版，第11页。

③ 夏柱智、何雪峰：《半工半耕与中国渐进城镇化模式》，《中国社会科学》2017年第12期。

④ 不同地方时间稍有不同。例如贵州省惠水县2013年以前就借小城镇建设的名义落实生态移民工程，但真正采取县城安置的城市化策略是2016年。

⑤ 黄宗智：《制度化了的“半工半耕”过密型农业（上）》，《读书》2006年第2期。

⑥ 重庆酉阳县、贵州六盘水市、云南省大理的访谈汇总。

有放弃对老家土地的经营。上面这位开超市的移民告诉调研人员："我们父母留在老家，种原来的地，再养几头猪，养点鸡鸭，我们一家人一年的米和肉、菜基本都是老人给的。反正不远，赶场的时候他们就顺便带来了。"

类似情况在四川、重庆和云南也是非常普遍的。

在贵州省铜仁市松桃县的迓驾镇，课题组走访了几位50岁左右的易地扶贫搬迁移民。他们告知：他们两年前一直在广东一家家具厂打工，可是后来环保部门来查，家具厂因为污染问题被关门了，一时他们在那里也找不到工作，因此他们就只好回到安置点打点零工。可是安置点的工作也不好找，"好在老家还有土在，吃饭是没有问题的"。迓驾镇的移民安置点是在一个集镇上，政府最初的规划是让移民出来利用集镇的条件可以做点小生意。可是大多数从山上下来的移民都不会做生意，有些做了但是做不下去，又找不到其他事情做，于是留下老人陪孩子读书，自己出去打工，或者又返回山上去种地了。可见，原住地土地与老屋的存在，是移民城镇化过程中遇到困难时的缓冲地带。

有些安置在县城或者比较远的小城镇的移民，虽然离老家远了，但是有些移民仍然没有放弃老家的生计。课题组在云南禄丰县的调研发现，该县黑井镇苗族易地扶贫搬迁移民采取的也是农忙或者采摘野生菌的季节返回老家，平时就在安置点附近打零工。贵州榕江县古州镇丰乐移民安置新村的苗族移民，政府组织搬迁时全家都搬到了县城附近，不久后就变成很多老人返回老家种地，子女继续留在城里安置点打零工，兼顾照顾孩子读书，农忙时回去给老人帮忙。有些家里没有小孩需要照顾的青壮年还告诉课题组，他们现在也是农忙就回去种苞谷，忙完了再回来移民点住，找点零工做。

问："你们现在离老家这么远，交通又不方便，怎么还要继续回去种地啊？是不是种地收入高点呢？"

答："种地是保着一家人不饿饭，因为打工没有保障。打工是想找点现钱，人情啊孩子读书啊都要现钱嘛。”

可见，绝大多数的移民，无论是就近安置在村寨、集镇，还是安置在较远的小城镇或者县城，始终没有放弃原住地老家房产和田土，而是不惜辛劳地在安置点和原住地之间奔波，甚至在外地城市、安置点和原住地之间奔波。

实际上在搬迁前，很多移民家庭就已经处于被白南生等[①]称之为“候鸟式”流动的城乡间双向流动模式中。易地扶贫搬迁移民的这种城乡双向流动和白南生描述的农民工在城乡之间的双向流动或许有城市化程度的区别，但并没有本质上的不同。毕竟西南民族地区易地扶贫搬迁移民的安置方式是契合城镇化带动战略：安置点一般选择在比原住地城镇化程度要高点的地方。不过与搬迁前比较，易地扶贫搬迁移民搬迁后这种城乡双向流动不仅包括过去的城市和农村（老家），还增加了安置点这个环节。导致了移民的候鸟式双向流动：移民由过去奔波于“城里（外地打工）—老家”模式变成了“城里（外地打工）—安置点或者集镇（安置点）—老家（原住地）”的模式。后者流动性取决于安置点的就业机会。如果安置点或者附近就业机会多，移民可能不会再到远方的大城市务工，那么就是“安置点—老家（原住地）”模式。如果安置点或者附近没有就业机会，那么他们就采取“城市（外地打工）—老家（原住地）”的模式，但增加了一个安置点这个中点站。不过可以看出，无论哪种模式，搬迁前的生计模式都没有完全中断，经济收入来源还没有完全与原住地脱离。外出劳务收入仍然是他们改善生活条件的主要方式，而老家的农业收入，包括少量的养殖收获则是他们基础生存的保障。

上述复杂的易地扶贫搬迁移民生计安排都没有缺失原住地（移民的老

① 白南生、何宇鹏：《回乡，还是外出？——安徽、四川二省农村外出劳动力回流研究》，《社会学研究》2002年第3期。

家）。无论是为了孩子读书而迁出，还是为了摆脱“一方水土养不了一方人”的恶劣生计环境，“老家”（原住地）在很多易地扶贫搬迁移民家庭的生计谋略中从没有缺席过。对他们而言，城市就业和安置点打工都是不稳定的，原住地那几分田土可以是他们家庭生计的最后保障。所以这种“候鸟式”城乡之间或者安置点和原住地之间的双向流动包含着这些易地扶贫搬迁移民的生计逻辑，它不完全是农忙农闲的原因导致，更多的是移民对城市（安置点）就业难易的反应策略。在城里（安置点）就业顺利，收入过得去，移民会留在城里（安置点）打工，如果城里（安置点）就业出现了困难，移民有老家的经营收入作为最低生活保障。所以老家可以为退出城市劳务市场的老人和在城里继续打拼的青壮年们提供一块缓冲之地，可以说，老家就是易地扶贫搬迁移民在城市（安置点）这一新的生计环境中谋生的后方，是易地扶贫搬迁移民搬迁后的后方保障。

不少学者和政府干部常常把移民这种不愿意割舍原住地的老房子和田土的现象简单地归结为故乡情结、恋土情结、地缘情结，却忽略了其重要的家庭经济的保障功能。因此近年来地方政府在易地扶贫搬迁移民项目中采取了上述的城镇化“一步到位”，处置移民原住地的房屋和田土，弱化移民与原住地的关系。而且有的地方政府对这些易地扶贫搬迁移民的帮助和服务可以说是全方位的，不仅免费帮助移民修建好房子，还免费装修好，买好必要的家具家电，连床上用品厨房用品也都全部备齐，卫生也打扫好，并组织人员派车把移民接进新屋。移民甚至连扫把都不用买，带上一些自己的私人用品就进了屋。[①] 然而调研发现，这一“天上掉下的馅饼”并不是所有农村贫困人口都愿意接着的。在贵州惠水县的调查，很多移民对于这些安排非常矛盾：不知道这块“馅饼好不好吃”[②]。因为政府的条件是要求移民老家的房子

① 贵州省惠水县移民村的调查。

② 惠水县农村迁入地农民的原话。

必须要推掉，宅基地用于土地流转（目的就是不让他们再回去）[①]。有些地方还规定移民的原有土地也必须要进行流转[②]。目的就是彻底切断易地扶贫搬迁移民与原住地的关系，让移民不要再像过去那样由于恋土情结厚重而奔波于城乡（也就是老家和安置点）之间，“让他们尽早转为市民”。虽然宅基地和土地山林流转后所有权还是移民的，然而很多移民却担心：以后万一在城里谋生有困难还是没有了退路，流转所得保障不了家人的基本生存需要怎么办？虽然政府给了承诺说要解决好移民的县城就业问题，甚至下文要求政府部门要给移民提供就业的机会，但很多移民心中还是惶惶不安。

因此很有必要讨论的是：

在推进易地扶贫搬迁移民项目（易地扶贫搬迁项目）的过程中必须考虑城市化的速度和程度的问题。县城安置并断掉移民后路这种快速城镇化方式是否符合当前农村贫困农户的实际需求和能力？是否考虑了当前相关城市的承载力？

侯东民等通过对西部易地扶贫搬迁移民的跟踪调查，发现“政府花巨资实施的”城镇化移民已经“成为政府难以摆脱的包袱”，提醒要“谨慎对待城镇化移民”，因为“人为搞城镇化，搞无土化移民扩镇，难以达到满意效果”。“可能会孕育更多的风险。”[③]这进一步说明西南民族地区的易地扶贫搬迁移民虽然收入较之搬迁前有所提高，然而在城镇里的各方面支出也大幅度提高，导致移民陷入一种“收入农村型，消费城市型”的不健康的家庭经济模型。大部分移民由于个体原因短期难以适应非农化和城镇化要求，从务农

---

① 例如，重庆市酉阳县的干部说：

问：老房子的地基是如何处理的？

答：以前的地基就是复耕，复耕一亩按 12 万算。只要老房子推掉，扣除在安置点建房的占地面积，按规定补偿复耕的钱。

② 见云南省禄丰县访谈、贵州省黔南苗族布依族自治州惠水县访谈。

③ 侯东民等：《西部生态移民跟踪调查——兼对西部扶贫战略的再思考》，《人口与经济》2014 年第 3 期。

转为务工经商有困难，因此非农收入非常不稳定[①]，家庭经济风险大。有些安置在县城的移民反映：在这里我们总有点不知所措，没有在乡下踏实、自在。所以很多移民对于搬迁后的家庭经济生活基本都有一种不安的心态。本课题相关部分的回归数据显示：安置点类型对移民的文化适应、社会交往适应以及心理适应的影响都是显著的，而且反映的都是县城安置对移民的社会适应较之村寨安置要差。搬迁时间对移民的经济适应影响不显著，意味着易地扶贫搬迁移民的经济适应是个较长的过程。如此，既然比起村寨安置和集镇安置，县城安置对移民的社会适应并没有显示出特别的优势，老家对缓解移民未来生计的不安就具有了重要的意义。毕竟，脱贫才是易地扶贫搬迁移民项目的最终目标，城镇化只是易地扶贫搬迁移民脱贫致富的手段。

历史上看欧美一些国家在城市化过程中曾出现过“过度城市化”困境，并伴随产生了一些规模比较大的贫民窟。我国基本没有出现这一现象，学界把这归因于我国城市化的“浅度城市化”特征：农民工融入城市困难的时候会回到农村，从而避免了大规模城市贫困人口的聚集。夏柱智、贺雪峰用“渐进城镇化”概念概括了这一现象。

夏柱智等认为“渐进城镇化”模式强调进城和返乡共同构成城镇化过程，农民进可自由进城，退可顺利返乡，形成农业人口转移和工业化进程相适应的格局。而从农民的角度看，农民正是在城乡间“候鸟式”双向流动过程中实现城镇化的。农民的双向流动使得农民可以在城乡之间进退有据。[②]西南民族地区易地扶贫搬迁移民在城镇化进程中所采取的生计策略与此非常类似。如果城镇中不能有稳定的谋生渠道，而政府却硬性中断他们的这种双向流动，消磨掉“老家”这一调节器的作用，当移民无法短期内适应城市这种新的经济环境，却已无路可退时，是否就会导致他们成为边缘人或

① 叶嘉国、雷洪：《三峡移民对经济发展的适应性——对三峡库区移民的调查》，《中国人口科学》2009 年第 6 期。

② 夏柱智、贺雪峰：《半工半耕与中国渐进城镇化模式》，《中国社会科学》2017 年第 12 期。

者新的城市贫困人口，从而让城里的移民安置点成为各方都不愿意看到的、百年前大国城市化过程中曾出现过的“贫民窟”呢？课题组2018年曾到云南、贵州和四川一些移民点做过补充调研，看到这些省市很多县城都在积极修建易地扶贫搬迁的移民安置房。调研人员也和当地的相关部门负责人讨论过这个问题：

问：移民以后在县城的就业怎么办？

答：一方面县人事局负责给他们提供就业岗位，民政部门为他们考虑低保问题。例如可以让人事局把城里的环卫工作给他们（移民）做，各个单位的保安、企业的保安他们也可以做，人事局还计划了培训他们做家政工作。现在城里对这方面的需求是有的。主要是因为这些移民很多文化不高，又基本没有什么技能，所以只能主要考虑保安、保洁和保姆等工作的安排。

应该说地方政府是尽心在做的，但是，政府的这些努力仍然只是解决移民在县城生存的最低条件，从事这些行业不能使移民的收入赶上当地人的收入，不能让移民对自己的经济地位有信心，更重要的是不能保证他们的生计是稳定的。例如，吴莎对贵州易地扶贫搬迁移民的研究发现，原来从事农耕的少数民族移民来到城镇后，由于生计环境发生变化太大，相当比例的移民未能找到适合工作[①]。由于没有了退路，这些县城安置的移民可能就只有依靠低保生存。这样的结果，移民安置点就可能变相地成为县城里的“贫民窟”了。

笔者认为：移民的“老家（原住地）”的地位需要重新诠释。西南民族地区易地扶贫搬迁移民的这种对老家（包括土地和老宅）的守护不能被简单地归结为一种情感归属问题、恋土问题，移民的这种不愿彻底放弃原住地的

① 吴莎、吴晓秋：《扶贫生态移民文化变迁——基于对于榕江县古州镇丰乐移民新村调研》，《贵州社会科学》2013年第6期。

现象也不能被仅仅看作是一种保守落后的行为。因为除了情感归属功能外，老家还具有移民家庭最低生活保障的功能。在移民的城市化过程中，他们的老家还可能具有调整移民家庭的谋生方式，缓解移民生存困难的作用。既然移民对经济发展适应性是一个缓慢的渐进的过程，是一个短期内难以解决的过程，那么，移民“老家”的保障功能就不能轻易放弃，简单地用快速城镇化方式处理易地扶贫搬迁移民的问题也就值得商榷。在西南地区，很多集镇的城镇化程度介于县城和村寨之间，有些发展比较好的集镇，甚至有“小香港”的美名。比起县城，这些集镇有一些比较适合移民生计需求的特点：经济社会发达程度虽然没有县城高，但比移民原住地高，对于很多移民家庭来说，迁出老家有两个主要拉力，一是挣钱机会多点，一是孩子上学条件好点。比较县城安置和集镇或者小城镇安置来看，孩子上学的条件在集镇也是可以解决的，但务工挣钱机会当前情况下在县城安置并不比集镇占优势，因为如果移民在集镇没有合适的就业机会，他们进可以到县城或者其他大城市打工，退可以返回老家继续原来的生计，毕竟集镇离他们的老家距离不远。而且集镇安置并没有影响他们享受易地扶贫搬迁移民在县城安置的优惠。而县城安置，如果移民在县城没有合适的生计来源，他们退回老家比较困难，因为距离太远成本高。要么就只有靠低保生存，要么也是外出大城市打工。既然县城安置和集镇安置包括小城镇安置各有特点，那么就可以根据各地的实际情况因地制宜地制定移民安置方案，科学论证不同城镇的安置能力，[①] 不必“一刀切”。特别是对于易地扶贫搬迁移民在原住地的土地和房屋的处理问题，需要慎重考虑。[②]

① 黄海燕、王永平：《城镇安置生态移民可持续发展能力评价研究——基于贵州生态移民家庭的调研》，《农业现代化研究》2018 年第 4 期。

② 实际上已经有研究发现，有些地方的城市安置模式已经暴露出了新的问题。见侯东民等：《西部生态移民跟踪调查——兼对西部扶贫战略的再思考》，《人口与经济》2014 年第 3 期。

第四节　政策建议

移民的社会适应问题始终是易地扶贫搬迁工程比较核心的问题之一。本部分尝试依据课题组的调研发现提出促进移民社会适应的政策建议。

一、综合考虑区域环境和移民自身条件，完善移民搬迁方式

易地扶贫搬迁工程是一项复杂的系统工程，具有较大风险。移民在搬迁过程中可能会因损失人力资本和社会资本而在新居住地遭遇生计风险与社会关系疏离等问题，政府在付出巨大成本的同时也可能面临社会稳定等方面的风险。因此，需要谨慎确定移民对象和选择适当的安置方式，从源头上解决移民社会适应问题。

（一）根据实际情况确定扶贫移民对象

1. 要坚持移民搬迁的自愿原则

移民作为理性行动者需要为自己的行为进行理性计算并负起最终责任，实践中移民搬迁不完全是他们自己理性选择的结果，在优惠政策诱导下，随大流选择搬迁的情况较为普遍。因此，政府部门在移民搬迁过程中，必须坚持自愿原则，不能为了完成搬迁任务而过度劝导贫困村民而使其违背真实意愿搬迁。

2. 要区分环境恶劣程度选择移民对象

2015 年国家发展改革委等五部门联合发布《“十三五”时期易地扶贫搬迁工作方案》提出“将居住在深山、石山、高寒、荒漠化、地方病多发等生存环境差，不具备发展条件，以及生态环境脆弱、限制或禁止开发区的农村建档立卡贫困人口作为扶贫移民的主要对象”。因此，从移民原住地环境来

看，大体可分为原住地环境恶劣资源匮乏、地方病多发区域、限制或禁止开发区域等三种情况。在此之前移民政策也有关于易地扶贫搬迁范围的类似规定。但在实践中，环境恶劣实际上有程度差异，有必要根据环境恶劣程度的轻重安排移民搬迁的时间顺序。先搬迁环境最恶劣的区域的居民，然后安排环境恶劣程度稍轻区域的居民搬迁。环境被严重破坏或者气候变化使环境变得恶劣的地区，需要采取优先搬迁和整体搬迁方式，环境并没有重大恶化，只是环境产出跟不上生活水平提高的需要，相比前者环境恶劣程度较低的区域则可以采取部分搬迁和稍后搬迁。

除以上情形之外，据课题组调查，在实践中原住地地理位置偏远交通不便和地质灾害频发等两类区域的居民占了整个移民的较大比例。地理位置偏远区域生态环境不一定很差。但由于交通不便，村寨的教育、医疗等社区服务供给受到制约，就地扶贫需要修路和发展村寨社区服务事业，成本高昂，政府对这部分区域的居民以搬迁的方式代替修路等投入。调查中有一些村寨山清水秀土地肥沃，但是距离乡、镇的政府所在地较远，道路不畅，政府以部分搬迁的方式启动移民搬迁，居民搬迁的意愿较低，移民搬迁并没有受到欢迎。对于这类居民需要谨慎移民，最好是通过交通等方面的公共服务改善帮助居民发展。其中一部分居民居住高度分散，交通改善和其他社区服务的供给存在困难，最好通过集中建房的方式安排。这一方面以较低成本解决居民社区服务供给的问题，另一方面方便居民从事农业生产。自然灾害频发区域，搬迁是规避风险选择，但实践当中，一些区域自然灾害并不十分严重，基层政府也以该区域具有地质灾害隐患为由对居民进行移民搬迁，导致区域当中较富裕的居民在政府优惠政策的引导下移民搬迁，加速了村落的衰败。这种情况的出现在于易地扶贫搬迁优惠政策的诱惑，但更为重要的原因是地质灾害的认定在实践中缺乏客观标准或者没能严格执行标准。实践当中，地质灾害分为潜在的和已经发生的两类，后者还容易鉴别，前者则难以明辨，这为扩大地质灾害区域的范围留下了空间。

（二）要充分考虑老龄人口的搬迁意愿

不同年龄移民群体的社会适应状况存在显著差异，尤其在就业方面呈现显著差异。特别是老龄人口的适应能力比较弱，而且故土难离情绪重。调查中有些老人在城里住不习惯，还担心将来逝世后不能安葬在老家。因此，对于环境恶劣程度较低的区域选择部分搬迁的方式，同时在搬迁过程中需要根据居民的适应能力安排搬迁顺序和选择搬迁方式。比如首先搬迁有较强社会适应能力的中青年移民家庭而后搬迁中老年移民家庭。这种搬迁方式中，把适应能力较强的居民迁移出去，暂时不适宜搬迁的居民留下来，并通过适当的机制使这部分居民改善生产生活条件。最后从长期着眼，年轻人迁出，部分老年人留守，在人口的自然新陈代谢中，最终实现居民的整体迁出。

（三）要明确移民搬迁目的

当前移民实践中有扩大移民范围的趋势，原因在于易地扶贫搬迁工程被地方政府赋予了多种目标，比如，降低农村基本公共服务成本、加快城镇化等目标。可完成多种目标成为地方政府扩大移民范围的强劲动力①。盲目混同多种目标，容易带来不良后果。一方面并没有减少政府公共服务供给的责任，反而加重政府的负担，移民搬迁之后在新居住地面临的生活风险也成为政府沉重的工作压力。另一方面也削弱了对真正需要移民搬迁居民的扶持力度。从这个角度来说，必须充分考虑搬迁目的，即搬迁是为了让贫困户过得更好，而不是为了完成搬迁任务。

---

① 陆汉文、覃志敏：《我国扶贫移民政策的演变与发展趋势》，《贵州社会科学》2015 年第 5 期。

（四）区分区域环境特点和扶贫移民自身条件选择恰当的安置方式

安置方式的选择需要根据相应的区域环境来定。比如，农用土地较宽裕的区域可以选择有土安置，而土地稀缺的区域则需要选择城镇化的无土安置方式。随着土地资源的日益稀缺，城镇化的无土安置方式已成为当前主要的安置方式。城镇化安置方式需要考虑搬迁距离、安置点的城镇化程度、是否有工业园区等方面的问题。适当的安置方式可以减少移民在新居住地的社会适应困难，减少移民搬迁的代价。

调查表明，搬迁距离越远，移民的社会适应状况越差。原因在于许多移民在搬迁后大多仍然在原住地兼职农业生产，而搬迁距离越远，从事农业生产的便利性越差，移民农业生产收入降低的越多。同时搬迁距离越远，社会交往方面受到的影响也越大，原有的社会支持减弱的越多。因此，从这个角度来说，在易地扶贫搬迁过程中需要就近搬迁。但是否搬迁距离越近越好，需要综合更多因素来考虑，比如搬迁距离越近，可能在发展环境上改变越小，但非农机会的增加也越有限，长期来看并不利。另外，从个体来说，年轻移民更能适应较远距离搬迁，年纪大的移民搬迁距离越远越不利，因为年轻移民从事非农职业的能力与机会更多，搬迁过程中人力资本的损失更小。

调查发现，安置点城镇化程度越高，移民的社会适应状况越差。安置点城镇化程度越高，移民与原居地生活方式的差异越大，日常生活适应和社会交往适应就越难，城镇化程度越高的安置点其日常生活开支也越大。从这个角度来看，在选择移民安置点时需要选择城镇化程度更低的地方。但是城镇化程度越低的安置点非农就业越少，城镇发展空间越小。相反，城镇化程度越高的安置点非农就业机会越多，即使当前非农就业机会少，但由于其发展空间更大，未来的就业机会增加的可能性会大一些。因此，在选择城镇安置点时，也需要综合各种因素来权衡。首先，需要关注安置点能给移民带来多少就业机会，城镇增加的非农就业是否可以抵消农业就业机会的减少，以及经济层面的利好是否足以抵消社会关系等层面带来的损失。另外，从个体特征来看，非农职业技能更强的移民更适宜安置在城镇化程度更高的安置点，而主要以农业生产为职业的移民则适宜安置在城镇化程度低的安置点，因为在那里他们能比较容易找到农业生产的机会。

许多区域易地扶贫搬迁选择工业园区安置方式。工业园区安置具有明显的优势，一方面直接为移民提供了就业岗位，促进其经济适应；另一方面直接为企业提供稳定的人力资源，因此可以实现双赢发展。但是在课题调研中发现，工业园区安置的扶贫移民并没有比其他方式安置的扶贫移民社会适应状况更好，其原因在于欠发达地区的诸多工业园区并没有得到良好发展。一些工业园区还在初创阶段，进驻的企业数量有限，同时现有的企业运营困难，移民在其中或者工资太低或者就业不稳定。而且，这些工业园区普遍地理位置偏僻，远离城镇中心区，公共服务状况不佳，阻碍了移民社会关系等层面的社会适应。因此，工业园区安置方式要能达到预期目标需要工业园区运作良好，能够为移民提供稳定和质量较高的工作岗位，同时也需要工业园区改善交通等公共服务状况。

除此之外，还有旅游景区安置方式。旅游景区安置可以为移民提供从事旅游业的就业机会，通过分享旅游收益实现脱贫致富。但是这种安置方式中，需要建立移民参与旅游业发展的利益分享机制，否则移民可能一方面不能分享其中经济利益，另一方面遭遇当地人的交往排斥，而产生社会适应困难。

二、保障移民合法权益，促进移民社区融入

保障移民合法权益是促进移民社会适应的基础。郑瑞强、施国庆认为，“只有切实保障扶贫移民所享有的政治权益、经济权益、发展权益与和谐权

益，才能维护社会的公平公正，提高移民脱贫致富的能力”[①]。课题组调查发现以下两方面的基本权益保障对移民提升发展能力和融入新社区具有重要价值。

（一）保障移民原有土地权益

调研中发现移民的原有土地处置主要有四种情形：一是原有土地与宅基地的权属与形态没有变化；二是土地流转，移民仍然拥有承包经营权；三是退耕还林；四是土地流转或者被征用，移民不再拥有承包经营权。在第一种与第二种情形中，扶贫移民拥有完整的承包经营权，但是在调研中发现，许多城镇安置的扶贫移民深感焦虑，因为政府并没有一个明确的规定，担心将会失去土地承包经营权。第三种情形中移民可能拥有收益权（能够领取退耕还林款），但是土地承包经营权不完整了。第四种情形中移民已经失去土地承包经营权了。据了解，2016 年以后的易地扶贫搬迁中政府一方面提高了补助标准，但另一方面则强调对移民原有房屋的拆除以及宅基地的退耕还林。

移民搬迁是政府实施的一项民生工程，给予移民帮扶措施是政府的责任，不是一种市场交易行为，因此不需要移民付出对等代价。同时，移民虽然搬离原有村庄，就如农民工离开村庄去城市工作生活一样，应仍然具有原住村集体成员资格。实际上，当前农民的村集体成员资格已经固化，即使其户籍制度改变了，其土地承包经营权仍然不能改变，这与中央提出的农村土地承包关系“长久不变”的精神也是一致的[②]。因此，移民的土地承包经营权和宅基地使用权是其作为原来村集体成员所拥有的法律赋予的物权，不能因移民搬迁而改变。

① 郑瑞强、施国庆：《扶贫移民权益保障与政府责任》，《重庆大学学报（社会科学版）》2011 年第 5 期。

② 孙宪忠：《推进农地三权分置经营模式的立法研究》，《中国社会科学》2016 年第 7 期。

保障移民对原有土地的合法权益非常重要，原有土地的权益是移民拥有的一份重要资产。调研中发现许多移民在安置点做一份工作，同时也返回原住地耕作自己的土地，增加一份收入。也有移民把自己原有土地流转收取租金或者入股合作社获取红利。这一份资产也具有重要的社会价值[①]，它为移民提供一份生存保障，也使移民搬迁到城镇安置点以后，在面临较大生存压力的情况下，觉得有退路，获得一种心理上的保障。

因此，保障移民对原有土地的合法权益需要明确移民的土地承包经营权和宅基地使用权不变，需要切实保障移民对享有的土地权益实质处置权。比如非强制性推行耕地与宅基地的退耕还林，确有必要应该赋予足额补偿。允许移民在所拥有的土地权益范围内自由处置：自己耕管、土地流转收取租金或者以土地入股分享红利等。

（二）保障移民在安置点的政治参与权和平等享有公共服务的权利

保障政治参与权有利于移民利益表达、协调社会关系与融入所在社区。移民的政治参与权包括政治选举权、社区重要事项的参与决策权、监督权、申述权等内容。移民通过政治参与表达利益诉求、对关系自身利益的决策施加影响、合法权益受损时得到有效救济等。因此，政治参与权是一种基础性权利，是维护自身利益的基础。通过政治参与，移民也有机会与安置点当地人等其他群体进行沟通，取得理解与支持，有助于协调各类社会关系；通过政治参与，有助于移民从心理层面融入所在社区，获得社区归属感。第七章关于社区治理的研究表明，西南民族地区易地扶贫搬迁移民参加社区或村委会选举、重要决策讨论的比例都非常低。当前移民的政治参与严重不足。要保障移民的政治参与权，需要政府在加强移民社区管理过程中从制度、组织、文化等层面着手建立移民政治参与的有效渠道与机制。

---

① 陈成文等：《农村土地流转：一个阶层分析的视角》，人民出版社 2012 年版，第 92—93 页。

保障平等享有公共服务权利是促进移民能力成长，更好适应新环境的基础。移民获取就医、子女上学、交通、社会保障等方面的便捷服务既是易地扶贫搬迁的重要动力，也是移民能力成长的前提。易地扶贫搬迁普遍性改善了移民在就医、子女上学等公共服务方面的条件，这是许多移民对移民政策表示满意的主要原因。但是在移民社区环境卫生维护、矛盾纠纷处理、社会治安维护、社会保障办理等方面的公共服务则严重不足，引起了许多移民的不满，也严重阻滞了移民社区社会资本的形成，并妨碍移民从心理、社会关系等层面的社区融入。因此，必须通过完善移民社区日常管理机构与制度，加强日常管理与服务来改善公共服务状况，包括通过完善制度做好原住地与安置点社会保障制度的衔接，增加社保办理的便捷性。

三、加强住房支持和就业服务保障，完善移民帮扶措施

（一）提供差异化住房支持，满足扶贫移民基础性需要

课题组调研中发现，政府对移民的支持包括免费提供住房、以低于成本价出售住房给移民、宅基地低价出售给移民自己修建住房三种方式。住房方面的支持大大改善了移民的住房条件，促进了移民的社会适应，这是移民工程取得成效的一个重要经验。但是住房支持政策仍然存在一些问题，政府免费提供的住房面积较小，人口较多家庭住房拥挤现象严重；部分自建住房的移民建房面积过大，超过了自己经济承担能力，负债很重。

因此，需要实施差异化住房支持政策，应以满足基本需要为原则：在统一提供住房的形式中，人口多的家庭提供更大面积的房子或者增加补贴；对于统规自建类型，政府应帮助移民控制房屋面积，比如超过一定面积的自建房政府减少补贴或者取消支持。另外，差异化政策还体现在对不同经济条件的移民实施不同的住房支持政策。对于来自环境恶劣程度更深区域的移民完全免费提供住房，这类移民一般是整体搬迁的，移民自身难以负担住房所

需资金。对于家庭经济条件较好的移民，政府提供有限帮助，主要由移民自己解决住房问题。这部分移民一般有一定的积累与经济能力，主要由他们自己解决住房问题，这不仅可以减轻政府负担，同时还能将政府资源集中发放给贫困移民。

（二）完善就业服务，提升移民就业能力

课题数据显示，没有接受过就业服务的移民占 86.6%，接受过就业服务的移民只占 13.4%。调查结果也表明就业服务对移民社会适应的影响并不明显，这说明当前移民的就业服务既缺乏普遍性，也缺乏有效性。移民就业问题的解决根本上需要通过就业服务提升移民就业能力来实现。一方面，市场经济条件下政府难以直接解决移民的就业岗位问题；另一方面，即使能给移民直接提供就业岗位，也需要移民有足够的能力适应工作岗位。因此，提高移民就业能力是促进移民社会适应的治本之策。可通过以下两个主要途径提升移民的就业能力。

一是从供给侧改革着手完善移民职业培训。当前移民职业培训存在随意性，缺乏普遍性，原因在于没有建立起完备的培训制度，包括培训经费供给制度、培训组织的协调制度、培训绩效评估制度等，需要通过完善制度供给促进移民培训的常态化。以制度化平台缩小供应与需求之间的鸿沟，使职业培训能够对移民的培训需求以及市场就业需求做出及时反应。调研发现，一些适合灵活就业的职业技能培训受到了移民的欢迎，比如家政服务的培训项目：保姆培训、厨艺培训和建筑业的例如砌砖技术、外墙清洗技能、室内装修等技能培训。这些培训内容切合市场需要，门槛较低，移民容易掌握，能直接解决就业问题。除此之外，还有针对文化程度较高的年轻移民的技术培训，以及针对愿意从事农业生产的农业技术技能培训等也受到了移民的欢迎。移民掌握这些技术以后可以在原住地承包流转的土地，也可以在新居住地附近承包土地进行生产。在移民职业培训的形式上也需要不断创新，既可

以请专家讲课，也可以在工厂或者相关生产基地实训，还可以利用职业院校的资源学习与训练，灵活多样的培训形式能切实提高职业培训的效果。

二是改善就业环境。当前在改善移民就业环境方面需要做好以下几个方面：首先，建立移民与用人单位的联系制度，为移民提供就业信息服务，使移民了解用人单位的情况以及岗位需求的信息。比如分别建立本地企业岗位需求与移民人力资本状况的信息库，以及组织移民去参观本地企业，了解企业的工作环境，建立移民与企业的联系[①]。其次，为移民提供就业、创业政策优惠，包括为雇用移民的企业提供适当补贴，鼓励企业聘用移民以及为移民创业提供政策优惠。最后，建立移民从本地经济发展中受益的机制。移民的就业依赖当地经济的发展，有了本地经济的繁荣，才能为移民营造良好的就业环境。

实际上，后续帮扶措施还不仅仅在提升移民的就业能力方面，而是要根据移民搬迁后生产生活各方面的相关需求来制定相关帮扶政策，采取相应的帮扶措施。调研发现早期（2000 年以前）安置点的移民社会适应整体偏差，少量移民陷入社会适应困境，但新阶段（2010 年以来）的易地扶贫搬迁移民社会适应的状况相对较好。这种差异有移民个体特征的原因，也有安置点环境的原因。不同阶段不同地域的易地扶贫搬迁移民呈现出的社会适应差异很大程度上与不同阶段、不同地域的移民政策及其实施方式不同有关。对早期的易地扶贫搬迁移民，地方政府大多是一搬了之，缺乏应有的后续服务措施。从而导致部分移民出现各个层面的社会适应困难，一些安置点的移民还出现了新的贫困问题。例如四川省凉山州彝族易地扶贫搬迁移民，曾被外界称为是“一步跨千年”。他们搬迁前长期生活在资源非常匮乏、自然环境非常恶劣的山区里，土地贫瘠不通公路，教育、医疗条件都非常差。政府帮助

① 李培林、王晓毅：《生态移民与发展转型——宁夏扶贫移民与扶贫研究》，社会科学文献出版社 2013 年版，第 301 页。

他们从深山里搬出来，集中安置在一个村寨里，并且给他们分了土地。但是，由于缺乏后期帮扶措施，这个移民村落基本上又成了一个相对贫困的村落：横跨村寨的一条马路坑洼太多，几乎不能通车。村民的主食仍然是土豆，青壮年基本都外出，只有老人、妇女和孩子留守在家。从村民的穿着、饮食以及房屋和屋内的摆设都可以看出，村里的移民经济条件比较困难。据移民反映，由于该村与周边本地人村落有一定距离，虽然同属一个行政村，但村中事务基本无人过问。新阶段的易地扶贫搬迁移民的社会适应总体相对较好，原因在于移民政策相对完善，尤其是很多地方政府对移民的后续发展已经有了一定程度的重视，也采取了一些切实可行的措施。当然，如同前文所分析的，新阶段的移民政策依然存在不足。例如现有的就业帮扶措施（如就业培训）的针对性不强，缺乏有效性；当前移民社区服务严重滞后，未能满足移民的特殊需求等。而这正是需要政府重视和完善的。

四、引入社会工作，以专业化服务提升移民社会适应能力

调研表明，较大比例移民存在社会适应困难，部分少数民族移民存在比较严重的生计困难、社会关系疏离、社区认同缺乏等社会适应障碍。因此，加强对移民的帮扶非常必要。要很好地解决移民社会适应问题，光靠政府是不够的，还需要社会力量的广泛参与。引入专业社会工作，以专业社会工作的理念与方法为移民提供更具个性化的服务，可以从更深层次解决移民社会适应问题。

（一）社会工作从个体层面干预对移民进行增能

对移民进行增能包括提升自我效能感与职业能力两个方面。一方面，社会工作服务通过解构与优势发现提升移民的自我效能感。部分移民内心会有一种无力感，不相信可以依靠自己的力量改变，潜意识里依赖政府帮扶或者安于现状。社会工作针对这部分移民的个案工作可以从解构“贫困”开始，

通过外化贫困原因帮助移民树立走出困境战胜贫困的信心。社会工作也可以从优势视角出发，协助移民发现自身的资产与能力。“优势”无处不在，社会工作可以与移民一道从移民自身、从社区环境中发现“优势”，让移民了解自己的资产与能力所在，激发自己掌控生活的勇气与信心。社会工作者也可以协助移民从“优势”出发寻找发展机会，找到适合的生计之道。

另一方面，社会工作服务通过能力建设与资源链接提升移民的职业能力。针对移民职业能力与技能的欠缺，社会工作者在充分了解移民需求以及企业用工需求的基础上，可以通过链接相关资源，如用工企业、培训机构以及爱心人士等，对移民进行常态化个性化的培训。同时，社会工作者作为资源链接者，可以挖掘有助于移民职业能力成长的各种资源，协调政府、企业、社会组织等各方行动，共同推动移民职业能力成长。在移民的职业培训中社会工作者可以通过研究与行动解决职业技能培训的供需矛盾，协调政府、培训机构与移民行为。社会工作者也可以与移民一起分析移民的“优势所在”，从移民自己理解的发展出路中发现技能培训的需求，并帮助政府了解移民的需求，以提升政府就业帮扶的针对性与有效性。另外，获取信息的能力也是移民职业能力的重要组成部分，来自企业与政府的信息对于扶贫移民有重要意义。移民缺乏与本地企业以及政府部门的联系，因此难以获取相应信息和得到相关支持。现代社会信息是重要资源，农民的贫困主要在于无法掌握市场信息而不能根据市场信息组织生产[①]。对于移民来说，缺乏信息来源也是其发展的主要障碍之一。得不到企业的用工信息，移民难以找到适当的工作岗位；不了解政府的相关信息，自身权益难以维护，也难以得到政府的相关支持。加强与人力资源与社会保障等部门的联系则能掌握更多市场信息，从而增加就业机会。社会工作可以通过组织移民参观本地

① 钱宁：《农村发展中的新贫困与社区能力建设：社会工作的视角》，《思想战线》2007年第1期。

企业等方式搭建移民与本地企业的联系平台，使移民了解企业，增加在企业工作的机会，也使用人企业减少招聘成本。因此，社会工作者可以通过构建平台或沟通机制等方式，增强移民的获取信息能力，以更好地促进移民职业能力的提升。

（二）社会工作从关系建设层面干预以提升社会支持

社会工作服务协调移民家庭成员之间的关系，增强移民家庭功能，提高其在安置点的适应能力。移民搬迁使部分移民因为需要面对一些额外困难，导致家庭矛盾增加；一些家庭由于搬迁导致家庭结构改变，家庭功能实现存在障碍；部分移民在搬迁中年轻人搬出来，老人留在原住地，使家庭成员离散居住；另一些移民家庭父母外出打工，子女留在社区，成为留守儿童。社会工作可以帮助提高移民的沟通技能，鼓励和引导移民家庭成员之间的相互交流，促进彼此理解，加强相互支持。

社会工作服务促进移民社区组织建设，提升移民社区社会资本。移民社区缺乏传统，移民之间也缺乏联系，需要社会工作的外力推动形成良好的社区文化，促进移民社区居民之间的相互联系与支持。社会工作可以协助组织集体活动，加强移民社区内居民之间的联系，促进彼此的了解与信任，激发移民对公共事务的参与热情与行动能力。特别是社会工作者作为资源链接者，通过挖掘资源推动成立各类组织，促进移民的自我管理和自我服务。

社会工作服务能够促进移民与当地人之间的关系和谐。社会工作者可以通过举办移民与当地人共同参与的活动，加强彼此的沟通与理解。移民与当地人有更多的接触，利于消除彼此成见，加深彼此认同。

社会工作服务能够加深移民与政府之间的沟通，减轻移民对政府的非理性依赖，从而促进双方的关系和谐。如前文所述，由于扶贫搬迁是政府全程主导的一项政策性工程，在整个过程中，移民对政府的依赖心理比较严重，这也容易导致移民过程中的问题、不满、矛盾等聚集指向政府。社会工作服务在纠正移民非理性认知的基础上，通过建立民主、科学的沟通平台以及多样化的移民利益诉求渠道等方式，增进移民与政府管理部门之间的良性沟通，从而促进两者之间的关系和谐。

（三）社会工作从社区层面干预以提升社区治理水平

社区治理与移民的社会适应息息相关，良好的社区治理能够促进移民的社会适应。社会工作可以从留守群体服务、社区教育、社区公共空间营造以及社区文化营造等方面进行干预，以提升社区治理水平。

易地扶贫搬迁移民社区的留守群体服务问题比较突出。针对留守儿童群体，社会工作者可以开展学习辅导、人际沟通技能训练、绘画手工、社会支持网络构建等多方面的服务以促进留守儿童身心健康；也可以针对留守儿童进行能力建设，提升其抗逆力，增强战胜困难的能力与信心，促进其更好地成长。针对留守老人群体，社会工作者可以培育互助组织与志愿者组织对老人进行帮助，增强留守老人的社会支持网络。针对留守妇女可以开展亲子沟通、亲子教育、职业技能培训、互助小组等方面的服务，一方面可以增强该群体的职业能力，另一方面也可以拓展其社会支持网络，增强抵御风险与战胜困难的能力。

社区教育是社区工作的常规内容，易地扶贫搬迁移民社区面临“治理现代化”与“移民市民化”的双重需求，社区教育的空间更大。社会工作者可以根据移民社区的公共需求而有针对性地开展社区教育，如公民教育、移民政策教育以及面对任何群体的发展性教育等，以更好地促进移民的“市民化”转变，提升搬迁社区的整体文化素质，增强移民的社会适应水平。

社区公共空间严重不足是易地扶贫搬迁移民社区面临的又一个公共问题，会影响移民的社区参与，不利于社区凝聚力的形成。社会工作者可以通过与社区进行沟通协商，向政府、社会链接资源等方式，对社区公共场所在空间上、文化上进行营造，从而为移民之间的事务协商与精神沟通提供便利。

如前文所述，易地扶贫搬迁移民中少数民族的比例非常高，化解文化冲突、保护民族文化都是移民社区要面对的常规任务，同时也是社区文化建设的良好素材，社会工作者可以将民族文化活动作为切入点，通过专业方法与技巧，促进搬迁社区不同民族文化之间的融合、尊重与和谐。

社会工作从以上几个方面开展社区服务，在解决社区问题的同时也增进了社区整体福利，从而提升移民社区的治理水平，促进移民社区的良性长远发展。

（四）社会工作从外部环境层面干预以消除社会排斥和营造友善政策环境

社会工作服务帮助建构消除社会排斥的社区文化。现有社区可能存在某种对移民的偏见与污名化，社会工作通过重构人们对移民贫困的认知和澄清政府对移民帮扶性质的认识等方式来纠偏对移民污名化的文化。比如，把移民的贫困建构为恶劣环境和政府公共服务供给不足的结果（一定程度上政府在交通、医疗、教育等方面的公共服务供给不足是偏远区域扶贫移民贫困的重要原因），把政府的帮扶看作是在履行一种政府责任。实际上，当前移民从政府得到的帮助，是扶贫移民经济人权所包含的一种权利[①]。社会工作通过重构认知和活动组织建构对移民友善的社区文化。

社会工作也可以通过政策倡导营造移民友善的政策环境。移民作为一个特殊的弱势群体，需要一个良好的政策环境来保障其合法权益。社会工作可以进行多方面的政策倡导，一是通过调查研究推动移民政策的完善，通过调查分析移民政策本身与执行过程中的不足，推动移民政策走向公正与效率兼

---

① ［美］Dennis Saleebey：《优势视角：社会工作实践新模式》，杜立婕、袁园译，华东师范大学出版社2015年版，第340—343页。

备；二是推动政府在资源投入和岗位设立等方面的政策规划，促进移民社会工作的开展；三是推动产业政策的公正，帮助解决产业发展对一部分人有利而对另一部分人不利的问题，促进产业发展共建共享。

社会工作从个体、关系、社区、外部环境四个层面为移民增权，将有力促进移民的能力成长。移民的社会适应问题是一个综合性问题，一项服务可能既涉及移民的个体层面，也可能涉及关系层面以及外部环境改善层面，需要综合运用社会工作方法各层面、全方位进行整合性服务。

第五节　未来研究展望

《西南民族地区易地扶贫搬迁移民的社会适应研究》课题研究历时5年，对西南民族地区贵州、云南、四川、重庆等四省（市）易地扶贫搬迁移民社会适应进行了深入调查研究，形成一些成果，但仍有许多不足和缺憾，有待未来的研究丰富完善和拓展延伸。

一、加强质性研究和长期田野观察

移民社会适应是一个较长的过程，环境不断变化，政策也不断调整，本课题主要采用定量研究方式，所用数据主要是基于2015年和2016年的调研数据，而且访谈个案不多。虽然课题组曾于2018年末2019年初做过部分补充调研，但范围比较窄，不能反映后来几年的变化情况。未来研究可通过较长时段的田野观察和深度访谈，跟踪了解移民社会适应的动态过程，深入探索移民搬迁以后不同时期的社会适应问题。

二、重视易地扶贫搬迁移民社区治理研究

易地扶贫搬迁社区具有特殊性，未来可以从政策型社区政府与社会的关系、社区社会组织成长、社区文化建设、移民能力建设等方面加强研究，

为易地扶贫搬迁工作和移民社区治理提供对策建议，丰富新时代社区治理理论。

三、拓展对不同类型移民社会适应的比较研究

本课题从总体层面上和各个维度包括经济、文化、交往和心理角度分别研究了移民的社会适应状况及影响因素，但是对不同类型移民比如妇女、老人等群体的专门研究或比较研究可以深化对移民社会适应的理解。特别是移民的迁移与安置对当地人可能在不同层面产生影响，从当地人角度如何看待易地搬迁以及移民与当地人的互动等方面的研究具有重要价值，这是理解易地扶贫搬迁以及移民社会适应的一个重要角度。

四、拓展移民社会适应与社会工作研究

促进移民社会适应是社会工作的应有之义和历史使命，如何通过社会工作服务促进移民社会适应具有重要研究价值，未来研究可以从社会工作如何促进移民经济适应、心理适应、社会交往适应、文化适应等方面进行深入探索。

参考文献

［美］詹姆斯·C. 斯科特:《国家的视角：那些试图改善人类状况的项目是如何失败的》，王晓毅译，社会科学文献出版社 2004 年版。

［美］迈克尔·M. 塞尼:《移民与发展：世界银行移民政策与经验研究》，水库移民经济研究中心编译，河海大学出版社 1996 年版。

［德］克劳斯·奥菲:《福利国家的矛盾》，郭忠华译，吉林人民出版社 2006 年版。

［美］迈克尔·谢若登:《资产与困难群体：一项新的美国福利政策》，商务印书馆 2005 年版。

［英］吉登斯:《第三条道路——社会民主主义的复兴》，郑戈译，北京大学出版社 2000 年版。

［英］阿玛蒂亚·森:《以自由看待发展》，任姬、于真译，中国人民大学出版社 2002 年版。

［美］珍妮特·V. 登哈特，罗伯特·登哈特:《新公共服务：服务而不是掌舵》，中国人民大学出版社 2010 年版。

［美］Dennis Saleebey :《优势视角：社会工作实践新模式》，杜立婕、袁园译，华东师范大学出版社 2015 年版。

李强等:《城镇化与国内移民：理论与研究议题》，社会科学文献出版社 2015

年版。

朱国宏:《中国的海外移民》，复旦大学出版社 1994 年版。

俞路:《新时期中国移民分布研究》，三联书店 2008 年版。

梁茂信:《现代欧美移民与民族多元化研究》，商务印书馆 2011 年版。

戴楠:《母语传播视角下的欧洲华文传媒研究》，上海社会科学院出版社 2014 年版。

韩秀记:《社区社会工作案例评析》，中国社会出版社 2017 年版。

章立明:《个人、社会与转变：社会文化人类学视野》，知识产权出版社 2016 年版。

周敏:《唐人街：深居社会经济潜质的华人小区》，鲍谒斌译，商务印书馆 1995 年版。

李廷宪:《社会适应论》，安徽人民出版社 1999 年版。

李培林、王晓毅:《生态移民与发展转型——宁夏移民与扶贫研究》，社会科学文献出版社 2013 年版。

谢元媛:《生态移民政策与地方政府实践：以敖鲁古雅鄂温克生态移民为例》，北京大学出版社 2010 年版。

新吉乐图:《中国环境政策报告——生态移民：来自中、日两国学者对中国生态环境的考察》，内蒙古大学出版社 2005 年版。

王永平等:《生态移民与少数民族传统生产生活方式的转型研究——基于贵州世居少数民族生态移民的调研》，科学出版社 2014 年版。

李伯宁、殷之辂:《库区移民安置》，水利水电出版社 1992 年版。

马伟华:《生态移民与文化调适：西北回族地区吊庄移民的社会文化适应研究》，民族出版社 2011 年版。

黄承伟:《中国农村扶贫自愿移民搬迁的理论与实践》，中国财经经济出版社 2004 年版。

林志斌:《谁搬迁了？——自愿性移民扶贫项目的社会、经济和政策分析》，社会科学文献出版社 2006 年版。

阎蓓：《新时期中国人口迁移》，湖南教育出版社 1999 年版。

朱农：《三峡工程移民与库区发展研究》，武汉大学出版社 1996 年版。

李培林：《农民工——中国进城农民工的经济社会分析》，科学文献出版社 2004 年版。

张文彤：《SPSS 统计分析高级教程》，高等教育出版社 2004 年版。

郑杭生：《中国人民大学中国社会发展研究报告（2002）：弱势群体与社会支持》，中国人民大学出版社 2003 年版。

王娟：《民俗学概论》，北京大学出版社 2002 年版。

郑杭生：《社会学概论新修》，中国人民大学出版社 2014 年版。

周晓虹：《现代社会心理学多维视野中的社会行为研究》，上海人民出版社 1997 年版。

托夫勒：《第四次浪潮》，华龄出版社 1996 年版。

周晓虹：《传统与变迁——江浙农民的社会心理及其近代以来的嬗变》，三联书店 1998 年版。

张永理：《社区治理》，北京大学出版社 2014 年版。

费孝通：《费孝通文集（第 15 卷）》，群言出版社 2001 年版。

肖平：《水库移民研究与评价——以龙滩水电工程为例》，华中科技大学出版社 2011 年版。

佐斌：《迁移者的心灵——三峡库区移民的社会心理研究》，华中师范大学出版社 2002 年版。

曹荣湘：《走出囚徒困境：社会资本与制度分析》，上海三联书店 2003 年版。

陈成文：《农村土地流转：一个阶层分析的视角》，人民出版社 2012 年版。

Goldscheiider, G.Urban Migrants in Developing Nations，*West View Press*，1983.

Cowles, Henry Chandler. The Ecological Relations of the Vegetation on the Sanddunes of Lake Michigan，*Montana USA:Kessinger Publishing*，1899.

El–Hinnawi, E. Environment Refugees，*Nairobi: United Nations Environment Programmer*，1985.

Marybelle Mitchell. From Talking Chiefs to a Native Corporate Elite:The Birth of Class and Nationalism among Canada Inuit, Montreal，*McGill-QueensUniversity Press*，1996.

Charles, E. Farhadian. Christianity, Islam,and Nationalism in Indonesia，*Singapore: Taylor and Francis*，2005.

［美］阿里夫·德里克：《发展主义：一种批判》，《马克思主义与现实》2014 年第 2 期。

华金·阿郎戈：《移民研究的评析》，《国际社会科学杂志（中文版）》2001 年第 3 期。

王学恭、白洁：《西北地区退牧还草工程存在的问题与对策》，《内蒙古财经学院学报》2006 年第 4 期。

徐红罡：《生态移民政策对缓解草原生态压力的有效性分析》，《国土与自然资源研究》2001 年第 4 期。

刘保德等：《生态移民扶贫政策机制的探讨》，《现代农业》2005 年第 12 期。

李笑春等：《对生态移民的理性思考——以浑善达克沙地为例》，《内蒙古大学学报》2007 年第 6 期。

彭雪芳：《美国苗族的社会适应与文化传承》，《世界民族》2017 年第 2 期。

解彩霞：《三江源生态移民社会适应与回迁愿望分析》，《攀登》2010 年第 6 期。

刘庆、陈世海：《移居老年人社会适应的结构、现状与影响因素》，《南方人口》2015 年第 6 期。

赵丽丽：《城市女性婚姻移民的社会适应及其影响研究——对上海市“外来媳妇”的调查》，《上海财经大学学报（哲学社会科学版）》2008 年第 3 期。

朱力：《论农民工阶层的城市适应》，《江海学刊》2002 年第 6 期。

田凯：《关于农民工城市适应的调查与思考》，《人口学刊》1996 年第 4 期。

陈肖英：《民族聚集区经济与跨国移民社会适应的差异性——南非的中国新移

民研究》,《开放时代》2011 年第 5 期。

钟涨宝、杜云素:《移民研究述评》,《世界民族》2009 年第 1 期。

郝玉章、风笑天:《三峡外迁移民的社会适应性及其影响因素研究——对江苏 227 户移民的调查》,《市场与人口分析》2005 年第 6 期。

李培林、王晓毅:《移民、扶贫与生态文明建设——宁夏生态移民调研报告》,《宁夏社会科学》2013 年第 3 期。

敏俊卿、努尔古丽:《生态移民的社会文化适应研究——以塔什库尔干阿巴提镇为例》,《西北民族研究》2008 年第 8 期。

马宝龙:《困境与对策:三江源区藏族生态移民适应性研究——以果洛州扎陵湖乡移民为例》,《甘肃联合大学学报(社会科学版)》2007 年第 5 期。

董亮:《民族地区生态移民的文化教育与职业培训模式研究——以格尔木曲麻莱昆仑民族文化村为例》,《贵州民族研究》2014 年第 4 期。

石德生:《三江源生态移民的生活状况与社会适应——以格尔木长江源头生态移民为例》,《西藏研究》2008 年第 4 期。

付少平、赵晓峰:《精准扶贫视角下的移民生计空间再塑造研究》,《南京农业大学学报(社会科学版)》2015 年第 6 期。

束锡红等:《精准扶贫视域下宁夏生态移民生计方式变迁与多元发展》,《宁夏社会科学》2017 年第 5 期。

李聪等:《移民搬迁对农户生计策略的影响——基于陕南安康地区的调查》,《中国农村观察》2013 年第 6 期。

金梅、申云:《易地扶贫搬迁模式与农户生计资本变动——基于准实验的政策评估》,《广东财经大学学报》2017 年第 5 期。

王晓毅:《移民的流动性与贫困治理——宁夏生态移民的再认识》,《中国农业大学学报(社会科学版)》2017 年第 5 期。

刘伟等:《移民搬迁农户的贫困类型及影响因素分析——基于陕南安康的抽样调查》,《中南财经政法大学学报》2015 年第 6 期。

余吉玲:《民族地区生态移民中的文化变迁》,《黑龙江史志》2009 年第 12 期。

马伟华:《民族地区生态移民安置中的宗教问题及其相关对策》,《北方民族大学学报(哲学社会科学版)》2014 年第 3 期。

吴莎、吴晓秋:《扶贫生态移民文化变迁——基于对于榕江县古州镇丰乐移民新村调研》,《贵州社会科学》2013 年第 6 期。

鲁顺元:《三江源生态移民社会适应问题的调查与思考》,《青海师范大学学报(哲学社会科学版)》2009 年第 5 期。

索端智:《三江源生态移民的城镇化安置及其适应性研究》,《青海民族学院学报(社会科学版)》2009 年第 2 期。

祁进玉:《草原生态移民与文化适应——以黄河源头流域为个案》,《青海民族研究》2011 年第 1 期。

李箐怡等:《生态移民工作中的民族心理认同——以新疆塔里木河生态移民为例》,《新疆师范大学学报》2006 年第 9 期。

李杰等:《生态移民社会适应、社会支持与心理健康状况调查——以内蒙古阿拉善盟孪井滩为例》,《前沿》2011 年第 11 期。

赵宏利:《生态移民后续产业发展模式研究——以三江源国家级自然保护区为例》,《生态经济》2009 年第 7 期。

张丽君、王菲:《中国西部牧区生态移民后续发展对策探析》,《中央民族大学学报(哲学社会科学版)》2011 年第 4 期。

柳劲松:《武陵山片区生态移民培训服务链绩效的影响因素研究》,《中南民族大学学报(人文社会科学版)》2017 年第 1 期。

韦仁忠:《草原生态移民的文化变迁和文化调适研究——以三江源生态移民为例》,《西南民族大学学报(人文社会科学版)》2013 年第 4 期。

余艳:《努力破解生态移民的困境——陕南生态移民实证研究》,《人民论坛》2014 年第 7 期。

杨萍等:《三江源区生态移民适应问题研究》,《青海环境》2013 年第 2 期。

闫丽娟、张俊明：《少数民族生态移民异地搬迁后的心理适应问题研究——以宁夏中宁县太阳梁移民新村为例》，《中南民族大学学报（人文社会科学版）》2013年第9期。

桑才让：《对三江源生态移民文化适应性问题的调查与思考》，《攀登》2011年第6期。

王培辉等：《内蒙古牧区生态移民村居住模式适宜性分析》，《山西建筑》2008年第2期。

陆汉文、覃志敏：《新阶段的非农安置扶贫移民：规模估计和政策创新》，《浙江学刊》2017年第1期。

张瑜：《宁夏生态移民政策供给缺陷与原因分析》，《北方民族大学学报（哲学社会科学版）》2016年第5期。

王茂福、史铮：《制度迁移背景下的水库移民返迁——人口迁移动因的推拉理论的完善》，《华中科技大学学报（社会科学版）》2004年第3期。

刘程：《西方移民融合理论的发展轨迹与新动态》，《河海大学学报（哲学社会科学版）》2015年第3期。

周浩：《流动人口社会融合的测量及理论思考》，《人口研究》2012年第3期。

梁波、王海英：《国外移民社会融入研究综述》，《甘肃行政学院学报》2010年第2期。

张慧：《从同化到多元——基于国外融入理论的思考》，《理论界》2015年第2期。

韩家炳：《美国的人口移民潮与多元文化主义的兴起》，《科学社会主义》2014年第5期。

李明欢：《多元文化主义在欧洲的理想与困境——以西欧穆斯林移民社群为案例的分析》，《国外社会科学》2010年第6期。

陈肖英：《民族聚集区经济与跨国移民社会适应的差异性——南非的中国新移民研究》，《开放时代》2011年第5期。

田凯：《关于农民工的城市适应性的调查分析与思考》，《社会科学研究》1995

年第 5 期。

张文宏、雷开春:《城市新移民社会融合的结构、现状与影响因素分析》,《社会学研究》2008 年第 5 期。

刘宗华:《易地扶贫搬迁移民社会适应研究——基于宜昌市的调查分析》,《三峡大学学报》2018 年第 5 期。

周银珍、张岩冰:《三峡库区外迁农村移民的社会适应性调查与分析》,《三峡论坛(三峡文学·理论版)》2010 年第 6 期。

吴垠:《关于三峡工程跨省外迁移民的社会适应性研究》,《人民长江》2008 年第 14 期。

韦仁忠:《藏族生态移民的社会融合路径探究——以三江源生态移民为例》,《中国藏学》2013 年第 1 期。

吴炳义等:《山东省三峡外迁移民社会适应状况的分析》,《西北人口》2010 年第 6 期。

张继焦:《差序格局:从乡村版到城市版——以迁移者的城市就业为例》,《民族研究》2004 年第 6 期。

杨菊华:《从隔离、选择融入到融合:流动人口社会融入问题的理论思考》,《人口研究》2009 年第 1 期。

杨菊华:《流动人口在流入地社会融入的指标体系——基于社会融入理论的进一步研究》,《人口与经济》2010 年第 2 期。

任远、乔楠:《城市流动人口社会融合的过程、测量指标及影响因素》,《人口研究》2010 年第 2 期。

胡德斌:《论云南生态移民的政策与实践》,《昆明冶金高等专科学校学报》2016 年第 2 期。

雷洪、孙龙:《三峡农村移民生产劳动的适应性》,《人口研究》2006 年第 6 期。

冉茂文:《移民搬迁是解决特困人口温饱问题的有限途径——贵州省移民搬迁成效、经验、问题与对策措施》,《贵州民族研究》2001 年第 2 期。

文冰等：《生态移民的搬迁形式研究——云南永善县马楠乡案例分析》，《生态经济》2005 年第 1 期。

罗凌云、风笑天：《三峡农村移民经济生产的适应性》，《调研世界》2001 年第 4 期。

叶嘉国、雷洪：《三峡移民对经济发展的适应性》，《中国人口科学》2000 年第 6 期。

王春超、张呈磊：《子女随迁与农民工城市融入感》，《社会学研究》2017 年第 2 期。

马德峰：《我国水库外迁移民社区经济适应研究——以大丰市三峡移民安置点为个案》，《广西社会科学》2005 年第 11 期。

张秀生、王五洲：《移民安置与经济发展的过程分析》，《经济评论》1997 年第 5 期。

边燕杰、李煜：《中国城市家庭的社会资本》，《清华社会学评论》2000 年第 2 期。

黄乃新、何笑笑：《农民工城市化影响因素及解决措施研究》，《学术论坛》2010 年第 35 期。

王回澜：《女性受教育程度的社会经济回馈——对青岛女性受教育程度与社会经济关系的分析》，《甘肃社会科学》2007 年第 2 期。

肖云、林子琪：《农民工城市化影响因素及公共政策》，《重庆大学学报》2006 年第 4 期。

黄海燕、王永平：《城镇安置生态移民可持续发展能力评价研究——基于贵州生态移民家庭的调研》，《农业现代化研究》2018 年第 4 期。

向华丽：《女性农民工的社会融入及其影响因素分析——基于湖北 3 市的调查》，《中国人口·资源与环境》2013 年第 1 期。

白南生、何宇鹏：《回乡，还是进城？——中国农民外出劳动力回流研究》，《中国社会科学》2003 年第 4 期。

黎洁：《陕南安康移民搬迁农户生计选择与分工分业的现状与影响因素分

析——兼论陕南避灾移民搬迁农户的就地就近城镇化》,《西南交通大学学报(社会科学版)》2017 年第 1 期。

陈为西:《水电工程移民经济生产适应性研究》,《水力发电》2015 年第 9 期。

李娜:《滇中彝区异地扶贫搬迁的社会适应》,《毕节学院学报》2010 年第 7 期。

骆桂花:《三江源生态移民安置与后续产业发展的社会调查》,《青海民族学院学报(社会科学版)》2009 年第 2 期。

王沛沛:《后期扶持对水库移民生计资本的影响》,《生态经济》2015 年第 5 期。

谭深:《农村劳动力流动的性别差异》,《社会学研究》1997 年第 1 期。

陈彦佳、徐邓耀:《区域经济学视角下新生代女性农民工的就业研究》,《商》2013 年第 16 期。

杨慧:《城镇就业性别歧视问题实证研究》,《山东女子学院学报》2013 年第 3 期。

高飞、向德平:《性别差异与扶贫政策有效性感知——基于连片特困地区湖北、湖南、贵州三省的抽样调查》,《云南大学学报》2015 年第 4 期。

李丹丹:《教育程度提高了农民工的幸福感吗?——来自 2015 年中国企业员工匹配调查的证据》,《经济理论与经济管理》2017 年第 1 期。

冯伟林、李树茁:《生态移民风险应对策略的选择及影响因素——基于农户禀赋的视角》,《农村经济》2016 年第 9 期。

黎洁等:《可持续生计分析框架下的西部贫困退耕山区农户生计状况分析》,《中国农村观察》2009 年第 5 期。

焦克源、王瑞娟:《少数民族地区生态移民效应分析——基于内蒙古孪井滩的田野调查》,《内蒙古社会科学》2008 年第 5 期。

马荣芳、骈玉明:《宁夏农垦生态移民的社会关系适应性调查》,《中国农垦》2013 年第 7 期。

曹锦清、张乐天:《传统乡村的社会文化特征:人情与关系网——一个浙北村落的微观考察与透视》,《探索与争鸣》1992 年第 2 期。

任远、陶力:《本地化的社会资本与促进流动人口的社会融合》,《人口研究》

2012 年第 5 期。

牛喜霞:《社会资本在农民工流动中的负面作用探析》,《求实》2007 年第 8 期。

赵延东、王奋宇:《城乡流动人口的经济地位获得及决定因素》,《中国人口科学》2002 年第 4 期。

丛玉飞、任春红:《城市外来务工人员社会疏离感影响因素分析——以长三角和珠三角为例》,《中共福建党校学报》2016 年第 8 期。

邢朝国、陆亮:《交往的力量——北京市民与新生代农民工的主观社会距离》,《人口与经济》2015 年第 4 期。

张铁军:《生态移民的社会适应研究》,《理论建设》2012 年第 3 期。

张邦辉、陈乙酉:《邻里关系对农村留守老人身心健康的影响研究——基于劳动力流出地 10 省市调查数据的实证分析》,《管理世界》2017 年第 11 期。

冯健等:《郊区大型居住区邻里关系与社会空间再生产——以北京回龙观为例》,《地理科学进展》2017 年第 3 期。

贺旭霞、刘鹏飞:《中国城市社区的异质性社会结构与街坊 / 邻里关系研究》,《人文地理》2016 年第 6 期。

吴缚龙等:《农村移民的城市归属感:基于北京市社区邻里关系的研究》,《国外社会科学》2017 年第 1 期。

任映红、严米平:《渐行渐远:乡村变迁中日益陌生化的邻里关系——一项对 LSZ 村的观察》,《理论探讨》2017 年第 1 期。

孙龙、雷弢:《北京老城区居民邻里关系调查分析》,《城市问题》2007 年第 2 期。

王玉君等:《和谐社会语境下民族交往探析——以新疆昭苏县几个哈汉聚居区为例》,《新疆师范大学学报(哲学社会科学版)》2012 年第 2 期。

周敏、黎熙元:《族裔特性、社会资本与美国华人中文学校——从美国华人中文学校和华裔辅助性教育体系的发展看美国华人移民的社会适应》,《世界民族》2005 年第 4 期。

石智雷、彭慧:《库区农户从贫困到发展:正式与非正式社会支持的比较》,

《农业技术经济》2015 年第 9 期。

李强:《社会支持与个体心理健康》,《天津社会科学》1998 年第 1 期。

何雪松:《社会支持的动态变化:关于香港新移民妇女的研究》,《南方人口》2007 年第 1 期。

丘海雄等:《社会支持结构的转变:从一元到多元》,《社会学研究》1998 年第 4 期。

马特·G.范德普尔:《个人支持网概述》, 肖鸿译,《国外社会学》1994 年第 4 期。

风笑天:《人际关系适应性:三峡农村移民的研究》,《社会》2000 年第 8 期。

胡荣:《社会地位与关系资源》,《社会学研究》2000 年第 5 期。

熊瑞梅:《影响情感与财物支持连系的因素》,《人文及社会科学研究集刊》1994 年第 6 期。

张雪筠:《农民工城市社会交往影响因素探析》,《社会工作》2007 年第 8 期。

毕文芬等:《城市居住空间下教育对邻里关系的影响机制——基于两性的比较》,《西北人口》2018 年第 2 期。

潘泽泉、何倩:《居住空间、社会交往和主观地位认知:农民工身份认同研究》,《湖南社会科学》2017 年第 1 期。

马宗保、金英花:《银川市区回汉民族居住格局变迁及其对民族间社会交往的影响》,《回族研究》1997 年第 2 期。

包俊林:《基于 467 户广西水库移民社会适应的调查研究》,《水利发电》2018 年第 6 期。

风笑天:《安置方式、人际交往与移民适应——江苏、浙江 343 户三峡农村移民的比较研究》,《社会》2008 年第 2 期。

马德峰:《影响三峡外迁农村移民社区适应性的客观因素》,《管理世界》2002 年第 10 期。

苏红、许小玲:《三峡移民的社会适应政策》,《思想战线》2005 年第 1 期。

寸红彬、张文娟:《云南濒危少数民族语言的生态环境》,《学术探索》2016 年第 7 期。

洪勇:《试论民俗文化的特征和保护》,《南方文物》2004 年第 3 期。

黎熙元、陈福平:《社区论辩:转型期中国城市社区的形态转变》,《社会学研究》2008 年第 2 期。

李银兵、和杏梅:《纳西族村落休闲文化变迁研究——以丽江古城区道生村为例》,《四川民族学院学报》2013 年第 6 期。

乌力更:《试论生态移民工作中的民主问题》,《内蒙古社会科学》2003 年第 4 期。

冯文华:《生态移民民族文化制衡机制的建构——以宁夏生态移民问题为例》,《人民论坛》2013 年第 11 期。

汪国华:《两群体文化适应的逻辑比较与实证研究》,《西北人口》2009 年第 5 期。

李培林、田丰:《中国农民工社会融入的代际比较》,《社会》2012 年第 5 期。

马燕、罗彦莲:《城市化进程中回族女性的文化适应——以宁夏为例》,《回族研究》2016 年第 3 期。

风笑天:《生活的移植——跨省外迁三峡移民的社会适应》,《江苏社会科学》2006 年第 3 期。

叶继红:《农民集中居住、文化适应及其影响因素》,《社会科学》2011 年第 4 期。

陈晓毅:《城市外来少数民族文化适应的三层面分析模式——以深圳“中国民俗文化村”员工为例》,《贵州民族研究》2005 年第 5 期。

李婷婷、张杏梅:《宁夏生态移民居住文化适应情况调查——以宁夏红寺堡区弘德村为例》,《山西师范大学学报(自然科学版)》2018 年第 3 期。

沈洁:《中国城市移民的居住区位与社会排斥》,《城市发展研究》2019 年第 6 期。

刘有安:《论移民文化适应的类型及心理变化特征——以新中国成立后迁入宁夏的外地汉族移民为例》,《思想战线》2009 年第 6 期。

贾晓波:《心理适应的本质与机制》,《天津师范大学学报(社会科学版)》2001 年第 1 期。

邵安银、刘嫣:《三峡工程农村外迁移民心理适应性现状分析——以湖北省荆州市江陵县北闸移民村为例》,《广西农学报》2013 年第 2 期。

解彩霞:《三江源生态移民的社会适应研究——基于格尔木市两个移民点的调查》,《青海社会科学》2009 年第 3 期。

王丽萍、曾祥岚:《宁夏生态移民社会适应与心理健康现状调查——以杨显村等 10 个移民点为例》,《宁夏社会科学》2015 年第 3 期。

张晖等:《95 后大学新生心理适应与心理健康的关系：自我接纳的中介作用》,《中国健康心理学杂志》2016 年第 5 期。

周彬、齐亚强:《收入不平等与个体健康——基于 2005 年中国综合社会调查的实证研究》,《社会》2012 年第 5 期。

陈慧等:《跨文化适应影响因素研究述评》,《心理科学进展》2003 年第 6 期。

何军:《代际差异视角下农民工城市融入的影响因素研究——基于分位数回归方法》,《中国农村经济》2011 年第 6 期。

邵安银、刘嫣:《三峡工程农村外迁移民心理适应的特点及对策》,《科技创业》2013 年第 6 期。

李寒湜:《中国社区治理现状及探索》,《经济研究参考》2015 年第 45 期。

夏建中:《治理理论的特点与社区治理研究》,《黑龙江社会科学》2010年第2期。

陈谭、史海威:《社区治理的理论范式与实践逻辑》,《求索》2010 年第 8 期。

戴庆中:《混杂与融合：少数民族生态移民社区文化重建图景研究》,《贵州社会科学》2013 年第 12 期。

刘晋飞、黄东东:《三峡移民社区的整合机制分析——兼论移民纠纷框架下社会资本的缺失与重构》,《西北人口》2008 年第 6 期。

李庆:《水库移民社会治理创新研究》,《人民长江》2016 年第 14 期。

李宏毅:《水库移民安置社区治理模式的路径分析》,《现代商业》2017 年第 25 期。

张佐:《建立水电开发库区社区共同治理发展机制研究》,《思想战线》2014 年第 6 期。

唐传利:《对新时期全国水库移民工作的思考》,《中国水利》2014 年第 1 期。

刘小年:《家庭半移民、代际市民化与政策创新——基于城市社区农民落户家庭的调查》,《农村经济》2014 年第 7 期。

李晗锦、郭占锋:《移民社区空间治理困境及其对策研究》,《人民长江》2018 年第 17 期。

何得桂等:《精准扶贫与基层治理:移民搬迁中的非结构性制约》,《西北人口》2016 年第 6 期。

付少平:《创新陕南移民社区社会治理的探讨》,《新西部(理论版)》2014 年第 21 期。

何志扬等:《灾害移民城镇化安置方式下的社区治理——以甘肃省 Z 县 X 社区为例》,《水利经济》2017 年第 5 期。

杨桂兰:《生态移民社区治理的"内卷化"及路径选择》,《农村经济与科技》2017 年第 16 期。

柳劲松、杨胜才:《武陵山片区生态移民技能培训服务链的绩效评估研究——基于 DRF-DEA 组合模型的实证分析》,《广西民族研究》2017 年第 6 期。

钟苏娟等:《水库移民中的组织化参与——基于丹江口库区 D 村移民公众参与的实证考察》,《水利经济》2018 年第 5 期。

马伟华:《人类学角度解读宁夏吊庄移民中出现的社会治安问题》,《宁夏社会科学》2008 年第 3 期。

周大鸣、陈世明:《城市转型与社会治理》,《公共行政评论》2017 年第 5 期。

吴晓琳、郝丽娜:《社区复兴运动以来国外社区治理研究的理论考察》,《政治学研究》2015 年第 1 期。

王琼:《推进和谐社会中农民市民化问题》,《湖北社会科学》2007 年第 5 期。

李增元:《试论我国农村社区治理的历史演进与现代转向》,《理论与改革》2016 年第 4 期。

俞可平:《治理与善制引论》,《马克思主义理论与现实》1999 年第 5 期。

兰竹虹等:《社区人文社会环境对汶川地震移民社会适应的影响——以北川县为例》,《人文地理》2017 年第 4 期。

朱力:《中外移民社会适应的差异性与共同性》,《南京社会科学》2010 年第 10 期。

翟绍果等:《易地扶贫搬迁的政策演进与创新路径》,《西北农林科技大学学报(社会科学版)》2019 年第 1 期。

王宏新等:《中国易地扶贫搬迁政策的演进特征——基于政策文本量化分析》,《国家行政学院学报》2017 年第 3 期。

吴丰华、于重阳:《易地移民搬迁的历史演进与理论逻辑》,《西北大学(哲学社会科学版)》2018 年第 5 期。

冯希莹:《社会福利政策的新走向:实现以资产为本的福利政策——对谢若登的〈资产与穷人:一项新的美国福利政策〉的解读》,《社会学研究》2009 年第 2 期。

马流辉:《易地扶贫搬迁的"城市迷思"及其理论检视》,《学习与实践》2018 年第 5 期。

胡若雨:《新加坡发展主义意识形态反思》,《理论探索》2016 年第 5 期。

夏柱智、何雪峰:《半工半耕与中国渐进城镇化模式》,《中国社会科学》2017 年第 12 期。

黄宗智:《制度化了的"半工半耕"过密型农业(上)》,《读书》2006 年第 2 期。

白南生、何宇鹏:《回乡,还是外出?——安徽、四川二省农村外出劳动力回流研究》,《社会学研究》2002 年第 3 期。

叶嘉国、雷洪:《三峡移民对经济发展的适应性——对三峡库区移民的调查》,《中国人口科学》2009 年第 6 期。

陆汉文、覃志敏:《我国扶贫移民政策的演变与发展趋势》,《贵州社会科学》2015 年第 5 期。

郑瑞强、施国庆:《扶贫移民权益保障与政府责任》,《重庆大学学报(社会科学版)》2011 年第 5 期。

孙宪忠：《推进农地三权分置经营模式的立法研究》，《中国社会科学》2016年第7期。

钱宁：《农村发展中的新贫困与社区能力建设：社会工作的视角》，《思想战线》2007年第1期。

杨黎源：《外来人群社会融合进程中的八大问题探讨——基于对宁波市1053位居民社会调查的分析》，《宁波大学学报》2007年第6期。

王桂新、王利民：《城市外来人口社会融合研究综述》，《上海行政学院学报》2008年第6期。

郑瑞强等：《扶贫移民适应期生计风险、扶持资源承接与政策优化》，《华中农业大学学报（社会科学版）》2015年第4期。

李丹、周帆：《西南地区少数民族工程移民的经济融合和社会融合》，《四川大学学报》2015年第4期。

李锦：《四川横断山区生态移民的风险与对策研究》，《中南民族大学学报》2008年第2期。

李欣怡、李志刚：《中国大城市保障性住房社区的"邻里互动"研究——广州为例》，《华南师范大学学报（自然科学版）》2015年第2期。

胡荣：《影响村民社会交往的因素分析》，《厦门大学学报（社会科学版）》2005年第2期。

罗康隆：《论文化适应》，《吉首大学学报》2005年第2期。

周永康：《生命历程与日常生活：大流动时代的乡村家庭与个人》，《西南大学学报（社会科学版）》2015年第1期。

李文静：《社会工作在社区治理创新中的作用研究》，《华东理工学报（社会科学版）》2014年第4期。

渠章才、黄华艳：《非自愿性移民社区的管理模式探究》，《重庆交通大学学报（社会科学版）》2013年第4期。

李骏：《移民威胁、经济剥夺还是治理失效——对上海市60个基层社区凝聚力的比较分析》,《华中科技大学学报（社会科学版）》2018 年第 12 期。

郎晓波:《“乡—城”迁移视野下新生代农民工聚居社区治理研究——浙江的个案及启示》,《中共杭州市委党校学报》2015 年第 5 期。

吴新叶、牛晨光:《易地扶贫搬迁安置社区的紧张与化解》,《华南农业大学学报（社会科学版）》2018 年第 2 期。

陈建文、王滔:《社会适应与心理健康》,《西南师范大学学报（人文社会科学版）》2004 年第 3 期。

风笑天:《“落地生根？”——三峡农村移民的社会适应》,《社会学研究》2004 年第 5 期。

徐国伟等:《生态移民国外研究进展》,《世界地理研究》2012 年第 1 期。

彭雪芳:《美国苗族的社会适应与文化传承》,《世界民族》2017 年第 2 期。

张铁军:《生态移民社会适应问题研究》,《理论建设》2012 年第 3 期。

任耀武等:《试论三峡库区生态移民》,《农业现代化研究》1993 年第 1 期。

王江义:《三峡坝区移民安置的实践与思考》,《人民长江》1999 年第 11 期。

任国英:《内蒙古鄂托克旗生态移民的人类学思考》,《黑龙江民族丛刊》2005 年第 5 期。

王培先:《生态移民：小城镇建设与西部发展》,《国土经济》2000 年第 6 期。

刘学敏:《西北地区生态移民的效果与问题探讨》,《中国农村经济》2002 年第 4 期。

葛根高娃、乌云巴图:《内蒙古牧区生态移民的概念、问题与对策》,《内蒙古社会科学（汉文版）》2003 年第 2 期。

包智明:《关于生态移民的定义、分类及若干问题》,《中央民族大学学报》2006 年第 1 期。

梁福庆:《中国生态移民研究》,《三峡大学学报（人文社会科学版）》2011 年第 4 期。

皮海峰:《小康社会与生态移民》,《农村经济》2004 年第 6 期。

盖志毅等:《草原牧区生态移民及其对策》,《北京林业人学学报(社会科学版)》2005 年第 3 期。

唐宏等:《农户生态移民意愿及影响因素研究——基于新疆三工河流域的农户调查》,《自然资源学报》2011 年第 10 期。

时鹏、余劲:《农户生态移民意愿及影响因素研究——以陕西省安康市为例》,《中国农业大学学报(哲学社会科学版)》2013 年第 1 期。

帅守详等:《牧区移民定居的动力机制、效益分析与政策建议——甘南藏族自治州个案分析》,《统计研究》2005 年第 3 期。

东日布:《生态移民扶贫的实践与启示》,《中国贫困地区》2000 年第 1 期。

王素芳等:《基于城乡统筹的生态移民安置模式探讨》,《贵州农业科学》2009 年第 4 期。

王小梅、高丽文:《三江源地区生态移民与城镇化协调发展研究》,《青海师范大学学报(哲学社会科学版)》2008 年第 1 期。

刘学敏、陈静:《生态移民、城镇化与产业发展——对西北地区城镇化的调查与思考》,《中国特色社会主义研究》2002 年第 2 期。

于存海:《论西部生态贫困、生态移民与社区整合》,《内蒙社会科学》2004 年第 1 期。

王放、王谦益:《论生态移民与长江上游可持续发展》,《人口与经济》2003 年第 2 期。

孟琳琳、包智明:《生态移民研究综述》,《中央民族大学学报》2004 年第 4 期。

荀丽丽、包智明:《政府动员型环境政策及其地方实践——关于内蒙古 S 旗生态移民的社会学分析》,《中国社会科学》2007 年第 5 期。

侯东民等:《西部生态移民跟踪调查——兼对西部扶贫战略的再思考》,《人口与经济》2014 年第 3 期。

乌力更:《试论生态移民工作中的民族问题》,《内蒙古社会科学》2007 年第 3 期。

包智明、孟琳琳:《生态移民对牧民生产生活方式的影响——以内蒙古正蓝旗敖力克嘎查为例》,《西北民族研究》2005 年第 2 期。

李明欢:《20 世纪西方国际移民理论》,《厦门大学学报》2000 年第 4 期。

Ethan Goffman, "Environmental refugees: How many, How bad?", *CSA.Discovery Guides*, No. 7 (2006) .

Giles H .& Powesland P., "Accommodation Theory" , in *Coupland & Jaworski, Sociolinguistics(eds),* New York: Macmoillan Press (1997) .

Berry W. , Immigration,acculturation,and adaptation,*Applied psychology*,Vol. 46,No. 1 (1997) .

Redfield,R.Linton,R.Herskovits,M.J., "A emorandum for the study of acculturation" ,*American Anthroplogist*,Vol.38 (1936) .

Junger–Tas, Josine,Ethnic Minorities, Social Integration and Crime, *European Journal on Criminal Policy and Research*, VOL.9 (2001) .

Szapocznik, J. Kurtines, W.M. , Acculturation, biculturalism, and adjustment among Cuban Americans, In A. M. Padilla (Ed.) . *Acculturation: theory, models and some new findings*.Boulder,Co:Westview (1980) .

Padilla,A.M. , The role of cultural awareness and ethnic loyalty in acculturation,In A. M. Padillia (ED.)*Acculturation:Theory,models and ome new findings*,Boulder,CO:Westview, (1980) .

Cullar, I. Arnold. B. &Maldonado. R., Acculturation rating scale for Mexican Americans–II: A revision of original ARSMA scale,*Hispanic Journal of Behavioral Sciences*,17 (3) , (1995) .

Gie ryn, Thomas F.,A Space for Place in Sociology, *Annual Review of Sociology*,Vol.26 (2000) .

Cerulo, Karen A. ,Identity Construction: New Issues,New Directions,*Annual Review of Sociology*,Vol.23. (1997) .

Hubbard Philoctetes. Key Thinkers on Space and Place, *London/Thousand Oaks: Sage*,

(2004).

Eric, J.L.,Acculturation, social support academic achievement of Mexican and Mexican American high school students: An exploration study in the Schools, *Psychology in the Schools,* (2002).

Stevens,G. W. J. M. Pels,T. V. M. and Vollebergh,W. A. M.,Patterns of psychological acculturation in adult and adolescent Moroccan immigrants living in the Netherlands,*Journal of Cross-Cultural Psychology,*Vol. 35,No. 6, (2004).

Sam,D.L.,Psychological adaptation of adolescents with immigrant backgrounds, *Journal of Social Psychology,*(2000).

Chung, R. G. Kim, B. K. & Abreu, J.M., Asian American multidimensional acculturation sealer: Development, factor analysis, reliability, and validity, *Cultural Diversity and Ethnic Minority Psychology,*(2004).

Berry, J. W. Phinney, J. S.& Sam, D.L., Immigrant youth: Aculturation, identity and adaptation, *Applied Psychology An International Review,* (2006).

Chia, A. L. & Costigan, C.L.,Understanding the multidimensionality of acculturation among Chinese Canadians,*Canadian Journal of BehavioralScience,*(2006).

Bourhis, R. Y. & Dayan, J.,Aculturation orientations towards Israeli Arabs and Jewish Immigrants inIsrael, *International Journal of Psychology,*(2004).

Ward, C., Kennedy. A., Acculturation strategies, psychological adjustment, and sociocultural competence during cross-cultural transitions, *International journal of intercultural relations*, No. 3 (1994).

Babiker, I. E., Cox, J. L., Miller, P.,The measurement of cultural distance and its relationship to medical consultation, symptomatology, and examination performance of overseas students at Edinburgh University,*Social Psychiatry*, No. 2 (1980).

Beiser, M. Influences of time, ethnicity, and attachment on depression in Southeast Asian refugees, *American Journal of Psychiatry*, No. 1 (1988).

Oberg, K. Cultural shock,djustment to new cultural environments,*Practical Anthropology*, No. 3 (1960) .

Kenneth, A., Bollen, Rick, H. Hoyle., Perceived Cohesion: A Conceptual and Empirical Examination,*Social Forces*, No. 2 (1990) .

Adelman, M. B. , Cross–cultural adjustment: A theoretical perspective on social support, *International Journal of Intercultural Relations*, No. 3 (1988) .

Helen Sullivan. , Modernization,Democratization and Community Governance,*Local Government Studies*, No. 27 (2001) .

Goldlust,John and Anthony, H.Richmond.,A Multivariate Model of Immigrant Adaptation, *International Migration Review* , No .2 (1974) .

Portes, Alejandro,Economic Sociology and the Sociology of Immigration: A Conceptual Overview, *in The Economic Sociology of Immigration*, Edited by Portes Alejandro. New York: Russell Sage Foundation (1995) .

Schutjens, V.Völker, B.,Space and social capital: The degree of locality in entrepreneurs' contacts and its consequences for firm success,*European Planning Studies*,No.6 (2010) .

Frank Biermann, Ingrid Boas, Preparing for a Warmer World:Towards a Global Governance System to Protect Climate Refugees, *Global Envieonmental Politics*,No.1 (2010).

Linda Krueger, Protected Areas and Human Displacement :Improving the Interface between Policy and Practice, *Conservation and Society*, No.1 (2009) .

Diance, C. Bates, Environment Refugees? Classifying Human Migrations Caused by Environmental change, *Populatio and Environmen*, No.5 (2002) .

Justin Lyle, Resettlement of Ecological Migrants in Georgia: Recent Developments and Trends in policy, Implementation and Perceptions, *Flensburg: The European Centre for Minority Issues working paper*, (2012) .

Massey, D.S., Arango, J. and Hugo, G., Theories of international migration: a review and appraisal, *Population and Development Review*, No.3（1993）.

Robert Ezra Park, Human. Migratino and the Marginal Man ,*American Journal of sociology*, Vol.33, No.6（1928）.

其他:

严志兰:《在闽台商社会适应研究》, 博士学位论文, 上海大学文学院, 2010年。

程瑜:《一个三峡移民村落在广东的生活适应》, 博士学位论文, 中山大学社会学系, 2004 年。

刘学武:《生态移民中政府权威与民间社会运作体系的互动——以宁夏红寺堡生态移民开发区为个案》, 博士学位论文, 中央民族大学民族学与社会学学院, 2011 年。

史俊宏:《草原牧区生态移民问题研究——以内蒙古乌拉特中旗为例》, 硕士学位论文, 内蒙古农业大学, 2006 年。

苏慕瑜:《调适与归属: 兰州外来穆斯林女性的社会适应研究》, 博士学位论文, 兰州大学历史文化学院, 2018 年。

韩莉丽:《牧民定居过程中社会关系网络的重构——以甘肃肃南县白银蒙古族乡为例》, 硕士学位论文, 西北民族大学民族学与社会学学院, 2012 年。

陶格斯:《生态移民的社会适应研究——以呼和浩特蒙古族生态移民为例》, 硕士学位论文, 中央民族大学民族学与社会学学院, 2007 年。

陈经富:《"三西" 移民社区居民社会交往影响因素的实证研究》, 硕士学位论文, 兰州大学, 2010 年。

申慧淑:《城市朝鲜族语言适应研究》, 博士学位论文, 中央民族大学少数民族语言文学系, 2011 年。

马小平:《人类学视野下生态移民的文化变迁——基于宁夏永宁县闽宁镇移民社区的调查研究》, 硕士学位论文, 西北民族大学民族学与社会学学院, 2010 年。

孙丽璐：《农民工的文化适应研究》，博士学位论文，西南大学，2011 年。

刘琴：《三峡水库移民社会心理健康问题、相关因素及其干预对策研究》，博士学位论文，重庆医科大学公共卫生学院，2009 年。

王晨蕾：《彭山区农村跨区域征迁移民集中安置社区治理对策研究》，硕士学位论文，西南交通大学，2018 年。

习近平：《决胜全面建成小康社会 夺取新时代中国特色社会主义伟大胜利——在中国共产党第十九次全国代表大会上的报告》，《中国经济周刊》2017 年 10 月 30 日。

四川省统计局：《2016 年四川省国民经济和社会发展统计公报》，2017 年 3 月 6 日，见 http://www.sc.gov.cn/10462/10464/10465/10574/2017/3/7/10416360.shtml。

重庆市统计局：《2016 年重庆市国民经济和社会发展统计公报》，2017 年 3 月 20 日，见 http://cq.people.com.cn/n2/2017/0320/c365402-29878881.html。

《黔南州年末人口及户数（2016）》，见 http://www.qiannan.gov.cn/zjqn/rkmz/201812/t20181226_2124371.html。

《黔南州人口民族情况》，见 http://www.qiannan.gov.cn/zjqn/rkmz/201812/t20181226_2124370.html。

重庆市黔江区统计局：《2016 年黔江区国民经济和社会发展统计公报》，2017 年 3 月 22 日，见 https://www.qianjiang.gov.cn/html/126/19866.html。

《酉阳自治县 2016 年国民经济和社会发展统计公报》，见 http://www.ahmhxc.com/tongjigongbao/11009_5.html。

《人口状况》，见 http://youy.cq.gov.cn/html/zjyy/rkzk/。

《重庆 22 件民生实事工作具体实施方案公布》，见 http://www.cqjjnet.com/html/2013-11/25/content_28781870_3。

重庆日报，《“十二五”期间重庆减少贫困人口 36 万》，2015 年 11 月 06 日，见重庆市政府网（www.cq.gov.cn）。

《重庆市黔江区人民政府加快推进高山生态扶贫搬迁工作的实施意见》，2015 年 12 月，见重庆市发改委网站。

《中共云南省委、云南省人民政府关于打赢精准脱贫攻坚三年行动的实施意见》，2018 年 8 月 25 日，见云南省人民政府门户网站。

吉哲鹏.《云南“十二五”已实施易地扶贫搬迁七万余户》，《中国信息报》2015 年 7 月 22 日。

Norman Myers, *Environmental Refugees: An Emergent Security Issue*，见 http://www.osce.org/documents/eea/2005/05/14488–en.pdf.

后　　记

我们介入生态移民也即现在被普遍称为“易地扶贫搬迁移民”的研究，是源于2012年。那年，我作为教育部课题“贵州民族地区危房改造中民族建筑文化保护研究”第二主持人，带队到贵州省黔东南州、黔西南州的苗族、侗族和布依族地区做田野调查。调查是一个自上而下的过程，我们团队从省政协、省民委和省建设局开始，再到州、县、乡镇和村。因此到县里特别是到乡镇的时候，上级相关部门都会给下级相关部门打个招呼，为我们的调研提供方便。这样我们到乡镇和村里的时候，基本都有县里或者至少有乡镇的领导陪同。这些领导非常熟悉当地情况，为我们的调研提供了很多信息。

在这些早期的生态移民安置点里，我们看到一栋栋带着苗族或者侗族文化元素的木房子，掩映在青山下绿水旁，特别是晚饭后漫步在村边河岸，低头可见清澈的河流，抬头可望山头的弯月，炊烟袅袅，牧童嬉闹，真有点心旷神怡的感觉。觉得生活在这样的村里真有福气。于是出于私心，我安排我们的调研团队在一个移民村住了下来。然而，等住到村民的家里，却发现了一些问题。首先，主人家很不好意思地告诉我们，因为家里没有厕所，睡觉之前一定要先到外面的地里去解决了再回来休息。我多年来基本上都在农村做社会调查，而且曾在农村当过多年的知青，对农村的一些基本情况是了解的。一般来说，再穷的农户，也会在自己的房子边上挖个坑，再用几根木材围着当厕所的。这么漂亮的一个民族村，村民家里怎么会没有厕所呢？问了一下原因：政府给移民的房子设计方案是有厕所的，在一楼。但是在村民的习惯里，厕所一般都是在室外，怎能放在室内呢？再加上屋子面积比较小房间不够家里人住，几乎所有家庭都把原本设计为厕所的房间用作卧室了。这样一来，整个村的人都使用村头上的一个非常简陋的，用两根木头横置着作为蹲位的小公厕。清晨起来，看到雾霭中，村里人似乎集中在村头商量事情，走过去问，原来大家计划自筹资金给自己这个村修建一个鼓楼，大家有钱出钱有力出力，热情很高。这个村是从山上搬下来的侗族，政府按照侗族的建筑风格给他们修好了房子，政府给的房屋补贴力度非常大，移民自己只出了一点点钱就搬进来住了。可是搬下来不久，觉得自己村里没有鼓楼，都不像个侗族村，而且有什么重大事情也没有个商量开会的地方，还要到隔壁村里的鼓楼那里去借用。就决定自筹资金修建一个。

我于是忽然有了对此进行进一步研究的想法。我的博士生刘辉武在做文献调研时，确认当时学术界对易地扶贫搬迁移民的社会适应研究还不是很多。于是我们决定就此主题申请一个国家课题，该课题于 2014 年成功立项。

没有想到的是，当初的研究想法却随着研究的历程逐渐变得苦涩起来。这与本人的职业变化有一定关系，也与团队成员的变化有关系；与研究所涉及的地域是西南民族地区最偏远的地方因而调研工作量特别大有关系，更与研究的难度有关系。不过，一路走过来对于一个学术是生活中重要内容的研究者来说，过程有苦也有乐。当调研的车子在西南边陲的山区艰难地奔驰到几乎“连肠子肚子都要颠簸出来了”的时候，当调研路上遇到滑坡车子必须靠人力推着走的时候，虽然看不到前面是否还有平安的希望，但是心里却真正体会到：国家扶贫工程的必然和必要，从而自己的工作也具有了必然性和必要性。在调研资料分析研究阶段，也曾为了某个数据差异无法找到解释而彻夜难眠，但一旦思路解开，那种“拨开乌云见明月（因为是深夜所以不是太阳）”的感觉曾几次使得自己很冲动地在半夜跑到阳台去，与那环宇中仿佛唯一为我洒下银光的皎月欢悦对视。一路的田野调查留下了团队成员的欢笑与汗水。现在的这本书，可能错误仍然很多，但它是团队几年的汗水结晶。

本书正文抽象理论太多，因此这里不想再做与学术有关的感叹。然而，期间多次深入偏僻山沟，看到了那里贫瘠的土地和贫困的村民，体验了什么是交通不便，真正理解了什么是“一方土地养不了一方人”；同时，我们见证了很多在一线工作的政府工作人员的付出与艰辛，见证了很多边远贫困地区政府部门的作为与无奈，深刻体会到在边远贫困地区做扶贫移民工作的难度。更重要的是，深刻体会到了国家易地扶贫搬迁项目的必要性和重要性。作为项目主持人，我必须要借这个机会，对所有田野调研中遇到的和没有遇到的在扶贫一线工作的工作人员，送上我特别真诚的祝福。在我眼中，他们所做的不仅仅是职责所在，更是爱心所在。感谢贵州省移民局、民政厅和省民委的倾力支持，无偿为本课题提供相关资料和信息，多次给予调研和研究的指导。感谢四川省、云南省和重庆市各级移民局的支持，在调研中给课题组提供了很多的方便和信息。

感谢我团队中的研究生们。陆陆续续的，你们毕业离开了，但在校期间你们跟着我跑遍了课题组选定的所有调查点，你们加班加点查阅文献，处理田野调研数据，参与了课题的所有过程。期望此书的出版能够给予你们一点点温馨的回忆。其中，特别让我感动的是已经毕业了各自就职在南北的几个学生：史梦薇、贾效如、王伯承和杨文谢。在2018年寒冷的冬天，几乎每个晚上，你们守在电脑的另一端，给我研究上的支持和精神上的慰藉，为我驱散了很多冬夜的寒意。

感谢我团队中的几个老师们。多年来我们不仅是学术上的朋友，也是生活中的朋友。没有你们的倾力支持，本书也无法面世。

特别感谢我的丈夫何彪教授。调研中你是我的驾驶员，是团队的指挥者，也是团队的精神调剂者。在研究最后那个最困难的阶段，你真正做到了不离不弃，始终陪伴在我的身边，许诺和我共进退。

感谢社会学界同行们对本项目和对本人的支持！本书虽有瑕疵，但希望可以算作是对大家的一个汇报。

吴晓萍

2020 年 1 月

责任编辑:高晓璐

图书在版编目(CIP)数据

西南民族地区易地扶贫搬迁移民的社会适应研究/吴晓萍等 著. —北京:人民出版社,2021.1

ISBN 978-7-01-022849-5

Ⅰ. ①西… Ⅱ. ①吴… Ⅲ. ①民族地区-贫困区-扶贫-移民-研究-西南地区 Ⅳ. ①D632.4

中国版本图书馆 CIP 数据核字(2020)第 250177 号

西南民族地区易地扶贫搬迁移民的社会适应研究

XINAN MINZU DIQU YIDI FUPIN BANQIAN YIMIN DE SHEHUI SHIYING YANJIU

吴晓萍　刘辉武 等　著

人民出版社 出版发行

(100706　北京市东城区隆福寺街 99 号)

北京虎彩文化传播有限公司印刷　新华书店经销

2021 年 1 月第 1 版　2021 年 1 月北京第 1 次印刷

开本:710 毫米×1000 毫米 1/16　印张:27.25

字数:451 千字

ISBN 978-7-01-022849-5　定价:86.00 元

邮购地址 100706　北京市东城区隆福寺街 99 号

人民东方图书销售中心　电话 (010)65250042　65289539